本书获“改革开放40年中国会展经济研究优秀成果奖一等奖”

活动与生活

EVENTS AND LIFE

——当我们谈论活动时我们在谈论什么

王春雷◎著

中国旅游出版社

序

毋庸置疑，关于活动研究，我是一个外行。当春雷提出请我作序的想法时，我感到非常意外，为什么不请他的硕导马勇教授、博导诸大建教授等大家赐笔，而单单请我这个中文系背景的电视动画研究者越俎代庖？但他终究说服了我，并给出了两个“冠冕堂皇”的理由：其一，就像广东的一个三口之家一起撰写《给孩子一个支点：让孩子快乐成长的 12 个家庭活动》一样，他希望这也是家庭成员共同参与创作的文字实践，是对其“活动世界观”的践行；其二，作为近水楼台的“内部”读者，我更能从日常生活实践的角度来检验这本书的真实性及其中内容对于普通大众的实用性。

过去这些年，我的确见证了春雷参与（或亲身组织）的许多活动，从麦迪逊世界伐木工人技能竞标赛、密尔瓦基 NBA 篮球赛、芝加哥“超级碗”橄榄球半决赛，到上海举办的“求生之旅”（Run For Your Lives）、2015 年首届中国会展业未来领袖论坛、会展人读书会线下沙龙，以及从纽约大都会博物馆、华盛顿史密斯索尼安博物馆群、芝加哥艺术学院美术馆到上海博物馆的各种参观活动，等等——活动贯穿了我们生活中的重要时刻。其中特别值得一提的是，去年四月，春雷的诸位好友和学生（经过精心的准备）还让他“被生日”了一把，至今我仍清楚地记得带着女儿 Helen 躲进房间悄悄录祝福视频的场景。

张爱玲曾感叹，生活是一袭华美的袍，上面爬满了虱子（《天才梦》）；刘震云也以其著作昭示出琐碎生活的本质：只是一地鸡毛（《一地鸡毛》）。鸡毛也好，长袍也罢，于我看来，在寻常得平庸甚至周而复始得有些许乏味的普通生活之中，起着添加调料、增加趣味功能的，往往是那些精彩的活动与生动的仪式。

当然，能被称得上精彩的活动，通常或多或少具备一些益智性、趣味性、创造性、情感性和游戏性等特征，不单纯是一场宿醉版的狂欢或只是力比多（Libido，即性能量，由弗洛伊德提出）的过剩发泄，还应构建出一种令人印象深刻的活动场，让参与者或旁观者感受到生命的力量性与在场感。他日重温活动现场，则既是对昔日人生诸多经历的回味，也是心理层面的还原与生命厚度的延展。

与活动如影随形的，还有重要的仪式。仪式涉及形式，自然就涉及美与美感。从原始宗教时代以来，无论是弗雷泽《金枝》中对于“森林之王”的选拔，爱德华·泰勒《原始文化》中提到的诸多土著部落的图腾崇拜，还是后世各种宗教（节事）活动（比如洗礼、祷告、做礼拜、朝圣等），丰富而生动的祭祀仪式通常交融着音乐、舞蹈、美术等多种艺术形式，这些形式编织出迷幻却真实的场景感与活动场面，不但升华了精神信仰，同时还呼唤出白日梦般的想象力：其中既有对美的感悟，也有对人类自身力量的认同感。

自古至今，我们发展科技与工业，提高社会生产力，创造进步的文明，但从来不曾改变的是人心。因此，对于活动与仪式的研究具有延续性的现实意义。我们已经创造出很多种方式来解释宇宙以及我们的自身，也形成了丰富的价值观念，但如果尝试着换一种视角，运用活动的眼光去认识、观察、分析世界的时候，人类的生活可以用另一种更贴近本质的线索来串联，人类的演进历史也有了另一种解释，这就是具有陌生化效应的“活动生活观”：无活动不狂欢，无活动不生命。

早在前几年，春雷就曾经和我多次在饭桌旁、客厅里讨论过他的“活动观”。我虽外行，但也多少贡献了一些“劣质”的意见。毫无溢美之词地说，虽然我俩同年，也暂时有着相当的职称，但很显然，他的职称比我的“纯度”要高得多。从2000年前后，我就见证了他对于会展与活动的研究兴趣，至今他仍然扎根于此领域并以此为职业，这是一件幸福的事情。有兴趣，并以极大的精力投入这一兴趣中，这也是我从春雷身上看到的。连我们的小宝贝Helen在一次以批评与自我批评为主题的家庭会议上谈到爸爸的优点时，也会用奶声奶气的语调说出：“我爸爸是世界上最勤奋的人。”小家伙没见过什么世面，不知道还有很多其他更加认真的爸爸，语多唯心，全凭爱在其中。

生活就是如此，你觉得它是好的，它就是好的。我一直很喜欢黑格尔《美学》中的一段话，“大自然本身，包括黎明和日出，其实并没有美丑的问题。日出之所以美，是我们看到黎明的时候，唤起了生命力的某种感叹。”同样，活动之所以值得研究与关注，在我看来大概就是因为：在活动中，人类的力量、生存的美感，以及人与人之间的爱被呼唤了出来。

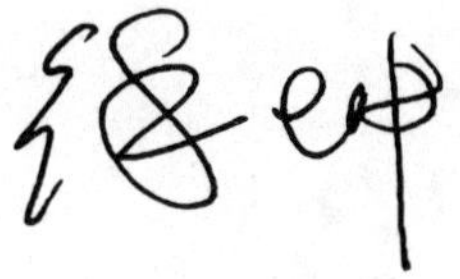

2018 年 10 月 28 日

前言

欢迎来到活动世界！

这是一本我一直以来很想写的书。近几年，我在很多场合都在推广一个观点：只有用活动思维来重塑会展产业和会展教育，以及面向公众普及活动管理的基础知识与常用技巧，我国会展和活动产业的社会地位才能真正提高。我甚至在一篇文章里提出过若干有些另类标准意味的判断——一个没有会议室、咖啡厅、餐厅甚至健身设施的会展中心不是有吸引力的会展中心，一个没有咖啡厅和工作坊的博物馆不是好的博物馆，一个没有书店、活动中心甚至在官方网站上没有专门的“活动”（Event）栏目的大学不是惬意的大学……

我对活动管理的持续关注与研究要追溯到2006年年初，当时我刚从美国乔治·华盛顿大学（GWU）访学回国不久，但那时更多的是考虑如何将活动管理理念应用在会展教育教学中。在美国访学期间，我有机会比较全面地了解西方学术界对“会展”的认识以及美国在活动产业（Event Industry）各个领域的发展情况。

2006年4月，国际展览管理协会（International Association for Exhibition Management，IAEM）在其官方杂志E2上发表了一篇文章——*Exhibitions + Events=Designing the Future*（《展览会 + 活动 = 产业的未来》），我开始关注这种变化所带来的影响。同年12月，IAEM更名为IAEE（International Association of Exhibition and Events，国内翻译为“国际展览与项目协会”），这更加坚定了我从活动角度来理解会展产业及教育的信心。2008年，我在完成《活动管理背景下的中国会展教育发展对策研究》一文时提出：从国际会展业和活动管理教育发展的实践及趋势来看，越来越多的从业人员都在逐渐认同“活动管理（Event Management）”作为一门独立科学的地位和影响。在之后的“项目驱动型会展专业人才培养模式”系列研究中，我对活动管理在会展教育教学中的应用做了进一步的阐释。

2014 年 7 月，我无意中在网上看到一本家庭教育方面的小书——《给孩子一个支点：让孩子快乐成长的 12 个家庭活动》。书的作者是一个来自广东的三口之家，他们基于家庭生活实践，共同完成了此书。这是国内首部从孩子的视角来描绘各种兴趣盎然的家庭活动的书籍。全书通过“小屁孩家庭音乐会”“厨王争霸赛”等 12 个家庭活动的生动案例，讲述了孩子从参与或亲身策划和组织家庭活动中的收获以及在每个活动背后父母关于家庭教育的理念和建议。

阅读这本书，让我不由自主地想到了大卫·库伯（David Kolb）的体验式学习圈，安托万·德·圣埃克苏佩里笔下的《小王子》以及很多美丽的童话。美籍幼儿教育专家蔡伟忠这样评价这本书：很欣赏“家庭活动”这种快乐的教育模式。对于父母，书中的每个活动都是经典的教育案例，教给年轻的父母一种快乐教育、科学教育的方法，原来孩子可以这样教，原来所有的父母都可以做得到。这本书虽然主要是写给家长们的，但对从事活动教育与研究的我启发颇多。作者在书中提到的“记录的习惯”（没有记录就没有发生）、“分享的意愿”以及“家庭活动教育模式”等观念，再一次让我感受到了向大众普及活动管理理念与方法的必要性和民众基础。

从 2015 年上半年起，我开始在所就职的大学开设一门新课——《活动与生活》，这门课程的性质是通识课，是面向全校学生的，当年居然有 140 多人选修。当年，在这门课的期末考试中有这样一道题：人生里程碑活动（Life-cycle Event）是指那些具有人生里程碑意义的庆祝活动，如婚礼、成人仪式、周年纪念日、生日甚至葬礼等。请以自己人生中的一次里程碑活动为例，解释这次活动对自己的影响。同学们的回答引起了我深层次的思考——大多数人能认同“活动即生活”的理念，然而，能将活动观作为一种基本的观察和理解世界的方法向大众传播吗？

活动观作为一种世界观，能够在 20 世纪全球重要的思想家之一米哈伊尔·巴赫金的论述中找到佐证。他通过对拉伯雷小说以及欧洲中世纪和文艺复兴时期狂欢文化的研究，揭示并描述了人类社会生活的一个重要现象（佟景韩译，1996）[①]：在现实生活中，特别是在阶级社会，人们普遍过着两种生活，一

① M.巴赫金.《弗朗索瓦·拉伯雷的创作与中世纪和文艺复兴时代的民间文化》导言［C］，载佟景韩译，巴赫金文论选［M］. 北京：中国社会科学出版社，1996：102.

种是日常的生活，另一种是狂欢式的生活，人们在这两种生活中必然产生两种不同的世界观。巴赫金把民众在狂欢节中所产生的世界感受明确当作一种世界观来看待，认为它同官方和教会的世界观根本对立。美国著名社会学家兰德尔·柯林斯（Randall Collins）（2004）也认为，人类社会的全部历史都是由情境所构成的，我们关于世界的看法以及所积累的一切素材都来自这种情境。

鉴于此，我决定写一本主要面向大众的关于活动管理的基础性读物，并将书名定为《活动与生活——当我们谈论活动时我们在谈论什么》，以期系统阐述"活动观是一种新的世界观"及"特殊活动对个人发展的作用"。全书分为三篇，上篇讲活动的本质、活动观作为一种世界观的内涵、活动对人类生活的改变、活动与人的存在方式；中篇基于个人成长的九维框架，分析特殊活动在促进个人发展中的作用及具体策略；下篇介绍活动管理 ABC、活动策划人的特质等活动管理实务，希望向大众传播成功策划和组织活动的常用方法。

综观全书，本书有 4 大特色。①系统构建、知行结合。本书从活动的本质分析入手，提出了"活动观是一种世界观""特殊活动与人的存在方式"、个人成长 9 维框架等理论，在此基础上讲述特殊活动对个人全面发展的作用与策略。②内容实用、有指导性。本书中篇共 9 章，详细介绍了活动在从生命健康到参政议政的个人成长 9 个维度中的功能与具体策略，每章又分为理论分析、实用技巧和精彩实践三个部分，其中，精彩实践侧重于提出一般性的方法。③图文并茂、可读性强。全书有近 70 个经典案例，包括笔者亲身经历的活动，这些例子生动地阐释了生活中的活动管理实践。④现身说法、体现共创。在附录部分，笔者邀请了杨红、林瀚、詹芬萍和杨正 4 位好友赐文，虽然他们各自的角度不同，但都精彩讲述了活动对个人发展与生活建设的影响。她（他）们都是活动思维的倡导者和践行者。

借此机会，我要衷心感谢那些在写作本书过程中给予我帮助和鼓励的人。首先是上海对外经贸大学会展与旅游学院的同事们，特别是中德合作会展教育项目（IEMS）的所有团队成员，学院宽松的氛围让我得以在平时的工作中践行活动管理的理念。其次是杨正、王晶等会展人读书会的所有书友。从 2017 年 3 月读书会正式成立到现在，我们共组织了近 20 次线下沙龙和 50 次线上分享会，每一次线下活动都能带给我诸多灵感，也让我体会到面对面活动对学习和生活的特殊价值。本书编辑段向民、孙妍峰两位老师以一贯的高效严谨作风和敏锐的市场嗅觉，保证了出版的进度。要感谢的人还有很多，包括月星集团文化旅游与娱乐事业部总经理陈震、上海博聚会展有限公司总经理徐峰、海南热带海洋学院会展经济与管理专业负责人于艳、四川旅游学院会展经济与管理专业负责人王杏丹等经常交流的业界与学界朋友以及所有我教过的学生。

最后，我要真诚地对家人特别是妻子徐坤博士和 Helen 小朋友说声“谢谢”，我知道自己在总结和践行活动观的同时，忽略了对家庭活动的投入。从这一点来讲，我写这本书是不称职的。特别感激徐坤能答应作序，这样的安排于我是一种新的创作体验，我将其视为对活动观的实践。

这是一本写给学界同行的书，希望借此推动会展教育向活动管理教育的转变，在学科发展上进一步向会展学 / 活动学（Eventology）迈进。这也是一本写给业界朋友的书，希望借此促进会议、展览、体育赛事、奖励旅游、公司活动、文化演艺、婚庆等活动产业不同领域之间的对话，让“活动大家庭”的概念更加深入人心。这还是一本写给所有会展专业学生的书，希望同学们明白自己选择了一个充满挑战但前景广阔的领域——EVENT，而不是狭义的会议和展览会。这更是一本写给普通大众的书，以期帮助民众掌握活动管理的基础知识与方法，充分发挥活动在个人发展和家庭建设中的特殊功能。

最后，我想用一段话来结束已经略显拖沓的前言，并和读者朋友们共勉：

一次活动就是一首诗。诗照亮生活，促进人们对事物的理解，并给阅读者留下独立思考和阐释的空间；活动是生活中非同凡响的时刻，它超越了平庸无奇的日常生活（Goldblatt, 2005），让我们的个人发展、家庭和社会生活更加充实和丰富多彩（王春雷，2010）。五彩缤纷的活动总是在人们的生活中熠熠生辉，它们不仅能有助于个人定义生活的意义，而且能推动社会文化、社区、宗教和国家的发展（Bowdin & McPherson, 2006）。

王春雷

2018 年 10 月 28 日

目录
CONTENTS

上 篇 活动观的构建

中　篇　特殊活动与个人成长

上　篇｜活动观的构建

第1章

活动的本质

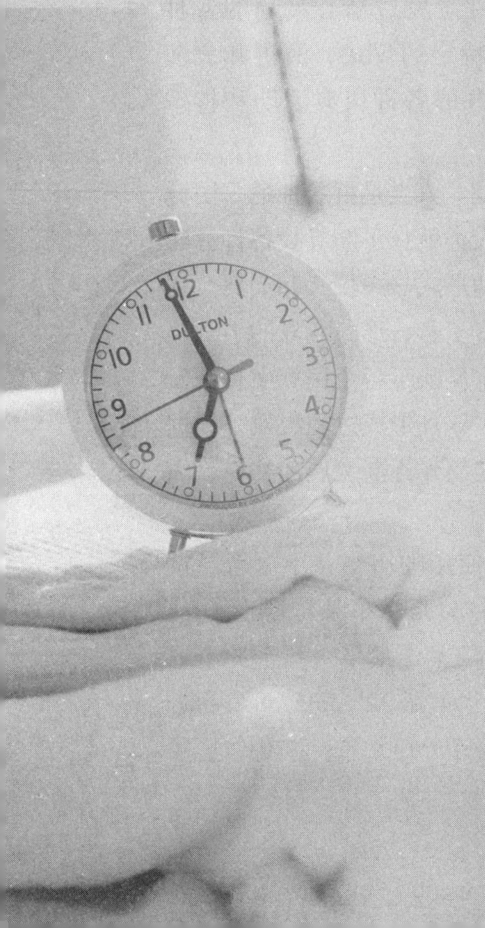

一次活动就是一首诗。诗照亮生活，促进人们对事物的理解，并给阅读者留下独立思考和阐释的空间；活动是生活中独特的非同凡响的时刻（Occasion），它超越了平庸无奇的日常生活（Goldblatt，2005），让我们的个人发展、家庭和社会生活更加充实和丰富多彩（王春雷，2010）。丰富多彩的活动总是在人们的生活中熠熠生辉，它们不仅能有助于个人定义生活的意义，而且能推动社会文化、社区、宗教和国家的发展（Bowdin & McPherson，2006）。

诚然，我们已经生活在一个活动的世界。只要有人类生活和生产就会有活动，相应地，活动策划人 / 活动管理专家（Event Planner / Event Professional，根据中文表达习惯，也有学者将其翻译成“会展专家”或“会展人”）的职业蓝图令人兴奋。持续增加的活动需求、政府的大力支持以及不断优化的外在环境，将给活动产业的发展带来新的市场机遇（王永嘉，2004）。

本书的重点是探讨将活动思维作为一种世界观的真谛，以及活动在个人发展中的具体功能与常用管理技巧，包括作为活动的参与者和组织者两种视角。

一、特殊活动的起源

“活动”对应的英文是“Event”，含有事件、大事、活动等多方面的含义。人们一般所说的“活动”是指那些经过精心策划、目标明确的特殊活动（Special Events）。西方旅游学术界习惯使用“FSE”（节事活动）的提法，FSE 即 Festivals & Special Events 的缩写，对应的中文为“节日与特殊事件”。从这个意义来讲，活动是节庆、特殊事件等经过精心策划的各种活动的简称，其形式包括精心策划和举办的某个特定的仪式、演讲和表演活动，各种节假日及传统节日，以及在新时期创办的各种庆典活动和特殊事件。

活动产业的兴起首先源于人们对群体活动的喜爱。人类是群居性的，因此人们喜欢参与各种群体活动。从有时间记载开始，人类就在不断寻找各种方法来标示他们生活中的重要时刻，这便是最古老的活动形式——仪式和庆典。在人类漫长的生活岁月里，不同地区的人们形成了丰富多彩、形式各异的节日风俗。这些节日风俗都是伴随着历史的发展而形成的，反映了各个民族生息、发展和进步的过程。节事活动最初起源于这些节日风俗，其形成过程大致是根据生活的需要，经历了由不自觉到自觉，由不定型到定型，逐渐发展和补充，内容涵盖了生产、祭祀、表彰、庆祝等多个方面。

关于“特殊活动（Special Event）”这个词汇，使用的历史并不可考。按著名活动研究专家、美国“现代活动管理之父”乔·戈德布莱特博士（Joe Goldblatt，2010）的说法，“特殊活动”作为一个专门术语最早来源于迪士尼乐园。他在《特殊活动：21 世纪的全球活动管理（第 6 版）》[*Special Events: Twenty-First Century Global Event Management*（*6th edition*）] 一书中这样写道[①]：

关于特殊活动，起初可能被用于描述"地球上最快乐的地方"（The happiest place on earth）。1955 年，当华特·迪士尼在加利福尼亚的阿纳海姆（Anaheim）推出迪士尼乐园时，他求助于他的一名幻想工程师——罗伯特·贾尼（Robert Jani）[②]，请他帮忙解决一个大问题：每天下午 5 点钟，成千上万的客人，事实上有近 90% 的顾客，将离开乐园。虽然客人大批离去，但沃特的"地球上最快乐的地方"仍然坚持开到晚上 10 点钟。这意味着他不得不为数以千计的工人、设施以及每天多开放 5 个小时所产生的其他费用买单，而没有任何收入。

为了解决这个问题，罗伯特·贾尼提出了一个夜间游行的创意，并称之为"迪士尼大街电子声光游行"（Main Street Electrical Parade）。大量的花车以及数以千计的微型灯光在夜间沿着大街游行，给成千上万留在乐园里享受壮观场面的顾客带来了欢乐。时至今天，这种手法仍然在所有迪士尼乐园中被采用，最好的例子可能是未来世界（Epcot），在这里，每天晚上都会上演一场壮观的盛景。

在"迪士尼大街电子声光游行"的初期，一位媒体记者询问罗伯特·贾尼，"你怎么称呼这个项目？"贾尼回答道，"这是一个特殊活动（A special event）"。"特殊活动？那是什么？"记者又问。贾尼思考了一番，给出了一个可能是最简单但最好的定义：特殊活动是指那些与日常生活不同的活动（A special event is that which is different from a normal day of living.）。根据贾尼的说法，在地球上没有任何一个地方会在每个晚上都有一个游行出现在大街上。只有迪士尼乐园每晚都会上演这种看起来浑然天成的项目，特殊活动在这里被研究、设计、计划、管理、协调以及评估。贾尼后来制作了全国橄榄球联盟超级碗（National Football League Super Bowl）中场秀，传奇的无线电城音乐厅圣诞秀（Radio City Music Hall Christmas Show），以及许多其他独特活动。他的座佑铭是"怀远大梦想，向高处瞄准（Dream big dreams and aim high）"。

---

① 资料来源：Goldblatt J. J.. Special Events: Twenty-first Century Global Event Management (6th edition)［M］. John Wiley & Sons，Inc，2010：p.6.

② 注：后来成为迪士尼乐园的公共关系主管，再后来创办了世界上最成功的活动管理公司之一——罗伯特·贾尼制作公司（Robert F. Jani Productions）。

二、活动的定义

活动的范围极为广泛，很难给出一个能囊括所有活动类型的定义。国际著名节事研究专家唐纳德·盖茨（Donald Getz）从活动组织者和客户两个方面对特殊活动进行了界定（Getz，1997）：对管理者而言，特殊活动是一种在发起人或组织者的常规计划或活动以外的一种一次性或不经常发生的活动（A special event is a one-time or infrequently occurring event outside the normal program or activities of the sponsoring or organizing body.）；对客户和客人而言，特殊活动是指在常规选择范围之外或日常经历之外的一次休闲、社交或文化体验的机会（To the customer or guest，a special event is an opportunity for a leisure，social，or cultural experience outside the normal range of choices or beyond everyday experience.）。上述两个定义的出发点很好，但对“特殊活动”的“特殊性”刻画得还不够深刻。

戈德布莱特认为，“特殊活动”总是经过精心策划，总是能激发期望，总是能通过提供一个值得庆祝的理由而让人激动不已（Goldblatt，1990）。因此，特殊活动是那些“发生在特定时刻的，以典礼或仪式的形式来庆祝的，能满足特定需要的活动”（A unique moment in time celebrated with ceremony and ritual to satisfy specific needs）（Goldblatt，1997）。他认为，为了创造或强化这种“特殊性”（Uniqueness / Specialness），需要在许多主观因素上去努力。Getz（1997）提出了相应的 14 项定性指标，如表 1–1 所示：

表 1–1　衡量活动“特殊性”的主要标准

努力因素	描　述
目标的多重性（A Multiplicity of Goals）	节事活动应追求目标的多样性，其实质是能有机协调目的地、活动组织者、社区居民和观众等不同利益相关者的诉求
节日精神（Festival Spirit）	节事活动应努力创造一种真正的节日气氛，这种氛围有利于制造欢乐甚至狂欢，人们将脱离常规制约，或者转变正常角色
满足基本需求（Satisfying Basic Needs）	所有基本的人类需要以及相关的休闲、旅游动机都能通过活动得到部分满足。随着需要和有关动机更好地得到满足，节事活动的“特殊性”也会增强

续表

努力因素	描　述
独特性（Uniqueness）	大型活动依靠“非看不可”“一生只有一次”的独特性吸引游客。几乎所有节事活动的组织者都能在一定程度上管理自己的产品和促销活动，以创造这种特殊性
质量（Quality）	如果一个节事活动的质量差，将摧毁其“特殊性”；相反，高品质的活动将超越客户的期望和产生高的满意水平
真实性（Authenticity）	这与“独特性”有关，即节事活动必须依托于本土的文化价值和属性。对旅游者而言，如果他们能体验到真实的社区庆祝活动，这种“特殊性”将会加深
传统性（Tradition）	许多节事活动已成为举办地的重要传统，它们在当地社区扎根，并因为其相关联的神秘感而对旅游者富有吸引力。由于与举办地社区紧密相关，“标志性活动”（Hallmark events）与目的地的形象有机结合并互相促进
灵活性（Flexibility）	目的地可以依托最少的基础设施来举办活动，因为活动在空间和时间上都具有可移动性，并能适应不断变化的市场和组织需要。这使得节事活动能够成为组织和目的地的特殊产品
好客性（Hospitality）	好客性的本质是让每一个活动参加者感觉宾至如归。在目的地，游客受到社区欢迎，当地居民为能成为主人而感到很自豪。有些节事活动和社区因为对旅游者热情好客而广受赞誉
可感知性（Tangibility of the Theme）	活动参加者能通过在一个目的地举行的各种活动体验其独特性和环境资源，包括文化、旅游和自然资源
主题性（Theming）	活动的所有元素都能被赋予主题色彩，以最大限度地体现节日精神、真实性、传统、互动机制和客户服务。主题化将增加参与者对“特殊性”的感觉
象征性（Symbolism）	仪式和符号一起使用，增加了节日气氛，也可以给一个节事活动带来超出其直接目的和主题的特别意义
可支付性（Affordability）	对于大部分细分人群来说，那些能提供人们负担得起的休闲、教育、社会和文化经验的活动具有特殊的意义
便利性（Convenience）	各种活动可用作自发的、无计划的休闲和社交的特殊机会。这在以工作为导向的浮躁的当今社会，特别是在城市环境中，具有重要的价值

资料来源：Getz D. Event Management & Event Tourism［M］. New York：Conizant Communication Corporation，1997.

国内知名活动管理学者、“活动策划家”自媒体创始人刘春章博士（2016a）概括了特殊的活动14个特征，包括发生性、时域性、地域性、参与性、重要性、关注性、聚集性、传播性、计划性、体验性、创意性、仪式性以及独特性。与Getz提出的14个标准对照，这些特征中既有独特性、象征性等相似之处，也有一些从不同视角的概括。例如，关于体验性，刘春章认为，特殊活动的本质是参与，参与的要求是体验，而体验需要设计。再如，刘春章提到的仪式性与Getz提到的象征性在本质上是一样的，他认为“仪式是明确或暗含某种文化的一种秩序。不管你参加什么活动，有没有看到什么仪式，仪式就在那里”。

综上所述，本书所讨论的“活动”，是指特殊活动（Special Event），即在发起人或组织者的常规计划以外，在参与者的日常生活之外，能满足组织者的特殊目的并带给参与者特殊体验的聚集。

三、活动的分类

活动是一个五彩斑斓的世界。尽管业界和学术界根据目的、性质、规模等不同标准，提出了不同的活动类型划分，但所有活动都代表了一种为了一个特定的目的、在特定的时间和地点将人们聚集在一起的场景。

（一）Silvers 的划分

Julia Rutherford Silvers是构建和推广活动管理知识体系（EMBOK）工作的重要先驱之一。关于EMBOK的详细内容，可以参考她的个人网站：http：//www.juliasilvers.com/embok.htm。Silvers认为，尽管业界将活动分成多种类型，但所有的活动都是出于特定的目的，在特定的时间、特定的地点将人们聚集在一起。按照活动目的的不同，她将活动分为10大类：

1. 商务及公司活动（Business & Corporate Events）

任何有助于实现商业目标（Business Objectives）的活动，包括管理职能、企业沟通、培训、营销、奖励、雇员关系和顾客关系等，单独安排或与其他活动共同安排。常见类型如表1–2所示：

表 1-2　常见的商务及公司活动类型

颁奖晚宴（Awards Banquet） 董事会（Board Meeting） （简要的）发布会（Briefing） 非正式的小组讨论会（Buzz Session） 公司派对 / 野餐（Company Party/Picnic） 公司参展（Corporate Exhibit） 公司（自办）展示（Corporate Show） 活动赞助（Event Sponsorship） 高管会议（Executive Retreat） 盛大开业典礼（Grand Opening） 破土动工（Ground Breaking） 假日派对（Holiday Party） 酒店套房 / 帐篷招待会（Hospitality Suite/Tent） 招待会（Hospitality Reception） 人力资源活动（Human Resources Event） 奖励活动（Incentive Event） 奖励会议（Incentive Meeting） 奖励旅游（Incentive Travel）	行业展览会（Industrial Show） 管理会议（Management Meeting） 媒体会议 / 新闻发布会（Media/Press Conference） 里程碑事件（Milestone Event） 移动营销展览会（Mobile Marketing Show） 开放参观日（Open House） 产品发布活动（Product Launch Event） 公共宣传活动（Publicity Event） 销售会议（Sales Meeting） 促销活动（Sales Promotion） 团队建设（Team Building） 技术考察（Technical Visit/Tour） 头脑风暴（Think Tank） 贸易访问（Trade Mission） 贸易展览会（Trade Show） 培训活动（Training Event） 用户会议（User Conference）

2. 公益及筹款活动（Cause-Related& Fund-raising Events）

由慈善组织或公益团体创办，旨在吸引资金、获得支持或引起关注的活动，可以单独安排，或者与其他活动放在一起举办（表 1-3）。

表 1-3　常见的公益及筹款活动类型

拍卖（Auctions） 周年纪念日（Anniversary） 颁奖晚宴（Awards Banquet） 烧烤野宴 / 烹饪比赛（Barbecue/Cook-offs） 早午餐（Brunch） 工作坊（Workshop） 赌场之夜（Casino Night） 慈善嘉年华（Charity Carnival） 教堂庆典（Church Fête） 演示（Demonstration） 教育旅行（Educational Tour） 展览会（Exhibition） 交易会（Fairs & Fêtes） 时装秀（Fashion Show） 募捐长跑 / 行走马拉松（Fun Run/Walk-a-thon）	晚宴舞会（Gala Dinner Dance） 假日活动（Holiday Event） 家庭和花园旅行（Home & Garden Tour） 正式的午宴（Luncheon） 家庭招待会 / 开放参观日（Open House） 露天表演 / 游行（Pageant） 展示（Presentation） 招待会（Reception） 招聘会（Recruitment Fair） 陈列（Showcase） 社交晚宴（Social Dinner） 体育赛事（Sport Events） 电视马拉松（Telethon） 主题派对（Theme Party）

3. 展览会、博览会及交易会（Exhibitions，Expositions & Fairs）

把买家、卖家以及感兴趣的人聚集在一起，以展示或销售产品、服务和其他资源给特定的行业或一般公众的活动，可以单独安排，也可以与其他活动放在一起举办（表 1–4）。

表 1–4　常见的展览会、博览会及交易会类型

亲密团体展览会（Affinity Group Show）	招聘会（Job Fair）
农业展览会（Agricultural Show）	商场展览会（Mall Show）
艺术及手工艺品交易会（Arts & Crafts Fair）	移动营销路演（Mobil Marketing Road Show）
汽车展览会（Car Show）	宠物展览会（Pet Show）
消费类贸易展览会（Consumer Trade Show）	私人贸易展览会（Private Trade Show）
演示（Demonstration）	产品展示会（Product Showcase）
跳蚤市场 / 收藏品市场（Flea/Collectibles Market）	公众博览会（Public Expo）
电视竞赛节目（Gate Show）	招聘会（Recruitment Fair）
礼品 / 爱好展览会（Gift/Hobby Show）	贸易展览会（Trade Show）
健康、保健展览会（Health/Wellness Fair）	垂直展示（Vertical Show）
工业展览会（Industrial Show）	世界博览会（World's Fair）

4. 娱乐及休闲活动（Entertainment& Leisure Events）

为娱乐目的而举办的一次性或周期性的，免票的或凭票入场的演出或展示活动，可以单独安排，也可以与其他活动放在一起举办（表 1–5）。

表 1–5　常见的娱乐及休闲活动类型

探险旅游（Adventure Tour）	假日活动（Holiday Event）
颁奖典礼（Awards Ceremony）	商场秀（Mall Show）
艺术展览会（Arts Exhibition）	神秘旅游（Mystery Tour）
小型讨论会 / 工作坊（Clinic/Workshop）	露天表演（Pageant）
音乐会（Concert）	游行（Parade）
演示（Demonstration）	表演（Performance）
生态旅游（Eco–tour）	公众展览会（Public Show）
教育旅游（Educational Tour）	重现表演（Re–enactment）
民俗旅游（Ethnic Tour）	陈列展示（Showcase）
短途旅行（Excursions）	观光旅游（Sightseeing Tour）
博览会（Fairs & Fêtes）	特殊活动旅游（Special Event Tour）
时装秀（Fashion Show）	体育赛事（Sport Event）
电视竞赛节目（Gate Show）	

5. 节庆（Festivals）

由公众或为公众举办的一种文化庆祝活动，可以是世俗的或宗教的，可以单独安排，也可以与其他活动放在一起举办（许多节庆都会在节日的氛围中把买家和卖家聚在一起），如表 1–6 所示：

表 1–6　常见的节庆活动类型

艺术 / 工艺品节（Arts/Crafts Festival）	假日节（Holiday Festival）
嘉年华（Carnival）	地方和宗教集会（Local & Regional Fair）
百年纪念（Centennial）	音乐节（Music Festival）
舞蹈节（Dance Festival）	社区节（Neighborhood Festival）
奉献节（Dedication）	游行（Parade）
民族节日 / 文化节（Ethnic/Cultural Festival）	造物节（Products Festival）
美食节 / 烹饪比赛（Food Festival/Cook–off）	重现表演（Re–enactment Pageant）
传统节庆（Heritage Festival）	宗教节日（Religious Festival）
历史的节日（Historical Festival）	季节性节日（Seasonal Festival）

6. 政府及市政活动（Government& Civic Events）

由政治团体、社区或政府部门举办或者为它们举办的活动，可以单独安排，也可以与其他活动放在一起举办。常见的此类活动如表 1–7 所示：

表 1–7　常见的政府及市政活动类型

周年纪念日（Anniversary）	就职典礼（Inauguration）
集会（Assembly）	授职仪式（Investiture）
宴会（Banquet）	新闻发布会（Media/Press Conference）
百年纪念（Centennial）	社区活动（Neighborhood Events）
仪式活动（Ceremonial Event）	游行（Parade）
公民颁奖典礼（Citizen Award Celebration）	政治集会（Political Rally）
社区 / 村落庆典（Community/Village Fête）	国葬（State Funeral）
辩论会（Debate）	国事活动（State Occasion）
献身节（Dedication）	峰会（Summit）
政府会议（Government Meeting）	智囊团会议（Think Tank）
破土动工（Ground Breaking）	贸易访问团（Trade Mission）
假日活动（Holiday Event）	高端访问活动（Visiting Dignitary Event）

7. 营销活动（Marketing Events）

一种有助于把买家和卖家聚在一起的商业导向（Commerce–oriented）活动，其主要目的是提升商品或服务的知名度，可以单独安排，也可以与其他活动放在一起举办，如表 1–8 所示：

表 1–8 常见的营销活动类型

大厨招待会（Chef's Table）	开放参观日（Open House）
顾客接待活动（Customer Hospitality Event）	产品发布会（Product Launch Event）
演示（Demonstration）	公共宣传 / 促销活动（Publicity/Promotional Event）
赞助活动（Event Sponsorship）	零售活动（Retail Event）
工厂考察（Facility Tour）	陈列展示（Showcase）
熟悉考察团（Familiarization Tour）	主题茶歇（Theme Break）
时装秀（Fashion Show）	主题派对（Theme Party）
正式开业（Grand Opening）	贸易代表团（Trade Mission）
接待活动（Hospitality Suite/Tent）	贸易展览会参展（Trade Show Exhibit）
新闻发布会（Media/Press Conference）	

8. 会议及大会活动（Meeting & Convention Events）

人们为了交换信息，辩论或讨论，达成共识或决议，教育，以及建立关系而聚集在一起的活动，可以单独安排，也可以与其他活动放在一起举办，如表 1–9 所示：

表 1–9 常见的会议及大会活动类型

学术会议（Academic Conference）	演讲（Lecture）
集会（Assembly）	午餐会（Luncheon）
协会会议（Association Meeting）	管理会议（Management Meeting）
颁奖宴会（Awards Banquet）	新闻发布会（Media/Press Conference）
董事会会议（Board Meeting）	医学会议（Medical Meeting）
思维碰撞会（Brainstorming Session）	军事会议（Military Meeting）
茶歇（Break）	海报论文讨论会（Poster Session）
吹风会（Briefing）	宗教会议（Religious Meeting）
小组漫谈会（Buzz Session）	圆桌会议（Roundtable）
伙伴聚会（Companion Program）	销售会议（Sales Meeting）
教皇选举会议（Conclave）	科学会议（Scientific Meeting）
会议（Conference）	研讨会（Seminar）
代表会议（Congress）	观光旅游（Sightseeing Tour）
大会（Convention）	体育比赛（Sport Tournaments）
公司会议（Corporate Meeting）	研究代表团（Study Mission）
辩论会（Debate）	座谈会 / 专题学术讨论会（Symposium）
总结报告会（Debriefing）	宣讲会（Teach–in）
演示会（Demonstration）	技术会议（Technical Meeting）
餐桌会议（Dine Around）	主题茶歇（Theme Break）

续表

教育会议（Educational Conference） 联谊会会议（Fraternal Meeting） 全体大会（General Assembly） 政府会议（Government Meeting） 套房招待会（Hospitality Suite） 奖励会议（Incentive Meeting）	智库会议（Think Tank） 贸易展览会（Trade Show） 培训活动（Training Event） 用户会议（User Conference） 欢迎酒会（Welcome Reception） 工作坊（Workshop）

9. 社会 / 人生里程碑活动（Social/Life-Cycle Events）

一种受邀请才能参加（Invitation Only）的私人活动，其目的往往是庆祝或纪念一个文化的、宗教的、公共的、社会的或具有人生里程碑意义的时刻，可以单独安排，也可以与其他活动放在一起举办，如表 1-10 所示：

表 1-10　常见的社会 / 人生里程碑活动类型

周年纪念日（Anniversary） 受戒 / 成人仪式派对（Bar/Bat Mitzvah Party） 野餐会（Barbecue） 早午餐（Brunch） 洗礼 / 命名仪式（Christening/Naming Ceremony） 教堂聚会（Church Socials） 俱乐部派对（Club Parties） 毕业典礼（Commencement/Graduation） 宣誓仪式（Commitment Ritual） 坚振礼 / 按手礼（Confirmation） 社交舞会（Dance Socials） 家庭团聚（Family Reunion） 联谊会（Fraternal Reunion）	葬礼（Funeral） 晚宴舞会（Gala Dinner Dance） 聚会（Get-together/Gathering） 假日派对（Holiday Party） 午餐会（Luncheon） （西班牙语）午后点心（Merienda） 军人重聚（Military Reunion） 家庭招待会（Open House） 社交晚宴（Social Dinner） 茶话会（Tea Party） 圣线佩戴仪式（印度）[Thread Ceremony（Hindu）] 婚礼（Wedding）

10. 体育赛事（Sports Events）

一种包括休闲性或竞技性体育运动，供人参观的或参与的活动，可以单独安排，也可以与其他活动放在一起举办，如表 1-11 所示：

表 1-11　常见的体育赛事类型

动物运动会（Animal Sports） 颁奖宴会（Awards Banquet） 锦标赛（Championship） 竞赛（Competition）	筏赛（Rafting） 赛船会（Regattas） 拉力赛（Road Rally） 竞技表演（Rodeo）

续表

单车旅游（Cycling Tour）	绳索课程（Ropes Course）
马术比赛（Equestrian Events）	校园运动（School Sports）
极限运动（Extreme Sports）	足球比赛（Soccer Game）
募捐长跑/行走马拉松（Fun Run/Walk-a-thon）	特奥会（Special Olympics）
高尔夫邀请赛（Golf Tournament）	观赏性运动（Spectator Sports）
马拉松（Marathon）	体育诊所（Sports Clinics）
奥林匹克/类奥林匹克运动会（Olympic/Olympic-Style Games）	游泳比赛（Swim Meet）
	团队建设活动（Team Building Course）
开幕式/闭幕式（Opening/Closing Ceremonies）	网球公开赛（Tennis Tournament）
运动员入场仪式（Parade of Athletes）	火炬跑（Torch Run）
参与式运动（Participatory Sports）	三项全能运动（Triathlon）
马球比赛（Polo Match）	田径运动会（Track Meet）
职业与业余选手混合赛（Pro-Am Competition）	水上运动（Water Sports）
赛马会（Races）	

（二）Getz 的划分

Wagen 和 Carlos（2005）将活动分为体育、娱乐、文化和艺术、市场营销和促销、会展、节日庆典、家庭活动以及筹资活动等类型。根据活动内容的不同，国际著名节事旅游与活动研究专家 Donald Getz（1997）把经过事先策划的活动（Planned Events）分为以下 8 种基本类型：

· 文化庆典，包括节日、狂欢节、宗教事件、大型展演、历史纪念活动等；

· 艺术娱乐活动，主要包括音乐会、文艺展览、授奖仪式和其他表演；

· 会展及商贸活动，如会议、展览会/展销会、博览会、广告促销、募捐/筹资活动等；

· 体育赛事，主要包括职业比赛、业余竞赛和商业性体育活动；

· 教育科学活动，包括研讨班、专题学术会议、学术讨论会等；

· 休闲活动，包括演唱会、游戏和趣味体育、娱乐活动；

· 政治/政府活动，包括就职典礼、授职/授勋仪式、贵宾 VIP 观礼、群众集会；

· 私人活动（个人庆典，如周年纪念、家庭假日、宗教礼拜等；社交活动，如私人舞会、家庭聚会、同学/亲友联欢会等）。

（三）Shone 和 Parry 的划分

Shone 和 Parry（2004）使用分类学原理提出了类似的活动分类（图 1-1）。

他们认为，可以将特殊活动分为 4 种基本类型，即文化活动（庆典类的、宗教类的、遗产类的、艺术类的和民间类的）、休闲活动（休闲、体育和娱乐活动）、个人活动（婚礼、葬礼、生日和各种周年纪念）和组织活动（商务类的、政治类的、慈善类的以及销售类的）。他们同时指出，这种分类有一定的重叠性，譬如，毕业典礼对于个人和家庭来说是个人活动，但对于学校来说，是组织活动；再如，一个乡村嘉年华，既是文化活动，在某种程度上来说，也是休闲活动。因此，重叠应该视为必然而非例外（刘春章 a，2016）。

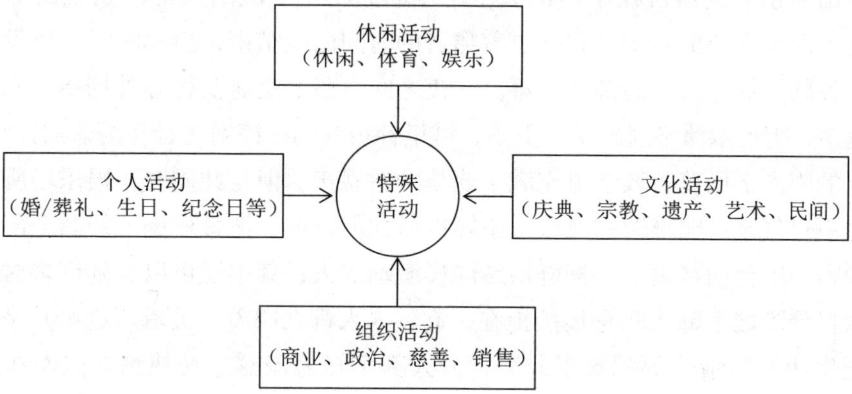

图 1–1　Shone 和 Parry（2004）对活动的分类

四、为什么要举办活动

在人们的日常生活中，每天都在发生各种各样的活动，但很多并不是有序的、高效的或经过精心安排的。然而，专业的活动管理要从“为什么”（why/purpose，即活动的目标）开始，它能指导之后为实现该目标的所有行动。这也是特殊活动的基本含义之一，首先是确定“特定的目的 / 目标”。

戈德布莱特（2010）认为，特殊活动的目标有 4 种基本类型，即庆祝（Celebration）、教育（Education）、营销（Marketing）和团聚（Reunion）。笔者（2018）提出，活动还有一项重要功能是娱乐（Entertainment）。

（一）庆祝

根据汉语大辞典的解释，所谓“庆祝”就是为共同的喜事而进行一些活动，以表示欢庆或纪念。谈起“庆祝”，一般人首先想到的是烟花、表演甚至锣鼓喧天。其实，“庆祝”的英文 Celebration 来源于拉丁语“Celebro”，是“给……以荣誉”（To Honor）的意思。另一个被普遍接受的定义是仪式中的“表演”（To Perform）。这样，庆祝就是指那些比较正式的、节日的场合，包括游行、市民活动、节庆、宗教仪式、政治活动、成人仪式、婚礼及周年纪念日等，这些活动往往与个人或组织的生命周期阶段（Life – cycle）有关，并具有重要的历史意义。

在法国著名作家阿尔贝·加缪的《鼠疫》中有这样一段精彩的描述：

山冈顶上的炮台在宁静的天空中不断轰鸣。全城的人都跑到大街上来庆祝这一激动人心的时刻，它标志着痛苦的时间已经结束，遗忘的时间还没有开始。各处广场上，人们都在跳舞。一夜之间，路上交通变得分外拥挤，汽车越来越多，街道水泄不通。整个下午，城里钟声齐鸣，铿锵之音在蔚蓝的天空中、金色的阳光下回荡。教堂里充满了欢乐的谢恩声。但与此同时，娱乐场所也挤得透不过气来，咖啡馆的老板也不顾以后如何营业，把最后剩下的酒全部卖给了顾客。柜台前挤满了一群群情绪同样激动的人，其中还可以看到许多对男女在众目睽睽之下毫无顾忌地搂抱在一起，人人都在叫着、笑着。这些月来，他们把生活的热情全部积聚了起来，人人都不轻易流露这种热情。然而在这一天，在他们得以幸存的日子里，他们把它全部释放了出来。明天才是小心翼翼地开始生活的日子，而现在，各种完全不同阶层的人都像兄弟姐妹一般汇聚在一起。

（二）教育

“教育”一词来源于拉丁语 Educare，意思是“引出”（Lead Out），意思就是通过一定的手段，把某种本来潜在于人们身体和心灵内部的东西引发出来。对教育的定义，各国学者认识不同。美国的杜威说，“教育即生活”。英国的斯宾塞认为，“教育是未来生活之准备”。我国著名教育家陶行知认为，“生活即教育，社会即学校，教学做合一”。由此可见，教育是贯穿一个人的全生命周期的，特别是从终身教育的角度来讲，活动在教育与生活之间有着天然的纽带作用。

从在幼儿园参加第一次集体学习活动，到成年后通过参加各种会议来获得新的知识和技能，各类教育活动记录、测试或支持着一个人的成长。这种成长可能是社会性的，比如高中毕业典礼，也可能是有关职业发展的，比如通过了某种行业认证。通过教育活动，活动组织者“引出”新的思想或行动。

常见的教育类活动有专题学术研讨会（Symposium）、工作坊（Workshop）、毕业典礼（Commencements）、评议会（Convocations）、校友活动、公司培训、有特定教育内容的会议，以及能寓教于乐（Edutainment）的活动等。其中，寓教于乐（Edutainment）的活动要依托对歌手、舞蹈演员等娱乐元素的使用，以展示教育的理念和主题。寓教于乐的形式多样，常见的有寓教于文艺演练、寓教于体育活动、寓教于文化生活、寓教于游艺交际、寓教于旅游观光等。

➔经典案例

寓教于乐，“爱鼻日”活动花样多

上周六是“全国爱鼻日”，我市多家医院开展了相关主题活动。记者在走访时发现，与往年不同的是，今年的“爱鼻日”活动更是添加了不少新亮点。形式多样、内容丰富的互动活动，使得群众对鼻病危害和防治知识的知晓度得到提高，对于鼻部疾病预防与控制也起到了事半功倍的作用。

“讲座 + 义诊”丰富多彩

“对于大多数人来说，春季过敏性鼻炎最危险之处在于它难以辨认，因为它和普通感冒很相似，有不少人在发病初期常把过敏性鼻炎当成感冒，自行服用抗感冒药物或就诊于其他科室而不能得到及时正确的诊治”，4 月 13 日，西京医院耳鼻咽喉头颈外科举办了“过敏性鼻炎宣教活动”讲座，该科室组织专门进行过敏性鼻炎治疗研究的专家教授为患者提供关于过敏性鼻炎的危害、诊断、规范化治疗的信息，并现场解答患者在治疗过程中的问题。

同日，西安市红会医院、西安 323 医院耳鼻咽喉头颈外科等多家医院举行了义诊活动。在门诊楼前，323 医院展示了以常见及重点鼻部疾病、典型病例、鼻部不良生活习惯、保护鼻的知识为主要内容的系列科普展板，吸引了不少市民驻足观看。

“义诊中我们发现，鼻病患者在就医时存在不少误区，如乱用药、听信所谓的偏方等。这里我们要提醒鼻炎患者，患了鼻炎，一定要先到正规大医院正确诊断，科学治疗，切不可自行判断用药，以免延误病情，增加治疗难度。”

西安市红会医院耳鼻喉科主任龚龙岗表示。

“嗅觉达人赛”人气挺旺

“这里一共有13种不同的液体，选手要依次闻这13瓶液体，通过嗅觉闻气味来判断这是什么液体……”“如果不能闻出，说明你的嗅觉多少有些问题，可以到旁边的专家义诊台咨询下耳鼻喉专家”……4月13日，市民将北大街老百姓大药房门前广场围了个水泄不通。

原来，这里正在举办一场以“爱鼻子、爱呼吸、领嗅西安”为主题的4·13“全国爱鼻日”大型公益健康教育宣传活动。记者在现场看到，不管男女老少，大家都积极地加入参赛队伍中，争先恐后地去抢夺仅有的几个“嗅觉达人”的名额和奖品。

“希望通过这种寓教于乐的方式，来呼吁广大市民关注鼻部健康，养成及时自检的习惯，让我们的鼻子远离各种疾病困扰。”活动组织方——西安中大耳鼻喉医学研究院相关负责人说。

资料来源：程静，闫鑫．寓教于乐，“爱鼻日”活动花样多［N］．西安晚报，2013-04-16.

（三）营销

正如上文所言，营销活动的主要目的是提升商品或服务的知名度，并把买家和卖家聚在一起，因而具有典型的商业导向（表1-8）。作为一种整合营销的工具，活动营销几乎已经成为所有公司或组织营销计划中不可分割的一部分。和广告、公共关系、促销等一起，特殊活动有助于提高产品和服务的知名度，并促进潜在消费者购买。很久以来，零售商早已习惯利用各种活动来促进销售，如今，许多其他行业的企业也意识到面对面活动（face-to-face events）在实现销售目标方面是一种有效的途径。

Getz（1997）将会展与商务活动列为特殊活动的第三大类。商业会议、贸易展览会与公司活动都属于商务活动的范畴，且大都带有营销的性质（表1-12）。所谓商务活动，是一个统称性的术语，它包括展览会以及企业自身举办的用来服务客户（主要指中间商）、潜在客户甚至消费者的活动。

表 1–12　常见商务活动的分类及特征

	会展	公司活动	其他活动
主要类型	✓ 纵向、横向展览会 ✓ 国际、全国、区域及地方性展览会 ✓ 由行业协会、非营利机构组织的展览会 ✓ 大型会议、研讨会等	✓ 多站点巡回展 / 路演 ✓ 用户小组 ✓ 单个客户活动 ✓ 合作伙伴讨论会 ✓ 教育性讲座 ✓ 网络讲座 ✓ 娱乐活动 ✓ 奖励旅游	✓ 体育赞助 ✓ 手机营销 ✓ 游击营销 ✓ 公益事业 ✓ 消费者活动
共同点	✓ 与客户或潜在客户面对面沟通的效率高 ✓ 和其他营销渠道相比成本较高，但比直接销售的成本低 ✓ 侧重点在于发现销售机会 ✓ 通常被认为与企业内部的预算、组织和管理具有一样的功能 ✓ 与活动前的沟通和活动后的跟进一起，才能发挥最佳效果		—
主要区别	✓ 侧重于潜在客户 ✓ 活动的进度、内容和与会者（观众）都由会展公司组织安排 ✓ 竞争对手使得信息和注意力分散 ✓ 提供大量的公共关系机会	✓ 侧重于现有客户 ✓ 整个活动由公司人员组织 ✓ 通过精心组织可以使信息得到有效控制 ✓ 公司活动的花费可以由商业伙伴来支付或者向参加者收费	—

资料来源：Ruth P. Stevens. Trade Show & Event Marketing：Plan，Promote & Profit［M］. South-Western Educational Publishing，2005.

Behrer，Larsson 和 Sandgren（1998）从营销的角度，将活动营销分为 4 种基本类型，其中，现场活动营销（Action Marketing）是一种富有创意的促销形式，而且必须发生在产品销售的地方；以建立关系为导向的活动（Relation Building Events）是富有情感的，并以一种特别的方式让观众参与进来，其主要内容是活动本身，而不是活动举办的场地，如图 1–2 所示：

图 1–2　活动营销（Event Marketing）的基本类型

以展览会为例，参展作为企业实施整合营销战略的一种重要工具。首先，作为平台，展览会是一个信息市场。展会期间，某个甚至多个行业的供应商、生产商、批发商、分销商等汇聚一堂，进行交流洽谈、合同签订。参展企业可以利用各种信息渠道宣传自身的产品，推介品牌、展示形象。企业与顾客之间可以直接沟通，并得到及时的反馈。其次，展览会具备了其他营销工具的相关属性，例如，作为广告工具，可以通过各类媒介将信息有针对性地传送给特定观众；作为促销工具，能刺激公众的消费和购买欲望；作为一种直销形式，可以直接将展品展示和销售给观众。

在《展览在市场营销体系中的作用》一书中，Jag Beier 教授和 Simon Dambak 教授概括了展览会与企业其他营销手段（常见的 4P's 营销组合）之间的关系，如图 1–3 所示：

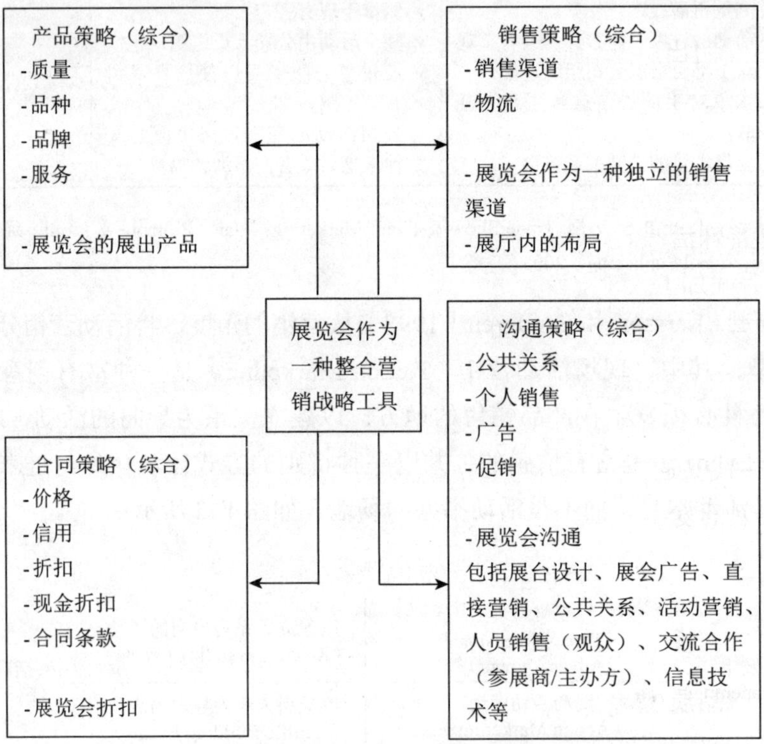

图 1–3 展览会的整合营销战略工具作用

（四）团聚

团聚（特别是重聚）在活动管理领域几乎随处可见，因为只要第一届活动是成功的，那么参与者就会有重聚的愿望。“团聚 / 重聚”经常和家庭、学校、协会等团体放在一起，例如，家庭团聚（Family Reunion）、校友聚会活动（School Reunion Event）、协会年度聚会（Association Annual Reunion）等。当人们为了纪念的目的而重新团聚，重新点燃友谊，或者仅仅是作为一个群体重新团结起来时，他们就是在进行一次团聚活动。在美国社会，“重聚”具有非常丰富的象征意义，以至于比尔·克林顿（Bill Clinton）将其作为总统宣誓就职活动的主题。

Goldblatt（2010）提出，“在美国，随着 20 世纪 50 年代传统家庭的崩溃，以及美国人的迁居习惯，认为为了与家人和朋友重新建立联系，婚礼、葬礼和团聚活动正成为我们生活的中心，这种观点并不是无稽之谈”。有不少学者还专门出版著作来介绍如何成功地组织家庭团聚、军人聚会等团聚活动（Masciangelio & Ninkovich，1991；Crichton，1998；Morgan，2001；Fall，2003）。

（五）娱乐

各种特殊活动的“娱乐”功能可谓与生俱来，其直接表现是人们习惯于在“娱乐”后面加上“活动”二字。《北史·齐纪中·文宣帝》中记载，“或聚棘为马，纽草为索，逼遣乘骑，牵引来去，流血洒地，以为娱乐。”这里的“娱乐”就是快乐有趣的活动。湖南卫视著名主持人汪涵在 2012 年 2 月 27 日播出的《天天向上》节目中对“娱乐”二字做了颇具生活意义的诠释。他提到，“娱”在古代又通“悟”，“娱”就是在领悟过后的一种情绪，“乐”在甲古文中是“成熟的麦子”的意思。所以，娱乐是人们在“领悟之后的感受和成熟之后的喜悦”。

由于现代生活特别是大城市里居民的生活节奏太快，日常生活显得紧张而单调，人们终日奔忙于工作和基本的生活需求之间，生活越来越程式化，许多对于“品质生活”来讲哪怕是极简单的非常规活动（activities outside the normal life）对大多数人来说都是一种奢侈品。其实，具有娱乐功能的活动形式十分多样，而且很容易开展，例如体育运动、游戏、文艺表演等。

当一项普通的运动或活动演变成一种真正的娱乐活动时，其活动方式和规则都会发生变化，总体原则是趋于降低难度和强度，使其更具随意性和普适性，我们可以称之为娱乐活动的享乐性。有新闻报道，德国人最新潮的娱乐和度假方式是到乡村去参加各种体力劳动，或去农场充当义工，过上几天真正的农家生活，在原始的劳作中忘记城市的喧嚣，然后再身心放松地回到工作中去。据统计，早在 1994 年便有 400 万德国人这样度过了他们难忘的假期。

五、活动的本质——一个分析框架

笔者在《中国会展业发展理论与前沿》一书的绪论（重新认识会展业）中写过这样一段话，在移动互联时代，无论是狭义上的会展还是各种特殊活动，都缺少不了以下基本要素：社交、教育、体验、设计与服务，这些要素都附着在活动这个平台上，其核心应该是“价值”。这五个要素的英文分别为 Social Networking，Education，Experience，Design 和 Service，鉴于此，将其概括为活动本质（包括狭义上的会展）的 SEEDS 框架（图 1–4）。

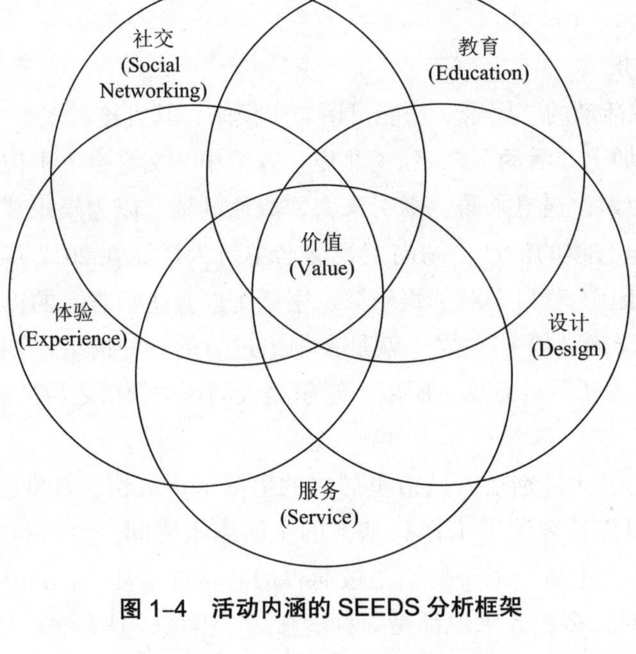

图 1–4　活动内涵的 SEEDS 分析框架

2016 年 11 月，全球展览业协会（UFI）第 83 届年会在上海举办，德国著名会展咨询公司 JWC 创始人 Jochen Witt 先生在主题演讲中提出，展览会体现了一种团队精神，它需要主办方、场馆方和服务商之间的精诚合作，并且他们与参展商、观众共同组成了一个“金三角”，在三者之间取得平衡时，展览会才是最成功的。2017 年 1 月，在国际专业会议管理协会（PCMA）年会上，主办方将主题确定为“Designing Collaboration”（设计合作），会议的很多话题都与合作及协同有关。

诚然，为打造更好的产业生态，活动产业链上的不同环节，特别是每次活动的利益相关者，必须协同创新与合作。对于单个活动而言，至少要从 3 个方面来理解合作：

1. 合作是多主体的

从 Getz（1997）提出的一次节庆活动的 7 种主要利益相关者，到 Jochen Witt 先生所提到的展览会主办方、场馆方、服务商与参展商和观众组成的“金三角”，均可以看出合作的主体是多元的。而且，跨界合作在会展和活动行业中的趋势越来越明显。在世界著名活动体验管理公司 Freeman 的官网上，关于“我们如何开展工作（How We Work）”有许多精彩的解释，其团队认为，新的理念和灵感来自合作以及多元文化和地域。

2. 合作是全过程的

对于一次活动而言，所有利益相关者之间的协同与合作是至关重要的，这种合作应该贯穿活动的全过程。2017 年 1 月，著名导演樊跃推出了长江首部漂移式多维体验剧，其理念为：从踏上知音号那一刻开始，游客便成了演员中的一员，直到走下知音号。这种全过程的核心是沉浸式的“体验”（Immersive Experience），而美好的体验和有价值的时刻（Meaningful Moments）需要活动主办方、服务商和参与者共同创造。

例如，国际会展业巨头弗里曼（Freeman）跳出传统会展服务企业的框架，把公司的定位描述成面对面营销的整合服务商和品牌体验（Brand Experience）管理的领导者是深谋远虑的。

3. 合作是全方位的

在纽约有一个“未来故事节”（Future of Story Telling Festival，FoST），该活动试图把讲故事和新技术有机结合起来，每年都能吸引大量人群参加。FoST 采取多种形式，为与会者的深度参与和合作创造了机会，并给与会者带来了立体式的体验。用主办方创办人 Charlie Melcher 的话说，“我们来这里并不只是单单作为未来故事节的参加者，我们一起创造这个节日”，因此“要让每一个人都有机会备受关注（Everybody gets the chance to become a star.）”。

综上所述，笔者（2017）提出了一个分析活动本质的升级版框架，简称 VC–SEEDS（图 1–5）。

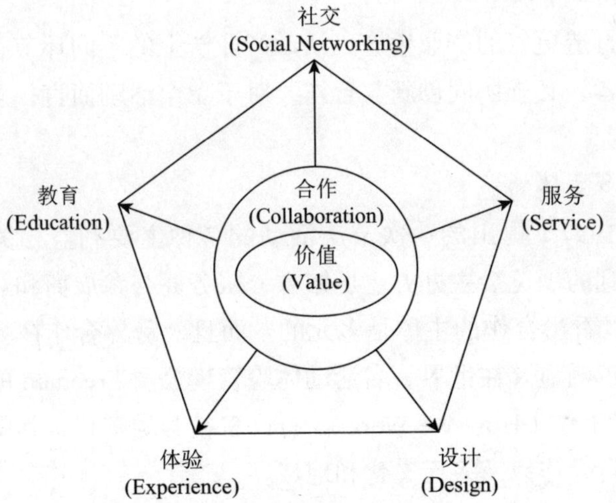

图 1–5　关于活动本质的新分析框架

思考题：

1. 怎样理解罗伯特·贾尼的这句话：特殊活动是指那些与日常生活不同的活动（A special event is that which is different from a normal day of living）？

2. 请结合令自己印象深刻的几次活动，解释活动的“特殊性”。

3. 除了本书所提出的举办特殊活动的 5 种基本目标，还有其他类型吗？

4. 请结合社会 / 人生里程碑活动中的 3 种类型，对自己曾经参加或亲身组织的 3 个活动进行简要描述。

5. 怎样理解活动中合作的重要性？

6. 如何结合 VC–SEEDS 分析框架来解释活动的本质？

第2章

活动观是一种世界观

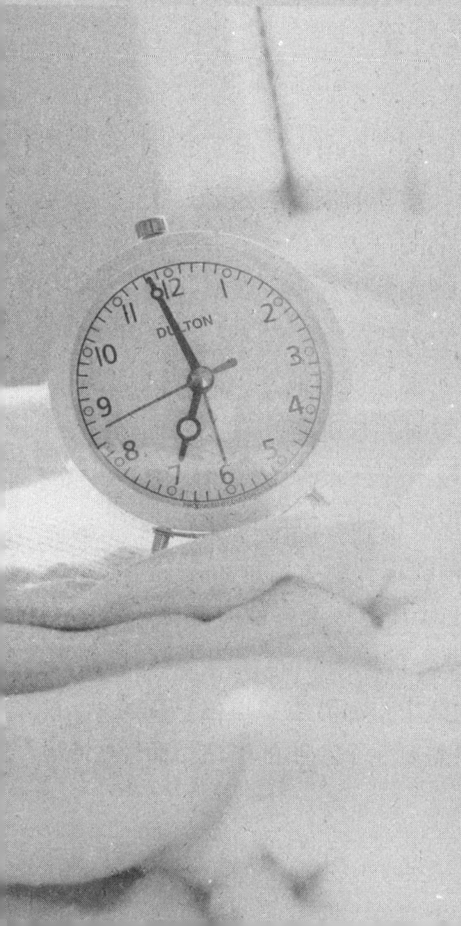

长期以来，各类节庆与特殊活动在人们的日常生活中扮演着重要角色。在古今中外的大多数社会中，举行某次庆祝活动往往只需要一个小小的借口，而通常一些日常生活中的普通活动也可以被当作节日或狂欢节等来庆祝（Shone和Parry，2004）。一旦人们聚集在一起就会有共有的体验强化的过程，涂尔干称之为“集体兴奋”（Collective Excitement）。换句话说，共同举办这些活动，可以让参与者意识到彼此在做同样的事，也在想同样的事，进而获得一种特殊的能量——情感能量（Durkheim，1912）。

提起特殊活动的定义，很多人会自然想起 Goldblatt、Getz 等代表人物。其实，较早的定义是由 Geier（1986）提出的。他认为，特殊活动（Special Event）可以定义为任何具有如下特点的活动（activity）：①超出组织的日常安排之外；②呈献给一群人或以一群人呈现；③有一个具体的时间框架。这个30 多年前的定义对特殊活动做了很精辟的概括：多主体 / 聚集性、全过程 / 时间限制以及特定目标。

2012 年，Getz 深入讨论了活动研究的本体构建问题，并提出了可以作为支撑的 12 个基础性学科（人类学、社会学、哲学、宗教、心理学、经济学、管理学、政治学、法学、历史学、人文地理学与未来学）以及 15 个紧密相关的研究领域（休闲、旅游、酒店、教育、传播 / 传媒与表演、艺术与文化管理、文化、体育、场馆 / 俱乐部与集会、剧院、健康、城市与社区、贫困、土著 / 少数民族与跨文化以及旅游者研究）。这种多学科、多领域支撑的知识架构使得活动研究向更富有社会科学特点的领域演进。

一、不同视角下的活动

（一）历史学视角下的活动

特殊活动的起源可以追溯到几千年前（Bowdin et al.，2001）。在人类发展的历史长河中，可以找到许多祖先们举办节庆与特殊活动的例子，如原始社会的集体狩猎、古代中国的祭祀、古希腊和古罗马时期的角斗运动会、古代奥林匹克运动会（公元前 776 年举行第一届）、中世纪时期为庆祝丰收而举行的庆典活动等。

考古学家发现，一些古文化遗址历史上就是用来召集会议的地方，市民们聚集到一起来讨论公共事务，例如政府、战争、狩猎或部落庆典等。在人类有了固定的居住地后，城镇或乡村开始有公共会议区域，往往被称为城镇广场（town square），居民们在这里举办集会、会谈和庆祝等活动。例如，2400 多年前，在亚历山大大帝的领导下，每年有 50 多万人前往以弗所（Ephesus，古希腊小亚细亚西岸的一个重要贸易城市，即现在的土耳其）参观各种展览会，其中包括杂技、魔术、驯兽和戏法等（Fenich，2011）。

长期以来，各类节庆与特殊活动在人们的日常生活中扮演着重要角色。在古今中外的大多数社会中，举行某次庆祝活动往往只需要一个小小的借口，而通常一些日常生活中的普通活动也可以被当作节日或狂欢节等来庆祝（Shone 和 Parry，2004）。例如，在澳大利亚，第一舰队到达后的第一个活动可能就是 1788 年的矮树丛聚会，以庆祝妇女罪犯到岸，聚会上“有人骂街，有人争吵，有人歌唱”（Hughes，1987）。

在美国，最精彩的故事之一莫过于感恩节（Thanksgiving Day，一般为 11 月的最后一个星期四）的由来。对于这个节日，一般会有这样的介绍：感恩节的由来要追溯到美国历史的发端。1620 年，著名的“五月花”号船满载不堪忍受英国国内宗教迫害的清教徒 102 人到达美洲。1620 年和 1621 年之交的冬天，他们遇到了难以想象的困难，处于饥寒交迫之中，冬天过去时，活下来的移民只有 50 来人。这时，心地善良的印第安人给移民送来了生活必需品，还特地派人教他们狩猎、捕鱼和种植玉米、南瓜。在印第安人的帮助下，移民们终于获得了丰收。在欢庆丰收的日子，按照宗教习俗，移民们规定了感谢上帝的日子，并决定为感谢印第安人的真诚帮助，邀请他们一同庆祝节日。在第一个感恩节这一天，印第安人和移民们欢聚一堂，并在黎明时鸣放礼炮，列队走进一间用作教堂的屋子，虔诚地向上帝表达谢意，然后点起篝火举行盛大宴会。第二天和第三天又举行了摔跤、赛跑、唱歌、跳舞等活动。第一个感恩节非常成功，其中的许多庆祝方式流传了 300 多年，一直保留到今天。

概括而言，人类历史是由一系列彼此关系错综复杂而有时间连续性的事件所组成的，而决定历史发展的却是人的活动。

➔经典案例

库克船长之死

1778 年 11 月 16 日，库克船长率领英国航海船队到达南太平洋岛屿，开始环绕夏威夷群岛航行，直到 1779 年 1 月 17 日他们才在凯阿拉凯夸港登陆。由于船队抵达的时间与当地波利尼西亚神灵——“罗诺神”降临的时间不谋而合，库克船长被当地波利尼西亚人看成他们世代崇拜的罗诺神。

在土著人的信仰中，罗诺神掌管着自然生长与人类繁衍，每年会来岛上一次，并沿着太阳起落的方向巡游全岛，人们要为他举行一个长达 4 个月的“玛卡基斯”仪式。因此，当库克船长恰好在罗诺神降临的时间和结束巡游的地方出现时，岛民们立刻用隆重的礼仪和丰盛的祭物迎接他们的到来。这样，库克船长在并不知情的情况下，不自觉地充当了一回罗诺神。1779 年 2 月 2 日，库克率队离开考爱岛，答应明年还将回来。所有这些巧合，正好在历史的层面按照仪式的预定序列进行。

然而，意外发生了。2 月 11 日，库克船队中的“决心号”航船的桅杆折断了，他们不得不重新返回小岛以修理被损坏的航船。这一次，波利尼西亚人并没有再列队欢迎他们，库克船长也受到了冷落。在土著人看来，罗诺神的巡游既是在宣告自己的统治权，又是在把土地一块块分割出去。在此过程中，神灵与国王的权力之间一直存在张力。直到巡游的最后时刻，罗诺神和国王会进行一场仪式性的战斗，国王的胜利会为人民赢得生命，也为自己赢得至高无上的王权，罗诺神则成为牺牲品。2 月 3 日，库克船长作为罗诺神，完成了巡游，也完成了天衣无缝的仪式性死亡，次日，拔锚离去。国王顺利地渡过了罗诺神的造访，仪式时间结束，正常的宇宙进程也即将重新开始。然而，库克船长这次竟不合时宜地回来了，对国王而言，罗诺神的不期而返是不祥之兆，意味着对他统治权的威胁。国王、头人和英国人之间不断发生争端，库克船队的被盗窃问题也日甚一日。2 月 13 日，库克船长采取“擒贼先擒王”的策略，带领一队人马上岸擒拿夏威夷国王，以换回前一天晚上被岛民偷去的一艘小船。在沿陆路找到国王并向海上挟持人质的过程中，库克被一位头人扔出的短剑击中，一头栽入水中。接着，一大群人开始围攻他，一个接一个趁机用短剑刺杀他，并冲着他幸灾乐祸地狂欢，库克船长被杀死在夏威夷群岛。

美国人类学家马歇尔·萨林斯（Marshall D. Sahlins）认为，库克船长被杀既是神话的现实，也是历史的隐喻。库克船长遭遇的礼遇与悲剧都来自夏威夷人对神的态度，库克之死实际上等同于罗诺神之死。凶手不是那位最先用短剑刺杀他的人，而是两种结构之间的致命碰撞。任何一个事件都不是简单的现象性发生物，当它在文化系统中和通过文化系统被挪用时，就会获得一种历史意义。

资料来源：徐大慰，梁德阔. 结构与事件·历史与结构·他者与我者——评《历史之岛》的历史人类学方法论价值［J］. 历史教学：高校版，(4)，2008：75-79.

（二）社会学视角下的活动

Goldblatt（1997）认为，特殊活动是那些“能满足组织者的特殊需求的独特的、伴有仪式的经历”。的确，谈及社会学视角下的特殊活动，就必须从仪式（Ritual）说起。所谓“仪式”，是对具有宗教或传统象征意义的活动的总称，因为仪式为社会信任以及共有的符号意义的情境提供了基础（Durkheim，1912）。

通俗地讲，仪式是一种通过语言、行为或符号等将个人或群体带入某种特定情境的活动。除了祭祀等传统的宗教仪式，生日、洗礼、婚礼、葬礼、开学典礼、毕业典礼等都是仪式。鉴于此，柯林斯（2004）认为，仪式社会学就是关于人群、会员、会众、观众聚集的社会学。

特殊活动一定会伴随聚集和互动，良好的互动会给活动参与者带来更加难忘的体验。柯林斯（2004）提出，互动仪式是际遇者（encounter）由资本和情感的交换而进行的日常程序化活动，它包括 4 个方面的构成要素：①群体聚集 / 身体共在，即两个或两个以上的人聚集在同一场所，因而会相互影响，而不管他们是否特别有意识地关注对方；②排斥局外人的屏障，因此参与人知道谁会参加，而谁被排除在外；③相互关注的焦点，即人们将注意力集中在共同的对象或活动上，并相互传达；④人们分享共同的情绪或情感体验。随之，会产生一系列结果：①群体团结；②个体情感能量（Emotional Energy，EE）；③社会关系符号，如标志、形象化的图标、文字、姿势等，也就是涂尔干所指的“神圣物”；④道德感。如图 2–1 所示：

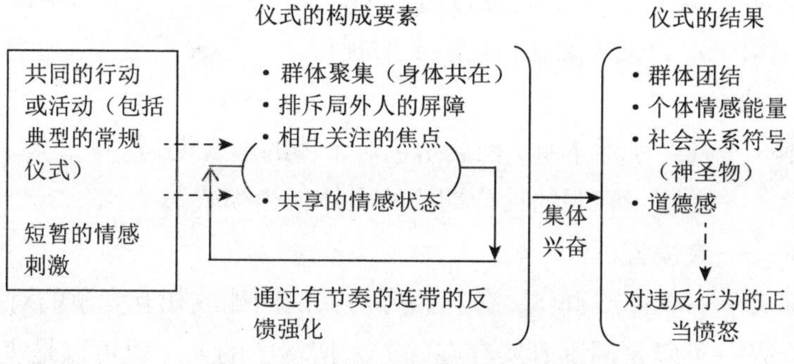

图 2–1　互动仪式的构成要素和结果①

① 资料来源：兰德尔 · 柯林斯.互动仪式链［M］.林聚任，王鹏同，宋丽君译.北京：商务印书馆，2009.

会展行业著名自媒体——“会议圈”的创始人楚有才曾经在一篇文章《无仪式不生活》中这样写道：

丧礼、葬礼、祭礼是先秦以来就已经完善的一种民俗仪式，数千年来，每个人一生之中都要参加自己亲朋好友的祭礼。婚丧嫁娶、生日大寿、乔迁新房、义结金兰、打架斗殴、逢场作戏、节日狂欢、竞技比赛……，各种各样的仪式贯穿我们的一生，伴随着人们成长，让我们知道如何过好这一生。在我年幼的时候，其实对繁文缛节的礼仪有种天生的反感和抗拒，然而到了不惑之年，我却对看似形式主义的仪式有了更深刻的认识。

……

仪式赋予我们生命的价值，让我们每个人有追求生命特定意义的勇气。仪式赋予我们群体认同感，比如一场周年聚会，哪怕是普通的聚会，也能让我们体会到亲情、友情或爱情，让我们不再孤单，有了活下去的勇气。仪式赋予了日复一日的活动以意义，让我们能够找到重复而又不同的记忆，让我们感觉“太阳照常升起”（Tomorrow is another day.），否则人生就是死水微澜、了无生气。所以，生活不只有苟且，还有诗和远方。

其实，从社会学的角度来分析活动，欧尔·戈夫曼的《日常生活中的自我呈现》也特别值得一提。他认为，当个体在他人面前出现时，他通常总有某种理由来展开积极的活动，以便向他人表达（Express）他有意表达的印象（Impressed）。个体在他人面前出现时会造成一种情景定义，其他人不管处于多么被动的角色地位，也会通过自己对个体的回应，来有效影响这种情景定义。在该书第一章，戈夫曼在讨论表演时提出了一些关键定义，非常适合用于分析特殊活动。

· 剧本——社会生活本身 / 社会角色对个体的客观期望。

· 角色——受制于客观的社会期望的个体行为模式。

· 导演——决策者。

· 表演者——个体或群体，包括荣辱与共的同伴或相互竞争的对手。

· 观众——可以是周围真实存在并进入情境中的人，也可以是表演者想象中存在的人。

· 互动——彼此行为的交互影响。

· 表演区域——前台、后台、余留区域。

（三）哲学视角下的活动

1. 人生的意义与活动

英国当代著名文学批评家特里·伊格尔顿教授（Terry Eagleton）在《人生的意义》（The Meaning of Life）一书中这样写道：人生没有既定的意义，这就为每个个体提供了自主创造意义的可能。如果我们的人生有意义，也是我们努力倾注进去的，而不是与生俱来的（Eagleton，2007，p.29）。

伊格尔顿教授还提出，人生意义有两个着眼点：一是死亡哲学，二是实践哲学。具体而言，人的一生中若没有准备为之赴死的东西，这种人生就不可能富有成就（Eagleton，2007，p.89）。与此同时，人生的意义与其说是一个命题，不如说是一种实践，它不是深奥的真理，而是某种生活方式（Eagleton，2007，p.92）。

作为人生里程碑的重要载体，活动为一个人积极参与与他们之间的互动以及努力为生命倾注意义提供了理想的平台。

2. 生活的艺术与活动

林语堂先生在《生活的艺术》一书中曾写道：人是一切事物和活动的中心，人生的目的与真谛在于享受淳朴的生活，而活着就要快乐，尤其是家庭生活的快乐。“我们都相信人总是要死的，相信生命像一支烛光，总有一日要熄灭的，我认为这种感觉是好的……中国的诗人和平民，即使是在享受人生的乐趣时，下意识里也有一种好景不长的感觉，例如在中国人欢聚完毕时常常说‘千里搭长棚，没有不散的宴席’……因此，我们必须调整生活，在现实的环境之下尽量过着快乐的生活。”（p.156）

林语堂认为，“我以为这个世界太严肃了，因为太严肃，所以必须有一种智慧和快乐的哲学以为调剂”。其实，与伊格尔顿的观点相比，林先生倡导的是一种快乐的、享受的生活哲学。他在书中所倡导的淡泊宁静、博爱包容、真性情等都是很好的生活态度，但即便是这样，正如他所言，“应该把生活加以调整，在生活中获得最大的快乐”，而活动就是一种生活的色彩调节器，理应引起普通大众的关注。

庆幸的是，活动对生活质量的调节功能已经得到部分大众的深入应用，甚至梳理。《给孩子一个支点：让孩子快乐成长的 12 个家庭活动》是由一对父母亲和儿子共同完成的首部以孩子的视角来描绘各种兴趣盎然的家庭活动的书籍

（图 2–2）。该书通过小屁孩家庭音乐会、厨王争霸赛、赛车总动员、藏宝图中的秘密等各种家庭活动，孩子的合作与主动、勇敢与坚持、创造与想象、感恩和自信等都跃然纸上，同时，在每个活动背后父母又提供了对症下药的教育理念和建议。

美籍幼儿教育专家蔡伟忠这样评价这本书：很欣赏“家庭活动”这种快乐的教育模式。对于父母，书中的每个活动都是经典的教育案例，教给年轻的父母一种快乐教育、科学教育的方法，原来孩子可以这样教，原来所有的父母都可以做到。

图 2–2 《给孩子一个支点》一书的封面

（四）体验经济学视角下的活动

1999 年 4 月，美国哈佛商学院出版社出版了约瑟夫 · 派恩（B. Joseph Pine II）和詹姆斯 · 吉尔摩（James H. Gilmore）两人合著的《体验经济》（The Experience Economy）一书。作者提出，可以将到目前为止的社会经济形态区分为产品经济、商品经济和服务经济三种基本类型，经济的发展是沿着“产品经济—商品经济—服务经济”的过程进化的，而体验经济则是更高、更新的经济形态（表 2–1）。

表 2–1　从产品到体验：经济形态的划分

经济提供物	产品	商品	服务	体验
经济	农业	工业	服务	体验
经济功能	采掘提炼	制造	传递	舞台展示
提供物的性质	可替换的	有形的	无形的	难忘的
关键属性	自然的	标准化的	定制的	个性化的
供给方法	大批存储	生产后库存	按需求传递	在一段时期后披露
卖方	贸易商	制造商	提供者	展示者
买方	市场	用户	客户	客人
需求要素	特点	特色	利益	突出感受

资料来源：约瑟夫·派恩，詹姆斯·吉尔摩 . 体验经济［M］. 北京：机械工业出版社，2002.

所谓体验，就是企业以服务为舞台、以商品为道具，环绕着消费者，创造出值得消费者回忆的活动。其中，商品是有形的，服务是无形的，而创造出的体验是令人难忘的。与过去不同的是，商品、服务对消费者来说是外在的，但是体验是内在的，存在于个人心中，是个人在形体、情绪、知识上参与的所得。更有意思的是，派恩和吉尔摩在《体验经济》一书中提到的“设定舞台”“演出必须继续”“让你也参与进来”“一种全新的体验”“工作就是剧场”“按照标准来表演”以及“现在轮到你表演”等与特殊活动的核心要素一脉相承。因此，活动与体验有着天然的联系，因为对于参与者而言，特殊活动的本质就是一种独特的体验。

在 2017 年 1 月 3 日的 CONVENE（PCMA 官方刊物）上有一篇由 David McMillin 撰写的文章，讨论了技术革新对会展和活动参与者体验的影响。作者在开篇引用了世界著名活动服务管理公司 Freeman 集团负责品牌体验的副总裁 Dawn Perry 的一句话，“技术正在改变会展和活动组织者与参与者建立联系的方式，从沉浸式的现场 VR 区域到定制化的展后内容，许多协会和公司已经在探索各种激动人心的可能”。2017 年，越来越多的主办方将不会简单地展示赞助商的品牌标识，而是以体验为纽带，将赞助商整合进活动的相关环节中。参展商和赞助商将在展览会现场创造更多的互动机会，而这将明显改善观众的体验，进而有利于参展目标的实现。

Freeman 高级副总裁 Peter McGrath 也专门撰文探讨了如何为活动参与者创造高质量的人生体验（Life Experiences）。他主要提了 3 个对策，即打造个性化的体验，通过增强现实等技术来扩展体验场景和优化体验效果，以及设计全程体验。

（五）文化视角下的活动

文化既可以作为活动的题材，也可以成为活动的核心吸引力，反之，活动可以作为文化的表现形式和传承载体。文化节庆活动是文化产业的重要组成部分，对拉动地方经济具有积极作用。一方面，通过开展代代相传的庆典活动，让一代代人亲身体验同一种传统文化，将文化延续和发扬下去。另一方面，通过节庆活动衍生出来的文化形式，譬如歌舞、传说、纪念品等，进一步丰富传统文化。

例如，端午节虽然发源地在中国，但是在长期的流传和国际交流中，它被周边国家和民族所吸纳和接受，并置于自己的文化土壤之中，形成了各国、各民族独特的节日习俗。韩国的江陵端午祭是一个比较典型的例子。作为韩国保存比较完整的传统节日习俗之一，江陵端午祭并不是一个特指的节日，它有着烦琐的祭祀仪式，如果从迎神的“前夜祭”算起，一般要举行五个昼夜；如果从“山神祭”算起到送神止，时间长达 20 多天；如果从“谨酿神酒”算起，则长达一个月的时间。江陵端午祭每年都吸引几十万名游客前来参观，成为外界了解韩国文化的重要窗口。它不仅保存了完整的祭祀仪式，而且不断开发文娱活动，实现了从单纯的民俗祭祀活动向综合式庆典活动的转变，增强了民众的礼仪感、参与感和社区归属感，从而使得活动的规模和影响日益扩大。

不同的国家、地区都有不同的文化，不同的文化产生冲撞或融合，就有可能催生一系列活动。例如，同性恋人群曾经被人们所歧视，并因此受到不公平的待遇，而现在越来越多的人开始接受。与此同时，同性恋群体也开始呼吁政府给予自己和异性恋相同的权利。“同志骄傲大游行”（Gay Pride Parade）便是当异性恋与同性恋这两种文化发生了冲撞时所衍生出来的一种活动。“同志骄傲大游行”发生在每年 6 月，是世界同性恋者的节日，长达一个月的庆祝活动中，在世界各个角落上演的"同志骄傲大游行"让欢乐的气氛达到高潮。最早的"同志骄傲大游行"可以追溯到 1970 年，近一万名男女同志齐聚纽约，举行纪念石墙事件的大规模游行，要求同性恋的法律地位与权利。之后，这项运动不仅在美国流传下来，并且在世界各地开花结果，成为同性恋团体表达自己诉求的最佳平台之一。代表"同志骄傲"的彩虹色旗帜是历年流行的亮点（图 2–3）。

图 2–3　同性恋者在大游行中展示"骄傲"口号

活动对于文化传播和弘扬的作用，可以从艺术游戏说理论中寻找到相应的依据。德国古典美学家席勒（1795）在《美育书简》中提出了艺术起源于游戏的观点，认为艺术是一种以创造形式外观为目的的审美自由的游戏。游戏说还认为，人的审美活动和游戏一样，是一种过剩精力的使用，剩余精力是人们进行艺术这种精神游戏的动力。关于以艺术为游戏的观点，林语堂先生曾经有这样精彩的论述："艺术是创造，也是消遣。这两个概念中，我以为，以艺术为消遣或以艺术为人类精神的一种游戏，是更为重要的。……我相信，只有在许多一般大众都喜欢以艺术为消遣、而不一定希望有不朽的成就时，真正的艺术精神方能成为普遍而弥漫于社会之中"（林语堂，2012，p.326）。

（六）社会心理学视角下的活动

社会心理学是介于心理学和社会学之间的一门边缘学科，主要研究社会认知、社会动机、社会态度、社会情感、团体心理（如民族心理、阶级心理等）以及时尚、风俗、舆论、流言等社会心理现象的特点及其变化发展的条件和规律。早期的社会心理学侧重于研究群体和群众的心理现象；20 世纪初，关于态度的研究成为中心；实验社会心理学出现以后，对社会促进的研究成为中心；之后，群体过程、说服、顺从、认知失调、归因等分别成为某一时期的研究热点。

社会心理学研究主要分为 3 个领域：①个体过程，主要涉及与个体有关的心理与行为研究，常见的课题包括成就行为与个体的工作绩效、态度以及态度改变、归因问题、个人知觉与自我意识、人格与社会发展，以及应激和情绪问题；②人际过程，这个领域涵盖了人与人相互作用的所有领域，常见的研究课题包括侵犯和助人行为、人际吸引与爱情、从众和服从、社会交换与社会影响、非语言的交流，以及性别角色和性别差异；③团体过程，即从宏观环境与团体的角度研究人类心理与行为问题，这个方面的研究主要包括跨文化比较研究、拥挤与环境心理学、团体过程与组织行为、种族偏见与伦理问题，以及健康心理学。

特殊活动具有典型的聚集性，这必然会涉及个体过程和群体关系。其中，群体是指在心理上相互认知，在行为上相互作用、相互影响，在利益上相互联系、相互依存，为了达到共同的目标而结合在一起的有一个行为规范的人员集合体。心理学对群体的描述完全吻合活动参加者的特征。活动理论的提出者 A.H. 列昂节夫认为，活动是由出于共同目的而联合起来并完成一定社会职能的动作的总和，具体由目的、动机和动作构成，具有完整的结构系统。具体的活动是多种多样的，但不论什么活动都要适合主体一定的需要，并在活动中力求达到这一需要的对象；活动所指向的对象就是活动的真正动机。因此，活动的概念必须与动机的概念联系在一起（张世英，1985）。尽管这里的“活动”与特殊活动的含义不同，但在个体、团体和人际关系分析上都有很好的契合点。

例如，2016 年 3 月，法国著名影星苏菲·玛索拒绝接受法国最高荣誉“法国荣誉军团勋章”，以表示对法国政府为沙特王子颁发“法国荣誉军团勋章”行为的抗议。苏菲·玛索在自己的推特上称：“沙特王子被授予了法国荣誉军团勋章，但沙特却在去年处刑了 154 人。这就是我拒绝接受勋章的原因。”苏菲·玛索更称法国政府向人权问题缠身的沙特王子授予法国荣誉军团勋章本身就是非议不断，因此自己绝对不会接受相同的勋章。苏菲·玛索的此番言论更让法国总统奥朗德向沙特王子颁发最高勋章的事实延迟曝光，使得事件变得更加水深火热。

苏菲·玛索 13 岁出演青春剧《初吻》，因清纯的外貌一跃成为世界级清纯派明星，但苏菲·玛索与其他清纯派明星们不同，她对世界的现状有一种"知天命"的想法，一直不懈于社会活动当中，成为法国最具代表性的演员。苏菲·玛索还参与各种环境保护活动，在各种其他社会活动中也常常能看到她的身影。

（七）人类学视角下的活动

人类学（Anthropology）一词起源于希腊文"ανθρωπος（anthrōpos，人）"及"λογος（-logia，学科）"，意思是研究人的学科。人类学和社会学都聚焦于研究社会关系、组织和人类行为，但出发点和思路不一样，社会学是研究社会如何构成，人类学是研究人如何存在于这个构成的社会中。另外，在我国，社会学是一级学科，而人类学是社会学下面的二级学科。其实，人类学者最早开始关注节庆活动对社会的影响。早在 1936 年，Fortes 就研究了澳大利亚黄金海岸腹地的节庆仪式与社会凝聚力之间的关系。20 世纪 60—80 年代，休闲、旅游与娱乐等方面的学术研究与产业实践如火如荼，但活动研究并未被作为一个独立的研究领域，这期间有少数学者从人类学、社会学等角度开展了相关研究（Duvignaud，1976；Lavenda，1980；Benedict & Dobkin，1983）。

当代人类学将人类文化分为观念、行为、物质三种范畴，其中，仪式是一种特定的行为方式。涂尔干认为，一项成功的社会仪式能使每个参与者坚强、有信心、满怀激情地采取主动行动。相反，一项弱的或不成功的社会仪式会降低参与者的信心和主动性，即降低其情感能量（EE）。可以这么说，一项互动仪式就是一个情感变压器。

例如，年都乎是青海省黄南藏族自治州境内隆务河畔一个普通的土族村落。每到岁末，村里都要举行一系列神圣的仪式活动，为全村家家户户驱疫纳吉，祈福禳灾，其中尤以虎傩驱疫最为古朴，是整个仪式活动的高潮。传统的仪式总是在特定的时间、特定的地点定期举行。年都乎人虽然说不清楚为什么要在这个特定的时间举行仪式，但都知道一年之中的哪几天要举行这个仪式，并且视为神圣。年都乎的驱疫活动从农历十一月初五开始，十一月二十一日或二十二日结束，仪式展演的空间是从村西北山岗的二郎庙出发，从年都乎古城北门入城，穿城而过，出城东门至年都乎河。仪式结构在总体上是"祈祷—迎请神—娱神

（飨神）—驱傩—酬神送神”，中间相互穿插。……十一月二十日是正式举行“於菟”送傩驱疫的日子，也是仪式最为神圣的时刻（索端智，2004）[①]。

（八）政治学视角下的活动

国之大事，在祀与戎（《左传·成公十三年》）。可以这么说，没有仪式和象征，就没有国家和政治，各种仪式遍布于现代政治生活中。政治通过象征来表达，象征是指“任何物体、行为、事件、品种或关系，被当作一种观念的媒介”，而象征的最常用方式之一是仪式（大卫·科泽，王海洲译，2015）。如图 2–4 所示：

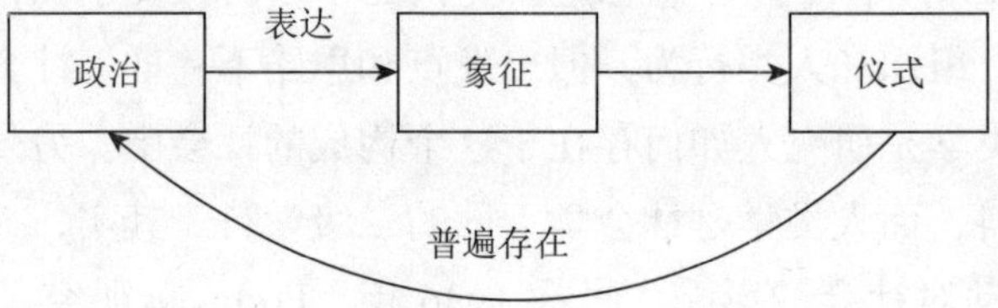

图 2–4　政治与仪式的关系

在《仪式、政治与权力》一书中，David I. Kertzer（2015）对仪式这一人类学的核心议题与政治生活之间的关系进行了系统性研究，精彩解释了仪式为何一直都是政治生活的关键组成部分，指出“无论是保守还是革命的政治群体，其成功都与对仪式的有效使用息息相关”。他在前言中以一个故事开篇：我鲜活的童年记忆大都与政治仪式有关，我相信在这一点上我与他人无异。最令我记忆深刻的是 1960 年约翰·肯尼迪的总统竞选。装饰一新的车队引导着候选人的座驾从长岛的主干高速公路上下来，喇叭里放着《选择肯尼迪，就是选择胜利……》，人们夹道欢迎，挥舞着色彩缤纷的旗帜和一人高的候选人画像。三年之后，总统的葬礼用一场戏剧性的仪式，向我也向很多人展现了一个短暂的肯尼迪时代的终结。这场仪式令美国人前所未有地团结在一起。

通过分析《仪式、政治与权力》，可以从政治学的角度获得一些对活动管理的启示。①政治为活动提供了丰富的主题和广阔的发展空间，例如，革命催生了大量自发性的仪式化活动。②活动参与者不需要一定具有共同的价值观，

① 资料来源：索端智．仪式与象征——年都乎岁末傩疫活动的人类学研究［J］．青海民族学院学报（社会科学版），2004，30（4）：92–95.

活动为人们提供了一种机制，因为仪式无须表明人们有共同的价值观或是对仪式持有一致的观念，就可以促进社会团结（大卫·科泽，王海洲译，2015，p.80）。③要让活动成为参与者生活或职业发展中的转折点和暂时性的舞台。④活动要有仪式感。“仪式以某种特定的方式引导我们理解自身的体验……只有那些与仪式相关的形象的特征才能引起注意，并且常常得到高度关注”（大卫·科泽，王海洲译，2015，p.98）。⑤要让活动具有丰富的象征意义，并产生强烈的情感反应。在具有丰富象征意义、旨在加强群体团结的公共仪式中，“它们强烈的情感遗产，以及通过在不断的仪式操演中与他人共享而获得的力量，它们所产生的权力都来自于一种集体的欢腾”。（大卫·科泽，王海洲译，2015，p.98）

例如，1789 年 8 月 4 日晚上被称为法国历史上的“神奇一夜”，革命议员们在那一夜投票决定废除旧制度的大部分特权和封建权益。议员们在会议上为自己的爱国热情和人道精神激动得抱头痛哭，法国似乎在一夜之间获得了再生，会议还决定铸造一枚纪念章，以“永远铭记这个日子”[①]。

对此，法国历史学家乔治·勒费弗尔（Georges Lefebvre）做了这样的描绘：

在 8 月 3 日至 4 日夜晚，一百多名议员聚集在阿摩利咖啡馆……决心“用一种神奇的魔力”带动整个制宪议会，厄基养（Aiguillon）公爵答应就解决封建权问题提出倡议。

8 月 4 日夜间，由于诺亚依（Noailles）子爵抢先提出了议案，厄基养公爵只能给予附议。议会在热烈气氛中一致同意：在法律面前人人平等，除人身依附应无偿取消外，其他封建权实行赎买。接着，其他提案纷纷获得通过：刑罚平等，人人得以出任公职，废除官职捐纳制度，将什一税改作可予以赎买的贡赋[②]，宗教仪式一概免费，禁止教士兼治牟利，废除首岁捐（即新任主教把任职第一年的全部收入赠送教皇的陋习）。最后，各省和各城市也同意做出牺牲，放弃自己享有的特权。“魔力”居然成功地发挥了作用。

……

① 资料来源：[法] 乔治·勒费弗尔. 法国革命史 [M]. 顾良，等，译. 北京：商务印书馆，1989.

② 什一税源起于旧约时代，是由欧洲基督教会向居民征收的一种主要用于神职人员薪俸和教堂日常经费以及赈济的宗教捐税。这种捐税要求信徒要按照教会当局的规定或法律的要求，捐纳本人收入的 1/10 供宗教事业之用。

（九）文学视角下的活动

文学有什么价值？这个问题关系到文学存在与发展的理由，也关系到人的精神生活与人的素质提高。文学是一个多面体，其价值有多面性，不同类型的文学文本有不同性质的功能（纸荆花，2009）。例如，在讨论旅游与文学的关系时，有所谓“文因景生，景以文名”之说。其实，文学作品与特殊活动之间的关系亦如此（表 2–2）。伊格尔顿（2012）提出，阅读是一种策略性的解码过程，读者的任务就是对作者的编码策略进行分析。文学的这种事件性是作者的写作策略和读者的阅读策略，是文本、读者和作者之间的戏剧性对话，是这种策略和背后的深层“语法”（Grammar）（但汉松，2013）。

表 2–2　文学作品与特殊活动的比较

–	文学作品	特殊活动
目标	将读者带入一个从未有过的精彩世界（阅读体验）	让参与者体验与日常生活不同的经历（参与体验）
主题	作品中所描绘的社会生活所表现出来的中心思想	活动能提供给参与者的核心利益和价值
内容	作品所描写的、渗透了作家思想感情的社会生活（具体情节）	组织者对场景、日程、配套活动等所做的整体安排（具体议程）
与对象的关系	召唤读者加入对话	希望参与者加入互动
发展趋势	将读者作为作品的内在生产要素	将参与者作为活动的价值共创者

文学活动既来源于生活，又高于生活。作为生活活动的一个方面，文学活动以意识形态话语的方式来描述生活；同时，它本身也是人类社会生活的一部分，创造出人们审美的和想象的世界。例如，《三国演义》《水浒传》等历史文学作品具有很强的故事性，这种故事性主要来源于对特定“事件”的精彩描述，然而，它们是鉴于历史但把文学放在第一位来叙述的。文学作品不但取材于正史，也取材于民间故事，而且只要有利于文学，便可以拿来使用并经过作者的文学手段来强化，这也是文学作品让人流连的地方。另外，文学作品中也会掺杂作者对时政和自身际遇的思考或情感，这与特殊活动的精彩度在很大程度上取决于策划者，有着异曲同工之妙。

古往今来，特殊活动催生了无数经典文学作品，浩瀚的文学作品中也充满了各种精彩的特殊活动。

➔经典案例

记录伍德斯托克音乐节

2009 年是伍德斯托克音乐节 40 周年纪念，著名导演李安拍了一部《制造伍德斯托克》(*Taking Woodstock*)，这部影片和其原著埃利奥特·泰伯（Elliot Tiber）的回忆录《制造伍德斯托克：一个关于骚动、音乐会和人生的真实故事》都不是关于那场伍德斯托克演唱会的，而是讲述一个不小心参与组织这场盛会的青年、同志作家和室内设计师利奥特·提伯在 20 世纪 60 年代遭遇的时代冲撞，如何在与伍德斯托克的相遇中认识自己，一如许许多多参与那个演唱会、经历那个时代的青年一样。

2007 年，埃利奥特·泰伯的 *Taking Woodstock: A True Story of a Riot, a Concert and a Life* 一书出版。但有关伍德斯托克音乐节的故事泰伯可绝不是第一次讲述。最早的记述应当是 1994 年泰伯以第三人称发表在 The Times Herald-Record 上的伍德斯托克幕后报道，现今人们所了解的所谓“伍德斯托克制造过程”大多依据这一蓝本。同年，泰伯出版了 *Knock on Woodstock*，这本书的副标题极其冗长①，主要强调“幕后感”以及作者的特殊身份。按照泰伯自己的解释，虽然同是讲述伍德斯托克，两书的区别在于 Knock on 一书侧重本人的个性癖好，而 *Taking* 更多地凸显出他“在伍德斯托克诞生过程中的关键作用”。1999 年，伍德斯托克音乐节 30 周年，泰伯曾打算再为 *Knock on Woodstock* 写本续篇 *Woodstock @ the Millennium*，但这一计划并未实现。此后便是 2007 年的 *Taking Woodstock*，然后又有了电影。

对比同出自泰伯笔下的 1994 年 *The Times Herald-Record* 版与 2007 年 *Taking Woodstock* 两个版本的记事，基本故事脉络大致相同，粗看之下，仿佛只是 2007 版多了对总是有“新鲜沥青味道”的父亲的描述，夹杂了家庭中的种种观念冲突与最终仿佛达成的和解。然而，有一位对于“制造伍德斯托克”

① Tiber, E.. Knock on Woodstock: The Uproarious, Uncensored Story of the Woodstock Festival, the Gay Man Who Made It Happen, and How He Earned His Ticket to Freedom. New York: Festival Books, 1994.

确实起到至关重要作用的人物，关于他的记述却在两个版本间出现了显著不同。这个人物就是贝特尔的农场主马克斯·雅斯格（Max Yasgur）。

资料来源：王星．伍德斯托克的罗生门［J］．三联生活周刊，2009，31：90–93.

二、国际活动研究的历史

可以按照不同的维度将活动管理科学的发展划分为相应阶段，其中，最常见的方法是按时间顺序。下文将主要遵循经典性原则和文献树原则，对国际活动研究的发展历史做一个大致的回顾与概括。

1. 形成和起步阶段：20 世纪 60—80 年代

1961 年，美国历史学家 Daniel J. Boorstin 出版了《形象：美国“伪活动”导论》（*The Image: A Guide to Pseudo-Events in America*）一书，尽管本书的视角是社会文化，但这是迄今为止可知的西方关于活动研究的代表性著作之一，许多机构和个人对其给予了很高的评价。在该书中，Boorstin 阐述了新闻发布会、总统选举辩论等“伪活动”（Pseudo–Event）的意义，同时从传媒、文化、旅游等角度分析了它们在美国社会中起到的作用（图 2–5）。

图 2–5　《形象：美国“伪活动”导论》一书的封面

根据 Carlsen 等人（2001）的观点，大型活动方面最早的研究成果是 Burns 等学者于 1986 年开展的有关首届澳大利亚格兰披治大赛（Australian Grand Prix）影响的研究。其实，早在 1936 年，Fortes 就研究了澳大利亚黄金海岸腹地的节庆仪式与社会凝聚力之间的关系。早期的一些学者和机构主要围绕标志性活动对旅游业的影响、活动的经济影响、节庆管理等主题开展了相关研究。例如，1974 年第 2 期的《旅游研究杂志》（*Journal of Travel Research*）刊登了 Ritchie 和 Beliveau 的文章，他们以加拿大魁北克地区的冬季嘉年华（The Quebec Winter Carnaval）为例，通过深入分析该节庆活动的横截面数据以及 20 年的演变过程，研究了标志性活动（Hallmark Events）在应对旅游市场季节性中的战略地位。Gartner 和 Holecek（1983）以 1980 年的大密歇根地区船艇与垂钓展览会（Greater Michigan Boat and Fishing Show）为例，研究了一个年度博览会的经济影响。

20 世纪 60—80 年代，休闲、旅游与娱乐等方面的学术研究与产业实践如火如荼，但活动研究并未被作为其中的一个独立研究领域，这期间虽然有少数学者从人类学、社会学等角度开展了相关研究，但大多数早期成果都是对单个节庆与特殊活动的经济影响评估。20 世纪 80 年代，澳大利亚新英格兰大学的 Hall 教授指出了当时学术界在活动研究上存在的不足，即现有成果大多关注经济领域，而对于同样重要的社会和设施影响则关注较少。

2. 迅速发展阶段：20 世纪 90 年代

对活动管理研究而言，1990 年是非常关键的一年，Goldblatt 的代表作《特殊活动：庆典的艺术与科学》（*Special Events: The Art and Science of Celebration*）在这一年出版，接着 Getz（1991）的《节庆、特殊活动与旅游》（*Festivals, Special Events and Tourism*）和 Hall（1992）的《标志性旅游节事活动：影响、管理与策划》（*Hallmark Tourist Events: Impacts, Management and Planning*）先后出版，对活动研究起到了较明显的指引作用。进入 20 世纪 90 年代后，各国日渐重视在重大活动（Mega-events）以及标志性活动（Hallmark events）上的投入，申办重大活动时的竞争日益加剧。对于申办国家和地区来说，准备一份合适的经济影响陈述报告有利于在申办过程中发挥不可忽视的促进作用，该现实需求加快了活动经济影响研究的发展。

总体而言，20 世纪 90 年代，相关活动研究成果明显侧重于节庆与特殊活动（FSE）的经济影响与评估、市场营销策略、赞助、管理以及趋势预测等方面，而对活动的社会、文化及心理学等人文维度关注很少。同样，在这一时期，有关活动的政治环境、居民态度、社区参与及生态环境影响等方面的研究也相对很少。以澳大利亚为例，尽管在 20 世纪后期和 21 世纪初活动研究在全国范围内取得了长足的发展，但利用活动促进经济增长无疑是活动研究和活动管理发展的核心驱动力，有关活动经济效益的应用研究占据了活动管理研究的中心。国内学者戴光全（2005）对 1994—2002 年期间《活动管理》（*Event Management*，由 Festival Management & Event Tourism 演变而来的杂志）上所刊论文的关键词做了分类统计，共划定了 17 个类别，关键词总数达 259 个，其中，活动影响研究的比重为 11.6%，仅次于对活动吸引物的研究之后（注：戴光全将"Event"翻译为事件）。

在对 1990 年起 11 年中的相关研究文献进行综合分析后，Hede 等人（2002）指出了该阶段活动研究关注的主要话题，包括：①体育活动的经济影响评估；②活动的社会影响评估以及借助三重底线法则（Tripple Bottom Line）在经济、社会和环境三个角度开展的综合效益研究；③特殊活动的风险管理；④活动的运行管理。

还有一点值得指出，20 世纪 90 年代早期，在全球范围内，几乎都没有以活动管理甚至节事旅游为特色的课程或学位项目；90 年代中后期，活动管理的学术建制化开始起步。例如，在美国乔治·华盛顿大学（GWU）率先开展了活动管理教育，来自该校的 Hawkins 和 Goldblatt（1995）专门研究了活动管理教育必要性及其与旅游教育的关系。正是因为有活动管理方面的学位项目被细分出来，并采用相关学科的基础理论和方法为活动方面的课程提供支持，休闲、旅游和酒店等学科为活动教育与研究的发展提供了相当一部分基础（Getz，2015）。

3. 面向新机遇的阶段：2000—2006 年

进入新千年，全球范围内组织了无数的活动来庆祝，这无疑加快了活动产业的爆发式增长。主要的推动要素还有重大活动中的全球媒体策略、公司活动的蓬勃发展、活动和活动旅游被广泛认为是现代生活方式的重要构成部分并成为许多学科及研究领域的话题等。2000 年 7 月，由悉尼科技大学澳大利亚活动管理中心（Australian Centre for Event Management）主办、主题为“2000 年以后的活动研究：议程的设定”（Events Beyond 2000：Setting the Agenda）的国际会议在悉尼举办，国际著名特殊活动与节事旅游学者 Getz 教授（2000，p.9）在会上就此做出了如下评论：“活动产业（events industry）的存在形式五花八门，包括展览会、体育活动营销和音乐会等，然而，从学术研究角度来看，这个领域还不成熟。”

戴光全在 2005 年的著作中指出，从 1999 年 2 月至 2006 年 10 月，在国际著名旅游学术期刊《旅游研究杂志》（*Journal of Travel Research*）上发表的与活动相关的论文达到了 220 篇，其中，有 10 篇文献在标题中就有“event”。Mair（2012）通过梳理 2000—2009 年的 144 篇研究商务活动的论文发现（注：大部分发表在《会展与节事旅游研究》/JCET 上），要想对该领域的研究进行充分统计仍然十分困难；这一领域的主要研究话题包括会议策划者行为、经济影响评估、技术、场地选择、满意度评价、目的地形象对活动参加者的影响以及观众的决策过程等。

4. 进入系统化研究阶段：2007 年至今

尽管很难对进入 21 世纪以来国际活动研究的发展脉络进行清晰的划分，但仍旧可以找到一些标志性的成果或事件。2007 年，Getz 的代表作之一《活动研究：关于特殊活动的原理、研究与政策》（*Event Studies: Theory, Research and Policy for Planned Events*）出版，该书以编年的方式对活动研究这一新兴的学科做了系统的梳理，但还存在一些明显的不足：出于其教育的功能，有些章节读起来显得孤立，容易让人误解为是会议论文集；虽然有学习目标和复习题等教科书的元素，但缺少有解释力的案例研究来检验学习的效果。

2000 年后特别是 2010 年前后，有关活动管理的一般原理或特定主题的著作特别是教科书的大量涌现有力推动了活动与节事旅游方面的研究。例如，由 Routledge 公司出版的《活动指南》（*Routledge Handbook of Events*）提供了一份活动管理的纲要。总体而言，活动研究正在向更广阔意义上的社会和环境影响、遗产管理、奖励旅游及活动体验等方向拓展（Mair，2012；Getz，2015）。

另外，在 21 世纪第一个十年，活动教育项目在全球范围内取得了长足的发展。在提升活动管理研究的学术地位方面，英国的投入力度值得肯定。2008 年，由国际活动管理教育协会（The Association of Event Management Education）等机构倡导，英国国家质量认证署（The National Quality Assurance Agency，QAA）在对接待、休闲、体育和旅游类本科专业标杆的阐述里，历史性地把活动管理（Event Management）单列。在我国，2004 年 1 月，国家教育部正式批复上海师范大学和上海对外贸易学院（现已更名为“上海对外经贸大学”）开设会展经济与管理本科专业，同年 9 月，上述两所院校开始招生。2012 年年末，教育部颁布了新的《普通高等学校本科专业目录》，把“会展经济与管理专业”纳进旅游管理的范畴。仅 2013 年 5 月，教育部就新批准了 18 所院校设立会展经济与管理专业。截至 2017 年 5 月，国内有 108 所院校开设了会展经济与管理本科专业。

在研究生教育层次，截至 2014 年年底，四川大学等三所高校陆续开设了会展与节事管理、会展管理以及会展经济与管理二级学科目录外专业硕士点，同时还有 23 所高校在旅游管理、新闻传播学等专业下开设了会展方向（杨琪，2014）；2011 年，华南理工大学拥有了节事旅游与会展管理博士点，开了全国之先河，并于第二年正式招生。此外，中山大学、上海大学等高校也在旅游管理、新闻传播等博士研究生专业中设立了会展方向。

Baum 等学者（2013）提出了“活动研究”在向一门学科迈进的过程中活动教育者和研究者所面临的主要挑战：①要想在学术身份上与同级领域相竞争，在“活动研究”领域就必须出现有解释力的模型，它有利于概念化新的相关知识，从而形成这一领域的基础构成部分；②虽然目前特殊活动在教学和研究中都受到了空前关注（Rojek，2014），但由于学术竞争压力增大、学者个人或学院均更强调在高层次期刊上及时发表论文等原因，活动研究仍十分缺少具有自身学科特色的理论；③与旅游科学相比，专门服务于活动研究的学术期刊屈指可数，而且许多只有不到五年的历史；④为了支持活动理论的发展，活动教育项目任重而道远。只有向活动教育的金字塔顶端发展，并从更多的理论视角来丰富活动研究，活动教育项目才可能长期生存下去（Getz 和 Page，2015）。

三、关于活动观作为一种世界观的理论思考

（一）活动观作为一种世界观的理论依据

1. 活动观可以成为一种世界观

人们在生产和生活实践中，首先形成的是对于现实世界各种具体事物的看法和观点，久而久之将逐渐形成关于世界的本质、人和客观世界的关系等总的看法和根本观点，这便是世界观。世界观能以一种稳定（或者说大多相同）和整体性的知觉来描述一个存在 (Existence)，并且能提供一个生产、维护和应用知识的框架。然而，由于人们的社会地位不同，观察问题的角度不同，会形成不同的世界观。

活动观作为一种世界观，能够在米哈伊尔·巴赫金的“狂欢理论”中找到佐证。他通过对拉伯雷小说以及欧洲中世纪和文艺复兴时代狂欢文化的研究，揭示并描述了人类社会生活的一个重要现象：在现实生活中特别是在阶级社会，人们普遍过着两种生活，一种是日常的生活，一种是狂欢式的生活，人们在这两种生活中必然产生两种不同的世界观。在中世纪晚期，罗马、威尼斯、巴黎等各大城市的市民们每年合计起来有大约三个月的时间过着狂欢式的生活。节日期间，人们放弃那种教规常规下十分严肃而紧蹙眉头的生活，打破严格的等级秩序，同一切人不拘地交往，随心所欲地装扮自己，狂放不羁地载歌载舞，自由自在地说说笑笑，并纵情于食欲声色。

巴赫金把民众在狂欢节中所产生的世界感受明确当作一种民众的世界观来看待，认为它同官方和教会的世界观根本对立（佟景韩，1996, P.102）。换句话说，包括狂欢节在内的特殊活动为人们世界观的形成和变化提供了一种特定的场景。

2. 特殊活动在体验式学习中的作用

世界观是认识的产物，而体验是人类认识世界的基本途径，因而体验式学习在情感、态度等方面有着非常重要的作用，能够帮助个体特别是受教育者树立正确的人生观、世界观和价值观。在我们观察世界之前，已经有人告诉我们世界是什么样的了。对于大多数事物，我们是先想象它们，然后经历它们（Lippman,1965）。

作为一种亲身体验和“在场”的载体，各类特殊活动在个人教育和学习方

面具有特殊的功能，并能贯穿体验式学习的每个阶段，因为在个体特别是青少年世界观的形成与变化中起到重要作用（王春雷，2018）。

例如，2014 年，Leung、Zietsma 和 Peredo 通过分析参与由社会企业组织的各类活动的日本中产阶级家庭主妇的经验，开发了一种新身份工作模型（Model of Emergent Identity Work），该模型描述了在新领域中制定角色价值定位的行动者如何触发学习和意义建构的过程，从而导致角色边界扩张的螺旋式循环。其中，新身份产生的过程被划分为五个阶段：行动（Action）、学习（Learning）、意义建构（Sense Making）、角色边界扩展（Role Boundary Expanded Action）以及自我认知变化（Changed Self-perception）。

（二）“活动观是一种世界观”的指导理论

根据现象学（Phenomenology）理论，活动的核心是体验（Experience) 及附于其上的意义 (Meanings)，它为构建理解和强化活动的本体论和具有解释力的原创理论提供了框架及思路。Ziakas 和 Boukas（2014）分析了为什么在活动及其管理研究中需要现象学，包括其概念基础和思想流，最后提出了在活动管理中进行现象学研究的分析框架，如表 2–3 所示：

表 2–3　活动管理中的现象学研究问题

主要维度	研究问题
过程（Processes）	活动体验如何为人们和利益相关者带来意义（Meanings）？ 最重要的是什么意义以及不同利益相关者之间的差异如何？
个人影响（Personal Impacts）	活动体验在参与者的生活世界（Life World）中扮演什么角色？ 指定的意义（Assigned Meanings）如何影响人们的生活？
原真（Authenticity）	在人们和利益相关者的看法中，什么使活动体验真实或不真实？
活动设计（Event Design）	如何最好地合成活动设计元素，以优化预期的体验和意义？
杠杆策略（Leveraging Strategies）	如何利用活动体验和意义来实现和放大活动给东道主社区带来的效应？

资料来源：Ziakas V, Boukas N. Contextualizing phenomenology in event management research: Deciphering the meaning of event experiences[J]. International Journal of Event & Festival Management, 2014, 5(1):56–73.

美国著名社会学家兰德尔·柯林斯（Randall Collins）（2004）认为，人类社会的全部历史都是由情境所构成的，我们关于世界的看法以及所积累的一切素材都来自这种情境。国内知名活动管理学者、“活动策划家”订阅号创始人刘春章（2016）提出，如果用周期（Period）表示时域，用场地（Place）表示地域，用人（People）表示人物，用过程（Process）表示情境，那么，一个活动由 4 个基本要素构成：时域、地域、人物和情境。笔者虽然不同意“过程（Process）等同于情境”的观点，但赞同“情境”是特殊活动重要构成的思想。笔者（2018）提出，特殊活动从问题（特定的需求 / 目标）出发，首要因素是仪式和情境 / 场景，其中，“仪式”是活动能创造和传递特殊意义的根本原因，“情境 / 场景”为活动提供了基本的时空背景。

作为一种新的治理模式，网络治理（Governing by Network）是环境演化和组织变迁的结构性反映，其所依存的网络具有广义性，是社会网络、企业间网络和有形网络的综合。王春雷和陈萍（2013）基于该理论提出了一个新的活动影响分析框架，他们认为，网络治理的理念与分析工具能够很好地整合利益相关者、过程分析、三重底线法等多种方法，因而适用于特殊活动的影响研究。其中，多主体、全过程和多样化目标分别与利益相关者管理、活动全过程管理以及目标管理相对应。

莫格森、米切尔和刘（Morgeson，Mitchell & Liu，2015）明确提出了活动系统理论（Event System Theory）[①]。他们在《活动系统理论：一种组织行为科学中的活动导向方法》一文中提出，组织的动态性（Dynamism）可以在组织的每个层次上通过重要的活动体现出来。如果一个活动是新奇的、具有破坏性的和关键的，它就会变得非常突出。更重要的是，活动可以在企业或组织的任何一个层级上产生，其影响可能保持在这个层级，也可能会在组织内上、下转移，进而改变或催生新的行为、特征和活动。而且由于活动举办时长和时间的不同，或者随着活动力量的演变，这种影响可能会延续很久。尽管活动系统理论是从组织行为的角度提出来的，但同样适用于对个人行为及发展的分析。

概括而言，巴赫金（1940）的狂欢理论、胡塞尔、海德格尔等人的现象学理论、戈德布莱特（2010）的活动管理理论、柯林斯（2004）的互动仪式链以及柯林斯（2004）的剧场理论等理论能为“活动观作为一种世界观”提供比较

① 资料来源：Morgeson F. P., Mitchell T. R., Liu, D. Event system theory: An event-oriented approach to the organizational sciences. Academy of Management Review.2015,40(4):P515-537.

系统的理论支撑（表 2–4）：

表 2–4　“活动观是一种世界观”的核心理论支撑

理论	对构建活动观的核心启示	文献来源
狂欢理论	包括狂欢节在内的特殊活动为人们世界观的形成和变化提供了一种特定的场景，人们在参加甚至亲身组织特殊活动中会形成不同的世界观	Bakhtin ,1940
现象学	特殊活动的核心是带给参与者的体验及附于其上的意义，活动体验将影响参与者的生活世界直至世界观	Ziakas & Boukas, 2014
活动管理	对于个体，特殊活动是为了特定目标而参加的伴有仪式的经历，换句话说，“仪式”是活动能创造和传递特殊意义的根本原因	Goldblatt, 2010
互动仪式链	人类社会的全部历史是由情境所构成的，人的一生也由无数个场景组织	Collins，2004
剧场理论	生活犹如剧场，每个人都在剧中扮演不同的角色，而丰富多彩的活动为人们扮演不同的角色提供了平台	Goffman，1959
网络治理理论	特殊活动对组织或个人影响的基本框架带给人们如下启示：所有事物都会涉及混合目标、多种利益相关者以及全过程	Goldsmith & Eggers, 2004
活动系统理论	与组织一样，人的动态性可以在人生发展的不同阶段和不同层次上通过重要的活动体现出来	Morgeson, Mitchell & Liu, 2015

资料来源：作者根据相关文献整理。

（三）活动观作为一种世界观的体系构建

综上分析，从发展价值观的角度来看，活动应包括 7 个核心要素，即体验与意义、仪式、情境、目标、以参与者为核心的利益相关者、过程以及变化。因此，作为一种新的世界观，活动观主要从 7 个维度为人们提供了观察和分析问题的基本视角，即体验与意义（对应活动价值）、仪式化（对应象征意义）、场景化（对应特定时空）、目标性（对应活动属性）、多主体（对应相关人群）、全过程（对应管理过程）以及重构性（对应要素变化）。如图 2–6 所示：

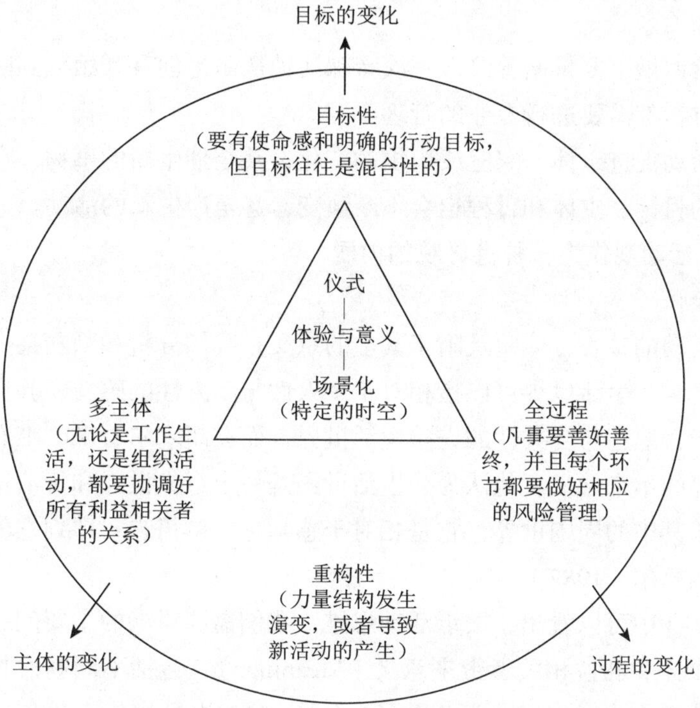

图 2-6　活动观——一种认识世界的新方法

用活动观的视角来理解生活世界（Life World），可以有如下基本观点：

（1）对于参与者，特殊活动是为了特定目标而参加的伴有仪式的经历（Goldblatt，1997），而仪式通过语言、行为或符号等将个人或群体带入某种特定的情境，因而活动的核心是体验与意义，并往往通过仪式来创造和传递象征意义。

（2）我们的生活、工作和学习都是由一个个场景 / 情景 / 情境（Scene，Setting 或 Circumstances）所组成的，而每次特殊活动都提供了特定的场景。

（3）我们说话做事，首先要有目的（Purpose），工作生活，首先要有目标（Objective）。目标是策划和组织任何一次活动的首要出发点，它决定了活动的属性，譬如是公益性还是盈利性，是商务活动还是休闲活动。

（4）正如这个世界是多元的一样，每次活动的举办都要涉及组织者、参与者、供应商、志愿者、政府管理部门等多个利益相关者，主办方需要协调好各方的诉求和关系。

（5）恰似做事要善始善终，一次特殊活动从萌生创意开始，到圆满举办结束，整个过程都需要进行专业的管理。

（6）活动促进个体、家庭或组织的变化，甚至催生新的事物，在这一过程中，活动的目标、主体和过程也会不断演变，甚至产生新的活动。

（四）活动观作为一种世界观的内涵

1. 体验性

作为活动的核心，体验及附于其上的意义是我们分析和判断某个事物的根本出发点之一。生活世界可以指相对于个人性与私人性的感性经验世界，也可以指相对于普遍性与公共性的先验生活世界，而在胡塞尔看来，唯有后者才构成生活世界的本来含义。他认为，生活世界是一个意义世界和价值世界、是一个人们生于其中的周围世界，它是相对于感知它、体悟它、评判它的主体人而有效的（胡塞尔，1987）。

从表 2–3 中可以看出，秉承活动思维，我们需要思考的主要问题包括：体验如何为主体和利益相关者带来意义（Meanings），包括不同利益相关者之间的差异？体验在参与者的生活世界（Life World）中扮演什么角色？如何最好地整合各类元素，以优化预期的体验和意义？在人们和利益相关者的看法中，什么使体验显得真实或不真实？如何利用体验和意义来实现和放大事物的效应？等等。

2. 场景化

所谓场景，一是指戏剧、电影等艺术作品中的场面，即在一定的时间、空间（主要是空间）内发生的一定的任务行动或因人物关系所构成的具体生活画面，二是泛指情景。从剧情的展开来看，常见的场景类型包括叙述性场景、抒情性场景、氛围性场景、主观性场景及意象性场景等。

戈夫曼在（1959）在《日常生活中的自我表现》一书中提出，生活犹如剧场，我们必须在不同的设定下扮演不同的角色，而且我们仍需要停下来并有一个装扮的空间：在面对面的符号互动后面有一个更大的背景。柯林斯（2004）认为，互动仪式（Interaction Ritual）是人类最基本的活动，人类社会的全部历史都是由情境所构成的。

从服务的角度来讲，场景、情景与情境的核心含义大同小异。服务场景曾被定义为服务所处的建构环境（Built Environment），很显然，这种定义及由此而形成的服务场景框架只是建立在“有形环境”这一个维度上的。后来，Bitner（2000）扩展了服务场景概念，把“社交环境”（Social Environment）纳入进来。Bitner 还依据两个因素——服务场景的用途和复杂性，对服务组织的类别进行了划分，这两个要素可以识别出服务组织在场景管理方面的主要区别（表 2–5）。

表 2–5　基于服务场景的用途和形式的差异对服务组织类型的划分

服务场景的用途	服务场景的复杂程度	
	复杂的	精简的
自助服务（顾客自己）	· 高尔夫球场 · 冲浪现场	· ATM 机 · 大型购物中心的信息咨询处 · 邮局 · 互联网服务 · 快件递送
交往性服务（顾客与员工）	· 饭店 · 餐厅 · 保健所 · 银行 · 航班 · 学校	· 干洗店 · 热狗摊 · 美发厅
远程服务（员工自己）	· 电话公司 · 保险公司 · 公共事业 · 众多的专业服务	· 电话邮购服务台 · 以自助语音信息服务

资料来源：李雪松 . 服务营销学［M］. 北京：清华大学出版社，2009.

然而，产品和功能是短缺时代的需求，在产品甚至是服务都严重过剩的时代，需求不再是刚性的，对于使用权可以替代所有权的新一代来说更是如此。鉴于此，有不少商界领袖提出来，场景即服务，具体而言，包括场景和服务一体化，需要精心的设计；场景和服务的即时性，需要充分的协作；场景就是生活，服务就是实现，需要以客户为本；场景和服务是内容，而不是形式；场景和服务是动态的，要不断深化。

3. 仪式化

中国是礼仪之邦，为特殊活动和仪式研究提供了丰富的素材。所谓礼仪，即礼节与仪式。中国古代礼仪形成于三皇五帝时代，尧舜时已经有了明确的礼仪制度——五礼，即吉礼（祭祀之事）、凶礼（丧葬之事）、军礼（军旅之事）、宾礼（宾客之事）、嘉礼（冠婚之事），分别对应对天神、地祇、人鬼的祭祀典礼，融洽人际关系、沟通联络感情以及接待宾客方面的祭祀典礼等。

古语云：沐浴焚香，抚琴赏菊。意思是，在弹琴之前，要沐浴焚香，营造出氛围、创造出意境，这既是对音乐的尊重，也有助于奏出好曲子。这与茶道有异曲同工之妙，碾茶、擦杯、注水、出汤，烦琐的细节表露出虔诚之心。日本茶道讲究“和敬清寂”，有着烦琐的规程：茶叶要碾得精细，茶具要擦得干净，主持人的动作要规范，既要有舞蹈般的节奏感和飘逸感，又要准确到位。如果没有这些仪式，不可能达到“和敬清寂”的境界。同样，借助仪式感，让生活慢一些、庄重一些、色彩丰富一些，也能让日常生活有不同的体验。元代著名政治家、教育家许衡曾言，“衣食以厚民生，礼义以养其心”。由此可见，“仪式感”可以让我们认真地对待生活，文明礼貌地待人，从容不迫地应对生命的日常及变故，从而踏实地走过人生。

王小波（2008）认为，一个人只拥有此生此世是不够的，他还应该拥有诗意的世界。而生活中有仪式感的角落，往往是诗意的世界。对于一次特殊活动，仪式的关键在于为参与者带来情感能量（Emotional Energy）。根据柯林斯（1975，2004）的互动仪式理论，互动仪式的核心机制是高度的相互关注以及高度的情感连带，两者结合在一起，就能导致与认知符号相关联的成员身份感的形成，进而为每个参加者带来情感能量，这种情感能量的感觉对个体具有一种强有力的激励作用，使他们有信心、充满热情地去从事他们认为道德上允许的活动。无论是谁体验了这种感觉都会想再去体验。其中，相互关注指高度的互为主体性，情感连带指通过身体的协调一致，相互激发参加者的神经系统。

4. 目标性

英语中的“Event”来自拉丁语 Evenire，意思是“发生出来的事”或“（比较重大的）事件”。在社会生活中，经过精心策划的特殊活动往往能给我们一种使命感，并将人们聚集在一起去实现共同的积极目标。Goldblatt（2008）将这个过程描述为通过活动学（Eventology）来取得的文化进步，而所谓活动学就是研究如何借助特殊活动来为社会所有成员创造积极的利益。对于活动而言，最重要的产出之一是通过活动将全人类凝聚到一起。

从这个意义上来讲，特殊活动的基本要求首先是目标明确，因而在活动管理的关键成功要素“5W+2H”中，第一个 W 就是为什么（Why）。

2017 年法兰克福国际会议及奖励旅游展览会（IMEX Frankfurt）的主题是“有使命感的会展活动”（Purposeful Meetings），这可能代表了国际会展行业的一种趋势。2015 年 3 月 18 日，国内会展行业著名自媒体“会议圈”创始人楚有才在《会展活动人的几个特质》一文中提出，“Purposeful Meetings 就是在会议活动领域中，我们需要更多能够赋予事务以使命感和意义的人。这是一种能力，更是一种价值，因为有了这样的人，他更能够把大家笼络在一起、团结在一起、信任在一起、号召在一起。试想一下，倘若我们赋予了演讲人、赞助商、参会者、媒体参加会议活动的一种使命感、意义，他们都感觉这是他们自己的事情的时候，这就是会展活动真正的成功，具备这种思想的人，我相信未来会越来越多”。这段话即使在今天看来仍是颇有见地的。

5. 多主体

古往今来，人们早已认识到各种庆祝活动在激励人们和给人们生活的勇气方面所具有的特殊力量。Goldblatt（2010）曾经在《特殊活动：21 世纪的全球活动管理（第 6 版）》一书中讲过一个很有意思的故事。他曾经访谈过 5 位地理学家，他们都在位于亚利桑那州沙漠上的一个名为“生物圈”（Biosphere）的封闭实验室生活过近一年时间。当被问及他们如何做到在这样孤独的科学环境中生活这么久时，这些科学家回答，“我们为了科学而活着，为了庆祝（Celebrations）而生活。每个月我们都会庆祝生日、周年纪念日、新生物的出生以及我们个人在专业上取得的突破，可以说，这些庆祝活动是我们的精神支柱”。

还有一次，他在特立尼达和多巴哥（拉丁美洲岛国）做演讲，有一个学生面带歉意地对他讲，“当世界上的其他地方发生大灾难时，我们也会感到受威胁。然后我们立即转向庆祝活动，以此来提醒自己为什么活着，同时给自己继续生活下去的力量”。

由此看来，根据规模的不同，活动所影响的人群也不一样。每一次活动都会给位于特定范围的人们带来共同的情感召唤或符号意义。“活动塑造它们的参与者，尽管可能是瞬间的；际遇制造了其际遇者。”（Collins，2004）集体活动是互为主体性形成的标志，其中，集体关注将提高共有情感的表达，而共有情感反过来会进一步增强集体活动和互为主体性的感受（Durkheim，1965，P.247）。这是活动多主体性的第一层含义。

另外，几乎每一次特殊活动都涉及组织者、参与者、服务商，甚至赞助商以及公共服务部门等，换句话说，一次活动的利益相关者是多样化的，只有同心协力，才能办好一次高质量的活动。

6. 全过程

全过程就是自始至终，贯穿从创意（或萌发一种想法）到评估的全部流程。如果把一次活动作为一个产品，可以用产品全生命周期理论来解释。所谓产品全生命周期管理（Product Lifecycle Management，PLM），是指管理产品从需求、规划、设计、生产、经销、运行、使用、维修保养，直到回收再处置的全生命周期中的信息与过程，它既是一门技术，又是一种理念。

工业领域的全过程管理是指把业务无缝衔接起来，使各部门协同办公，保障主体信息在空间和时间上的完整性和延续性，实现业务的一体化管理。活动观中的“全过程”则提示人们凡事要善始善终，并且在每个环节都要做好相应的风险管理。

活动观的“全过程”同样适合解释我们的一生。“如果生命仅是一些琐事的堆砌，那是不能被接受的，我们想要方向感，我们希望生命是明确的旅程而不是无目的的漂流。”约翰·科廷汉认为，人生的意义是“个体在其中参与……真正值得参与的活动，这些活动反映了他或她作为自主个体的理性选择”（科廷汉，2007）。

其实，生命周期（Life Cycle）的概念应用很广泛，在心理学上主要是指人的生命周期和家庭的生命周期，是指它的出生、成长过程、衰老、生病和死亡的过程。在个体生命周期领域，有著名的埃里克森个体发展模型，卡特和莫麦戈得里将个人发展纳入家庭中，提出了具有创见性的个体心理发展阶段模型。家庭生命周期理论开始于20世纪30年代，最早由希尔和汉森提出，正式运用到家庭工作上是20世纪50年代，兴盛于70年代，代表人物是希尔、杜瓦尔。任何家庭都有生命周期，包括生理需求、文化规范和人的愿望等，家庭发展的任务是满足人们成长的需要，否则就会产生不愉快。

7. 重构化

重构（Refactoring）一词最早由 Martin Fowler 和 Kent Beck 在 *Refactoring: Improving the Design of Existing Code*（中译名《重构——改善既有代码的设计》）一书中提出，是指对软件内部结构的一种调整，目的是在不改变软件可观察行为的前提下，提高其可靠性，降低其修改成本。应用在活动管理领域，可以理解为不断地修正和调整。

Event 本意就有"发生"的意思，所以特殊活动生来就是动态的，即使在文学世界的相关解释也是如此。2012 年 5 月，特里·伊格尔顿（Terry Eagleton）在耶鲁大学出版社出版了新作《文学事件》（*The Event of Literature*），试图将文学课堂中已被常识化的一些概念和定义重新问题化（Reproblematize），让我们看见"文学为何物"和"虚构何以为"这样的基本课题其实直至今天仍然迷雾重重（但汉松，2013）。他认为，"事件"是一种处于运动过程中的、影响正在生成中的存在物。

对于特殊活动，重构性主要意味着组织者内部的力量结构发生演变，它可能来自目标、主体或过程的变化，结果是活动不断得到改进，甚至导致新活动的产生。

思考题：

1. 仪式是一种通过语言、行为或符号等将个人或群体带入某种特定情境的活动，如何理解这一定义？

2. 如何理解"活动就是一种生活的色彩调节器"？

3. 从政治学的角度，特殊活动的组织者可以从《仪式、政治与权力》中获得哪些启示？

4. 如何理解活动的目标性？

5. 请运用活动观的基本框架来分析自己的一次特殊经历。

6. 如何理解"场景即服务"这一观点？

第 3 章

活动对人类生活的改变

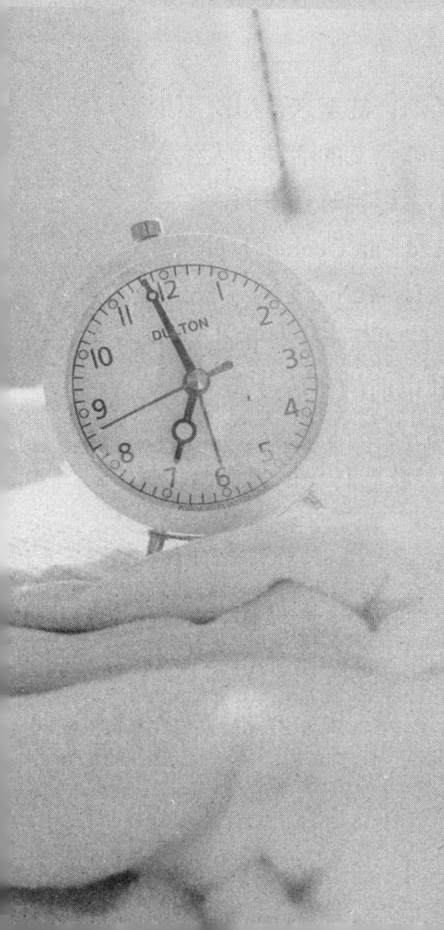

纵观历史，人们早就意识到庆祝（Celebration）在带给人们生活的希望和勇气方面所具有的特殊力量。我们绝不能忘记庆祝的传统，这些庆祝将社会凝聚在一起。正是通过各种特殊活动和庆祝仪式，我们才能持续记录大家共同的历史、我们的朋友和家庭。我们所举办的各种丰富多彩的庆祝活动，有利于创造新的里程碑和持续的记忆，从而让我们的生命变得有价值，也会让后来者觉得值得纪念（Goldblatt，2010）。

特殊活动的历史源远流长，甚至可以说，从人类有历史记载开始便有了活动管理，比如原始社会的集体狩猎活动。狩猎是人类最早掌握的谋生技能之一，随着人类文明的发展，狩猎逐渐具有了娱乐、军事、体育等多重功能，成为习武练兵、强身健体、振奋精神、谋取收获的一项综合性集体活动。《周礼》中记载古代君王四季田猎，分别称作春搜、夏苗、秋猕、冬狩，作为礼仪的田猎被后来的统治者沿袭了下来。一次大型狩猎，从事先的筹备到具体实施过程，从获取的猎物到结束后的分配、赏赐，都有一套复杂的礼仪，宛若一场谋划周密的重大战役，等同于现代的军事实战演习。

到了现代商业社会，为了解决信息不对称、商务合作、销售渠道、客户关系等问题，各种具有买卖性质的活动层出不穷，并不断创新。与此同时，随着全球范围内居民生活水平的整体提高，各类以生活服务为导向的活动也不断被推出，以满足人们日益增长的物质文化生活需要。

一、活动与个人发展

（一）转换：人生发展阶段与活动

无论贫困或富有，每个人在一生中都要参加众多活动，甚至亲自组织不少活动。每经历一次活动，尤其是那些具有重要人生里程碑意义的活动，人生就得到一次升华，并留下一种特殊的记忆，只是程度大小、影响时长不同。

这一点可以分别从法国民俗学家范·盖纳普（Arnold Van Gennep）对“过渡仪式”的界定和苏格兰人类学家维克多·特纳（Victor Turner）对“仪式”的理解中找到理论解释。盖纳普（1960）认为，“过渡仪式是指个体的生活不断地从一个阶段进入另一个阶段”，包括分离仪式（和以前的身份分离），阈限阶段（即中间的、过渡的阶段）和结合仪式（与新的身份结合）三个阶段；特纳（1982）提出，“仪式意味着人从一种状态向另一种状态转化的过渡阶段、中间状态”。

根据美国著名发展心理学家、新精神分析学派的代表人物艾利克·埃里克森（Erik H. Erikson）教授的心理社会发展理论，人生要历经 8 个阶段的心理社会演变（Psycho-social Development）（Burger，2004），这些阶段包括 4 个童年阶段、1 个青春期阶段和 3 个成年阶段（表 3–1）。每个阶段都有相应的核心任务和需要处理的危机，如果核心任务 / 危机得到恰当的解决，就会获得较为完整的同一性。如果处理得不成功或是失败，则会出现个人同一性残缺、不连贯的状态，处理的成功与失败即为两个极点。在表 3–1 中，笔者列出了不同人生发展阶段的部分代表性活动，这些活动都具有人生里程碑意义。按照埃里克森的理论，这些活动也有助于解决阶段性的任务和危机。

表 3–1 埃里克森的心理社会发展阶段及代表性活动举例

阶 段	危 机	重要的联系	应形成的品质	中心问题	代表性人生里程碑活动
婴儿期（0~1.5 岁）	基本信任 VS. 基本不信任	照护者	希望	我能相信他人吗？	满月宴、洗礼、周岁宴
儿童早期（1.5~3 岁）	自主 VS. 羞怯和疑虑	父母	意志力	我能独自行动吗？	幼儿园入学仪式
学前期（3~6 岁）	主动 VS. 内疚	家庭	方向 / 目的	我能成功地执行自己的计划吗？	幼儿园毕业典礼
学龄期（6~12 岁）	勤奋 VS. 自卑	学校和同伴	能力	与别人相比我是有能力的吗？	小学毕业典礼、十岁生日
青春期（12~20 岁）	自我同一性 VS. 角色混乱	朋辈群体、角色模式	忠诚	我到底是谁？	初中 / 高中毕业典礼、成人礼
成年早期（20~40 岁）	亲密 VS. 孤独	爱人、伴侣或亲密朋友	爱	我为某种关系做好准备了吗？	20 岁生日，大学毕业典礼、高中 / 大学毕业 ×× 年聚会、结婚周年纪念日、婚礼、40 岁生日
成年中期（40~65 岁）	繁殖 VS. 停滞	家族、同事、自我规范	关心	我留下痕迹了吗？	高中 / 大学毕业 ×× 年聚会、结婚周年纪念日、子女婚礼、退休仪式
老年期（65 岁以后）	自我整合 VS. 失望	所有人类	智慧	我的生命最终是有意义的吗？	高中 / 大学毕业 ×× 年聚会、结婚周年纪念日、葬礼

注：随着人类平均寿命的延长，需要对生命阶段的划分做出相应调整。

例如，进入中年，人们开始关心下一代。父母们发现，在抚养孩子的过程中，生活充满了丰富多彩的有意义和有趣的事情，没有子女的成年人通过与年轻人的接触也会感到这种生活的丰富性。遗憾的是，有些父母从教育孩子中很少获得快乐，而是充满了厌烦，对生活感到不满。按照埃里克森的理论，只有回顾一生时感到所度过的人生是丰足的、有创建的和幸福的人才会不惧怕死亡，这种人具有一种圆满感和满足感，而那些回顾挫败人生的人则感觉到失望，体验到失望并不像体验到满足感的人那样敢于面对死亡，因为前者在一生中没有实现任何重大的目标。

再以葬礼为例，葬礼礼仪是中华五千年传承下来的一种特殊文化，由于各国、各民族文化传统、宗教信仰等的差异，形成了形形色色的葬礼风俗，有的村落仅相隔数里，一些讲法和做法也不尽相同：有的盛大隆重，有的简易朴素，有的充满了宗教色彩，有的科学而又卫生。地理区域、宗教及社会结构等均影响葬礼的形式，阶级身份更是决定性因素。全世界的国君或宗教领袖的葬礼均极隆重，除了耗费物力、财力外，更有甚者可能会有陪葬。葬礼标志着一个人以仪式的方式正式离开了人世，它往往能引起参与者特别是亲属强烈的情感共鸣。笔者在大学里面向全校学生开设过一门通识课——《活动与生活》，以下是在一次考试中一名学生在阐述某次人生里程碑活动（Life-cycle Event）对自己的影响时写的一段文字，情真意切，引人深思：

在这里我选择以2009年我外公的葬礼为例。

之所以选这样一个活动，是因为当时印象太为深刻以至其余的活动一时都记不起了。那应该是我第一次感受到以前认为只会在电视剧中上演的生离死别的戏码，第一次接触最残酷的死亡。葬礼还是非常遵循中国人的传统风俗和地方家乡风俗的，摆灵堂，守望夜、哭灵、唱佛经、亲友哀悼整个流程下来耗费了近一周的时间。现在回想当时为了组织安排亲属的凭吊以及善后问题还是有一些争端和矛盾的。你能从亲属（我基本都不认识的）中感受到现实还是真意，这个世界上永远不乏人走茶凉争权夺利。

整个葬礼还是比较有秩序的，肃穆的和悲伤的，当时的我一直觉得难以置信冰棺里的人看上去仿佛只是熟睡而已。人生中第一次经历葬礼，感受人们最无能为力的死亡带来的痛苦。这一事件对当时还处于青少年培养、形成自身人生观、价值观的我有比较深刻的影响，它让我清晰地感受到生命的脆弱与可贵，也让我更懂得珍惜眼前、当下身边的亲人、朋友。

事实上，除了关乎人生的不同发展阶段，日常生活中的很多活动特别是仪式都可以帮我们准备好走入另一种空间、时间和角色，我们可以称之为活动的转化功能。例如，中小学上课时铃声一响，“起立”“同学们好”“老～师～好”“请坐下”，意味着接下来 45 分钟是上课时间了。为了参加一个商务晚宴，我们要精心打扮，准备相应的礼物，并提前到场，因为这个情景与平时的晚餐大不相同。人在特定的仪式之中，一切所从属的身份可能被暂时剥离，不再有等级、尊卑、分类和结构，所有参与者都遵循仪式本身的规则，而这套规则会将人引向自然本性的深处：我是谁？

（二）截面：个人成长维度与活动

于丹（2015）在《于丹趣品人生》中提出，与古人相比，今天国人的生活方式似乎少了一些情趣，她写道：“我一向有一个困惑，感觉当下生活节奏越来越匆忙，生命中越来越缺乏仪式感。没有仪式感，人生就不庄严，心就不安静。如果不依靠某种仪式，人是很难沉静下来的。所以，我试图从中国人自有的生活方式中寻求一些富于情趣的形式，比如听琴、喝茶、游山历水，并以此作为每个人都能够企及的世俗的仪式。”的确，每个人的生活中都会有喧嚣、杂乱甚至沉沦，这时候需要放慢脚步，给它加入一点仪式感。那么，仪式感可以加到哪里？这就涉及个人成长的维度问题。

按照时间、地域、职业及角色等标准，可以将个人成长划分成不同的维度（或阶段）。例如，按时间可以分成婴儿、童年、青年、中年和老年；按角色可以分成三个维度，即心智心态、知识技能和行为习惯。沃顿商学院教授弗里德曼（2014）认为，为了能过上想要的生活，必须在 4 个维度上实现平衡发展，即工作或学校，家或家庭（看你是如何定义的）、社区（朋友、邻居、宗教或社会团体），以及自我（心灵、身体、精神）。而实现 4 个维度融合的第一步是采取 3 个主要原则，即保持真实性、完整性和创新性，具体包括 18 项技巧（表 3–2）。

表 3–2 关于个人生活维度的几种划分

提出者	维度与原则		内容
Stewart D. Friedman（2014）	4 个维度：工作/学校、家/家庭、社区、自我	真实性	· 了解什么是重要的 · 贯彻始终如一的价值观 · 保持价值观和行为的一致性 · 以讲故事的形式传达价值观 · 思考你将为后人留下什么 · 学会承担责任
		完整性	· 明确预期 · 帮助别人 · 建立支持网络 · 运用所有资源 · 明智管理边界 · 将不同维度融合在一起
		创新性	· 注重结果 · 解决不同维度间的冲突 · 改变现状 · 寻找新的做事方式 · 勇敢面对变化 · 在你周围营造创新文化
Kayuk（2015）	生活的维度如此之多，每个人都需要扮演很多的角色，而相应地，在每一重维度上，我们都需要去面对特定的人		
尹树广（2003）	历史		人的经验活动和人的关系在历史发展中不断拓展和变化
	现实		各种实践活动和交往关系
	理想		改造日常生活世界

德裔美籍哲学家汉娜·阿伦特（Hannah Arendt）将人的基本活动分为三类：劳动、工作和行动（江含雪，2012）。她认为，每个人的存在都展现在两种生活领域中，一种是私人生活领域，另一种是公共生活领域，私人生活领域与公共生活领域的区别相应于家族领域与政治领域的区别。其中，私人生活领域是指处理个人生活的需要和由欲望所驱动的领域，是表现对个人（包括财产）的关怀和照看的领域，它具有不受外部人为干预的隐私性特点，家庭生活以及个人独有的仅仅关涉自己的生活事务都属于私人领域。

综上所述，笔者提出，分析个人成长主要有生命健康、家庭生活、教育学习、职业生涯、艺术人文、人际关系、商业财富、灵性修炼和参政议政 9 个维度（图 3–1）。本书下篇将从这 9 个维度来详细阐释活动对个人成长的独特作用，并结合大量案例来分析常用技巧。

图 3–1　个人成长的九维分析框架

对于个体，目标是从参与的角度，寻求通过有效地参加活动促进自身在上述 9 个维度上不同程度的提升；对于活动策划人，任务是从组织的角度探讨如何围绕这 9 个维度来创造更大的价值。正如 Cottingham（2003）所言，“说白了，人生之旅不过是一次由空而来向空而去的旅程。即便如此，我们依旧渴望，自己的生命是明确的旅程，而不是漫无目的的漂流”。而活动能让个体的人生之旅更加丰富多彩。

➔经典案例

全家努力，为 5 岁小女孩举办个人画展

2017 年 7 月 22 日，位于广州市越秀区五羊新城的鱼吻莲工作室艺术空间迎来了第一场别开生面的画展，一个 5 岁的孩子，把她丰富的内心世界用自己的画面语言绘制成一幅幅充满童趣的作品，然后在全家人的共同努力下呈现给

大家。

据了解，小画家名叫佟明灿，现在军体院幼儿园上中班。展览当天，小画家也迎来了她5周岁的生日。这次画展共展出了60幅作品，其中大多是小明灿3、4岁时的作品，让我们感受到一个美好的童年，一个对未来充满热爱的孩提时代。小明灿的妈妈还把女儿的作品做成T恤衫，在画展现场送给来祝贺、参观的小朋友们（图3–2）。

图3–2 佟明灿小朋友个人画展现场

据介绍，明灿小朋友1~3岁时，爷爷奶奶发现她对儿童画册很感兴趣，2岁时就握笔跟着作为美术和书法爱好者的爷爷画一些简单的人物、动物、房屋或树木等，画画的兴趣逐渐提高。细心的家长为她的小作品都标注了时间，并写下评语装订成册，给予她赞扬和鼓励，她因此受到很大鼓舞。

资料来源：穗5岁女童个人画展开幕 7天纯真艺术大餐等你来享 . http://gd.sina.com.cn/news/b/2017–07–22/detail–ifyihrmf3193241.shtml?from=gd_cnxh，新浪广东，2017–07–22.

二、活动与群体生活

曾经在某自媒体平台上看到这样一段话：前公司是一家非常精干的创业公司，也深谙仪式感的道理。每周五的下午，惯例都要开个周会，放下所有的事情，所有人聚在一起，看看数据，听听CEO讲话。平时来了新人，总会由

HR 带着巡一遍楼，所到部门要起立鼓掌。离职时，离开的人会在大群里发个红包，写一句“在这里的日子很开心，谢谢大家！”，然后大家纷纷送上一句“前程顺利！”—— 尽管可能压根儿没几个人认识他。尽管这样的行为没太大实际意义，但的确会让每一个人感到：你是活在一个集体里面，你在跟大家一起，做着一些正当、重要、有某种象征意义的事情。

的确，人是社交动物。当我们的个体倾向十分积极时，群体交流能使我们变得更好。但群体可以是非常好，也可以是非常坏的，我们最好能明智而且有目的地选择群体影响（迈尔斯，2006）。通过参与和组织活动，个人能够重塑与群体中其他成员之间的关系，群体也通过活动对个体带来影响。

（一）个体受群体影响

群体动力学家肖（Shaw，1971）认为，群体就是两个或更多互动且相互影响的人。群体成员把群体内的人看作“我们”，而不是“他们”。群体成员之间的互动常常会产生戏剧性的效果，例如，有学识的人和其他博学多识的人在一起，会促进彼此的才智增长，不良少年和不良少年在一起，彼此的反社会倾向一般会愈演愈烈。

根据社会心理学家扎伊翁茨（Robert Zajonc）的社会唤起效应理论，他人在场能增强个体的优势反应，提高人们完成简单任务的准确性，而在复杂任务中，正确答案往往不是优势反应（图 3–3）。如果有众多他人在场，“处在人群之中”对个体的积极反应和消极反应都会有增强作用（托儿、人来疯等），例如，当人们坐得很近时，友善的人会更受欢迎，不友善的人会更令人讨厌。此外，个体受群体影响，可能还会遇到搭便车、去社会化、群体极化、群体思维、少数派影响等情况。

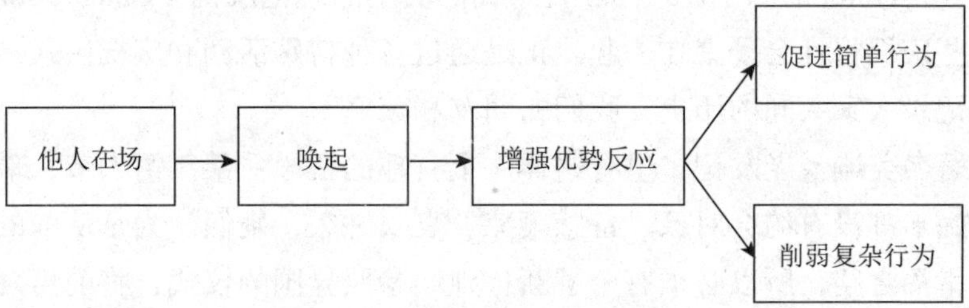

图 3–3　他人在场的社会唤起效应

个人参加特殊活动是典型的他人在场现象。以会议为例，在群体讨论中，有说服力的论点往往容易主宰那些涉及事实的问题，而且更可能有人来打破沉寂，而社会比较（看他人怎么说）会影响那些涉及价值判断的反应，在很多既涉及价值观又涉及事实的事务中，这两个因素都会起作用。然而，在集体决策时，紧密团结的群体可能反而不利，甚至出现群体 / 集体盲思（Collective Blindness）的困境（指群体在决策过程中，由于成员倾向让自己的观点与集体一致，因而可能导致整个集体缺乏不同的思考角度，不能进行客观分析。一些值得争议的观点、有创意的想法或客观的意见不会有人提出，或者是遭到忽视及隔离）。

（二）形成共有的现实和群体性符号

Goldblatt（2002）对特殊活动的定义受到了苏格兰著名人类学家维克多·特纳（Victor Turner）的影响，后者认为，“任何人类社会都会使用典礼或仪式的形式来庆祝其欢乐、悲痛以及胜利”。根据 Turner 和其他研究者的观点，他提出典礼和仪式是设计、计划、管理和协调特殊活动的重要因素。而仪式是一种相互专注的情感和关注机制，它形成了一种瞬间共有的现实，因而会形成群体团结和群体成员性的符号（Collins，2009）。

例如，在日本，成人节是重要的传统节日之一，源于中国古代的成人仪礼——“冠礼”。参加成人仪式，标志着年轻人从今以后必须独立生活，并担负起社会责任。节日当天，日本各地都会举办仪式，最常见的是在学校、企业或公共机构举办报告会、讲演会。在仪式上，年轻人在接受祝贺的同时，也要发表自己的理想和未来的规划，这种公开承诺的仪式感会对他们遵守成年人规范、履行社会责任等方面起到内化作用。

因此，Goldblatt（2010）提出，“我们决不能忘记庆祝（Celebration）的传统，这些庆祝将社会凝聚在一起。正是通过各种特殊活动和庆祝仪式，我们才能连续记录大家共同的历史、我们的朋友和家庭”。

在著名美剧《老友记》里有这样一个有趣的桥段：某年情人节，瑞秋、菲比和莫妮卡都没有约会对象，备感凄凉。哀叹许久，她们认为是从前的烂桃花阻碍了幸福之路，所以必须有个了断！她们参照异国的仪式，将前男友们的东西全部烧掉，书信、首饰、衣服，统统扔到桶里去，点燃了火焰，围在旁边念咒、跳舞……结果，因为火势无法控制，惊动了消防员——好消息是，消防员里真的有大帅哥，而且对她们一见倾心。

（三）确认和强化某种群体关系

所谓群体，就是人们以一定方式的共同行动为中介而组合成的集合体。要形成一个群体，必须具备 5 个基本条件：①有一定数量的成员；②有一定的为成员所接受的目标；③有一定的组织结构；④有一定的行为规范；⑤成员心理之间有依存关系和共同感。群体是社会和个人的中介，因而其功能也表现在社会和个人两个方面。对于个人而言，群体能全面满足人的各种需要，并且对人的社会化起到重要作用，主要体现为获得安全感、获得归属感以及获得社会支持。

在现实生活中，我们经常可以看到这样的现象：个人单独不敢表现的行为，在群体中却敢于表现，一个人单独很少做的事情，在群体中却做了。与之相应，通过参与一些特定的活动，个体可以调整与其他群体成员之间的关系，并一起协商和制定规范，从而使得群体组织成为一个更强有力的整体。

例如，为了实现团队绩效及产出最大化，几乎所有企业都会开展一定形式和数量的团队建设活动，其本质是企业或组织进行一系列结构设计及人员激励等团队优化行为。然而，由于内容缺乏创新等原因，很多团建活动的参加者在活动结束后却感觉还不如各自待在办公室里。2012 年，著名 IT 企业思杰系统公司（Citrix）委托 Wakefield Research 对 1000 多名办公室员工进行了一项调查，结果发现，有近 1/3 的人表示他们参加过的团队活动要么与公司文化不符，要么让员工觉得尴尬难受。

为了解决类似问题，许多团建活动的组织者开始采用新的策略，其基本出发点是没有人再愿意玩那种冗长无趣，仅仅是为了教育员工了解企业文化或业务流程而设计的游戏。以下是《华尔街日报》上曾经刊登过的一个例子：加州戴维斯市的羊肉生产分销企业 Superior Farms Inc. 想为公司 11 名高管寻找一种新的团队建设思路，后来在拉斯维加斯找到一家名为 Dig This 的公司，这家公司把自己称作“重型设备游乐园”，在这里，参加团队建设活动的同事要操控重型建筑设备，完成定制的小组任务。开挖掘机似乎对每个人都是全新的体验，也让 Superior Farms 人力资源副总裁凯伦 · 埃利斯（Karen Ellis）进入了一个自己完全不熟悉的领域。埃利斯说，如果不是她的小组搭档通过耳机冷静地告诉她具体该怎么做并不停地鼓励她，她绝对完不成自己的任务。“他非常有耐心，而且完全知道我需要听到什么，这让我对每天都在一起工作的这名同事有了全新的认识。”

再以中国传统春节为例，在以“家庭”为基本组织的中国社会，家族是人们最可依靠的共同体，依靠家族力量应对过渡时间不确定性的担忧是人们首选的方式。在年节期间，全家人无论远近一律回家团聚，“一年不赶，赶年三十晚”“有钱没钱，回家过年”。只有回家同祖先与亲人一起过年，人们才可能获得精神依靠。在这样的过渡性的特殊时刻，家人的团聚使家庭伦理情感得以升华（肖放，2006）。

➔经典案例

从20年前的高中毕业典礼到今天的葬礼

由乔恩·阿米尔于2005年导演的《重聚》（*Reunion*）是一部在形式上非常有创意的新剧，该剧讲述了6位同窗好友从高中毕业到再相聚时这20年间的故事经历。有爱情与分手，有婚姻与死亡，有成功与堕落，所有的一切都从他们18岁时梦想与期望开始。第一章的剧情如下：

纽约的一场葬礼上，阿尔格正在致悼词，他诉说着高中时代曾有6个亲密无间的朋友，但现在其中的一个却被谋杀而躺在眼前的棺材里。侦探肯尼·马乔里诺悄悄溜进小礼拜堂观察前来吊唁的人们，葬礼一结束他立刻拦住了霍兰德夫人。

20年前，也就是1986年，俄亥俄州的贝德福德高中正在举行毕业典礼。詹娜·莫雷蒂、威尔·马洛、阿伦·格洛弗、卡拉·诺尔、萨曼莎·卡尔顿和克雷格·布鲁斯特这6位好友在典礼结束后来到克雷格家举行庆祝晚会。躲在浴室的萨曼莎验出自己怀孕了，但直觉告诉她，孩子的父亲并不是男友克雷格。

克雷格带着酒意开着父亲的跑车，突然在公路上与一辆卡车发生了碰撞。由于害怕因酒后肇事而坐牢，克雷格告诉警方是没有喝酒的威尔在开车，而威尔为了保护朋友也承认了此事。第二天，其余几位在餐馆里等待威尔和克雷格，卡拉替阿伦出主意如何追求詹娜，其实卡拉自己深深地暗恋着阿伦。由于双方司机都只受了轻伤，威尔和克雷格都被释放回家，萨曼莎悄悄告诉威尔怀孕的消息，她认为他是孩子的父亲。

警方突然出现逮捕了威尔，原来卡车司机因内出血死亡了，克雷格看着好友被铐走，他发誓要请父亲救出威尔。但是无论律师的辩护词有多么出色，威尔仍被判入狱一年。

萨曼莎决定生下孩子并远赴伦敦求学，她责怪威尔不该因为抢了克雷格的女友就替他顶罪。卡拉受萨曼莎的鼓励决定向阿伦表白，却在按响门铃的前一刻看到正在接吻的阿伦和詹娜。

在这一年的夏末，6 个曾经以为永远不离不弃的朋友分道扬镳：威尔开始他的牢狱生活；克雷格独自进了大学；卡拉和萨曼莎结伴去了伦敦；詹娜告别阿伦奔向纽约。

重新回到 2005 年的现在，侦探马乔里诺并不明白这个故事与谋杀案有什么关系，霍兰德夫人——就是当年的卡拉·诺尔——解释说 1986 年夏天发生的事件是所有事情的开端。

从上述故事不难看出，人生如戏，因为一次重聚引发出这么多事情。与此同时，每个人都希望在他人面前呈现出自己想要表达的一面，或者是最好的自己。

资料来源：九度网剧情频道.《重逢 /Reunion》分集剧情介绍［EB/OL］. http://jq.9duw.com/oumei/18024.html，2010-11-08.

三、活动与人类社会发展

（一）强化或改进社会规范

社会结构有一个很有趣的特点：只要我们身处社会中，无论处于哪种社会地位，都是社会结构的一部分，都必须遵循社会规则。在特纳的分析中，结构代表着社会的组织、秩序、规范和习惯，有阶层、地位、贫富差别，反结构则代表着阈限和交融，即那些从占据一系列社会地位、必须履行的规范束缚中解放出来的认知、情感、意志和创造力，没有等级之分、贫富之别、男女之别。人类是结构与反结构共同造就的实体，人类在结构中生存，在反结构中成长（Turner，1969）。

特纳在《仪式过程：结构与反结构》（黄剑波、柳博赟译，2006，p.96）一书中提出了“Communitas”（注：常见翻译有“交融”“共同体”等，我国台湾中研院余光弘教授译为“共睦态”）的定义，即“在阈限阶段出现的一种社会关系模式”，这种模式在社会中没有组织结构或仅有基本的组织结构，相对而言，彼此存在差异的社群或社区较少，地位平等的人们结成了共同体，其本质是一种超越社会关系，人与人之间平等交流、息息相通的情感状态。

以狂欢节为例，在节日期间，人们不分地位高低、富贵贫贱、男女老少，君民同乐，尽兴娱乐，“谁也不属于谁，谁也管不了谁”，从而有利于促进不同社会阶层的和谐（徐薇，2009）。正如巴赫金（1996，p.57）所言，“在狂欢节上，人们不是袖手旁观，而是就在其中生活，而且是大家一起生活，因为从观念上说，它是全民的。在狂欢节进行当中，除了狂欢节的生活，谁也没有另一种生活。人们无处躲避它，因为狂欢节没有空间界限。在狂欢节期间，人们只能按照狂欢节的法律生活，亦即按照狂欢节自由的法律生活。”（特纳，黄剑波、柳博赟译，2006，p.96）

例如，德国的“女人狂欢节”（德文是 Weiberfastnacht，本意为“女人斋戒夜”）在德国不同地方有着不同的庆祝方式，最热闹的是杜塞尔多夫、科隆和麦茨三个城市。这是一个妇女肆意妄为的节日。平素庄重文雅的德国妇女此刻犹如火山喷发一样尽情宣泄着自己的感情，她们成群结队地来到市政大厅，并在大庭广众之下让市长把城市的钥匙——权力的象征交给她们，上演夺权的喜剧。当天还有一个保留节目——剪领带（图 3-4）。很多男人在这一天都吓得不敢打领带，还有的为了取悦女性，特意准备了多条领带，当女人们进攻时，他们就干脆举手投降……

图 3-4　德国女人狂欢节的保留节目——剪领带

（二）记录社会发展全过程

特殊活动（Special Events）的兴起首先源于人们对群体活动的喜爱。人类是群居性的生物，因此人们喜欢参与各种群体活动。从有时间记载开始，人类就在不断寻找各种方法来标示他们生活中的重要时刻，这便是最古老的活动形式——仪式和庆典。在人类漫长的生活岁月里，不同地区的人们形成了丰富多彩、形式各异的节日风俗。这些节日风俗都是伴随着历史的发展而形成的，反映了各个民族生息、发展和进步的过程。节事活动（Festival & Special Events）最初起源于这些节日风俗，其形成过程大致是根据生活的需要，经历了由不自觉到自觉，由不定型到定型，逐渐发展和补充，内容涵盖了生产、祭祀、表彰和庆祝等多个方面（王春雷、陈小连，2013）。

的确，特殊活动已经成为人类社会生活中不可或缺的一部分。从奥运会、足球世界杯和世博会到城市艺术文化节，从公园、广场和历史名胜地的演出到公众聚会，从万人观赏的体育赛事到小型会议、婚礼，从公司促销活动到特殊事件旅游，从社区活动到慈善筹款，活动管理以其管理的科学性与特殊事件所具有的艺术魅力和文化内涵相结合，迅速地改变着受众的习惯、品位、记忆和理解，同时完成组织或产品品牌形象、概念的成功营销（王永嘉，2005）。

（三）促进社区凝聚与复兴

因为“庆祝特殊日子或时刻的欲望是人类的基本特征之一”，活动注定会而且将持续在人类社会发展中发挥重要的作用（Bowdin 等，2006；Wrathall 和 Gee，2011，p.11）。毋庸置疑，主题各异、形式多样的活动为标记重要的个人或公共时刻以及庆祝我们人生中的重要里程碑提供了一种工具。正如一些学者所言，各种庆祝活动好似灵丹妙药（Derrett，2004），具有黏合社区和促进社区复兴的功能，并有利于建立合作、友好、互惠互利、归属和友谊的感觉（Arcodia 和 Whitford，2006，p.2）。

Goldblatt（2010）在《特殊活动：新一代与下一个前沿》（第 6 版）一书的前言中讲述了一个精彩的故事：许多年前，他应邀参加一个由某图书馆组织的图书签售活动，与此同时还有一位女诗人被邀请。当两人坐下来等候活动开始时，他们好奇地互相看着对方，然后他问这位诗人，“为什么一个活动策划专家和一位诗人会同时被邀请参加这个活动？”这位女诗人想了一会儿回答道，“一次活动就是一首诗。和优秀的诗歌一样，一次完美的活动也是永恒的”。我们必须持续地通过各种活动来庆祝记忆，与此同时创造新的记忆，以不断地推动人类文化向一个没有疆域的未来迈进。

思考题：

1. 结合范·盖纳普（Arnold Van Gennep）和维克多·特纳（Victor Turner）对“仪式”的界定，阐释活动对人生发展的特殊意义。

2. 请根据艾利克·埃里克森（Erik H. Erikson）的心理社会发展理论，解释活动在个人处理人生发展不同阶段的核心危机中的作用。

3. 对个人成长的九维分析框架进行评价。

4. 请解释活动可能对群体生活带来的影响。

5. 结合狂欢节的例子，解释特纳的结构与反结构理论。

6. 请列举 3~5 个活动促进社区凝聚与复兴的例子。

第4章

参加活动是一种存在方式

似水流年是一个人所有的一切，只有这个东西，才真正归你所有。其余的一切，都是片刻的欢娱和不幸，转眼间就已跑到那似水流年里去了。我所认识的人，都不珍视自己的似水流年。他们甚至不知道，自己还有这么一件东西，所以一个个像丢了魂一样……这样我就有机会在上天所赐的衰老之刑面前，挺直腰杆，证明我是个好样的。但要作这个决定，我还需要一点时间（王小波，1992）。

从生到死，每个人在一生中都要参加许多活动，而且这些活动主题丰富、形式各异，但很少有人从生活哲学的角度来对活动与生活的关系进行梳理。例如，参加亲子活动有利于促进父母与子女的关系，有利于让爸爸妈妈能够更加了解孩子，也有助于提高孩子与他人交流的能力。在活动中，爸爸妈妈和孩子可以共同学习、成长，可以与其他爸爸妈妈交流，还可以与老师或者组织者分享教育方式。然而，目前市面上的相关书籍基本上都是从设计和手工制作角度来撰写，不能从活动管理的角度提供有针对性的指导。

一、活动与人的存在方式

所谓人的存在方式，即人的现实生活的表现样式，它是哲学研究的一个重要课题。不同哲学流派对“人的存在方式”有不同的解释（范彩娥，2001）。理性主义哲学家大都认为，人以理性的形式存在，如黑格尔的“存在即合理”和笛卡尔的“我思故我在”等观点。自然主义哲学认为人以自然方式存在，例如，拉美特利认为人是“一些在地面上直立着爬行的机器”。现代文化哲学则坚持从人的文化创造和文化生活世界来理解人的存在方式，认为人以文化形式存在。

马克思主义哲学认为，人的存在方式应该以生存和生活作为第一要义和前提。作为一种特殊的生命体，人的存在应该遵循这样的逻辑：活着—怎样活着—为了什么活着，分别指代人存在的基本事实、人存在的实践活动，以及人存在的特殊性价值。由此可见，人的存在方式可划分为三个相互关联的层次：生存事实、生存实践与生存价值，其中，生存事实是基本前提，生存实践是核心内容，生存价值是本质要素。

国学大师梁漱溟（1980）在《人心与人生》中提出，人在社会上，要解决好人与物、人与人以及人与自己的内心三个问题，其中，最难解决好的是与自己内心的问题。其基本逻辑是我们在年轻时有一个共同的目标，那就是为了物质去拼夺资源。处理好人与物的关系，需要的是理性；当物质基础基本稳定时，我们开始把目光转向维系和开发更多的人际关系。在和他人相处的过程中，所依据的并非是理性的原则，而是感性的生活经验；当一切归结为审视自己心灵的时候，我们才真正知道自己所追求的东西是什么，如表 4–1 所示：

表 4-1　人生要处理好的三种关系

类型 项目	人与物之间的关系	人与人之间的关系	人与内心之间的关系
生存关照	生存事实	生存实践	生存价值
问题实质	自然科学（包括技术）	社会科学	哲学（包括文学艺术）
主要应对方法	理性	感性	悟性
异化危险	人的物化（标签化、工具化）	自我的他化	自我的物化

资料来源：希成．我们一生要处理的三种关系［EB/OL］．http：//blog.sina.com.cn/s/blog_449cf2ee01013ldt.html，2012-02-18.

所有特殊活动都经过精心设计，目的是达到预期的结果（Produce Outcomes），这便是活动的目标（Purpose）。几乎在全世界各地，人们通过参加仪式和典礼来回忆共同的历史和表达他们的个人愿望（Goldblatt，2010）。特殊活动特别是各种社会活动（Social Events）和人生里程碑活动（Life-cycle Events），为人与自然、人与社会或人与自己之间的对话提供了多样化的通道和平台，这三种关系正好可以对应人们生存的事实、实践和价值。由此，可以大致构建特殊活动与人的存在方式的三种基本关系：①用活动来庆祝或纪念生命存在与发展的事实；②通过参加或亲身组织活动，让自己的人生体验更加丰富多彩；③通过在活动中达到预期的目标（Purpose），进而将个人的人生意义实现在与群体或社会的互动中，如图 4-1 所示：

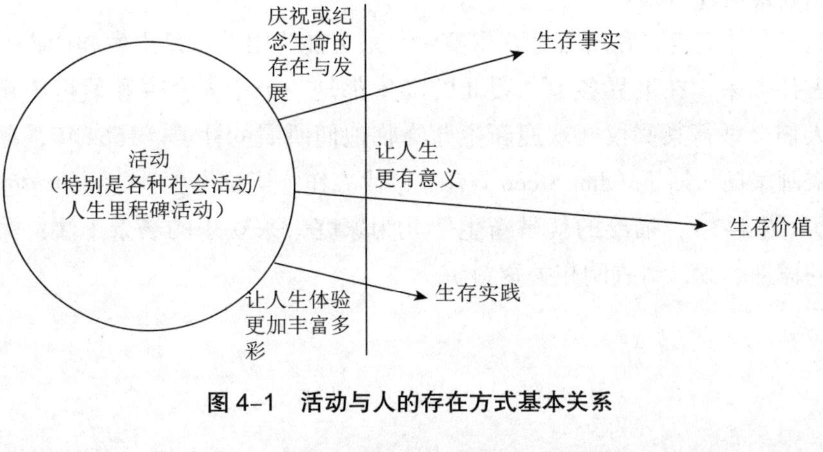

图 4-1　活动与人的存在方式基本关系

需要注意的是，在图 4–1 中，生存事实、生存实践和生存价值之间不是截然分开的层级关系。另外，生存实践和生存价值是人的生存方式的主体因素，其中，生存实践是人的生存方式的核心；生存价值是人的生存方式的特殊性规定，它决定了人（甚或个体）的生存方式与其他一切生命存在的本质上的不同，两者在现实生活中分别体现为两种具体形态：生活方式和生活意义。

二、从根本出发：生存事实中的活动

马克思主义哲学认为，“人的存在即表现”“个人怎样表现自己的生活，他们自己也就怎样。因此，他们是什么样的，这同他们的生产是一致的——既和他们生产什么一致，又和他们怎样生产一致”“人们的存在就是他们的实际生活过程”。一句话，人以丰富多彩的社会实践活动方式存在，其中物质生产实践是人存在方式的基石（范彩娥，2004）。在生存事实中，出生、死亡、爱与对话是最基本的命题，也是我们探讨特殊活动的功能以及策划和管理活动时无法回避的话题。

（一）生死

身体是人存在的载体，因此，关于生存事实，本质上是指人“活着”的状态。梁文道（2012）在《悦己》一文中如是说：“读一些无用的书，做一些无用的事，花一些无用的时间，都是为了在一切已知之外，保留一个超越自己的机会，人生中一些很了不起的变化，就是来自这种时刻。”人生中的许多特殊活动，就是这种时刻。

对于个体而言，在所有生存事实中，最无能为力的就是出生和死亡。

古往今来，在世界各地，婴儿的降生都是一个令人喜悦和值得庆祝的时刻，人们会举行某些仪式欢迎新生儿降临他们所属的社群。1664 年，荷兰著名风俗画家扬 · 斯丁（Jan Steen）有一幅代表作《庆祝出生》（*Celebrating The Birth*）（图 4–2），描绘的就是新生婴儿为家庭带来欢乐的场景（注：关于这幅画的详细解读，请查阅相关资料）。

图 4-2　扬 · 斯丁的代表作《庆祝出生》

中国地大物博、民族众多，庆生的形式更是精彩纷呈。虽然仪式各有不同，有热闹喧天的，也有低声细语的，但是天底下的父母和家人的那份喜悦都是一样的。例如，在我国北方不少地区，仍然有给婴儿过“十二晌”（也有叫“小满月”的）的风俗习惯。即小孩出生后 12 天，举办庆祝活动欢迎小生命的诞生。这一天是小孩出生后第一次穿衣服的日子，穿什么衣服也有讲究：姑姑的袄，姨姨的裤，妗子的花鞋迷了路，意思是上身要穿姑姑做的红花袄，下身着姨姨做的青长裤，寓意“红红火火过日子，清清楚楚长成人”；头上戴一顶由花手绢、小毛巾扎成的“官”帽，寓意长大后做大官、发大财。婴儿床前，女眷们的赞誉声直到天黑；贺喜桌上，划拳行令响到深夜。按照当地习俗，这一天还要给产妇吃饺子，意思是捏骨缝，因为老人们认为，妈妈因生产而打开的骨缝可以合上了，已经过了月子里最重要的一关。

据美国广播公司新闻网（ABC News）报道，2017 年 6 月，南卡罗来纳州一个家族 137 年来第一次诞生女婴，整个家族兴高采烈。更令人意想不到的是，女婴父亲的同事甚至帮他在公路旁一个广告牌上专门打了广告，庆祝女婴的诞生。广告牌有 12 英尺（约 3.6 米）高，24 英尺（约 7.3 米）宽，还附有一句祝福语：欢迎来到这个世界！卡特—路易斯—塞特尔（Welcome to the World，Carter Louise Settle！），如图 4-3 所示。

图 4–3　庆祝女婴出生的大型广告牌

相对出生，死亡要显得更加无奈和悲哀。死亡是指人或生物生命特征的丧失且永久性的终止，但从哲学上来说，个体的死亡并不代表事物的结束，个体死亡后，他（她）的遗产、问题、关系等并没有消失，而是被继承或者被瓜分。在宗教中还有轮回的说法，人死后可能会在另一个世界重新开始。在英国著名诗人拜伦看来，死亡虽然可悲，但却并不恐怖，甚至还隐隐约约地充盈着一种浪漫的气息。他的《无痛而终》与《你死了》两首诗歌都体现了一个共同的主题：死亡因为有了爱情的陪伴才会显得浪漫和悲壮。

邦妮·威尔（Bonnie Ware）是一名美国的作家和词作家，她曾经在一家专门提供临终关怀服务的机构工作多年，后来于 2012 年撰写了《临终前最后悔的五件事》（*The Top Five Regrets of the Dying: A Life Transformed by the Dearly Departing*）。她在该书中总结了生命走到尽头时人们最后悔的 5 件事情，其中，"希望当初我有勇气过自己真正想要，而不是别人所希望我过的生活"（I wish I'd had the courage to live a life true to myself，not the life others expected of me）排名第一，另外 4 件分别为"希望当初我没有花这么多精力在工作上，而错过了关注孩子成长的乐趣，错过了爱人温暖的陪伴"（I wish I didn't work so hard）、"希望当初能有勇气表达我的感受，而不是长期压抑愤怒与消极情绪"（I wish I'd had the courage to express my feelings）、"希望当初我能和朋友保持联系，而没有因忙碌的生活而忽略了曾经闪亮的友情"（I wish I had stayed in touch with my friends）、"希望当初我能让自己活得开心点，而不是习惯了掩饰，在人前堆起笑脸”（I wish that I had let myself be happier）。当人们面对自己的死亡时会继续成长，我们永远不要低估一个人在这方面的潜力。

面对死亡，每个人的反应是不一样的，有人惊恐沮丧，有人泰然处之。在冯小刚导演的电影《非诚勿扰 2》中有这样精彩一幕：正当李香山的事业如日中天时，突然发现原来脚上的一颗黑痣发生病变，确诊下来是属于黑色素瘤，恶性肿瘤。恰如晴天霹雳，再坚强的男人也经受不起这样的打击。于是他将此消息告诉了挚友秦奋，秦奋劝香山进行常规治疗，可已经认命的香山早已放弃，让秦奋帮自己安排一场体面的离开仪式。

➔经典案例

电影《非诚勿扰 2》中“李香山·人生告别会”一幕

秦奋：“今天我们大家聚在一起，隆重纪念我们共同的朋友，李香山先生。李先生的一生是平凡的一生，是名不见经传的一生。先生出生平凡，长相平凡，从小不好好念书就知道贪玩。先生离过两次婚，办垮过仨公司，历任：无业游民，饭馆厨师，愤青，冒牌艺术家，总经理，环球总裁，权钱勾结中间人，简称媒人。先生一生邪气，一生没少让家里人操心，没少连累朋友，谁跟他近谁倒霉，但是我们爱他。爱那个一身缺点叫香山的坏家伙。他是我们生活中的一道汤，没他不好玩。他喜新不厌旧，贪财不爱财，办砸了事儿认栽。”

旁边：“不许拍马屁，明令禁止了都。”

秦奋：“我必须在这拍两句，马屁里面有真情。不拍没机会了。香山的死，是他们全家，我们全公司，社会上全体哥们儿姐们儿的，重大的，无法弥补的，香山你觉得你的死算是重大的还是无法弥补的，听你的。”

香山：“正常损。完全能弥补。”

香山：“小时候的事好像还在昨天，今儿就死到临头了。”

旁边：“大家都一样，死亡面前人人平等。”

香山：“反正我是不能再抱怨生活了，该得的我都得了，不该得的我也得了。今天在座的，细说起来，都不能算不靠谱。最不靠谱的，也没不靠谱到哪去。”

笑，旁边：“最不靠谱的就是你。”

香山："屡次被人爱过，也屡次爱过人，到头了还得说自己不知珍重。辜负了许多盛情和美意。有得罪过的，暗地与我结怨的，本人在此，也一并以死相抵了。活着是种修行。这是我哥们儿秦奋的话。"

秦奋："我也是听人说的，版权不是我的。"

香山："甭管谁的了吧，李香山此生修行，到这就画一句号了。十分惭愧报告大家，李香山此生修行，没修出什么好歹来，他太他妈忙了。忙挣钱，忙喝酒，忙着闹感情危机，把大好的时光都忙活过去了。"

旁边："怕死么香山，北海道农民问候你。"

香山："怕。像走夜路，敲黑门，你不知道门后是五彩世界，还是万丈深渊，怕一脚踏空，怕不是结束，而是开始。邬桑，你知道点什么？关于死。"

邬桑："我听说有光，跟着光走，老人们都这么说。"

香山："谢谢。谢谢邬桑。死是另一种存在，相对于生。这是今天早上我女儿川川告诉我的。只会生活是一种残缺，说得真好。川川，川川……"

川川低头不愿意抬起来，强忍着哭。

邬桑轻声对川川说："川川，你爸叫你呢。"川川执意不理，却又难过而泣。

香山："谢谢你川川。很抱歉给你带到这个世界上来，却不能好好陪你，也请你转告妈妈，很抱歉，这辈子没让她生活得痛快点，给她添堵了。感谢各位装点陪衬了我的一生，今天又送了我一程，你们的善，你们的好，我都记下了。都拷进脑子里了。我将带着这些记忆，走过火葬场。我没了，这些信息还在，随烟散播，和光同尘，作为来世相谢的依据，假如有来世的话。最后，我给大家提一醒吧，长了黑痣赶紧点去，千万别以为那代表着好运和性感。"

秦奋："你太贫了你！"

资料来源：电影《非诚勿扰 2》台词，部分用词微调。

与死亡相随的是葬礼。戈夫曼从拟剧理论的角度，对殡仪馆遗体告别仪式做了精彩的描述：其间，所有参与者——既包括死者亲属剧班，也包括机构人员剧班都会得到安排，使他们能够表达出对死者的感情和与死者的关系；死者总是演出的中心，然而由于死者亲属缺乏经验、悲痛欲绝，由于演出的主角已经长眠不醒，所以尽管殡仪员也许始终不愿在殡仪现场抛头露面，或者在另一房间里准备另一场殡仪演出，但是他们仍要亲自导演这场表演[①]（戈夫曼，2008，p.87）。

（二）爱

顾名思义，所谓“爱”，就是真心对待某个生命体或物体（可以是人、物、动物），使其整体感到快乐。国际知名慈善公益组织君友会认为：爱的表现应由近而远，善的励行要由小而大，爱与善都必须由内而外，由自己而别人，以自己为中心点不断地扩大，从自己、家庭、亲戚朋友、小区，慢慢扩展到社会上，扩散到整个地球的每个角落。而无论是爱的表现还是善的励行，特殊活动都可能是很好的渠道。绝大多数特殊活动，特别是涉及个人和家庭的人生里程碑活动，都与爱有关。

美国著名作家、《发现真爱》（*A Return to Love*）一书的作者玛丽安娜·威廉森（Marianne Williamson）认为，“爱是最根本的生存事实，是我们终极的现实和我们在世的目的”。1994 年 5 月，南非总统曼德拉在发表就职演说时，引用了该书中的一段话：

我们最深的恐惧，并非是我们无能为力；
我们最深的恐惧，是我们不可估量的能力；
是我们内心的光明，而非黑暗，使我们惊恐不已。
我们扪心自问，
我是聪明，美貌，才华横溢，出类拔萃的吗？
难道我们不可以成为这样的人吗？
你是上帝的孩子。
你萎缩自己，掩盖自己的光芒，并不会点亮这个世界，
把自己缩小在狭窄的世界里，为了消除周围的人感到不安，并无裨益。
我们本应该光芒四射，像孩子们一样，照亮世界。
我们生来就是为了呈现内在已有的上帝的荣耀。
这种荣耀的光芒不只在一些人身上；它在每个人身上。
当我们让自己发出光芒，
我们不知不觉中也允许他人去闪耀他们的光芒。
当我们将自己从恐惧中解放，

① ［美］欧文·戈夫曼．日常生活中的自我呈现［M］．冯钢，译．北京：北京大学出版社，2008.

我们的存在无形中也解放了他人。

威廉森提出，通过在日常生活中来表达爱，我们每一个人都可以成为一个神奇的人。无论是要应对精神上的痛苦、职业上的挣扎，还是健康上的疼痛，她向我们呈现了爱怎样可以成为一种强大的力量，并告诉我们爱是内在平和的关键，通过修行爱，我们可以让生命更加满足，并且为孩子们创造一个更加平和和充满爱的世界。

曼德拉曾被关压27年，受尽虐待。他就任总统时，邀请了三名曾虐待过他的监狱看守到场。当曼德拉起身恭敬地向看守致敬时，在场所有人乃至整个世界都静了下来。他说：当我走出囚室、迈过通往自由的监狱大门时，我已经清楚，自己若不能把悲痛与怨恨留在身后，那么我仍在狱中。

➔经典案例

曼德拉邀请狱警参加其总统就职仪式

南非前总统纳尔逊·曼德拉以一位政治家的宽宏大量写就了凡人不可思议的故事。

进入1994年，南非人格里高便整天生活在不安中。因为这一年，他曾看守了27年的要犯曼德拉顺利当选为南非总统。

格里高常常回想起自己对曼德拉的种种虐待。那是在荒蛮的罗本岛上，到处是海豹、毒蛇和其他危险动物。曼德拉被关在锌皮房里，白天要去采石头，有时还要下到冰冷的海里捞海带，夜晚则被限制一切自由。因为曼德拉是政治要犯，格里高和其他两位同事经常侮辱他，动不动就用铁锹痛殴曼德拉，甚至故意往饭里泼泔水，强迫他吃下……

到了5月，格里高和他的两个同事收到了曼德拉亲自签署的就职仪式邀请函，三人只能硬着头皮去参加。

就职仪式上，年迈的曼德拉起身致辞：“能够接待这么多尊贵的客人，我深感荣幸。可更让我高兴的是，当年陪伴我在罗本岛度过艰难岁月的三位狱警也来到了现场。”随即，他把格里高等三人介绍给大家，并逐一与他们拥抱。“我年轻时性子急，脾气暴，在狱中，正是在他们三位的帮助下，我才学会了控制情绪……”曼德拉这一番出人意料的话，让虐待了他 27 年的三人感觉无地自容，更让所有在场的人肃然起敬，人群中爆发出经久不息的掌声。

仪式结束后，曼德拉再次走到格里高的身边，平静地说：“当我走出囚室、迈过通往自由的监狱大门那一刻，我已经清楚，自己若不能把悲伤和怨恨留在身后，那么我仍在狱中。”格里高禁不住泪流满面，那一刻他终于明白，告别仇恨的最佳方式是宽恕。

曼德拉的宽宏还表现在他始终恪守一种理念：“放弃也是一种领导。”（Quitting is leading too.）1993 年，曼德拉提出将投票年龄从 18 岁降低到 14 岁的构想，但却招来众多批评，于是他放弃了这项行不通的理念。1999 年，他总统任期届满，或许可以学其他非洲领袖把自己封为终身总统，但他决定尊重民主机制，绝不恋权位，但也因此留给南非珍贵的民主资产，而令世人尊敬。

资料来源：央广网，http：//www.cnr.cn，2013-12-06.

（三）对话

在生存事实中，最简单的活动可能是“对话”，尽管对话不是严格意义上的“特殊活动”。20 世纪苏联最伟大的思想家米哈伊尔·巴赫金认为，“对话是人的存在方式”，“生活的本质是对话”，德国著名哲学家海德格尔也有句名言：对话和由对话所导致的联系支撑着我们的存在。对话不仅是语言馈赠、思想碰撞、感觉交换，同时也包含了人类生存方式的相互参照。通过对话，个体可以倾听不同的声音，调适自己的经验世界，调整自我“在场”的姿态，重建自我对外部世界的感觉。对话中体现的“活法”，有助于建立一种相互敞开、相互依存的关系（谭学纯，2000）。

对话既可以作为口语用在日常生活中，意味着两个或更多的人之间的谈话，譬如“与青春对话”——主题班会活动、“与人生对话——我的中国梦”主题教育活动、马云对话 3000 位美国小企业主，也可以直接作为大型活动的名称，指两方或几方之间的正式接触或谈判，例如，2014“理解与合作”对话活动（主办方为中国国际交流协会和中国和平发展基金会）、2015 年“新华网对话罗杰斯”活动（在郑州举行，被誉为“华尔街神话”的国际投资大师罗杰斯莅临现场并发表主题演讲，并与专家学者、企业家面对面对话，把脉中国经济现状，论道中国金融市场）、2015 年青岛“丝路对话”系列经贸活动（由青岛市商务局主办）。

由此可见，对话既是目的又是方式，它强调对话参与者的投入。对话也是绝大多数活动的重要目标。

三、活动与生存实践

所谓生存实践，就是人的生存活动本身，它主要包括3个方面：①生存环境，即人在什么既定条件下生存；②生存途径，即人凭借什么而生存；③生存角色，即以什么样的人或身份在生存。这三个方面都能在一次特殊活动中找到对应之物，例如活动举办背景、场景、舞台和参与者等。毋庸置疑，各种主题不同、形式多样的活动，有助于扩展我们的人际关系，丰富我们的人生阅历，拓宽我们的思维和眼界。

（一）特定情境

说到特定情境，其本质是讨论为什么要组织或参加某次活动。Goldblatt博士在《大型活动管理国际通用语汇》（*The International Dictionary of Event Management*）一书中将社会活动（Social Event）定义为“一种人生里程碑的庆祝活动”，如婚礼（Wedding）、受戒仪式（Bar Mitzvah）、（犹太女孩）成人仪式（Bat Mitzvah）、周年纪念日（Anniversary）、生日（Birthday）等。的确，对于个体，参加活动就是找到了一个表演的舞台。

世界是个大舞台，但与日常生活不同，剧院舞台演出的角色中可以没有任何真实的或实际的事件发生。特殊活动是虚实相生的，明确的目标、人为的设计、真实的故事、现场的参与，编制出一种特定的体验情境。王小波（2008）在《似水流年》中不断强调自己到了不惑之年（“岁月如流，如今已到了不惑之年”“流年似水，转眼就到了不惑之年”），开始对人生、对死亡不断思索。在那个大时代背景下，贺老先生和刘老先生的死，他们的死，也就如浩瀚大海里的一朵小浪花，转瞬间，就被淹没了。无论怕死还是不怕死，还是怎样的死法，死亡都会如期来临。但是在经受衰老之刑前，请大家务必做一件事情，不为别的，只为证明自己是好样的。王小波如果也像《非诚勿扰2》中的李香山一样策划一场人生告别会，一定会很精彩。

（二）人生舞台

在这个由万物构成的世界中，我们不可避免地要与他人发生关系。从呱呱坠地到寿终正寝，无数的人走进了我们生命的半径，与我们产生过交集：我们的父母兄弟，我们的爱人亲戚，我们的同学师长，我们的同事友人……（希成，2012）。任何有意义的人生计划若要可行，必须将亲属关系、社会关系、性特征、死亡、玩乐、哀愁、欢笑、疾病、劳动、交际等现实因素考虑在内（Eagleton，2007，p.76）。而活动是我们处理各种个人和社会关系的重要纽带，因为生活只能呈现真实的以及有时是排练不充分的事情，舞台（活动）却可以呈现虚假的事情（戈夫曼，2008）。

国际著名活动专家 Julia R. Silvers 女士认为，社会 / 人生里程碑活动（Social/Life-Cycle Events）是一种私人活动，一般只能得到邀请后才能参加。这些活动往往用于庆祝或纪念特殊的时刻，包括文化（cultural）、宗教（religious）、公共（communal）、社会（societal）或人生里程碑（life-cycle）方面的，可以独立举行或与其他活动一起安排。她列举了一些常见的社会活动类型：

周年纪念日 Anniversary

受戒 / 成人仪式派对 Bar/Bat Mitzvah Party

野餐会 Barbecue

早午餐 Brunch

洗礼 / 命名仪式 Christening/Naming Ceremony

教会活动 Church Socials

俱乐部派对 Club Parties

毕业典礼 Commencement/Graduation

宣誓仪式 Commitment Ritual

坚振礼 / 按手礼（基督教）Confirmation

社交舞会 Dance Socials

家庭聚会 Family Reunion

联谊活动 Fraternal Reunion

葬礼 Funeral

晚宴舞会 Gala Dinner Dance

聚会 Get-together/Gathering

节日派对 Holiday Party

午餐会 Luncheon

下午茶（西班牙语）Merienda

军人重聚 Military Reunion

家庭招待会 Open House

社交宴会 Social Dinner

茶话会 Tea Party

圣线佩戴仪式（印度）Thread Ceremony（Hindu）

婚庆 Wedding

……

（三）参与角色

参与活动的角色与互动（Interaction）有关。所谓互动，就是一组给定的个体持续在场，他们从头到尾彼此间发生的一切互动，“相遇”（Encounter）这个词也是如此（戈夫曼，2008）。如果说个体在他人面前出现时会造成一种情境定义，那么我们也必须看到，其他人不管出于多么被动的角色地位，他们也会通过自己对个体的回应，通过他们对个体发起的任何行动方式，来有效影响这种情境定义（戈夫曼，2008，p.7）。

以 Silvers 列举的社交宴会为例，林语堂先生在《生活的艺术》一书第 9 章《生活的享受》（p.231）酒令篇中有这样一段话：

“这类事（指强行劝酒以取乐）我在西方的社交中似乎没有看见过。在席的人，凡是稍能饮酒者必以酒量自豪，而总以为别人不如他自己，于是即有强行劝酒，希望灌醉别人的举动。但劝酒时，总是出之以欢乐友谊的精神，其结果即引起许多大笑声和哄闹声，也使这次欢会增出不少的兴趣。……所有到的人到了这时都已沉浸于狂欢之中，甚至也无所谓主客之别。……其中的快乐，大约即在这种竞争精神当中。”

很多时候，即使我们只是以一位普通参与者的身份去参加一个活动，也需要有预先确定的行动模式，或者说“常规程序”（Routine）。按照戈夫曼的拟剧理论，参加活动的个体作为表演者，不仅要在整个互动过程中表现出自己声称的各种能力，而且还需要在互动的某一瞬间表现出这种能力。图 4-4 是某粉丝参加完某位明星的见面活动后在社交网络上发布的帖子（注：文中“灯版”应为灯板或灯牌）：

以后有活动就要组团去 组团 组团很重要 默念一万遍……………

不管能不能进活动场地 去了再说 经验告诉我们 去了总会有收获的

最好以后都有人组织活动 统一安排 比如说各地的LM群负责人之类的！

1、粉丝团的特定象征：别人人手一个气球 我们就人手一朵向日葵（塑料的或纸板的） 我记得早前看哇在TW的一些活动 很多fans都是人手一个向日葵的画板 颜色统一又显眼又专业（最好全国各地都统一 LM的队伍越来越壮大了 统一才和谐）

2、还要大的横幅 可以写上明显的口号 标语！

3、大的灯版 因为灯版最显眼了！

4、其实我觉得花有个2 3束就够了 太多束哇也拿不过来 而且一束好的花价格不菲

由组织策划安排活动经费 这样又节省了开支 又能达到最好的效果！

其实我也是从没追过星的人 只是从这次的活动中有所体会……

图 4-4　某粉丝参加完某明星见面活动后的感想

四、用活动提升生存的价值

生存价值的本质是关于人生意义的问题。人除了活着，更重要的是追求生存的意义。佛法认为，能在生命中确定活着的意义，人生才有可能借着提升而趋向圆满。梁漱溟先生所说的“人心与人生”有着应然之义，都是着眼于人来说，即人应该保持上进心，应该不断提高道德水平，这样才能不辜负人心，这样的人生才算是有价值的人生。

那么什么是人生存的意义呢？主要包括两个内容：第一，人为了什么活着，即生存的目标性；第二，怎样活着才有意义，即生存的自我实现。活着的意义对每个人都不同，但最终目标都是实现人生的价值，证明这世界我来过，并给世界留下了一些东西。古人云，君子立德、立功、立言，就是这个道理。只有生存的目标及自我实现两者统一，人们才会感到生存有意义。

（一）选择值得参与的活动

人生的价值分为自我价值和社会价值，其中，自我价值指个体的人生活动

对自己的生存和发展所具有的价值。瑞丁大学哲学系教授约翰·科廷汉（John Cottingham，2004）在《人生的意义》（*On the Meaning of Life*）一书中提出，人生的意义是“个体在其中参与……真正值得参与的活动，这些活动反映了他或她作为自主个体的理性选择”。

什么是值得参与的活动？就是对自己有价值的活动。这种价值可能是学习到新知识或掌握了新技能，也可以是认识了新朋友或接触到新客户，也可能仅仅是感受到了某种独特或颠覆了原有的认知，总之，对个人的成长和发展有所帮助。

一位工作了一年多的大学生在回答百度上的“（应该）参加什么活动”的问题时这样回答：大学校园课余生活丰富多彩。除了日常的学习外，还有各种各样的讲座、社团活动、学术报告、文娱活动等。这些活动对于新生来说的确眼花缭乱。如果完全按兴趣去安排则随意性太大，很难有效地利用学校的有利环境和资源。所以必须合理安排好课余时间。首先要对自己在近期内的活动有个理智的分析。看看自己近期内要达到哪些目标，然后做出最好的时间安排，并且在执行计划中不断地修正和发展……

美国童子军（Boy Scouts of America，BSA）源于1907年英国陆军中尉巴顿·鲍威尔发起的世界童子军运动，在1910年2月8日由芝加哥一位出版商倡导成立，目前是全美最大的民间青少年组织。其宗旨是把一些美国人认为重要的价值观和生存技能传授给少年儿童，诸如自尊、公民意识等，这些价值观和技能的输出是通过参加一系列户外活动而逐渐完成的，如野营、水上训练及登山等。2009年，童子军代表在白宫向奥巴马总统提交了年度报告，其中写道：在110万名志愿者和118288个公共组织的支持下，美国童子军为270万年轻人提供了各种教育训练，以塑造其品格，培养其领导能力，增强他们积极的公民责任感，并促进个人身体素质的提高。2004年以来，美国童子军为那些需要帮助的人们提供了850万个小时的公共服务。

自西奥多·罗斯福至奥巴马，共有19位美国总统与童子军运动密不可分，童子军的训练为他们铺就了迈向白宫之路，正如福特总统所言：“我生命中最值得骄傲的时刻是当我获得雄鹰童子军奖章的时候。我现在还珍藏着它。童子军提供了十分重要的原则——自律、团结、道德与爱国精神，这些是作为一位未来领导者的基石”，“我可以毫不犹豫地说，如果没有童子军精神，我不会成为一名好运动员，不可能成为一名好的海军军官，也不可能成为一名好的参议员，更不可能成为一名随时都能做好一切准备的总统”。

（二）通过活动来惠及他人

社会价值，指通过自己的实践活动满足自己所属的社会及他人的需求。希望用活动提升生存的价值，更重要的是通过参与甚至亲身策划和组织活动来惠及他人，回馈社会。

最常见也最容易体现社会价值的要数慈善活动，但慈善活动正呈现出一些新趋势。例如，不但要注重活动效果（比如，达成善款募集目标），更要注重活动参与者的体验，并采取各种方法来优化这种体验，将其提升到更高的社会责任境界，也为慈善事业的发展提供动力；不仅是募集资金，更鼓励多样化的参与，从而将慈善活动的宗旨、目标、任务、方法以及积极效应通过生动活泼的方式，传达给重点人群；探索多样化的方式来回报捐资人，成为公益活动策划与落实的重要组成部分，等等（范笑天，2016）。

针对科廷汉的观点（指人生的意义“是个体在其中参与……真正值得参与的活动，这些活动反映了他或她作为自主个体的理性选择”），特里·伊格尔顿（Terry Eagleton，2007）提出了不同意见，认为这段话没有把人生的意义看作（社会）共同的或（个体与他人之间）互利互惠的事业，换句话说，要将自己个人的人生意义实现在群体或社会的认同之中。而为实现这一目标，参加和组织活动提供了一种很好的机制。

关于《人生的意义》这本书的写作，自然之友俱乐部（Friends of Nature Club）曾经对科廷汉教授进行过一次很有意思的访谈，以下是对相关内容的节选（笔者对相关翻译进行了修改）：

自然之友：在网络时代，人们似乎通过在线讨论、聊天和社会交往等形式实现了更多的互动。您认为这种网络上的互动在人类的情感和理性能力发展上起到了怎样的作用？

科廷汉：我对技术本身是否能改善人们的交往持怀疑态度。从一个方面来说，技术可以让人们自由，它可以将远在上千英里之外的人们联系起来。但是，我认为人们的情感和理性与人的特征紧密相连。最有意义的交流往往发生在人们面对面的沟通中。最近出版的《信仰与地方》（*Faith and Place*，Mark Wynn 著）一书就强调了形式与地方的重要性。

自然之友：在《人生的意义》一书中，您提到，常被用来衡量一件事情

（An Activity）是否有意义的标准之一是结果的成功。我的问题是：如果我们做一件事情以成败去衡量，这样是否会弱化我们做这件事的初衷？

科廷汉：一种行动或者项目（an action or project）的结果仅仅是衡量该活动是否有意义的标准之一，但不是最核心的。我认为，很多行动和项目本身就有意义。诸多伟大的道德和宗教领袖，比如耶稣和穆罕默德，他们的生活具有很高的意义，而不管从物质的意义上来看他们是否成功。人类具有“超自然”（Transcendental）的渴望，这种渴望能激励他们追求一种超越我们日常生活的某些东西（beyond the confines of our ordinary everyday existence）。

自然之友：在美国，两位酷爱自然的人约翰·缪尔（John Muir）和亨利·梭罗（Henry David Thoreau）都曾独自一人花了很长时间来探索自然。缪尔花了很多时间在荒野中行走，而梭罗则在他的最爱——瓦尔登湖。根据您书中提到的人生意义的标准，我们能否说他们这些在自然中的行为有意义？另外，很多佛教徒通过静坐的方式来修行，这种个人的修行是否有意义？

科廷汉：我认为自然的美是发现人生意义的重要因素之一。真、善和美具有至高无上的价值。有一些传统（比如各种版本的柏拉图主义，也许还有佛教传统等）通过静思或者静坐在界定生命的意义，但在我看来，意义主要在于某些活动中。例如，对于亚里士多德，幸福在于灵魂符合德行或品质。而佛教等一些静坐的传统看起来并没有强调这种活动。

资料来源：http：//www.friendshipwithnature.org.

五、关于有效参加活动的建议

研究企业如何参加展览会或个人如何参加商务谈判等方面的文章不少，但很少有专家从个体的角度来探讨有效参加活动的一般原则。笔者将结合自己2016—2017年连续两年赴美参加专业会议管理协会年会（PCMA Convening Leaders，PCMA CL）的经历，做一个全案分析。

1. 目标明确

和策划、组织一次活动一样，参加活动首先要明确目标。2016年初，受美国专业会议管理协会教育基金会（PCMA Education Foundation）资助，笔者有幸参加了于1月9—13日在加拿大温哥华举办的PCMA 2016年年会——PCMA CL 2016。在决定第一次参加PCMA年会之初，就确定了一个目标——

回来后要组织一次专门的分享会，介绍自己参会的经历与感悟，为国内同行带回国际会展行业最新的理念与实践。

2017 年 1 月，笔者第二次参加 PCMA CL，这次参会主要有三个目标：①寻找深入了解国际会展业发展的新平台；②沿着“成为会员—加入 PCMA 专业教师工作小组—参与筹建大中华区分会”的思路，继续扩大上一届参会的成果；③为国内会展教育的国际化发现新的资源。例如，2016 年，笔者推荐 1 名学生成功申请到 PCMA 全球学生奖学金（PCMA Global Student Scholarship）。

2. 全程记录

在活动管理界流行一句话：没有记录就没有发生。为了有效参加一次活动特别是对个人发展而言比较重要的活动，应该做到全程记录，并且要图文并茂。对参加活动的经历进行全程记录，可以按照活动管理的流程设计一个模板——申请和报名—活动前的准备工作（包括交通、酒店预订等）—在旅途中—在活动现场（一般可以按照日期或议程来记录）—活动后的跟进、总结等工作。图 4–5 是笔者参加 PCMA2017 年年会的全部管理文件，这些文件为后来策划和组织“参加 PCMA2017 年年会全记录分享会”奠定了坚实的基础。

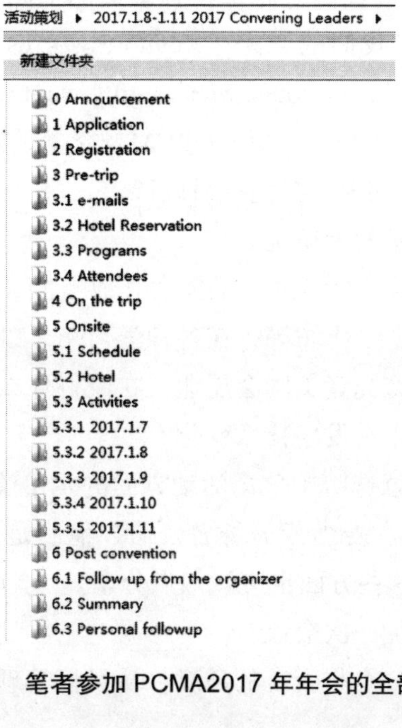

图 4–5　笔者参加 PCMA2017 年年会的全部文档

3. 专业思维

外行看热闹，内行看门道，参加活动特别是行业内的专业活动，一定要有专业眼光，善于发现新问题，并总结提炼。2016 年 1 月，从加拿大温哥华参加 PCMA CL 回来后，笔者就开始思考全记录分享会的内容，并将最后的议题确定为“策划创意时刻”“如何设计活动的场景体验”等 6 个话题。

（1）如何策划创意时刻？

这次年会的主题口号是 Design Creative Moments（设计创意时刻），确实有不少环节给了与会者惊喜。笔者会结合 PCMA 年会的成功做法再做点升华。

（2）如何设计会议 App？

功能强大的 App 是这次 PCMA 年会的一大亮点，至少给了我个人很大帮助。App 如何把内容、活动安排和各种服务信息比较好地整合到一起？“活动研究”曾经连续推出过几篇文章讲活动的 App 应该怎样设计和制作，笔者会结合起来做点分析。

（3）如何设计活动的场景体验？

PCMA 年会的总体介绍中有这样一段话：演讲激发我们去行动，空间鼓励我们去连接，声音促进我们去思考。有意义的活动时刻带给人们深刻的体验，而这些体验将决定我们的未来（Keynotes stir us to act. Spaces encourage us to connect. Sounds move our souls. Meaningful event moments lead to profound experiences that shape our future）。那么 PCMA 究竟是如何来设计 SEEDS 框架中的体验（Experience）的呢？我们拭目以待。

（4）会展业的新技术发展情况。

2016 年的 PCMA 年会专门设置了技术开放空间（Tech Central），包括展示区、LinkedIn 角、技术工作坊等，在各种学习角（Learning Lounge）也有不少是与技术相关的。那么究竟美国会展业正在流行什么新技术呢？

（5）国际公司活动正在发生什么变化？

与会期间，笔者特意选听了公司活动方面的几个演讲和讨论，演讲者 / 主持人大都来自雅诗兰黛、麦当劳等著名公司，他们是如何应用战略会议管理（SMM）工具的呢？在这些方面也应该做点分享。

（6）如何成功地参加一次会议？

最后，笔者将站在一个与会者的角度，从目标管理、文档管理和差旅管理等方面，与业内朋友们分享一下应该如何有效地参加一次活动。

4. 做有心人

2012 年出版的《现代汉语词典》（第六版）对“有心”和“有心人”这样解释：“有心”就是有某种心思或想法，即留心、细心或有心计，“有心人”就是有某种志愿、肯动脑筋的人。对于活动的参加者而言，做有心人意味着勤奋和用心。具体而言，首先要勤于搜集活动的相关资料，并及时进行分门别类整理，包括照片、视频、会议文件以及由活动主办方发送的官方邮件等。其次，要勤于思考和用心观察。对活动中的所听、所看、所想要尽快消化，使之成为自己的指南或观点。

本书中介绍的许多案例都充分说明一个道理：在生活中，在参加活动的全过程，我们都要做一个有心人。例如，《给孩子一个支点：让孩子快乐成长的 12 个家庭活动》一书的作者一家三口，如果父母亲平时不注意搜集资料并做细致的观察分析，就不可能高质量地完成出版计划，再比如 5 岁小朋友佟明灿的故事，如果家长不注意完整地保存她的画作，举办个人画展的计划也会泡汤。

5. 愿意分享

愿意与他人分享既是一种美德，也是一种投资。为什么那么多人愿意无偿分享知识？大抵有 3 个原因：①没有一技之长又渴望学东西的人，赞同分享；②有一技之长的人，通过参与分享，可以换来声望和社会关注度，进而可以解决自己的其他问题；③一个人人分享的大环境，有助于多方受益（朱炫，2014）。

2016 年 2 月、2017 年 3 月，笔者连续两年举办“参加 PCMA 年会全记录分享会”，获得国内会展业界的一致好评。本来参加一次国际会议是很平常的事，回来后认真总结、提高自我并用于教学和研究就行了，但我偏偏要把简单的事情复杂化——组织专门的分享会，显得比较高调。原因很简单，希望能借机发起“中国会展业未来领袖奖学金、奖教金”。PCMA 在 2016 年年会上推出了“20 位会展业杰出新秀”（20 in Their Twenties）项目，对我触动很大，相比美国，目前的中国会展业在整个产业层面更需要有传承精神。道理很简单，少数企业做得再大，也不可能营造起良好的产业生态。

思考题：

1. 怎样理解活动与人的存在方式之间的基本关系？

2. 从电影《非诚勿扰2》中“李香山·人生告别会”一幕，你获得的最大感受是什么？

3. 请简要分析特殊活动与生存实践之间的关系。

4. 什么是互动？

5. 除了笔者提到的目标明确、全程记录等建议，你觉得还有什么技巧有助于人们有效地参加活动？

6. 如何理解“没有记录就没有发生”这句话？

中　篇｜特殊活动与个人成长

第5章

活动与生命健康

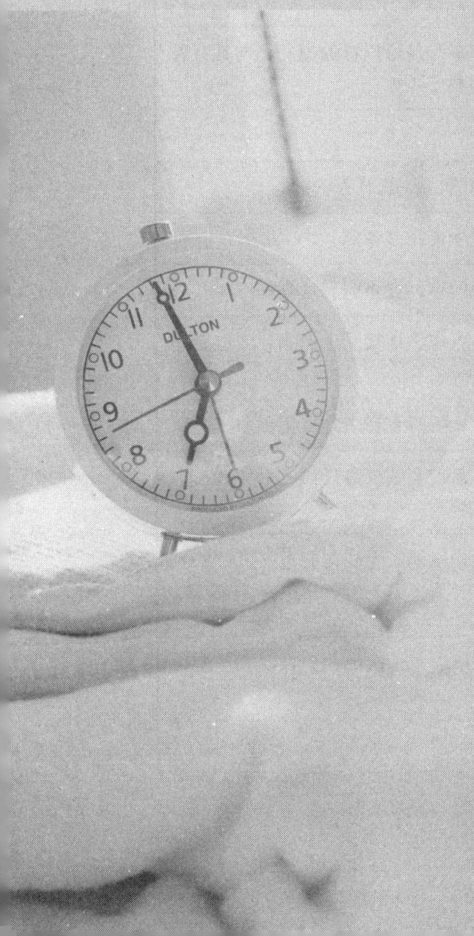

对于个体，目标是从参与的角度，寻求通过有效参加活动促进自身在个人成长9个维度上不同程度的提升；对于活动策划人，任务是从组织的角度探讨如何围绕这9个维度来创造更大的价值。正如Cottingham（2003）所言："说白了，人生之旅不过是一次由空而来向空而去的旅程。即便如此，我们依旧渴望，自己的生命是明确的旅程，而不是漫无目的的漂流。"而活动能让个体的人生之旅更加丰富多彩。

健康是金，如果一个人失去了健康，那么，他/她原来所拥有的和正在创造即将拥有的统统为零。经常参加各种活动，有利于促进个人身心健康，那些需要家庭成员一起参加的活动还有助于家庭团结。日本有一位年轻的临终关怀护士大津秀一，他陪伴上千名患者度过最后的时光，在亲眼看见、亲耳听到他们的临终遗憾后，写下了《换个活法：临终前会后悔的25件事》一书（表5-1），其中，“没有注意身体健康”“没能谈一场永存记忆的恋爱”“没有留下自己生存过的证据”等都成了人们的“人生至悔”，而通过参加或组织高质量的活动，或许能弥补上述多种遗憾。

表5-1 临终前会后悔的25件事

遗憾	备注
1. 没有做自己想做的事	不要把别人希望你过的生活当作是你想要的生活
2. 没有实现梦想	真正的后悔其实不是因为没有实现梦想，多半是责怪自己没能尽100%的力量实现梦想
3. 做过对不起良心的事	为了生存而做的无损原则的“坏事”是可以被原谅的，与其背着负罪感生活，不如放下包袱往前看
4. 被感情左右度过一生	太在乎自己的感受又能如何
5. 没有尽力帮助过别人	善良的人很少后悔，他们活得坦然、心安
6. 过于相信自己	多听一句、多想一秒，可以让你少走很多弯路
7. 没有妥善安置财产	一定要把处置财产当作一件重要的事，在世时就规划好
8. 没有考虑过身后事	提早规划一下，不但可以让自己更坦然地接受生老病死，也能提醒自己好好地享受人生
9. 没有回故乡	有生之年，尽量每年都回家看看，听听乡音、吃点美食
10. 没有享受过美食	品尝美食，也是一种很好的心灵治疗。别放弃任何一个和家人吃饭的机会
11. 大部分时间都用来工作	很多事情不会让你变富有，却会让你的人生变得有意义
12. 没有去想去的地方旅行	旅行也是一种奢侈品
13. 没有和想见的人见面	人生的每一个瞬间都不能重复，所以每一次的相会都变成了仅有的一次
14. 没能谈一场永存记忆的恋爱	爱也是人存活世间的证明

续表

遗憾	备　注
15. 一辈子都没有结婚	这个世界上不会有“最合适”的人，“比较合适”的人也不会等你一辈子
16. 没有生育孩子	为人父母，不仅是为了传承血脉，也是一种“活过的证据”
17. 没有看到孩子结婚	子女结婚生子，是对生命的一种延续
18. 没有注意身体健康	从现在开始，努力改掉一些坏习惯，为自己和身边的人，健康生活
19. 没有戒烟	根据世界卫生组织（WTO）发布的《维多利亚宣言》，健康生活方式的标准中有一条就是“戒烟限酒”
20. 没有表明自己的真实意愿	只要愿意沟通，你会发现，事情比你想得简单得多
21. 没有认清活着的意义	哪怕只剩一天，都用来过最好的生活，这就是活着的意义
22. 没有留下自己生存过的证据	既然在这个世界上走过，总该有些精神食粮留给后人
23. 没有看透生死	死亡只是所有生命共同的归途
24. 没有信仰	有信仰的人，会更透彻懂得人生的意义
25. 没有对深爱的人说“谢谢”	很多时候，我们在外彬彬有礼，对亲密的人说话却毫无顾忌

资料来源：大津秀一 . 换个活法：临终前会后悔的 25 件事［M］. 北京：中信出版社，2010.

一、不同类型的活动与个人健康管理

（一）健康的含义

1946 年 7 月，来自 64 个国家的代表在纽约举行了一次国际卫生会议，并签署了《世界卫生组织组织法》[即世界卫生组织（WHO）宪章]，其中对健康做出如下定义：健康是一种在身体上、心理上和社会上的完满状态，而不仅仅是没有疾病和虚弱的状态（Health is a state of complete physical，mental and social well-being and not merely the absence of disease or infirmity.）。

1992 年，在于加拿大维多利亚召开的国际心脏健康会议上，世界卫生组织发表了《维多利亚宣言》，提出了健康的四大基石，即合理膳食、适量运动、戒烟限酒、心理平衡。据世界卫生组织的调查，在导致疾病的因素中，遗传因素占 15%，社会因素占 10%，医疗条件占 8%，气候地理因素占 7%，个人生活方式因素却占到 60%。

以运动为例，虽说生命在于运动，但运动要适度，每个人应根据自身的实际情况，选择合适的运动方式，养成科学运动的习惯。对于多数健康人来说，衡量运动是否适量，国际上流行的一种办法是采用心跳速度的幅度来衡量。只要在（220- 年龄）×（65%~85%）的范围内运动，都能收到最佳效果，并能保证运动的安全性。例如，世界卫生组织认为，对于老年人，走路是最佳的运动，但要注意“三、五、七”的要诀，其中，“三”是指每次步行三公里，时间超过 30 分钟，“五”是说每星期最少运动 5 次，“七”指的是“年龄 + 心跳次数 / 分钟”不要超过 170。

（二）特殊活动对个人健康的促进

主题多样、形式丰富的特殊活动为从不同角度关注和促进健康提供了更多工具。即使只是从世界卫生组织提出的健康的四大基石出发，我们也能找到数不清的相关案例，而且许多活动就是面向普通大众的（表 5–2）。

表 5–2　不同形式的特殊活动与个人健康

主要健康维度	代表性大众活动举例	备注
合理膳食	2017 年“健康中国行—合理膳食”主题宣传教育活动、全民营养周、2016 年首届成都健康美食节、2016 中国（昆明）健康养生美食节、某餐厅健康美食节、“健康饮食，快乐成长”主题班会活动	2004 年 5 月，第 57 届世界卫生大会通过了《世界卫生组织饮食、身体活动与健康全球战略》
适量运动	城市马拉松、全国全民健身周、城市市民运动会、Color Run、学校运动会、社区羽毛球比赛	例如，上海市第一届市民运动会于 2012 年举办，主办单位是上海市体育局和上海市总工会
戒烟限酒	控烟条例主题宣传活动、某医院戒烟宣传活动、戒烟竞赛、杜康控酒奖（国内第一个民间控酒奖）	2016 年，北京、武汉等大城市先后举办戒烟大赛
心理平衡	凤凰网城市心灵越狱、某高校“心灵飞翔”大学生心理健康活动、5·25 全国大学生心理健康节	在心理健康领域还有诸多学术活动，如世界心理健康联合会国际大会、全国心理卫生学术大会等

资料来源：笔者整理。

1. 活动与饮食

人们既可以通过参加活动的方式来了解更多关于合理膳食的知识，督促或强化自身在这方面的实践，也可以通过策划和组织活动的方式来宣传推广健康膳食的理念，让更多人参与进来。

据不完全统计，自 20 世纪 90 年代后期以来，我国居民与营养过剩和营养不平衡相关的心脑血管疾病、糖尿病、肥胖、肿瘤等一直保持上升的势头，严重影响了我国居民的健康。鉴于此，由中国营养学会联合中国疾控中心营养与健康所、农业部食物与营养发展研究所、中国科学院营养科学研究所共同发起，定于每年 5 月的第三周举办一项全国统一联动的大型科普活动——“全民营养周”（NNW），旨在通过大范围的健康宣传教育，逐步让民众认识膳食营养的重要性，并建立起健康膳食的理念。2016 年，第二届全民营养周的主题是“平衡膳食，营养健康”，并就《中国居民膳食指南》2016 年的最新发布（图 5–1），宣传膳食平衡。

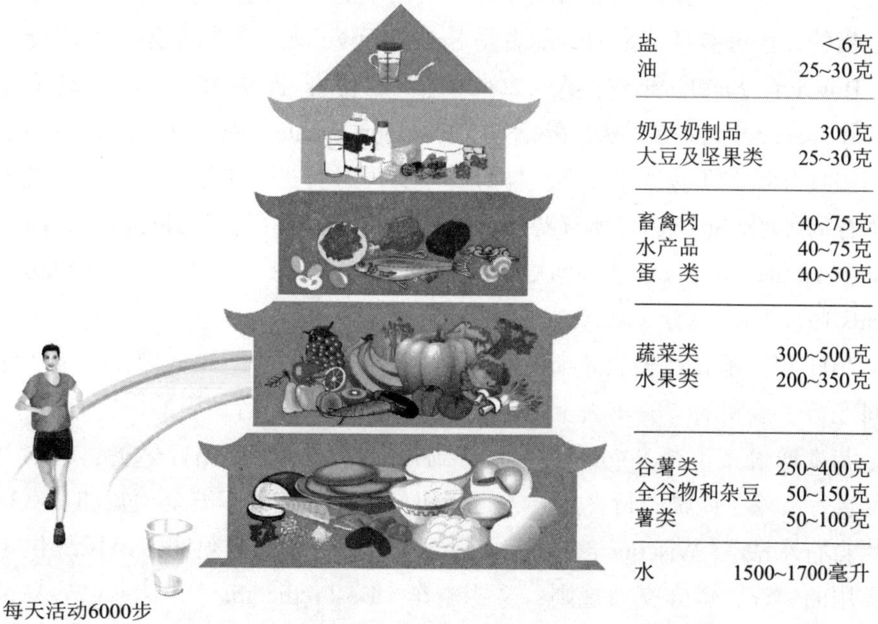

图 5–1　中国居民平衡膳食宝塔（2016）

2016年12月20日晚，首届成都健康美食节在宽窄巷子启动。此次健康美食节持续一月，主题为“为健康生活造势，为成都美食正名”，由成都烹饪协会、圣牧乳业联合50余家知名餐饮企业在100家店重磅推出，旨在让更多消费者在众多美食体验中“吃满意、吃放心、吃健康”，了解到更多的美食文化。成都烹饪协会秘书长张蛟表示，虽然川菜是接受度很高的菜系，但却正在被贴上“不健康”的标签，尤其是近年来，重油、重辣、重香料几乎成为成都餐饮主流，而这并非川菜的“本来面目”。此次美食节通过各种途径，告诉消费者如何才能吃得健康，比如如何点菜，不同的菜品如何搭配才更健康、更美味，吃火锅、烧烤、川菜要搭配什么饮料才会吃得更健康而不伤身等。

2. *活动与运动*

在所有形式的特殊活动中，与运动直接相关的要数体育活动。体育活动具有较为宽泛的含义。由于“活动”的“参与”本质，顾名思义，体育活动就是专业运动员和公众参与的体育运动。但有些体育运动是以锻炼或娱乐的形式出现的，也有一些体育运动是以竞技的形式出现的。因此，这里的“活动”可能是泛指的，也可能是特指的，前者是Sport Activities，后者是Sport Events。

Bowdin，McPherson等人（2006）在一份报告中将体育活动（Sport Events/Spectator Sports）从户外活动（Outdoor Events）中独立出来，专门用于指那些具有观赏性的体育赛事。体育赛事又可进行进一步细分，例如，英国国家体育局（UK Sport）将体育赛事分为四大类：大型赛事（Mega Events）、日程赛事（Calendar Events）、单次赛事（One-off Events）和表演赛事（Showcase Events）。

2011年，笔者在美国威斯康星州立大学麦迪逊分校（UW-Madison）访学期间经历了该州的“骑车去上班活动周”（图5-2）。活动周的内容十分丰富，包括与麦迪逊市市长Soglin一起骑行到州府广场、享受免费早餐、周末电影品鉴会等。除了鼓励骑行，主办方还借机向市民宣传骑车安全须知和《威斯康星州自行车法》（Wisconsin Bicycle Laws）。其中，安全须知给市民提供了很多实用的建议：遵守交通规则，文明骑车（Be Predictable）；让自己容易被看见（Be Visiable），例如夜间骑车装设白色前灯、红色尾灯；做好安全防御措施（Be Defensively），特别是每次骑车都要佩戴头盔；等等。

图 5–2　威斯康星州“骑车去上班活动周”广告

3. 活动与烟酒

人们似乎很难把特殊活动和戒烟、限酒联系起来，其实不然。例如，近代旅游的开端就与禁酒活动有关。1826 年，后来被誉为“近代旅游之父”的托马斯·库克（Thomas Cook）成为一名传教士，他云游四方，散发浸礼教会的小册子，宣传教义。这使得他得以游历英格兰的许多地方，并对旅游产生了浓厚的兴趣。另外，因为宗教信仰的原因，他后来成为一位积极的禁酒倡导者。1841 年 7 月 5 日，托马斯·库克包租了一列火车，将 570 位游行者从英国中部的莱斯特（Leicester）送往拉夫伯勒（Loughborough）参加禁酒大会，往返行程 11 英里，每人收费一先令，并免费提供带火腿肉的午餐及小吃，还有一个唱赞美诗的乐队跟随。这次活动被公认为是世界上第一次商业性旅游活动，标志着近代旅游的开端。

2014 年 5 月 12 日，世界卫生组织发表报告，呼吁加强控酒措施，因为全球每年约有 330 万人因酒而死亡。报告警告说，酗酒与 200 多种疾病有关，而酒精饮料是其中 60 多种疾病的主要成因。如果控酒措施再不到位，随着全球人口增长和酒类消费上升，因酒而死亡的人数还可能增加。据不完全统计，中国每年大约有 11 万人因醉酒而死亡，这还不包括因酒驾带来的交通事故死亡人数。1987 年 11 月，第 6 届吸烟与健康国际会议在日本东京举行，世界卫生组织在会上建议把每年的 4 月 7 日定为世界无烟日（World No-Tobacco Day），并从第二年开始执行，但从 1989 年开始，世界无烟日改为每年的 5 月 31 日，因为第二天是国际儿童节，借此希望下一代免受烟草危害。

2016 年 10 月 25 日，中共中央、国务院印发了《2030 健康中国规划纲要》（以下简称《纲要》），《纲要》中专门对“开展控烟限酒”进行了强调。纲要第五章第二节指出，“全面推进控烟履约，加大控烟力度，运用价格、税收、法律等手段提高控烟成效。深入开展控烟宣传教育……推进公共场所禁烟工作，逐步实现室内公共场所全面禁烟……到 2030 年，15 岁以上人群吸烟率降低到 20%。加强限酒健康教育，控制酒精过度使用，减少酗酒。加强有害使用酒精监测”。由此可见，由于许多活动形式喜闻乐见，特殊活动将在推进控烟、限酒工作，特别是控烟和限酒宣传方面发挥更重要的作用。

4. 活动与心理

对于个体而言，心理健康是指心理的各个方面及活动过程处于一种良好或正常的状态。一个心理健康的人能体验到自己的存在价值，既能了解自己，又能接受自己。《2030 健康中国规划纲要》中指出，要“加大全民心理健康科普宣传力度，提升心理健康素养。加强对抑郁症、焦虑症等常见精神障碍和心理行为问题的干预，加大对重点人群心理问题早期发现和及时干预力度……”。

由此可见，特殊活动在心理健康科普宣传、加强对心理行为问题的干预等方面拥有广阔的应用空间。

例如，为引导大学生关注自身的心理健康，2000 年，“5·25 全国大学生心理健康节”在北京师范大学拉开帷幕，活动名称取“5·25”的谐音“我爱我”，意味着关爱自我的心理成长和健康，活动的主题是大学生人际交往和互助问题，口号为“我爱我——走出心灵的孤岛”。2004 年，教育部、团中央和全国学联办公室向全国大学生发出倡议，把每年的 5 月 25 日确定为全国大学生心理健康日。

事实上，在我们的日常生活中，还有很多活动是专门定位于帮助人们解决心理压力问题的。2008 年 10 月 10 日，由凤凰网主办的针对城市精英人群的心理减压活动——心灵越狱在北京 798 艺术工厂的白石茶馆举行，这是主流媒体首度以品牌活动的形式关注都市人群的“城市重压”问题，现场来宾在精心设置的“美食区”“睡眠区”“娱乐拍照区”“调节身心区”及“视听感受区”体验减压生活。

二、实用技巧

生命健康既是特殊活动的重要题材，也是许多活动的直接目标。就活动目标而言，对于个体，目标是从参与的角度，寻求通过有效参加活动促进自身在个人健康不同维度上不同程度的提升。对于活动策划人，任务是从组织的角度探讨如何围绕生命健康来为参与者创造更大的价值。可以这么说，主题各异、定位不同的活动为个人生命健康的改善提供了多样化的选择，甚至是无限的可能。

1. 合理膳食

➔经典案例

世界排名第一的“大胃王”竟然是个小个子

2017 年 7 月 3 日，为迎接独立日的到来，美国华盛顿举办了第八届吃汉堡“大胃王”比赛，世界排名第一的“大胃王”Molly Schuyler 参加，并最终以 10 分钟吃下 21 个汉堡的成绩获得冠军（图 5–3）。

图 5–3　Schuyler 在 2017 华盛顿吃汉堡“大胃王”比赛现场

37 岁的 Molly Schuyler 是 15 项“大胃王竞赛”的获奖者。这位身材比较纤瘦（体重只有 112 斤）的母亲战斗力惊人，她 3 分钟之内就能搞定一份 72 盎司（约 2.05 公斤）重的牛排，5 分钟不到，就能将一份 9 磅（约 4.08 公斤）重的玉米煎饼吃得精光，半小时内吃完 363 根鸡翅更是小菜一碟。

Schuyler 表示，自己会采取一些防护措施来避免暴饮暴食对身体的严重损伤。她说:“我通常不会吃太多，不过如果有一天我真的吃得很多，那我会吃许多蔬菜，因为蔬菜的消化时间长，并且蔬菜还能提高人体的基础代谢率。”

“也有人通过大量饮水来使自己的胃更耐受食物，不过我不喜欢这样做，因为这么做实在太危险。在准备参赛时，我不会让自己饿着，我会喝一些流质的液体来缓解饥饿，这样做的目的就是因为我知道相比于固体食物，流质液体更快被代谢出体外。”

“参赛者会被告知在比赛中所面临的危险。这些危险可能会引发一些病症，常见的包括休克、身体透支，这些危险甚至还会引起一些终身性疾病，例如糖尿病和心脏病。”

Schuyler 表示，在她的训练和比赛之路上，她走得十分谨慎。她说:“我的家人都支持我，也许他们并不喜欢，不过他们还是支持我。危险的确存在，我可能会因此休克，如果我经常吃太多，那我的体重也会上涨许多，我患心脏病的概率也会增加。”“现在最大的风险就是患上休克，而且一旦胃被撑大了，再想要缩回去也就不容易了。”

“虽然我不太清楚所有的风险，但我知道一旦我玩脱了，那我付出的代价将是十分惨烈的，就和运动一样。就好比跳伞的时候总有降落伞打不开的风险。”

吃俨然已经成为 Schuyler 的一项职业了。“虽然我要为此付出很多，不过我还是不会放弃的”。她补充说:“小时候，我就是一位大胃王，在我小的时候吃饭时间都是有限的，并且在我们出去吃自助餐的时候，我老爸也会教导我说可别亏本了。”“通过一位朋友，我认识了国际竞吃组织（All Pro Eating）的主席 Todd Greenwald，他邀请我去参加在美国康涅狄格州举办的一场比赛，最终我赢得了大奖。”

Greenwald 称 Molly 绝无仅有:“Molly 擅长大胃王比赛的表现很多，她身手敏捷，吞咽本领高超，胃的容量也不凡。也许世界上还有一些其他大胃的女性，但 Molly 绝对是 70 亿中绝无仅有的那个人。”

资料来源：本文译自 http：//www.dailystar.co.uk，由仙剑守望者翻译。

点评：从合理膳食的角度来讲，在大多数人眼里，这或许是一个反面的案例，因为一旦把“吃”作为一项职业或准职业的运动时，无疑是有巨大风险的。正如 Schuyler 本人所坦言的，“这些危险可能会引发一些病症，常见的包括休克、身体透支，这些危险甚至还会引起一些终身性疾病，例如糖尿病和心脏病”。尽管为了比赛要付出常人无法想象的努力，但 Schuyler 没有放弃，我想，鼓励她坚持下去的除了有家人的支持以及要维护“世界排名第一大胃王”的荣誉，更重要的是发自她内心的不断挑战自我的勇气和决心。这和传统意义上的体育精神是一脉相承的。

民以食为天，营养的满足主要通过饮食来完成。合理膳食是指一日三餐所提供的营养必须满足人体的生长、发育和各种生理、体力活动的需要。对于普通大众，在日常生活中有很多特殊活动与饮食有关，如由城市、商场组织的各类美食节、由社区或工作单位组织的厨王争霸赛等。在参加这些活动时，应遵循两个基本原则：一要适当品味各地美食，满足自己味蕾的需要；二要了解和践行科学的营养结构，譬如中国居民平衡膳食宝塔。

2. 适量运动

➔经典案例

92 岁老人改写女性马拉松完赛者最高龄纪录

2015 年 5 月 31 日（当地时间），在美国圣迭戈，哈丽雅特·汤普森（Harriette Thompson），一名曾经罹患癌症的 92 岁老奶奶，以 7 小时 24 分 36 秒的时间跑完摇滚马拉松[①]（图5–4），改写了女性马拉松完赛者的最高龄纪录。当抵达终点时，汤普森受到犹如摇滚巨星般的欢迎。

① 摇滚马拉松（Rock‘n’Roll Marathon）其实是一个系列的主题比赛，在世界上很多城市举行，最早是在 1998 年，开始于美国加州的圣迭戈（San Diego）。圣迭戈摇滚马拉松以摇滚音乐元素为主题，一路上沿着赛道有很多摇滚乐队表演，在终点的 Petco Park 体育场更有知名乐队的演唱会。

图 5-4 哈丽雅特·汤普森在摇滚马拉松途中

这是汤普森第 17 次参加摇滚马拉松，也是跑得最辛苦的一次，因为丈夫卧病，她没什么时间练跑。丈夫过世后，汤普森又腿部感染，不便跑步。虽然训练过程遭遇诸多障碍，但汤普森的成绩没有比去年退步太多，7 小时 24 分 36 秒也改写了 90 岁以上马拉松完赛时间的世界纪录。在汤普森之前，女性马拉松跑者的最高龄纪录是在 2010 年创下的，汤普森太太比上一个纪录保持者的完赛年龄大了 46 天。

汤普森是一位钢琴演奏家，曾在卡内基音乐厅演出过三次。她家中有好几个亲友都是死于癌症。在她 70 多岁时，一个朋友邀请汤普森参加为癌症病友募款而跑步的活动，她第一次参赛，本来打算走完全程，不过看到旁边人都在跑，她也加快脚步。用汤普森的话说，要不是跑步，她可能活不到今天。

资料来源：张艾京 . 92 岁奶奶改写女性马拉松完赛者最高龄纪录 [EB/OL]. http://www.chinanews.com/gj/2015/06-01/7313066.shtml，2015-06-01.

点评：有过参加长跑比赛经历的人都知道，当我们跨越自身的极限之后，就会觉得全身充满能量，那时会感到运动是多么惬意。这种身心的愉悦随时会存在，而且在我们突破身体的极限时会产生一种叫作“脑内吗啡”的物质。长时间运动会消耗肌肉内的糖原，只剩下氧气，从而分泌出脑内吗啡。这些常见的运动包括跑步、游泳、远途划船、越野滑雪、骑自行车或球类运动等。

“要不是跑步，我可能活不到今天。”汤普森奶奶已经创造了很多传奇，比如，70 多岁高龄才第一次参加摇滚马拉松，先后 17 次参加，跑了 7 小时 24

分 36 秒……对于作为钢琴演奏家且已经 92 岁高龄的汤普森奶奶而言，参加圣迭戈摇滚马拉松显然早已超越一般意义上的健身运动，甚至超越了健康本身。当一种东西因为多年的坚持而成为一种习惯，当一种习惯因为坚持而成为一种情感上的需要，那么跑步不再仅仅是跑步，而成为这位 90 多岁老奶奶的一种精神信仰，并最终使其生命得以升华。

正如 Cottingham（2003）所言："说白了，人生之旅不过是一次由空而来向空而去的旅程。即便如此，我们依旧渴望，自己的生命是明确的旅程，而不是漫无目的的漂流。"我想，关于人生之旅的问题，汤普森奶奶一定早已想得很清楚。

3. 戒烟限酒

➔经典案例

"杜康控酒奖"发起人呼吁设立"世界控酒日"

大前天晚上，因为设立"每月 11 号　控烟在行动"全国公益联盟的事情，到北京卢沟桥附近和几位著名控烟朋友商讨控烟联盟成立事宜。吃晚饭的时候，席间来了一位十分能喝酒的企业家朋友，对大家劝酒不止。我婉言劝他不要过度劝酒，不听，依然故我，最后一个好好的饭桌控烟论坛被酒给搅了局。

都说烟酒不分家，开展控烟宣传 19 年来，我发现要想劝喝酒的烟民戒烟，要比劝不喝酒的烟民戒烟难很多。原因很简单，烟民喝了酒之后，再坚定的戒烟决心也会被酒精稀释得了无痕迹。可见对酒这个东西，也要拿出控烟的劲头来限制，否则，过了量，不仅伤身害己，如果再酒驾、醉驾，还会危及他人生命安全和社会安全。

有数字显示，全球每年有 330 万人因酒而死亡，就中国来说每年醉死 11 万，这还不加上醉驾、酒驾带来的交通事故死亡人数（2014 年全国机动车保有量超过 2 亿，但同时全国也查处出 65 万起酒驾事件），可见控酒工作应该被各国政府进一步重视。作为一个民间公益人士，自 2012 年推出"绿色餐桌"活动以来，控酒也成了我宣传的应有之项。特别是从前年开始，我总结出"黄金饮酒法"，并设立了中国第一个民间控酒奖——杜康控酒奖，成功评选了两届，可以算作"绿色餐桌"活动的进一步延伸。控制喝酒，餐桌就是绿色的、文明的、健康的、安全的；如果不控制喝酒，任由劝酒高人们缠酒、攀酒、灌酒，餐桌就会成为疾病和死亡的温床！

对于中国控酒工作来说，今年是重要的一年，其标志性事件是10月25日国家发布了《2030健康中国规划纲要》，规划纲要中专门对“控烟限酒”进行了强调，这可以看作控酒的国家意志和坚定态度，也是执政为民、关心人民健康的重要体现。

为呼应世界卫生组织2014年5月12日发布的酒类与人类健康报告和我国政府刚刚发布的《2030健康中国规划纲要》，我呼吁国际社会设立“世界控酒日”，以此来应对当下酒精饮料泛滥给世界人民的健康和生命安全带来的巨大伤害，同时加大对文明饮酒、健康饮酒、安全饮酒的宣传力度，控制酒精饮料，限制酒类广告，确保安全健康。我建议把每年的5月12日确定为“世界控酒日”，以此纪念2014年5月12日世界卫生组织在总部瑞士日内瓦向全球发布酒类与人类健康报告这一历史性事件。

世界已经有了无烟日，现在需要控酒日，希望更多的组织和个人加入呼吁“5·12世界控酒日”的行列中来！

“绿色餐桌”推广者、“杜康控酒奖”发起人叶榄

2016年11月12日于北京

资料来源：叶榄的博客，http：//blog.sina.com.cn/u/2648557501.

点评：这个案例不是严格意义上的活动，但与活动策划有关。戒烟限酒一直都是人们推崇的健康生活习惯之一。联合国世界卫生组织将每年的5月31日定为世界无烟日，主要内容是宣传吸烟有害，呼吁吸烟者在这一天主动停止或放弃吸烟，香烟推销单位和个人在这一天停止经营活动，而且提出了戒烟的十大具体建议。关于有害使用酒精问题，世界卫生组织也十分关切。2014年5月12日，世界卫生组织发表《酒精与健康全球状况报告》，呼吁各国加强控酒措施，减轻有害使用酒精造成的卫生负担，挽救生命，预防伤害和疾病，从而增进个人、社区以及整个社会的福利。

叶榄（原名叶春东）是一名民间环保公益人士，过去25年，他一直致力于宣传公益环保、禁烟和控酒，并获得过“中国十大杰出青年志愿者”、我国环保最高奖“地球奖”等多个国内外奖项。2017年7月1日，他在博客上发表

了致新任世卫组织总干事特沃德罗斯·阿达诺姆博士的一封信，他在信中建议世界卫生组织能面向全球设立“世界控酒日”，并将这天定为每年的 5 月 12 日。

希望通过设立有象征意义的节日来推动戒烟限酒运动，透露出叶榄先生致力于环保事业的理念和智慧，这是一种活动思维。

其实，早在 1993 年，年仅 19 岁的叶榄就带上自己的全部积蓄，骑单车走出大别山，开始了“希望工程万里行”。14 年间，他经过了河南、湖北、湖南、四川、云南等 16 个省份，行程 4 万余公里。他为希望工程劝募善款 30 余万元，修建了两所“希望小学”，救助失学儿童 300 余名。此外，他还把自己沿途卖字所得的 6000 元钱寄回老家，个人资助 12 名失学儿童重返校园。在 4 年的奔波跋涉中，叶榄亲眼看见许多地方生态环境遭到人为破坏，环境受到了严重的威胁。鉴于此，1997 年，他发起了以“人人环保，时时环保”为主题的“绿色希望行”活动，从此踏上了环保宣传之路。

4. 心理平衡

➔经典案例

91 岁老爷爷实现生前最后一个遗愿

2015 年 6 月 4 日的《华盛顿邮报》上有一篇很有意思的文章，讲述美国一名 91 岁的老人完成了生前唯一的愿望——倒车撞破车库门（crash a car through a garage door）。该视频上传到网上后，引起大家的广泛关注。

图 5-5　沃尔特·托马斯驾车冲破车库门

据报道，91 岁的老人沃尔特·托马斯（Walter Thomas）住在美国芝加哥市郊区伍德斯托克。有一次，他无意中向外孙女贝姬·戈斯（Becky Goers）表露了一个在心里藏了很久的愿望（其实很遗憾的是，这一愿望后来被确认是他最后一个愿望）。“外祖父一直想倒车穿过车库门，他很想知道如果车库门被撞坏了，整个车库会不会也随之倒塌”，贝姬向《伍德斯托克独立报》（*The Woodstock Independent*）透露道。

近日，为了帮助老人完成唯一的遗愿，孙子安德鲁·托马斯（Andrew Thomas）为爷爷找了一辆别人赞助的 1998 年生产的五十铃 SUV，而孙子布莱恩·托马斯（Brian Thomas）的朋友尼克·维多夫（Nick Wedoff）和杰米·林恩·维多夫（Jamielynn Wedoff）则打算将即将拆除改建的旧车库捐献出来……然后就有了故事开始的镜头。

报道称，沃尔特·托马斯冲出车库门后，激动不已。“我踩下油门，听到轮胎摩擦的声音，然后哐当的一声门就破了”，老人说，他非常感谢孩子们的陪伴，谢谢他们能理解他这个老人，给他这样一个机会去完成愿望。正如维多夫夫妇所言，“托马斯爷爷和奶奶总是待我们像家人一般，协助完成这件事，我们只是举手之劳，而且觉得这很好玩”。

资料来源：Larimer，S. Watch this 91-year-old Slam An SUV Through A garage Door Like An Elderly Jason Bourne［EB/OL］. 2015-06-04，The Washington Post.

点评：看完这则有意思的故事，我们不禁感慨于托马斯爷爷的乐观和幽默，从他身上我们看到了生命的可贵与美好，感受到坦然面对死亡的豁达与坚强，同时也再一次体会到活动对于人与人生的特殊意义。“向死而生”是一种生活智慧，这个案例与电影《非诚勿扰 2》中的“李香山·人生告别会”有异曲同工之处。发动主观意愿去完成（或实现）生命的完整性来源于对生命本身之不完整的恐惧与顾忌，从弗洛伊德的心理学理论来看，二者都可以被视为典型的“心理补偿”案例。然而，这又不仅仅是一个以“心理平衡”为主题的活动，我们还可以借用戈夫曼的拟剧理论做更为深入的解释。

戈夫曼在《日常生活中的自我呈现》中通过“前台 / 后台”（即拟剧理论），解说了一个人所共知的事实：人生是一场表演，社会是一个舞台，用我们中国一句古话来说，即人生如戏。如果能将表演与游戏的精神运用到超越功利的高度来俯视生死，那么生命与死亡也在这场“戏剧性”的活动中得以升华。

三、精彩实践

因为活动类型不一，很难概括出普遍适用的通过参加或组织特殊活动来促进生命健康的法则。下面，笔者将与读者分享自己与家人一起参加 Run For Your Lives 上海站活动的亲身经历。

Run For Your Lives，中文翻译为“求生之旅”或“玩命跑”，是世界上最早以病毒感染者为主题的 5 公里障碍路跑。作为世界上 3 大路跑品牌之一，自 2011 年在美国马里兰州首度举办以来，全球已有超过 40 多个城市被覆盖，超过 50 万人参加。

在活动中，参赛者可以选择扮演“生存者”（奔跑者 /Survivor）或者“感染者”（追逐者 /Zombie）。选择成为生存者，任务是越过所有障碍，并竭尽所能地捍卫 3 条宝贵的生命带，为此需要在短短 5 公里中穿越各种障碍物：可能是需要匍匐前进的泥地，可能是突如其来的矮墙，也可能是及胸的“血池”……与此同时，还要躲避“感染者”的追捕，保护自己的“生命带”不被抢走。选择成为“感染者”，任务是抢夺尽可能多的生命带，并可以体验一把好莱坞大片中的特效妆容。

2015 年，求生之旅首次登陆上海，选址在上海市松江区的青青旅游世界。作为国内最具特色的 5 公里障碍路跑，求生之旅上海站自开启之日，就受到了上海市民特别是年轻人的热烈欢迎。据统计，截至 2015 年 7 月 5 日，活动报名人数已超过 250 000 人次，主办方决定连续 3 个周末举办 6 场活动（7 月 4—19 日）。

6 月下旬的一天，在详细了解求生之旅上海站的相关信息后，我和妻子沟通了报名参加的想法，我们甚至还兴致勃勃地讨论了扮演人类或丧尸的不同之处，并最终做出决定：我以“生存者”的身份参加，她带着不到 4 岁的女儿 Helen 去现场加油。后来我在网上购买了 7 月 4 日下午 3 点那个场次的门票。活动当天上午可谓大雨倾盆，我担心活动计划是否会调整，所以一直在关注活动的最新信息，后来看到官方微博上其他参赛者的留言，“打电话问过了，因为是求生之旅，所以下雨照常进行……”这样的信息让我对活动更加充满期待。

求生之旅主办方的报名回执邮件（部分）如图 5-6 所示。

恭喜你已经顺利完成参加福特翼搏 Run For Your Lives求生之旅和土豆一起跑-FUN手冒险路的正式报名，成功抢得门票

发件人：求生之旅<intel@runforyourlives.com.cn> + (由 7cc5bebc-18b1-11e5-b104-00163e62bc6d@mail.runff.com 代发，帮助)

收件人：王春雷<suibewangcl@126.com>

时 间：2015年06月22日 15:37 (星期一)

王春雷 你好：

购票成功！

恭喜你已经顺利完成参加福特翼搏• Run For Your Lives求生之旅和土豆一起跑——FUN手冒险路的正式报名，成功抢得门票。

请详细阅读以下须知。

报名资料

姓名 王春雷

图 5-6 求生之旅主办方的报名回执邮件（部分）

因为是下午 3 点的场次，1 点左右我和妻子才带着 Helen 从家里出发，坐了一个小时的地铁到达洞泾站的班车接驳点。有意思的是，从地铁到大巴，Helen 一路上都在睡觉，但一到青青旅游世界却浑身来了劲。看来，享受娱乐和参加活动也是小孩的天性。

在特效化妆区，Helen 目不转睛地盯着各种奇怪的造型看，还和一位化装化得还算友好的年轻女士拍了一张生动的合影。后来我才知道，本次障碍跑的专业特效化妆团队来自上海温哥华电影学院，该学院由上海大学与加拿大温哥华电影学院联合成立，致力于通过积极的国际合作，建设一流的电影人才教育机构，推动上海成为世界知名、亚洲一流的影视人才培养高地。

在更衣区，我听到了刚参加完活动的三三两两的人群的谈话，有的抱怨因为下雨有些障碍项目取消了，有的还在兴奋地讨论刚经历过的种种惊险，在广场上，可以看到一个巨大的舞台，这里就是晚上举办重生派对的地方。

在与跃跃欲试的“生存者”们一起出发的一刹那，我脑海中突然闪现出一个意念：要为了生存而战。具体比赛过程就不做详细描述了，总之，要完成任务是有较大挑战的，有几处障碍还需要人们之间的团队合作，因而有比较强烈的使命感。当最后只剩下一根生命带冲向终点时，当被抱起的小 Helen 把成功纪念牌挂在脖子上时，我感受到了生命的可贵和活着的力量（图 5–7）。尽管我知道这只是一场比赛。然而，生命只有一次，人生也不可能有彩排。正如活动主办方在一则宣传海报上所说的——

当你为了生存而跑，
这一切都会改变；
速度、力量的极限与激发，
在这五公里的旅程。
你将为了生存而跑，
去跨越层层障碍；
人类、“丧尸”的较量与争锋，
在这五公里的旅程。
这绝对是你从没经历过的。

图 5–7　笔者参加 2015 求生之旅上海站活动

从生命健康的角度来讲，通过参加 2015 求生之旅上海站活动，我获得了对生活的若干启示，希望与读者们共勉：

·明确参与活动的目的，即希望通过参加某次活动，向实现在身体上、心理上和社会上的完满状态更进一步。

·通过参加或者组织活动来践行“合理膳食、适量运动、戒烟限酒、心理平衡”的健康理念，特别是要让运动成为一种良好的生活习惯。

·理解参加体育活动的更大意义，除了强身健体，还在于磨炼心志、挑战自我。

·赞赏和学习他人身上的健康理念、体育精神，包括尊崇公正、平等、竞争等。

·要积极创造条件，和家人或朋友一起参与有利于身心健康的活动，用活动来促进亲人朋友的健康实践，与此同时加强与家人、朋友之间的关系建设。

思考题：

1. 请对世界卫生组织关于健康的定义及衡量标准进行简要评述。

2. 从笔者参加2015求生之旅上海站活动的故事中，我们能获得什么启示？

3. 从世界排名第一的“大胃王”Molly Schuyler的故事中，我们能获得什么启示？

4. 从92岁老人哈丽雅特·汤普森（Harriette Thompson）的故事中，我们能获得什么启示？

5. 从“绿色餐桌”推广者、“杜康控酒奖”发起人叶榄建议设立“世界控酒日”的故事中，我们能获得什么启示？

6. 从91岁老爷爷Walter Thomas驾车冲破车库门的故事中，我们能获得什么启示？

第6章

活动与家庭生活

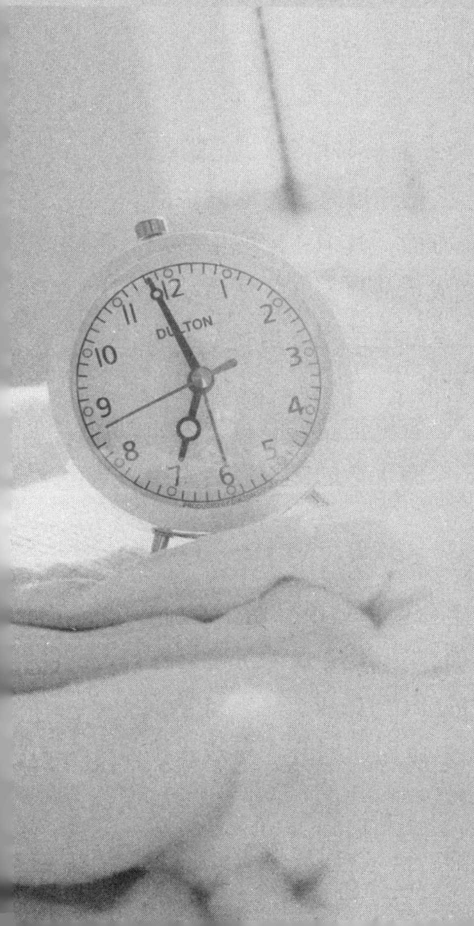

我向来觉得生活是需要一些仪式感的，这跟矫情无关，而是关于你对生活的热爱、对幸福的敏感，乃至有时候它是一种结束，也是一种开始。因为缺乏必要的仪式感，生命中一些特别的瞬间就这样被错过了，心不在焉地生活，自然就没有美好的瞬间这种东西。……婚姻中的仪式感，想要拥有也很简单——约会纪念日、结婚纪念日要记得，吃一顿浪漫的烛光晚餐，若是来不及买礼物，送一个深深的吻也会让人久久难忘；彼此的生日不能忘记，亲手做一个再丑的蛋糕都会令对方感动；哪怕是再普通的晚餐也可以用精致的餐具，铺上餐巾，仪式感顿生……（小木头，2015）

知名媒体人、畅销书《会烘焙的女人，走到哪儿都有爱》的作者小木头在《生活需要一些仪式感》一文中提到的陈莹月是个单身的职场达人，她把女人对仪式感的追求与热爱全都体现在了工作中。她从小生活在重视仪式感的家庭里，小时候就眼见着父母很认真地过每个节日，后来她到外地上大学，过生日时父母依然会在家里下一碗生日面，和她一起庆生。她第一份工作是设计师助理，签约那天，父母专程从外地赶过来庆祝。她表示："也许在别人看来这是一份很普通的工作，但是我爸妈说我凭着自己的能力找到一份工作，从此以后自力更生，这是很荣耀的事情。这就是我的成人礼，从那天开始，我觉得自己更加成熟了！"有一位挚友的女儿在随父母亲参加了"2016上海国际10公里精英赛"后接受电视台采访时说："全家人一起跑步很快乐、开心，而且正好是我过生日……"

由此可见，参加类似的活动和举办必要的仪式对于家庭生活建设的非凡意义。

一、不同类型的活动与家庭生活建设

（一）家庭生活的含义

家是一个人心灵的港湾，然而，家庭生活就是柴米油盐酱醋茶，如细流、如繁枝，有喜有悲，有苦有乐。概括而言，从生活方式的角度来讲，家庭生活包括家庭生活条件、家庭生活观念和家庭生活活动三方面，其中，家庭生活条件是家庭生活赖以开展的基础，家庭生活观念是家庭成员从事家庭生活活动的动机、态度与价值观，家庭生活活动则是家庭成员在家庭生活观念指导下主动调整和控制内外部条件，以满足家庭和自身需要的行动。

从内容的角度来看，家庭生活主要包括家庭劳动、家庭消费、家庭休闲和家庭交往等领域，而且在一个家庭的不同生命周期，家庭生活的侧重点会表现出很大不同。

所谓家庭生命周期（Family Life Cycle），是指一个家庭经历从结婚、生育、养育儿女到老年的各个阶段的连续过程。家庭生命周期理论开始于20世纪30年代，最早由鲁宾·希尔（Reuben Hill）和唐纳·德汉森（Donald A. Hansen）提出。1947年，美国学者保罗·格里克（Paul C. Glick）从人口学角度提出了比较完整的家庭生命周期概念。他把家庭生命周期划分为形成、扩展、稳定、收缩、空巢与解体 6 个阶段（表 6–1）。6 个阶段的起始与结束，一般以相应人口事件发生时丈夫（或妻子）的均值年龄或中值年龄来表示，各段的时间长度为结束与起始均值或中值年龄之差。

表 6–1　格里克的家庭生命周期阶段划分

阶段	起始	结束
形成	结婚	第一个孩子的出生
扩展	第一个孩子出生	最后一个孩子出生
稳定	最后一个孩子出生	第一个孩子离开父母亲
收缩	第一个孩子离开父母亲	最后一个孩子离开父母亲
空巢	最后一个孩子离开父母亲	配偶一方死亡
解体	配偶一方死亡	配偶另一方死亡

资料来源：Glick，P. C. The family cycle［J］. American sociological review，1947，12（2）：164–174.

美国社会心理学家伊芙琳·杜瓦尔（Evelyn M. Duvall）认为，就像人的生命一样，家庭也有生命周期，在每个阶段都有其特有的角色、责任及需求。家庭作为一个单位要继续存在下去，需要满足不同阶段的需求，包括生理需求、文化规范及人的愿望和价值观等。家庭的发展任务是要成功地满足家庭成员成长的需要，否则将导致家庭生活中的不愉快，并给家庭自身发展带来困难。她将家庭生命周期分为相互联结的 8 个阶段：新婚期、育儿期、学龄前期、学龄期、青少年时期、空巢期、中年父母期、老年家庭成员。

另外，在家庭生活中，要特别注意容易被忽视的边界问题。没有界限，就容易产生对个人行为的干涉，而干涉就会带来矛盾冲突，进而产生各种问题，例如，父母不敲门就闯进青春期孩子的房间，父母亲偷看孩子的日记，在家庭聚会上某个好心的家庭成员不断把自己认为好吃的饭菜夹给“左邻右舍”等。只有尊重彼此的独立，才有可能允许彼此的差异性和独特性存在，这样的关系才能让彼此舒服。

所以，理想中的家庭生活可能是把家庭纽带当作一个导向性的框架，在框架中认清和实践自己的道路。

（二）特殊活动在家庭生活建设中的作用

表 6–1 中的家庭生命周期是一种理想化的模式，与现实状况有一定出入。例如，它不包括或不适用于以下情况：许多亚洲国家及其他发展中国家中普遍存在的核心家庭与三代家庭或其他形式的扩大家庭并存，离婚或在孩子成年之前丧偶的单亲家庭，无生育能力或其他原因造成的“无孩家庭”，再婚且与前夫或前妻生有子女等。

不管怎样，研究“家庭生命周期”有两个常见的角度：①以家庭为分析单位，把家庭中的成员及他们之间的关系作为一个整体进行研究；②以家庭成员为分析单位，通过研究个体的婚姻、生育、迁移、死亡等行为及其与其他家庭成员之间的关系，揭示家庭的特征与发展规律。

如果从狭义的角度来理解家庭生活活动，那么特殊活动是家庭生活的三大支柱之一。类型多样、形式丰富的特殊活动为从不同角度丰富家庭生活内容、提升家庭生活质量提供了富有活力的工具，如表 6–2 所示。

表 6–2　不同家庭生命周期阶段的主要任务与活动

阶段	主要任务	典型活动举例
形成	夫妻双方相互沟通、适应，协调性生活及计划生育	婚礼、家庭聚会
扩展	调整和进入父母角色，应对经济和照顾孩子的压力	婴儿满月酒、周岁宴、重要人生节点生日、家庭聚会
稳定	抚育和教育小孩，确保孩子的身心健康发育	从幼儿园到大学的毕业典礼、各类比赛、公益活动、野餐会、成人仪式、家庭聚会
收缩	继续为孩子提供支持，同时逐步调整自己，以适应环境的改变	子女婚礼、周年纪念日、家庭聚会
空巢	巩固婚姻关系，计划退休生活	退休仪式、家庭聚会、同学聚会
解体	应对疾病的来临及配偶、朋友的丧失	生日（祝寿）、葬礼

资料来源：（1）Glick，P. C.. The family cycle. American sociological review，1947，12（2）：164–174.（2）Duvall，E. M.. Family development（4th edition）. Philadelphia：Lippincott.，1971.

1. 形成阶段

形成阶段指从结婚建立家庭到第一个孩子出生的阶段，主要任务是夫妻双方相互沟通、适应，协调性生活及计划生育。在这个阶段，最重要的家庭活动就是婚礼和第一个小孩出生。在人类学中，婚礼、出生（满月）、成人礼和丧礼一起被称为“通过仪礼”（Rites of Passage），即一个人在世间成长过程中的一系列仪式。

其中，婚礼是一种宗教仪式或法律公证仪式，其意义在于让新人得到社会的承认和亲朋好友的祝福，同时帮助新婚夫妇适应新的社会角色和要求，并做好承担家庭责任的准备。传统的儒家婚礼仪式对婚姻、家庭的稳定及孝敬父母等传统的继承和发扬发挥了重要作用。正如《礼记》中对贵族婚礼所做的规范化的表述：“昏礼者，将合二姓之好，上以事宗庙，而下以继后世也，故君子重之。”相比较而言，西方婚礼显得更加庄重严肃，尤其是在一些政教合一的国家，人们结婚必须到教堂接受神父或牧师的祈祷与祝福，这样才能算正式的合法婚姻。

概言之，不同民族的婚礼代表了不同民族的世界观和人生观，中西文化的差异体现在诸多方面，婚礼是其一。当前，国内流行的婚礼仪式主要是 20 世纪 90 年代由我国台湾婚庆公司带入的一套操作流程，该模板兼容中西婚礼仪式，满足了当代中国年轻人的口味，并将传统婚礼喜热闹的特点发挥到极致。在个性张扬的今天，更多新人追求个性化的婚礼，将使得婚礼向形式更加多样的方向发展。

➔经典案例

他们的婚礼是环球之旅

很多人都会在很长一段时间里畅想自己的婚礼，在他们的心目中，结婚的地点提前很久就已经选好，都有哪些人出席，这一切已经安排妥当。但也有一些人，比如下面这对情侣不想让婚礼显得乏味，他们是这么做的：

齐特·普拉特（Cheetah Platt）和瑞安·伍德亚德（Rhian Woodyard）是两名杂技演员，两人于 2014 年在美国洛杉矶相遇，然后从 2015 年 2 月 8 日开始一直在环游世界，并且已经在 38 个不同的地方举行了婚礼，印度、肯尼亚、西班牙、哥伦比亚……他们把杂技耍到了世界各地（图 6–1）。据说两人“婚礼之旅”的最后一站是南极洲。新郎表示，“如果世界各地的人们都曾分享过我们的婚礼，这将会是最令人难以置信的结婚体验”。每个到场的人都是陌生人，而不是“随份子”的亲友们，确实能带来完全不同的人生体验。

图 6–1 Platt 和 Woodyard 在“婚礼之旅”中把杂技带到世界各地

“很多女人在她们的这一天都会花掉很多钱，然后这一天就轻易地过去了，而我们的这一天却可以一遍遍上演，而且每次都是和同一个人。”那个站在男人肩膀上的女人说。也许因为两个人都是演员，整件事情看上去都如同一场作秀，在网友们大叹羡慕时，也有人跑出来说：“哎呀，要是他俩不向人们要钱，那还是挺酷的。”原来这场环球旅行的部分资金来源是他们的网站和脸书上的众筹活动。

看那些捐助过他们的观众的留言，大多还是“爱你们”“祝贺”“喜欢你们的冒险”之类的话。大概这事儿到后来跟这对夫妻的爱情已经没有关系了，他们也确实完成了周游世界的梦想，这是很多人幻想过却永远无法实现的。

资料来源：他们环游世界，只为了拍这些奇葩的婚纱照！“英国那些事儿”订阅号，2015–06–11.

2. 扩展阶段

扩展阶段即从第一个孩子出生到最后一个孩子出生的阶段，该阶段的主要任务是调整和进入父母角色，同时要应对经济和照顾孩子的压力。在这个阶段，常见的家庭活动有婴儿满月酒、周岁宴、重要人生节点的生日（比如，有些省份很重视十岁生日）以及各种家庭聚会等。在扩展阶段，特别是小孩还处于童年时代时，应该多组织一些家庭集体活动，通过活动创造良好的家庭氛围（图 6–2）。

图 6–2　上海某商场组织的“青春不散伙”家庭聚会活动

以满月酒为例，我国古人认为，婴儿出生后存活一个月就是度过了一个难关，因而当小孩生下一个月的时候，往往要举家庆贺，以庆祝“子嗣有人”和“足月之喜”。被邀请的亲朋好友需要提前准备礼物，贺礼通常为奶粉、衣帽、项圈、手镯等物品。在有些地方，很特别的是，外婆往往会给刚出生的宝宝送来厚礼。《北齐书 · 恩幸传 · 韩凤》记载：男宝仁尚公主，在晋阳赐第一区。其公主生男昌满月，驾幸凤宅，宴会尽日。鲁迅先生也在《野草 · 立论》中写道：“一家人家生了一个男孩，合家高兴透顶了。满月的时候，抱出来给客人看——大概自然是想得一点好兆头。”

3. 稳定阶段

稳定阶段是指从最后一个孩子出生到第一个孩子离开父母亲的家庭生命周期阶段，这个阶段的主要任务是抚育和教育小孩，确保孩子身心健康地发展。这期间，许多家庭生活都与小孩的成长特别是教育有关，例如小孩从幼儿园到大学的毕业典礼、参加各类才艺比赛、带小孩参加公益活动、为孩子举行成人仪式、一家人外出野餐或组织家庭聚会等。

正如一位在生日当天与家人聚餐、与母亲合影并送小孩参加诵读比赛的妈妈在微信朋友圈中所分享的，“人生那么短，重要的事情一定要有仪式记录点滴，也感谢那些让我学会把生活过得有趣的贵人们”。（图 6–3）

图 6–3　一位母亲在微信朋友圈的留言

4. 收缩阶段

收缩阶段即从第一个孩子离开父母亲到最后一个孩子离开父母亲的阶段（如果是独生子女，则从子女离开家庭独立生活开始），这个阶段的主要任务是继续为孩子提供支持，直到子女离开家庭独立生活或组建自己的家庭，这时要逐步调整自己，以适应环境的改变。

对于大多数家庭特别是以东方文化为主导的家庭，这期间的家庭活动可能仍然以子女为中心，包括为子女筹备婚礼、举办各种周年纪念日、组织朋友或家庭聚会等。随着子女慢慢长大成人，父母亲开始有更多的闲暇时间，以自身为中心的家庭活动可能越来越多，比如邀请好友来家里聚会，等等。

5. 空巢阶段

所谓空巢家庭，是指子女长大成人后从父母家庭中相继分离出去，只剩下老人独自生活的家庭，这个阶段结束的标志是配偶一方去世。一旦配偶去世，家庭开始解体，家庭生命周期进入鳏寡期。对老年人来说，空巢期与解体期是生活中容易发生困难的两个阶段。据全国老龄委预测，2015—2035 年，我国老年人口将年均增长 1000 万左右。目前，我国大中城市的老年空巢家庭率已达到 70%。

处于空巢期的老人，主要任务是巩固婚姻关系，计划退休生活。解决空巢家庭问题，需要个人、家庭、社区、社会和政府的共同努力。对于个人，首先要安排好自己的生活，并对自己身体突发不适有思想准备；其次，应通过增加人际交往、参与各种文体活动、参加社区服务等方式来寻找精神寄托，充实新的生活内容，提升生命的意义；当子女到了“离巢”年龄，自己要有充分的心理准备，逐步减少对子女的依恋。对于家庭成员，子女应该帮助父母安排好日常生活，保持与父母的联系；配偶要关心老伴，不仅在日常生活方面，而且要多给予精神上的安慰；子女应在精神上关心父母，经常回家看望，即使不能回家，也要经常打电话问候；在居住方式上，老少两代人应就近居住，缩短相互之间的空间距离。

相应地，空巢期的家庭生活应更加突出老人自身，这期间的家庭活动主要有家庭聚会、父母生日、退休仪式等。另外，老人也要通过参与各种文体活动、社区服务活动或同学聚会等活动，来充实自己的生活和提升生命的意义。

➔经典案例

新的冒险即将开始

安其罗·弗拉凯撒（Angelo Fracassa）是家住美国底特律的一位老人，他在 IRS 公司足足工作了 60 年。老爷爷之前一直不想退休，因为他喜欢工作的伙伴，更喜欢工作带来的满足感。86 岁的他，终于迎来了最后一个工作日。在工作的最后一天，他下班后和往常一样上车（图 6–4），没想到一场巨大的惊喜正等着他。

车上挂满了气球和彩带，等他回过神来，发现乘客都是同事和朋友。更可爱的是，每到一个站点，他的亲人和朋友都分批上车，加入这辆欢乐的公交车。每个人上车都会拥抱和祝福老人家，而且大家手上都拿着一个面具，分别是老爷爷不同年代的样子，这让老爷爷热泪盈眶。最后，公交车司机把欢乐的大家庭送到派对的地方。这么多年了，司机和老人家也早就成了好朋友。

图 6-4　86 岁的弗拉凯撒在上班最后一天

派对现场，挤满了老人家的家人、同事和朋友，所有人都发自内心地拥抱和祝福他。大家用幻灯片一起来回顾老爷爷 60 年来的点滴，以表达对他的感谢。在派对的最后，公交公司还把老人家上班坐了 60 年的座椅送给了他（图 6-5）。

图 6-5　弗拉凯撒老爷爷在退休派对上

老人家现在四代同堂，退休后他要做的第一件事就是和全家一起去意大利，享受久违的家庭聚会。

资料来源：Retiree's last bus ride home leads to sweet surprise[EB/OL]. http://www.usatoday.com/story/news/humankind/2016/02/23/retirees-last-bus-ride-home-leads-sweet-surprise/80798402，2016-02-23.

6. 解体阶段

家庭解体阶段指从配偶一方死亡到另一方去世，也叫“孤老期”，这一阶段的主要任务是应对疾病的来临以及配偶、朋友的离去。总体而言，这个阶段的生活会显得比较艰难，不仅要接受丈夫或妻子去世的现实和处理痛苦情绪的冲击，还要接受和适应健康的衰退。解体阶段的家庭活动主要有子女为自己祝寿、为配偶筹办葬礼或参加朋友的葬礼等。

二、实用技巧

正如本章第一部分所述，从生活实践的角度，家庭生活主要包括家庭劳动、家庭消费、家庭休闲和家庭交往等内容。鉴于第一、第二节已经从家庭生命周期的角度对特殊活动与家庭生活建设的关系做了系统的阐述，本节将从上述 4 个方面精选案例进行分析。

1. 家庭劳动

➔经典案例

这是一场婚礼，更是一次爱的洗礼

这是一场婚礼，更是一个夏令营，因为，它被赋予了太多含义。婚礼的地点是新郎张广义和新娘柯晓雯当年共同支教的地方，确切地说，是在甘肃省定西市东岳锦钊小学简陋的教室和操场上，伴郎和伴娘都是支教点的孩子们，而传统的婚礼仪式更是为了让孩子们感受到爱与互助。作为“西部阳光行动”的志愿者，这次婚礼更是“西部阳光行动”走过 13 年的见证。

在这里办婚礼是新郎张广义提出的，锦钊小学是他们一同支教的地方。

这场婚礼没有庞大的迎亲车队，没有吵闹的广场舞音乐，却以“抛绣球”作为仪式的开场曲。这一本不属于婚礼的环节更是为了让孩子们感受传统仪式而特意增加的。这场婚礼的用心之处就在于让孩子们参与到整个过程中。

绣球抛过来时，张广义还没有接住，身旁的小朋友就一下子抢了过去。他赶紧去抢，但早已笑成一团的孩子们就是不给。甚至当新郎终于抱住了绣球时，还有调皮的男孩想过来抢走。

最终，张广义单膝跪地，对新娘表露了爱的宣言（图 6-6）：“我是一个好男人，晓雯，嫁给我吧。”

图 6-6　张广义在孩子们的见证下向新娘表露爱的宣言

抢到绣球意味着有了迎亲资格，新郎回“家”换好礼服，开始动员亲友团。由孩子们组成的庞大的“伴郎团”出发了，而迎接他们的是同样庞大的“伴娘团”。伴娘们 3 人一组组成了新郎到“新娘家”路上的 9 道关卡，想接新娘必须答题过关（图 6-7）。问题也都是志愿者们为了增加孩子们的知识而特别设计的。

图 6-7　由孩子们组成的伴郎团正在认真回答问题

答对问题，新郎终于进了新娘“家”的大门。背起新娘，放起鞭炮，伴着大家的欢呼和祝福，新郎新娘踏上了“吉祥路”。给父母敬茶后，柯晓雯流下了眼泪：“我梦想中的婚礼很梦幻，有美丽的鲜花和纱幔，广义说要来这里办婚礼，我起初想这里很简陋能办什么婚礼呢？广义说这里是我们相知的地方，希望给我一个特殊的礼物，希望给孩子们心里种下爱的种子。此刻，我觉得特别值得。”

其实，婚礼只是支教“夏令营”的开始。喜宴后，孩子们的夏令营继续，而上课的老师就是当天的新郎和新娘。张广义给孩子们讲故事，柯晓雯教孩子们唱童谣。还有根据婚礼各个环节主题设计的各种手工活动，志愿者们希望，孩子们参与到这样一场婚礼的筹备，他们可以对爱、对家有了更深的感受（图 6-8）。

图 6-8　新人正在给孩子们上课

在当地，孩子们的父母大多在外打工。对他们来说，心灵的陪伴显然要胜过简单的物质帮助，这也正是此次婚礼夏令营真正希望带给孩子们的。这场特殊的婚礼成为 2016 年“西部阳光行动”中一个美丽的故事。

资料来源：孙晟源. 他们重回支教点结婚 我们用阅读数众筹贺礼. 北青菌，微信公众号，2016-08-01.

点评：世间婚礼千姿百态，但能把结婚仪式做成“劳动节”的肯定是凤毛麟角。张广义和柯晓雯的婚礼没有阔气的豪车和酒席，没有浪漫的鲜花和纱幔，但有支教点孩子们的真诚祝福，也有千千万万普通大众的关注。更重要的是，两位新人都在婚礼举办地——甘肃省定西市东岳锦钊小学支教过，这里是他们相知的地方，从活动管理的角度来讲，这种设计将给两人带来巨大的情感能量（EE）。

现代营销之父菲利普·科特勒一生著作等身，但他认为《企业的社会责任》是自己最重要的一部著作。他在该书中重新定义了“企业社会责任”，即企业通过自由决定的商业时间以及企业资源的捐献来改善社区福利的一种承诺，而且为企业开展社会营销提供了“做好事的6种选择”，分别是公益事业的宣传、公益事业关联营销、企业的社会营销、公司的慈善活动、社区志愿者活动、对社会负责的商业实践。可以这么说，对于企业来讲，最高境界的市场营销是合理地履行社会责任。其实，人生亦如此。

本故事中两位主人公的婚礼只是支教夏令营的开始。喜宴结束后，孩子们的夏令营也拉开帷幕，而上课的老师就是当天的新郎和新娘。张广义给孩子们讲故事，柯晓雯教孩子们唱童谣……这是一幅无比美好的画面。伴随各种渠道的宣传，它将被永远定格在孩子们的记忆中和“西部阳光行动”计划的光环中，尽管后者不是两位新人所想要的。这样的设计让婚礼的意义得到了升华，远远胜过一掷千金打造所谓的永恒和浪漫。

2. 家庭消费

下面这则案例来自笔者的一位挚友Angela，她是一名大学教授，是背包游和国家公园研究领域的专家，故事发生于她第二次在美国访学期间。

➔经典案例

圣经课（Bible Class）上的惊喜

完全是出于练习英语的目的，让甜妞加塞进了小伙伴的圣经晚课。原以为会像很久以前在印第安纳那样坐着听老太讲经（其实我只去过一次，不知道Bible Study是不是次次这样），结果刚遇到小伙伴，家长就告诉我是“Wild West”（美国的狂野西部）主题，他们还特地去穿了牛仔服、买了牛仔帽！我狐疑了，《圣经》那些篇章里还没有发现新大陆呢，就要遑论西部？他说至少Make it more fun，okay，got it！可惜我们不应景地穿了裙子！但围巾一打，稍微带上了点西部风格。

走进教堂，各式“牛仔”们就开始忙碌了，为孩子们贴标签、分颜色组、安排领队。当我看到舞台时，简直以为这是一个童话剧现场（图6–9）！一个半小时的活动，光听报幕流程我就晕眩了：movie time，story time，game time，snack time，picture time，token time！故事是真人表演的，大致意思是讲圣经是本伟大的书，有问题就应当到圣经中去寻找答案，而且圣经应该是免费给任何人取阅的！游戏分为4种，甜妞的紫色组依次参加的项目是：手工艺编绳、跳舞唱圣歌、农场听故事、西部套圈帽。最后拿到5个代币（token），去排队兑换了5种糖果，颇为得意！

图6–9　圣经课现场

很难想象这些活动全是教会的志愿者自己组织并出人出力完成的，大致可以得出几点结论：①这个教会很有钱；②这个组织者很能干，事实的确如此，听小伙伴的妈妈（也是一名活跃的志愿者）说——组织者精力无限，从来不知疲倦，自己上班、教堂、育儿多任务一肩挑，两个孩子成年结婚后，自己又收养了两个纳瓦霍（Navajo）印第安孩子；③这些志愿者很热心，以小伙伴的妈妈为例，连续4晚请假，并提前到场来帮助教会搞好这场为期4晚的活动，自己的娃（连带我们的娃）还需要孩子她爸后送去教堂，敬业奉献精神可嘉！

总结就是：精神信仰的力量无限强大。这样我们也不难理解，宗教信仰为何往往是家族遗传式的！

点评：我们可以从参加者和组织者两个角度来理解这个案例中的精彩活

动。对于访美学者 Angela，最开始的想法是为了帮女儿甜妞练习英语，所以让她加塞进了小伙伴的圣经晚课，结果有额外的惊喜和发现。对于 Wild West 的组织者，这个活动全部是由教会的志愿者出人出力策划和执行的，以甜妞的小伙伴妈妈为代表的这些志愿者在工作之余，牺牲休息时间以及与家人的团聚，帮助教会组织这场为期 4 晚的活动，确保了活动的成功举办。

在小伙伴妈妈的眼中，这应该也是一次很棒的家庭活动，只是每个人的角色不同，自己是活动的组织者（志愿者），小伙伴及丈夫是参加者。尽管我不知道小伙伴妈妈在活动中的具体岗位，但可以预想到的是，当小伙伴和爸爸在活动现场看到妈妈忙碌的身影时，必定是一幅十分温馨感人的画面。

本案例是放在家庭消费部分的，让我们回到消费上来。根据《第一财经日报》2016 年 6 月 29 日的一篇报道，亲子消费已成为家庭支出的主力军，且消费内容正在破旧立新。首先，寓教于乐类项目成为新的消费增长动力，多数家长愿意把钱花在有教育意义的项目上。比如，职业角色扮演、闯关探险等沉浸式体验以及机器人等带有较强科技属性的智能玩具比较受年轻父母的追捧。同时，诸如击剑、高尔夫、轮滑等较为小众的运动的关注度也有所提升。其次，家庭式体验消费比例大幅上升，大多数家长愿意安排出更多时间，参与到孩子的活动中。最后，从消费决策来看，能吸引儿童眼球、符合儿童偏好的产品更易受到青睐，更多商家积极融入儿童喜爱的 IP，开发产品和体验项目。

毋庸置疑，未来一段时间，随着国民收入水平的进一步提高以及消费结构的升级，家庭在特殊活动特别是亲子活动上的花费比例还会增大。

3. 家庭休闲

➔经典案例

女儿帮妈妈找马拉松上深情一吻的大叔

2015 年的波士顿马拉松上，一位妈妈参加了她人生中的第一个马拉松。出发前，女儿跟她打赌，“你敢不敢在跑马拉松时随便在街上拉一个陌生帅哥过来亲吻一下，并拍个自拍照？”妈妈说，“哼！拍就拍。”于是妈妈在比赛中就这么做了（图 6–10）。

图 6–10　一位女士在 2015 年波士顿马拉松上亲吻一位陌生男子

本来亲了、拍了照片就算了。结果呢，这位妈妈发现自己居然对该男士一见钟情了，回家后一直后悔，当时没有留下他的联系方式。在经过认真思考后，女儿决定帮助妈妈了却这个愿望。于是她把那张照片放到社交平台上了，请大家帮忙寻找照片中的神秘男子。一场有意思的活动开始了……

1 天，2 天，3 天……很多人都踊跃地帮忙转发信息。终于有一天，那个神秘大叔的妻子给当地媒体写了一封信。信里只优雅地写了几行话：

谢谢大家的关注！对于我老公突然在网上红起来这件事情，我们也觉得挺好玩的，朋友们也在拿这事儿跟我们开玩笑。姑娘，你妈妈也挺有勇气的。不过我们还是保持匿名吧。谢谢大家！

的确，接吻归接吻，大家看看图 6–10 中大叔的手：手在女士背后，但并未接触到身体，非常绅士。

资料来源：女儿帮妈妈找马拉松上一吻定情的大叔。结果找到了大叔老婆．“英国那些事儿”订阅号，2015–05–06.

点评：马克思认为，人的需要包括生存、享受和发展三个层次，其中，“享受”即狭义的休闲，是“人生自在生命的自由体验”。案例中的母亲是在享受一种人生的自由体验，也就是俗话说的“玩一把”。对于这位看上去很爽朗的母亲，参加马拉松可能不是为了比赛，而是将其视为一种休闲活动，更何况她和女儿从开始就抱有十分休闲的心态。

对于家庭而言，休闲的价值取向是多维的，有健康的、文化的、教育的、审美的、道德的甚至功利的，等等，其中最无法拒绝的当属“家庭教育”。有不少家庭休闲活动很容易延伸出教育的价值，正所谓“寓教于乐”。比如，参加篮球、足球、长跑、滑冰、游泳等体育比赛，能锻炼一个人的顽强意志和坚定品质。如果家长能和孩子一起从事这些活动，并以此为媒质介入孩子的心灵，就能和孩子拉近心理距离，实现快速沟通，家庭教育的良好局面可能就此打开。

按照消费目的，可以将家庭消费划分为4个部分：①生存资料消费，是指家庭生活消费中用来满足人们生存所必不可少的消费，既包括必要的物质生活消费，也包括有关的劳务消费；②享受性消费，指家庭生活消费中，能够满足人们享受的物质生活资料消费、精神产品消费和劳务消费；③发展资料消费，指家庭生活中用于满足人们发展德育、智育、体育等方面所需要的消费；④义务性消费，指自愿给予他人帮助，不求回报，力所能及。可以这么说，休闲活动涵盖了其中的后三种消费。

下列项目容易作为休闲活动的内容：跑步，骑车，游泳，体操，健身，武术，登山，野营，球类运动，阅读，写作，唱歌，跳舞，演奏，戏曲欣赏，影视欣赏，讲故事，书法，绘画，摄影，雕塑，工艺装饰，美容，养花，种植，收藏，下棋，烹调，旅游，参观动物园，参观博物馆，参观艺术展览，编织，智力游戏，民俗民间文艺采风，社会公益服务，社团活动，科技小制作小发明，等等。需要注意的是，上述项目不是特殊活动本身，而是可能的题材。如果一家人能经常参加甚至组织一些以休闲为主题的活动，无疑有助于提升家庭生活的品质。

4. 家庭交往

➔经典案例

与古斯塔夫国王共进晚宴

1998年，因为发现量子霍尔效应，斯坦福大学教授罗伯特·劳夫林（Robert B. Laughlin）获得了诺贝尔物理学奖。在参加诺贝尔奖颁奖典礼十年之后，他的太太阿妮塔·劳夫林（Anita Laughlin）写了这本《与古斯塔夫国王共进晚宴》[①]（封面如图 6–11 所示）。隆重的颁奖礼对所有获奖者及现场亲友来说都是一个无与伦比的荣耀时刻。十年的光阴丝毫未使她的记忆褪色或模糊，诺贝尔奖之旅的所有一切依然在她脑海中熠熠生光。

图 6–11　《与古斯塔夫国王共进晚宴》一书封面

诺贝尔奖让人一夜成名，然而，鲜有人知道围绕颁布这至高奖项而展开的一系列活动。本书坦诚直率、幽默风趣，直击获颁诺贝尔奖的来龙去脉，从其丈夫凌晨两点多接到获奖通知电话，到接下来紧张忙乱的斯德哥尔摩行前准备、出席白宫诺贝尔奖获得者招待会、大雪纷飞中梦幻的诺贝尔奖庆祝周、惊喜不断的北欧巡回演讲……劳夫林女士用细致入微的描述让读者仿佛亲临这个隆重、惊艳的盛大场合。颁奖现场舞台被上万朵鲜花布置得美轮美奂。国王和

① ［美］阿妮塔·劳夫林（Anita Laughlin）. 与古斯塔夫国王共进晚宴：当爱人获得诺贝尔奖之后［M］. 张心童，译 . 生活 . 读书 . 新知三联书店，2016.

王后离开时，所有人起立，心潮澎湃。而“排场比颁奖礼更大”的诺贝尔奖晚宴同样令人印象深刻：主桌大到可容纳90位嘉宾，桌上的花束争奇斗艳之余，还垂下一串串竹子做的假炸药，以纪念诺贝尔。200位白衣侍者从长阶梯上走下来，精确无比地为1000名宾客上了3道菜……

书中还通过一个个温馨、诙谐的小故事，近距离展现了那些科学泰斗私下里的一面，甚至连古斯塔夫国王也展示了他富于人情味的一面。在一次与国王“私下”进行的晚宴上，作者被安排坐在古斯塔夫国王边上。作者在这个特别时刻决定尽量不把他当国王看待，于是开门见山地问国王：“这皇宫里闹不闹鬼？”国王对这个问题猝不及防，但还是热情地回答了她：“那是当然！”国王还由此打开了话匣子。

1997年的诺贝尔物理学奖得主威廉·菲利普斯（William D. Phillips）对全书做了这样的评价：劳夫林女士对诺贝尔之旅娓娓道来，整个行程充满神奇、紧张、梦幻、混乱，令人向往又让人生畏，勾起了我对自己斯德哥尔摩之行的温馨回忆，惊喜不断又小心谨慎，它改变了我和家人的生活。

作者自己的感受则是，“诺奖一周之行让一个人由内而外都发生着天翻地覆的变化，不仅对获奖者是如此，对所有与其相关的人来说亦是如此”。

资料来源：艾吾瑾. 与古斯塔夫国王共进晚宴 [N]. 文汇报，2017-01-23.

点评：自从莫言获得了诺贝尔文学奖后，中国读者对诺贝尔奖的兴趣高涨，然而，有关诺贝尔奖颁奖礼现场的程序安排以及种种细节，却不是新闻报道或个别参礼嘉宾的零星叙述所能填补的。这本书的出版，显然在一定程度上满足国人对诺贝尔奖的好奇心。如果莫言先生也写一本类似的书，一定会畅销。

1996年的诺贝尔物理学奖获得者、斯坦福大学教授道格拉斯·奥谢罗夫（Douglas Osheroff）在前言中这样写道：“因为就在其丈夫罗伯特·劳夫林得奖的前两年，我也获得了诺贝尔奖，因此读她的书让我深有同感。阿妮塔讲述的事情我也曾亲身经历，真是有趣又耐人寻味。我一时也曾想过自己写一本，倘若我能回想起足够多的独特活动的话。可阿妮塔已经写得够精彩了，我写得必然相形见绌。比如说，我可记不得诺贝尔周的各种晚宴上都有什么食物，我也没有记下举办的一系列活动和突发的种种问题（但问题确实出现过）。我只记得在一场晚宴上坐在我旁边的人，因为她是瑞典王后。”

劳夫林女士陪同丈夫出席诺贝尔颁奖礼的故事是家庭交往方面的经典案例。尽管不同的人阅读《与古斯塔夫国王共进晚宴》会有不同的感受，但相信所有人都会不禁赞叹劳夫林女士的良苦用心。毋庸置疑，无论是出于未来回忆还是开展宣传的需要，参加重要活动，都有必要进行细致的观察和详细的记录。这本书让罗伯特·劳夫林教授参加诺奖颁奖礼更加与众不同，这是一次非常成功的家庭社交。

三、精彩实践

回到本书第 2 章提到的一个经典案例：一个来自广东东莞的三口之家，赵白杨、李晓辉夫妇和儿子李一诺基于家庭生活实践，共同完成了一本家庭教育的经典书籍——《给孩子一个支点：让孩子快乐成长的 12 个家庭活动》（图 6–12）。

序言（一）：愿家家有本好念的育儿经
序言（二）：寻找孩子成长的支点
小屁孩家庭音乐会——让胆小的孩子自信起来
“谁是厨王”争霸赛——会做饭的孩子走到哪都能活下去
小小魔术师的秘密——让孩子成为一个受欢迎的人
写给耐克总裁的一封信——每棵大树都是从一粒种子开始
藏宝图中的幸福——爱是一种能力
书香寒假征文比赛——孩子写作文其实很容易
我和“牛仔”有个约会——孩子和宠物的相处守则
我的对手是老爸——父亲是孩子的好玩伴
舞文弄墨写春联——让传统文化的学习更有趣
别出心裁的“自荐表”——自己的事情自己做
“纸尿裤”篮球队——对孩子的健康负责
赛车总动员——把游戏还给孩子后记：童年是无价的财富
后记：童年是无价的财富

图 6–12　《给孩子一个支点：让孩子快乐成长的 12 个家庭活动》一书的目录

3 位作者中，儿子李一诺是小学六年级学生，爱好广泛，创造力和想象力突出，尤其擅长写作，且角度新颖、幽默风趣，多次获省市小学生作文比赛一等奖。妈妈赵白杨是一名家庭教育指导师，多年来致力于儿童教育和家庭教育的研究，在各种家庭教育讲座中，以自己真实的经验为家长提供切实有效的家庭教育理念，倡导让孩子自然成长，给予孩子自由的成长空间。爸爸李晓辉是一位喜欢陪孩子看电影、看球赛、同运动的爸爸，践行"身教重于言传"的家庭教育理念，善于给孩子创设一个温馨、有序的家庭环境。

这是国内首部从孩子的视角来描绘各种兴趣盎然的家庭活动的书籍。全书通过小屁孩家庭音乐会、厨王争霸赛、赛车总动员等各种家庭活动的生动案例，讲述了孩子从家庭活动中的收获以及在每个活动背后父母关于家庭教育的理念和建议。本书的每个章节分为"问题聚焦""童心世界"和"父母聊天室"3个部分，其中，"问题聚焦"和"父母聊天室"由父母执笔，分享了很多独到的培养孩子的经验，前者主要反映当下家庭教育的软肋，后者则用充满温情的语言抽丝剥茧地讨论育儿心得。

以"小屁孩家庭音乐会——让胆小的孩子变得自信"活动为例，3个部分的核心内容如下[①]。

1. 问题聚焦

经常听到一些家长抱怨自己的孩子害羞、怕生、不爱讲话，做什么事情都缩手缩脚……诸如此类的问题，归结起来，与孩子胆小、不自信有着必然联系。孩子为什么会形成胆小的性格？如何才能帮助孩子克服胆小的弱点？心理学家分析，孩子之所以胆小，除了先天的因素，家庭氛围、后天教养方式是一个重要的原因。

每到寒暑假，老家大大小小的孩子都会来我家度假，漫长的假期里孩子们除了旅游、运动、阅读，似乎还有大量的空余时间。有一次，妈妈看到孩子们兴致极高地弹着琴唱着歌，手舞足蹈、自娱自乐，不禁灵光一闪，萌发出让孩子们举行家庭音乐会的念头，也许可以给孩子们一些锻炼，让他们的胆量、自信心得到增强。于是，从那时候起，每到假期，孩子们就会举办各种主题不一的音乐会。

① 本部分内容摘自：李一诺，赵白杨，李晓辉. 给孩子一个支点：让孩子快乐成长的12个家庭活动[M]. 广州：广东教育出版社，2014：2-20.

2. 童心世界

时间：2011 年 7 月 31 日

主题：以器乐演奏为主，主要表现孩子们“吹拉弹唱”的功夫

策划及演员：赵梓桐 赵子豪 李一诺 赵子奇

（1）灵光一闪

说到暑假，我就脑袋疼。为什么？因为暑假里真是无聊透了。玩，够玩；吃，够吃……总之，什么都有，真想给自己找点乐子！一天，我的脑子里突如其来地冒出一个想法：为什么不搞一个晚会呢？那多有意思啊！

我的点子得到妈妈的大力支持。经过我们一番商量后，决定举行一场音乐会。因为我们这“活宝四人组”个个都是精通艺术的小音乐家。从小练琴，终于有机会在美轮美奂的舞台上大显身手啦！

……

（2）制作海报（具体内容略）

（3）紧张的彩排（具体内容略）

（4）音乐响起（具体内容略）

（5）欢乐的尾声（具体内容略）

（6）后记（具体内容略）

3. 父母聊天室

举行一次家庭活动，大量的事情需要筹划、协调，很多细节需要梳理，在这个过程中孩子们的组织策划能力大大提高，在商讨的过程中学会了沟通、合作；为了宣传推广，吸引更多的观众，孩子们亲手设计、制作和张贴海报，还通过挨家挨户上门或打电话推销门票，极大地锻炼了实践能力和社交能力；从最初在舞台上的拘谨、胆怯到后来的大方、自信，孩子们的表演日渐成熟。

在家庭这个舞台上，每个孩子都是主角，孩子们可以尽情地表现自己的艺术天赋，尽情享受艺术活动带来的欢喜和愉悦。因为是在自己家里举行的活动，没有太多的约束，孩子可以随心所欲按自己的意愿表现自己，形式更多样，内容更丰富。这样的活动孩子更加乐于参加，也更能激发他们的创造、想象力。每次活动后孩子们意犹未尽，大人们也暂时忘却了工作的劳累，尽情享受这一欢乐时刻。不知不觉中，孩子们就这么自信起来了！

……

正如杨敏俊在序言中所写到的，“这些故事里边，无不包含着小作者父母浓浓的舐犊深情与独具匠心的教育智慧，这种方式的教育不再停留在空洞的说教，更多的是建立在人际间的各种交往互动以及丰富多彩的家庭活动的基础之上，在这里，家庭活动成为帮助孩子快乐成长，帮助父母轻松教育的载体和支点”。

这本书由父母亲和儿子共同完成，这种协同特别是让小孩参与内容生产的方式，本身就是一种活动思维。全书通过 12 个不同类型的现实生活中的活动，讲述了家庭活动在孩子教育中的特殊作用。这个三口之家的故事好比一面镜子，从中我们可以看到一个普通家庭在生活实践方面的缩影。不难预见，李一诺一家的家庭活动还在继续，而且会办得越来越热闹和专业。

认真分析李一诺一家的实践，我们可以得到如下启示：

· 没有记录就没有发生。小一诺写这些故事的时候不过 10 岁左右，这个年龄要独立完成内容如此丰富的作品实属不易，如果不是坚持记录，不可能有这么多精彩的故事细节。

· 由于建立在轻松的氛围和人际间真实的交往互动基础上，家庭活动（包括策划活动和参加活动）可以成为帮助孩子快乐成长甚至独立思考、协助父母轻松教育的载体和支点。

· 应尽可能用专业的思维来组织活动和记录活动，因此，大众有必要了解策划和组织活动的基础知识。会展和活动教育工作者也有义务向大众普及活动管理的理念和技能，这也是本书的重要意义之所在。

作为该书的读者和一名活动管理教育工作者，我特别欣赏一诺的父母亲在后记中所表达的观点：之所以写这本书，有几个缘由——记录的习惯、分享的愿望以及探索“家庭活动”的教育模式。

思考题：

1. 请对一个典型的家庭生命周期（family life cycle）进行描述。
2. 请结合个人经历，列举在不同家庭生命周期阶段遇到的重要活动。
3. 故事《圣经课（Bible Class）上的惊喜》给你的最大触动是什么？
4. 请结合张广义和柯晓雯的婚礼夏令营故事，解释伊格尔顿的这句话：要将自己个人的人生意义实现在群体或社会的认同之中。

5. 请结合马克思的观点：人的需要包括生存、享受和发展 3 个层次，分析休闲类特殊活动对个人发展的作用。

6.《给孩子一个支点：让孩子快乐成长的 12 个家庭活动》作者一家三口的故事带给你什么启发？

第7章

活动与教育学习

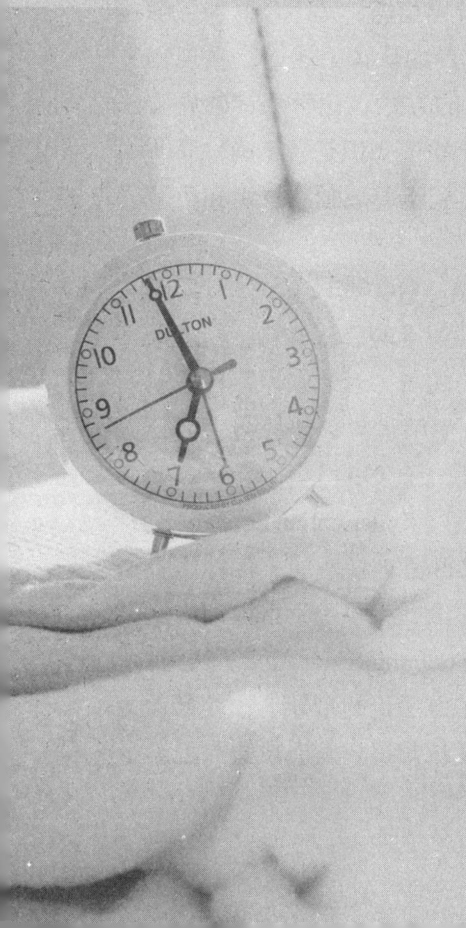

TED① 汇集了全世界最顶尖的头脑，拥有实验性的运营理念、成功的商业模式，在开创属于21世纪的开放、顶尖教育模式上似乎已经走了很远，那么，它的下一步将走向何方？安德森在将TED的视频资料无偿给予任何有需要的人们的同时，也由此衍生出TEDx② 项目，这种本地化、自组织的活动可以把人们聚集到一起来分享类似于TED的经历和体验。“一个群体、一个组织自愿通过教育的方式去改变世界，并建造与此相关的交流平台，这是一个新的模式，世上再没有类似这样的组织了。”（拉娜·斯泰因，2010）

---

① TED是Technology, Entertainment和Design的英文缩写，即技术、娱乐和设计，它是美国一家私有非营利机构，其宗旨是"传播一切值得传播的创意（Ideas worth spreading）”。

② TEDx是由TED于2009年推出的一个项目（“X”的意思是独立组织的TED活动），旨在鼓励各地的TED粉丝自愿发起和组织类似于TED风格的活动。

2010年，美国著名作家、多媒体新闻机构NPR教育专栏记者安娅·卡梅涅茨（Anya Kamenetz）这样评价TED大会：这可能是有史以来最高级、最大规模的精英俱乐部了，TED大会上的演讲人要么是某一领域的佼佼者，要么是某一新兴领域的开创人，要么是做出了某些足以给社会带来改观的创举，他们的演讲视频为全世界亿万粉丝所疯狂追捧。这些崇尚“用思想的力量来改变世界”的精英，心甘情愿地聚集在TED大会上，建成一个分享探索与未来的前沿思想阵地。

TED大会仅仅是利用活动来传播思想和开展教育的典型例子。因为教育是特殊活动的4个基本目标之一，无论规模大小、类型如何，绝大多数特殊活动本身都或多或少具有教育的功能。

一、不同类型的活动与终身教育

（一）教育

学习的发生需要3个基本条件：学生和未知的世界相遇，学生和同伴、师长及自我展开对话，在此过程中重新建构自己对世界的认识。然而，在现实工作中，大多数教师在教学实践中仍采用知识讲授的方式，让学生带着先验的结论去接触现象。这样，学生观察思考的目的在于验证知识是否正确，而非经历知识形成的过程。这是一种“验证式学习”，不利于养成独立意识和质疑精神。

换句话说，传统的教育理念和教学方式传播的是一种“套装知识”，即筛选人类所认识的世界的整体样态，抽掉个人特殊经验留下的公认材料，经过分类化、抽象化、系统化的处理编制而成的知识体系。随着“套装知识”日益完备，科学世界反倒逐渐远离生活世界，“日益侵蚀着生活世界，使社会生活日益‘理性化’，使日常生活世界的范围日渐狭小”（张华，1999）。

作为一种全新的培训和教育形式，体验式教育（Experiential Education）自20世纪70年代特别是90年代以来在发达国家取得了迅猛发展。各种体验式培训机构和公司如雨后春笋般涌现，体验式教育在大、中、小学也得到广泛推广。美国体验式教育协会（The Association for Experiential Education）认为，体验式教育是一种教育哲学和方法论，在这种哲学和方法论的指导下，教育者有目的地把学生置于直接经验和专心反思中，使其增长知识、发展技能和澄清价值。

概括而言，体验式教育有 4 个基本原则：主体性、活动性、探究性和生活化。其中，活动性是指活动是教和学的纽带，要让学生直接参与主题活动、游戏活动和其他实践活动；生活化是指放手让学生在多变的社会生活中认识社会和自我，在真实的生活场景中，通过分析、比较做出正确而合理的选择。例如，2014 年 7 月，东京日本科学未来馆推出特别策划的“厕所展”，旨在让民众了解粪便与地球未来的关系。主办方表示，鉴于全球约有 25 亿人还处于没厕所可使用的情况，这次特展的目的是希望以轻松的形式让民众了解厕所的重要性。在第 3 展区，民众可以头戴“便便帽”，以溜滑梯的方式体验便便冲入马桶到下水道的游戏。通过该游戏，能让观众了解下水道变干净的机制，许多儿童都是第一次尝试，觉得很有趣（图 7–1）。

图 7–1　东京日本科学未来馆“厕所展”现场

（二）特殊活动在教育中的应用

教育与特殊生活之间有着天然的联系，无论是家庭教育、学校教育或社会教育，总能找到相应的特殊活动作为教育的载体。按照教学实践的基本要素构成，可以从教育者、受教育者、教育内容、教育手段和教育环境等多个方面来理解特殊活动在教育中的应用，如表 7–1 所示。

表 7-1 特殊活动在教育中的应用

教育实践	特殊活动在教育中的应用	常见活动举例
教育者	活动的组织者或相关人群（例如，会议演讲人、先进人物事迹宣讲会中的宣讲人或主人公等）	会议，演讲，演示，“身边的榜样”优秀学生事迹宣讲会
受教育者	活动的参与者	感动中国人物颁奖典礼，交谊舞比赛
教育内容	学校即社会，教育即生活（杜威），主要通过特殊活动的目标、主题及议程体现出来	消防演习，科技夏令营，中科院心理所公众科学日，中秋文艺汇演，“三八”妇女节亲情体验活动
教育手段	做中学（learning by doing）（杜威）；体验式教育	小组讨论会，模拟 / 亲身体验，实习，家庭厨王争霸赛，班级寒假征文比赛
教育环境	场景; 情境(例如,学校、家庭和社区活动)	模拟联合国大会，青少年军事训练营，家庭音乐会，户外拓展训练

注：每个活动都有相应元素与教育活动的基本要素相对应。

正如著名美籍幼儿教育专家蔡伟忠在推荐《给孩子一个支点：让孩子快乐成长的 12 个家庭活动》一书时所写到的：很欣赏“家庭活动”这种快乐的教育模式。对于父母，书中的每个活动都是经典的教育案例，教给年轻的父母一种快乐教育、科学教育的方法，原来孩子可以这样教，原来所有的父母都可以做得到。这种教育方式不再是空洞的说教，更多的是建立在人与人之间的各种交往互动以及丰富多彩的家庭活动基础之上，在这里，家庭活动成了帮助孩子快乐成长、帮助父母轻松教育的载体和支点（杨敏俊，2014）。

➔经典案例

一生践行“做中学”的教育理念

库尔特·哈恩于 1886 年出生于德国柏林，自小就有教师风范，年幼时经常召集小伙伴给他们讲故事，并带领他们到户外去活动。19 岁时，因光着头去划船而严重中暑，小脑被灼伤，为此被关在“黑屋”中一年。这段时间里，他除了通过大量的体育运动来锻炼自己的体格外，还阅读了大量书籍，很可能从这时起库尔特·哈恩“做中学”的教育理念就开始萌芽。

从牛津大学求学回国后，库尔特·哈恩在第一次世界大战期间供职于外交部门，并曾任德国最后一任帝国总理——马克斯·冯·巴登（Max von Badon）亲王的私人秘书。1920 年，哈恩和马克斯亲王共同创办了萨勒姆（Salem）寄宿学校，并在 1920—1933 年间担任校长。在担任萨勒姆中学校长期间，他发现，当时的教育只注重学生的智力教育，学生的社交活动和个人需求不受重视，并且学生普遍存在健康不佳、缺乏自信、没有进取心、缺乏冒险精神和创造力、缺少修养或自律能力，以及对他人不够体谅、不够信任等问题。为此，库尔特·哈恩研究了一套体系，其中一个非常有效的计划便是为学生提供冒险的机会，如野地探险或是置身于异域文化中，等等。

因为公开反对希特勒，哈恩于 1933 年 3 月被投入狱中，后来在朋友的帮助下，英国首相麦克唐纳提出外交抗议，才得以被释放。之后他流亡英国，并于 1933 年 7 月在苏格兰定居。1934 年，他创立戈登斯敦学校[①]（Gordonstoun School），并在此供职到 1953 年。学校以“超越所想，释放潜能”（There is more in you than you think.）为校训，非常注重实践和训练，激励学生充分发挥个人潜能。第二次世界大战期间，戈登斯敦学校受到战争影响而迁往威尔士，后因资金缺乏面临关闭，但幸运的是，得到了航运大亨劳伦斯·霍尔特的资助。1941 年，哈恩和霍尔特创办“阿伯德威海上学校”（Outward Bound School），旨在训练年轻水手的海上生存能力和触礁后的求生技巧。哈恩定的训练计划除了在海员训练中效果显著，同时受到了来自士兵、警察、消防员、工商界人士的欢迎。此后，霍尔特建立了 OB 基金会，着手推广 Outward Bound 这种训练方式和创建更多的拓展训练学校。

1962 年，已经 70 多岁高龄的哈恩参与建立了大西洋学院（Atlantic College）和世界联合学院（United World College），并与菲利普亲王一起发起建立旨在奖励青少年探险和实践的爱丁堡伯爵奖章。

1974 年，库尔特·哈恩逝世，《伦敦时报》这样评论道：“我们这个时代已经没有人能像他那样，提出如此有创意的教育理念，并具备把它付诸实施的天分。”纵观哈恩的一生，与教育事业紧密相连，并终身倡导“先行后知，激发潜能”的教育理念和“做中学”的教育方式。时至今天，体验式教育理念在企业培训行

① 如今已发展成为英国一流的私立贵族学校之一，是男女混校制的寄宿高中。

业中风行，并在学校教育中逐渐推广开来，成为一种非常有效的学习模式。

资料来源：小嶝拓展．体验式培训的创始人——库尔特·哈恩［EB/OL］．http://blog.sina.com.cn/s/blog_825c04740100ts6c.html，2011-08-24

（三）特殊活动与体验式学习

体验学习在我国是一种源远流长的学习方式，正如《淮南子·汜论训》中所言，“故圣人以身体之”。《中庸·第二十章》中也有关于治学的名句：“博学之，审问之，慎思之，明辨之，笃行之。”在西方，体验式学习（Experiential Learning）的思想最初来自美国著名教育家约翰·杜威（John Dewey）提出的“经验学习”，但将其作为一种独立的学习方式来系统开发的是库尔特·哈恩（Kurt Hahn）博士。哈恩曾经在德国、英国的私立学校围绕拓展训练/体验式培训（Outward Bound）进行了一系列实践。

1950年，美国人乔什·曼纳（Josh Miner）专门前往英国和德国考察体验式培训，之后在美国进行广泛宣传。1962年，鲍勃·佩（Bob Pieh）创办了明尼苏达拓展训练学校（Minnesota Outward Bound School）。此时，他儿子杰瑞·佩（Jerry Pieh）还是一名教育学专业的硕士研究生，在该校担任教练。在杰瑞·佩成为马萨诸塞州汉密尔顿高中（Hamilton-Wenham Jr./Sr. High School）校长后，他得以在传统的学校环境中推行野外锻炼计划，并希望把拓展训练的过程作为标准高中课程体系的一部分。

1971年，围绕如何将拓展训练过程融入公立学校的第二课堂，杰瑞·佩与同事盖瑞·贝克（Gary Baker）合写了一份三年发展计划，并得到美国联邦教育局（Federal Office of Education）的支持，他们称这个项目为“主题拓展训练”（Project Adventure）①。后来Project Adventure被注册为法人组织Project Adventure Inc.，并逐步发展成一个国际性的非营利机构，而PA训练方式则不断发展，从教育界发散到诸多领域。

1984年，美国社会心理学家、教育家大卫·库伯（David Kolb）出版了《体验学习：让体验成为学习和发展的源泉》（*Experiential Learning: Experience as the*

① Project Adventure是将原Outward Bound在户外实施的冒险性活动，如攀岩、泛舟、登山、露营等，简化、改良成可在学校内进行的活动课程，只需简单的教具，甚至不用教具都可操作，而且由原来强调体能和锻炼意志的取向扩大到培养个人成长与团体动力、团队效能的取向。

Source of Learning and Development）一书，他在总结教育家约翰·杜威（John Dewey）的“做中学”（Learning by Doing）、社会心理学家库尔特·勒温（Kurt Lewin）的“经验学习圈”（Experiential Learning Cycle）和认知心理学家让·皮亚杰（Jean Piaget）的“认知发展论”（Theory of Cognitive Development）的基础之上，首次明确提出了“体验式学习”的概念以及“体验式学习圈”模型。库伯认为，一个完整的体验学习过程包括 4 个阶段，即“亲历（Experience）—反思（Reflection）—抽象（Theorization）—检验（Action）”（图 7–2）。需要注意的是，库伯是站在个体独立学习的立场上来分解体验式学习过程的。在学校教育中的体验式活动链，还应包含交流和重构这两个要素（吴欣歆，2016）。

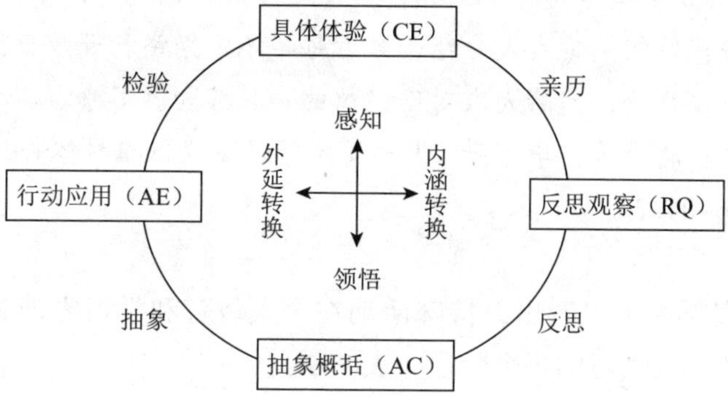

图 7–2　库伯的体验式学习圈（Learning Cycle）

➔经典案例

大学生写“遗书”、躺棺材，体验“死亡”

2016 年 4 月 25 日，重庆石桥铺殡仪馆举行“非常静距离生命之旅”开放日活动，邀请了 30 位志愿者参观殡仪馆工作环境和流程，并让参与者躺进棺材体验了一把死亡。下午 3 时，守灵房大厅鲜花团簇，伴随着哀伤的音乐，志愿者坐在“遗体”前哀思，每个人手里拿着一朵菊花和一支蜡烛。进行贡果礼、盖感恩被、默哀、献花等祭奠仪式后，殡仪馆工作人员拿出一副纸棺。“遗体火化时，就是装在纸棺内的”，工作人员介绍说，“有兴趣的，可以躺在纸棺里面，体验一下感觉。”

来自江西科技师范大学的三年级学生姜来是第一个体验者（注：也有女生体验完之后号啕大哭，感叹生命不易，要好好珍惜）。她宣读了自己提前写好的遗书，在哀乐声中和众人的目光注视下，慢慢躺入纸棺。工作人员盖上棺材盖10分钟后，体验结束。

姜来告诉《重庆晚报》记者，她读的是社会工作专业，这是她第二次体验死亡。"第一次是在地下室，在一副木质棺材里躺了半小时。刚躺进去时很害怕，可以说是恐惧。这次用的是纸棺，我也不再像以前那样畏惧。在工作人员的帮助下，我慢慢安静下来，脑子回忆起自己以前发生的很多事，和父母的、和朋友的……"姜来说，她已经考取了心理咨询证，准备毕业后从事殡葬行业。"用所学知识从事这份神圣工作，帮助更多人认识死亡，不再害怕死亡。"

石桥铺殡仪馆相关负责人介绍，今后每年不定期举行开放日活动，让社会进一步了解殡葬行业，消除大家对殡仪馆的神秘感和恐惧感。

资料来源：蒋海涛，毕克勤．大三女生躺进殡仪馆棺材体验死亡［N］．重庆晚报，2016-04-26.

从上述案例中可以看出，特殊活动在个人教育和学习方面具有特殊的功能，并贯穿体验式学习的每个阶段（表7-2）。

表7-2　特殊活动在体验式学习中的作用

体验式学习阶段	特殊活动	"非常静距离生命之旅"开放日
亲历	活动目标设定与价值体现	让民众了解殡仪馆工作环境和流程，并体验死亡
反思	在活动中观察和思考	整个遗体告别仪式是仿真的，第一次体验时很恐惧，这次不再像以前那样畏惧
抽象	总结理论，产生意义	感叹生命的可贵，要好好珍惜
检验	提供真实的世界作为学习的情境	宣读提前写好的遗书，在哀乐声中和众人的目光注视下，慢慢躺入纸棺。工作人员盖上棺材，等待10分钟
交流	与活动的其他参与者之间进行交流	体验完后有人号啕大哭，也有人冷静思考
重构	对普遍化的结论或抽象化的概念进行重新修正	不再害怕死亡，而且还要帮助更多人正确认识死亡

二、实用技巧

（一）亲历

➔经典案例

孩子多参加活动有什么好处?

我喜欢让孩子参加各种活动、各种比赛，参加这些活动不是为了让孩子成名，而是对孩子的一种历练。

很多家长觉得，参与一些比赛怕孩子取不到名次而伤到孩子的自尊心，可我不这么认为，孩子每参加一次活动，对他来说就是一种锻炼。输了，是对孩子一种挫败感的培养，赢了，是对孩子自信心的培养。

记得以前看过一篇关于就业的文章，讨论“为什么差生更容易比好学生取得成功”。因为在学校好学生学习成绩优异，一直被人称赞，从没有遇到过挫折。而差生在学习过程中就恰恰相反了。可工作以后不可能会事事一帆风顺，人生难免会遇到挫折，对于好学生而言，遇到一点挫折可能就会有点接受不了，对于差生而言，这些已经没什么了，只要坚持下去就会成功。

颢儿 6 岁了，我带她参与过的最大的活动可能就是去年年底到郑州参加演员海选。在第一场初赛海选没宣布结果之前，我就在给颢儿做心理工作。我告诉她，“如果老师选中你，证明你很棒。如果没有，说明你还需要努力学习。我们要做得更好”。孩子心理可能会不舒服，不过对于孩子而言，反而也是一种激励，她会从自身找原因如何做得更好。

参加各种活动，可以开拓孩子的视野。颢儿第一次参加比赛时，在进行自我介绍时明显感到她紧张，连自己该说什么话都忘记了。评委老师鼓励她，我也在旁边鼓励她，颢儿鼓起勇气重新介绍自己。评委老师问她问题的时候，颢儿不敢回答，瞪着大眼睛愣愣地看着。第二次再去的时候，颢儿回答自如，完全没有了第一次的那种紧张感。从那以后，我们发现颢儿虽说有些紧张，但却不那么胆怯了，经过鼓励，颢儿都会大大方方地进行展示，不论对方是熟悉的人还是陌生人。我觉得这就是孩子最大的进步。

到现在，有活动、有表演，颢儿如果知道了，自己都想去展示。前几天有人过生日，颢儿很主动地在大家面前展示了一段快板，表演时看到她因为紧张而打错了点，可她自己却不动声色地顺了下去。通过这样的展示，培养了孩子的自信心，开阔了视野，陶冶了她们的道德情操，对她们的成长起了重要的作用。

资料来源：微笑的吉吉．参加活动感悟——孩子多参加活动有什么好处?［EB/OL］．喆言喆语博客，http：//blog.xxt.cn/haoer1021，2013-12-13.

点评：这是一位母亲就参加活动对孩子成长的作用写的一段心里话，真实感人，而且对所有家长都具有启发性。从这位妈妈细腻的描述中，我们可以看到，孩子在参加活动中一步步获得成长，从第一次的明显紧张到第二次的回答自如，再到后来的大大方方，甚至有展示的渴望。这就是特殊活动对教育的“润物细无声”功能。

亲历是最好的教育，正所谓“纸上得来终觉浅，绝知此事要躬行”，因为在孩子的亲身经历中，他们会形成对事物的重新认识，重塑自己的思维和行为方式。著名导演、电影演员姜文在一篇育子之道中这样写道：最好的营养品是苦头，我深以为然。现在的孩子，生活中的苦难挫折太少了，应该给他们更多吃苦和经历磨难的机会，让他们品尝一下劳动的汗水和奋斗的苦水，于他们，其实是最好的教育，与天下父母共勉。

当然，经历有很多种，那些触动孩子心灵的经历就是好的经历，那些给孩子深刻印象的经历就是好的经历。

（二）反思

➔经典案例

英国小学生与家长游行抗议 SATs 考试

2016 年 5 月 3 日，英国成千上万的小学生跟着家长和监护人参加了一次罢课活动，目的是抗议 SATs 考试[①]。这次游行活动是“让我们的孩子做孩子运动”（Let Our Kids Be Kids Campaign）的一部分，该运动由一群二年级学生的家长发起，这些家长对测试自己六七岁的孩子深恶痛绝，而倡导回到“注重个

① SATs 即标准成绩考试（Standard Attainment Tests）的缩写，是英国小学生要通过的一系列教育评估测验，旨在评估学生对基础学科的掌握情况，考试科目包括阅读、写作、算术和科学，二年级时是一个重要节点。

性和创意”以及“教师主导评估”（Teacher-led Assessments）上来。

“我们是一群受够了的二年级学生家长，我们的孩子受够了无止境的测验，受够了英国教育标准局制定的枯燥乏味的课程，就为了让孩子们通过 SATs 考试！这些孩子才七八岁，却要忍受一整个星期的测验。孩子们的童年应该做回孩子，享受学习的过程而不是为了考试而学习啊！”

当天有 500 多名家长和孩子参加了这次集体罢课活动，孩子们拿着自己制作的各种抗议牌（图 7-3），“当我觉得开心时，我才能学得更好！”“让我们的孩子做孩子！”“我还是个孩子，我不要考试！”有的学生甚至直接“攻击”起了英国教育部长 Nicky Morgan……

图 7-3　孩子们抗议参加 SATs 考试

这次罢课让幼小的孩子们初步尝到了政治行动的滋味，平时是没有这种机会表达的，特别是在这样的全国性范围内。英国教育管理部门表示，家长们这样做是在带着孩子胡闹，并坚持认为课程测验对学生是有益的。在民众中，有些人批评家长们让孩子政治化（politicizing）了，有些人认为这种集体行动（collective action）对孩子们来说是非常重要的一课，还有一些人表示，现在的家长越来越玻璃心了，连最基本的标准都达不到，还动不动就撺掇孩子不去上学。

资料来源：Amy Hall. Kids strike over national SATs tests［EB/OL］. http：//www.redpepper.org.uk/kids-strike-over-national-sats-tests，May 3，2016.

点评：在近代西方哲学中，"反思"无疑是一个重要的概念，对主体自身的探究总是伴随着反思的过程。当我们以感官的方式来把握外部世界时，作为整体的外部并没有出现，在场的只是具体的感官感觉。也就是说，即使是对于经验论而言，重要的还是反思的途径，它要通过这一过程来获得概念之可能（卢春红，2015）。因此，反思是受教育者学会学习的重要途径，反思能力是自我调节能力和元认知能力的重要表现。

在本案例中，学生家长通过组织大规模的游行，对国家的教育政策提出抗议，引起了教育管理部门的重视。通过对现场照片及媒体评论的分析可以得出一个结论，对于这些七八岁的孩子来说，参与这次游行可能相当于参加一次派对，既通过集体行动的形式表达了自身的愿望，也体味了一把政治行动的滋味。对于家长或者孩子们，都可以通过在这次游行活动中的自我审视、自我观察、自我监控对 SATs 政策和游行有新的认识，从而提高自身的评判和应对能力。

（三）抽象与检验

➔经典案例

关于决定是否参加 ICCA 年会的邮件往来

昨天看了申城会展小生在订阅号上推送的一篇文章——《细节决定成败 in mice industry》（上），感触颇深。这个帖子虽然简短，但很有意义。这让我突然想起了自己前不久在中国会议与旅游产业发展论坛（CIMCF）上做分享时的情形，在会上，面向业内人士，我讲述了大学会展人的一天，其中，第一个板块是讲如何在日常教学和生活中帮学生养成良好的职业意识及习惯。

2014 年 11 月 15 日这一天（适逢筹备 IEMS[①] 创建十周年庆典系列活动），我一共收到了 18 封邮件，最后一封是 IEMS 2010 级一位已经毕业 5 个月的同学发过来的。该同学获得了 2010 年 ICCA 奖学金，将受资助参加当年在土耳其安塔利亚召开的第 53 届 ICCA 年会，但因为土耳其局势问题有些顾虑。

① IEMS 即上海对外经贸大学中德合作会展经济与管理专业的英文缩写。

第一封邮件　2014 年 10 月 15 日 22：56（星期三）

尊敬的王春雷老师：

您好！

我是今年 6 月毕业的 10 级会展经济与管理专业的 ×××。不好意思打扰您了。但是最近几天我确实被这个问题给深深困扰了。

事情是这样的，我在今年毕业典礼的时候有幸获得了 ICCA 的奖学金，有机会能够参加 11 月 1 日至 11 月 5 日在土耳其安塔利亚举办的 ICCA 年会。对于这次机会，我一直觉得非常珍惜，也一直感恩学校和老师们能够将这么珍贵的机会授予我。所以在获奖之后的这些日子里，我也一直在积极准备去土耳其的各种材料，并对即将到来的年会备感期待。

但是，最近这段时间，土耳其的局势非常动荡。本来每次都是任由我自己做主的父母现在坚决反对我去土耳其，他们认为最近土耳其的局势太乱，而且这次去土耳其又是我一个人，所以坚决阻止我去。我现在不知道该怎么办了。一方面我真的特别珍惜这个机会，不想就此错过。另外，我担心的是，作为一个获得 ICCA 奖学金的学生，这样贸然放弃也许会对学校的信用造成损害。但是另一方面我也不想让我父母为我提心吊胆，而且考虑到最近的局势，我一个人成行确实存在一定的危险。

我写信给您就是想征求您的意见，假如我现在决定不去是否会对学校的声誉造成损害。作为一名 IEMS 毕业的学生，我一直都非常感激能够有幸在这个项目下学习，尤其是在人大读研之后，更加体会到咱们项目对我们学生能力的提高方面的用心。我真的不想由于自己的行为给学校带来负面影响。

真的非常抱歉。谢谢老师！

祝好！

×××

笔者的回复　2014 年 10 月 16 日 09：01（星期四）

××× 同学，你好！

很高兴你能就自己的真实想法与我沟通，谢谢你对我的信任。

这件事情确实事关 IEMS 的声誉。我建议你咨询一下 Helmut Schwägermann 教授。就我所知，ICCA 正在积极准备即将到来的年会，他们也会对安全状况进行评估。如果不安全，他们肯定会调整会议计划，或做出相应的安排。

仅供你参考。祝好！

王春雷

第二封邮件　2014 年 10 月 16 日 20：55（星期四）

尊敬的王老师：

您好！

谢谢您这么及时的回复。

我正在和 Schwägermann 教授就这件事情进行沟通，不过暂时还没有拿定最后的主意。

作为一个 IEMS 的毕业生，我非常感激这个项目，因为这个项目确实在大学四年给我提供了特别多的机会来从更多方面去拓展自己的能力，所以我不想因为自己的个人行为影响到我们项目的声誉。我会尽量和父母沟通，尽早做出最后决定，并告诉您和 Schwägermann 教授。非常抱歉给学校和您添麻烦了。真的对不起。

谢谢老师。

祝好！

×××

➔案例分析：

抽象概括（理论建构）和检验（行动应用）是体验式学习圈的后两个阶段，在这两个阶段，学习者的主要任务是提出自己的理论假设，然后在新的情境中进行检验，以验证理论的合理性、可靠性。

案例中，这位同学的邮件展示了一位优秀会展专业毕业生的职业素养，首先和申城会展小生所提到的写邮件的注意事项是完全吻合的，充分注意了沟通的礼仪、效果和阅读者的心理，其次综合反映了该同学的责任担当和分析处理问题的能力。在日常学习和工作中，我们还会遇到太多这类事情，但诚如申城会展小生所言：好习惯受用一生，如果公司的每个员工都能把这个习惯传承下去，那你的企业便会越来越专业。我们应该从身边的小事做起，将来把这种良好的职业素养及习惯带到工作岗位上，并结合公司和组织的文化及制度继续发扬光大。

三、精彩实践

➔经典案例

TEDx：会议正在从活动向媒体平台转变吗？

TED 是一个享誉全球的非营利组织，致力于传播那些激动人心的想法，题目范围主要为科技（Technology）、娱乐（Entertainment）和设计领域（Design），因此得名 TED。在 2016 年 TED 大会上（注：在温哥华会议中心举办。2016 年 PCMA 年会能取得更大成功，也与选址温哥华会议中心以及温哥华会议与旅游局的支持是分不开的。可以订阅“活动研究”公众号，查询相关历史文章），TEDx[①] 执行副总监杰伊·赫拉提（Jay Herratti）就 TEDx 系列活动推动知识分享的效果发表了演讲（图 7–4）。

图 7–4 TEDx 副总监杰伊·赫拉提（Jay Herratti），在 2016TED 大会上发表演讲

重新定义现代会议

正如赫拉提所言：“许多地方社群都会出于连接人们、传播思想或给当地带来其他积极影响的目的而组织各类活动，而 TEDx 的使命就是为这些活动提供战略、结构、品牌识别、运营等方面的指导。”2016 年 4 月 6 日的 SKIFT 上有一篇文章——《TEDx 演绎会议如何从活动向媒体平台转变》（*TEDx Illustrates How Conferences are Shifting from Event to Media Platforms*），专门对该话题进行了讨论。首先，TEDx 是从几乎覆盖全球每个角落的活动中获得本土化内容（Localized Content）的理想引擎。其次，TED 能提供内容策略、传

① TEDx 是由 TED 于 2009 年推出的一个项目（“X” 的意思是独立组织的 TED 活动），旨在鼓励各地的 TED 粉丝自愿发起和组织类似于 TED 风格的活动。

播构架以及一个全球化媒体品牌所带来的合法性。最后，当现场或线上观众在线分享视频时，他们强化了 TED 和 TEDx 的品牌。

TED 大会以及 TEDx 的成功似乎表明了互联网时代会议本质及范式（what a conference is）的转变——从一种传统的孤立的现场活动演变成一个虚拟媒体生态系统（Virtual Media Ecosystem）的物理枢纽。

上海市会展行业协会会长、国际展览业协会（UFI）名誉主席陈先进先生在给《中国会展业发展：前沿问题与创新策略》一书作序时写道：春雷注意到的“让会展和活动具有社区意义”，可能是包括展览会在内的各种活动打造持续吸引力的下一个发展方向，它要求组织者利用网站、社交工具等各种手段，对线下活动的时空进行拓展。我对 O2O 的定义就是 Online 和 Onsite 的无缝对接与融合。

TEDx 活动取得成功的秘密

2015 年，共有 1.8 万多人在 TEDx 活动上发表了演讲，这些活动的举办场地从正式的大礼堂到高速公路桥下的临时舞台。作为 TED 大会的分支机构，TEDx 系列会议由全球范围内 170 个国家的当地社区组织者举办，从而围绕“值得分享的思想”（Ideas Worth Sharing）创建了一个现场和虚拟相结合的论坛。

TED 以及所有 TEDx 活动在品牌参与和全球推广上取得了巨大成功，其原因在于这一会议平台制定了有效的内容和“社区”（主要是指网络社区，可以理解为“社群”）战略。传统意义上，许多会议组织者的做法是众筹（crowdsource）和集中社群的智慧，以共同策划活动议程，而 TED 成功激发了 170 多个国家成千上万的社群来生成内容，并用于自身的传播渠道，以支持标志性的年度活动。与其他任何会议都不同的是，TED 对演讲内容及形式的设计以及对演讲视频的传播展示了在线内容（Online Content）在驱动全球性的观众接触和品牌传达方面的巨大力量。

TED 和 TEDx 对公众的意义

对于普通大众而言，TEDx 的最大价值在于创造了容易获得的受教育机会及海量的教育资源，而且具有主题鲜明、思想明确、演讲者队伍开放、学习无处不在等特点。

对于教育工作者，至少可以从下列 4 个方面入手，将 TED 引入教学过程中。①延伸教育内容，拓宽学生眼界。TED 视频资源丰富，2012 年又新增了 TED-ED 教育频道，教师不仅能够选择与教学内容相关的视频来讲解，同时还可以让学生参与其中进行自主练习。②营造学习环境，提高学习质量。学生通过借鉴演讲者的人生经历，在不断的感受和领悟中提升自己。③了解多种观点，提升综合素质。④借鉴演讲模板，培养演讲能力。以下是 TED 的创办人或部分演讲人对 TED 做出的评价。

1998 年，我参加 TED 就完全爱上了它，也爱上了参加会议的人们和他们伟大的智慧、创意。在我看来，TED 完全可以是一项终生事业。把 TED 变成一个全球共享的大课堂，这是我们梦想的一部分。

——克里斯·安德森，《商业 2.0》杂志创始人、TED 大会创始人

好的 TED 演讲基于这样一种心态：我发现了或者我做了某件事，这件事彻底改变了我的生活。这种强大的力量让我觉得必须要和别人分享。

——西蒙·斯涅克，TED 演讲观看率第二的演讲者，畅销书《从为什么开始》作者

TED 太令人惊叹了！虽然并未全无争议，但绝对是一场划时代的文化盛宴。它不仅能够打动人心，吸引观众的注意，还赢得了全球数千万观众的钦佩。

——丹尼尔·平克，TED 演讲者，全球具影响力的 50 位思想家

作为国际知名 NGO 组织国际演讲会（Toastmasters International）的资深会员，杰瑞米·多诺万（Jeremy Donovan）是 TEDx 大会的组织者和演讲者，也是 TED 和 TEDx 的演讲者教练。他在《TED 演讲的秘密：18 分钟改变世界》一书中从一个学习者的角度出发，以风靡全球的 TED 演讲作为样本，深入探讨了一次成功 TED 演讲的技巧（表 7–3）。的确，一场演讲最神奇的地方在于演讲人可以在几分钟内启发他人的头脑。公开演讲和技能是一种新的超能力，并且能在互联网的支持下以加速度向世界各地传播思想。

表 7–3　一次成功 TED 演讲的秘密

关键环节	基本流程	基本要求	常用技巧
演讲内容打动人心的秘密	确定主题	明确要传播的观点和自身的角色定位	1. 找到“值得分享”的观点 2. 决定“角色定位”（教育者 / 娱乐者 / 变革推动者） 3. 提出一个“行动导向” 4. 专注于传播“一个观点” 5. 与观众建立“情感联系” 6. 讨论所“熟悉和热爱”的话题 7. 演讲的目的是“给予”

续表

关键环节	基本流程	基本要求	常用技巧
演讲内容打动人心的秘密	构思讲稿	观点是脊柱，主张是肋骨，论据是血肉	1. 决定是“讲故事”还是“讲道理” 2. 用“清晰的逻辑”推进观点的展开 3. 找到故事与观点的“最佳匹配点” 4. 有效触发观众情感反应的“例证方式”（包括统计、引用、举例、假设等） 5. “演绎推理”是论证非传统观点的利器
	编排故事	“英雄之旅”是最基础的故事讲述模式	1. 讲述“亲身经历或亲自观察”到的故事 2. 使用“英雄之旅”的模式 3. 通过“外貌与对话”让人物变得鲜活 4. 借助“时间、地点和氛围”进行情景设定 5. 确定个人情感与逻辑推理的“最佳结合点”
	把握关键	口号、开场白、过度与结尾	1. 将观点提炼为“口号” 2. “开场”是观众注意力的最高峰 3. 根据“会场氛围”随机应变 4. 最引人入胜的三种开场方式（以有针对性的故事 / 以震撼人心的事实 / 以有影响力的问题） 5. “三段论”开场方法（指明益处 / 提供脉络 / 告知时间） 6. 避免那些“糟糕的开场” 7. 谨慎使用“观众参与式”的开场 8. 用“过渡”承上启下 9. 用结尾表达“清晰的中心思想”
引爆现场的技巧	调动情绪	语言技巧与非语言技巧完美配合	1. 充分调动“演讲六情绪”（愤怒 / 厌恶 / 恐惧 / 快乐 / 喜爱 / 悲伤） 2. 充分激发观众的“想象力” 3. 善用“脆弱的力量” 4. 用语言吸引观众的 5 个技巧（修辞 / 发问 / 事分三类 / 数字与细节 / 巧用代词） 5. 幽默元素开启大笑模式 6. 增强幽默效果的 3 种方法（精心安排笑点 / 善用声音、动作和表情 / 选择原创幽默） 7. 让语言表达成功转型的 4 个要点（语气热情谦逊 / 发挥停顿的力量 / 不要有口头禅 / 抑扬顿挫） 8. 用手势等非语言技巧为演讲加分 9. 将讲台当作戏剧舞台

续表

关键环节	基本流程	基本要求	常用技巧
引爆现场的技巧	善用工具	用与不用的艺术	幻灯片，并非决定演讲成败的关键 视频，吸引观众注意还是令观众分心 道具，让演讲更精彩 不要让讲台成为你与观众之间的障碍
	其他准备	优秀的演讲要重视每一个细节	在演讲台上“穿出成功” 有信仰，还要活出热情 用心练习、认真准备 精心准备台词，开场就给观众留下深刻印象 让你的演讲“病毒式传播”

资料来源：根据《TED演讲的秘密：18分钟改变世界》(Jeremey Donovan著，冯颙，安超，译.中国人民大学出版社，2014）整理。

➔案例分析：

约翰·杜威认为，学校即社会，教育即生活。因此，对于活动参与者，一个活动往往也是一次教育之旅，教育的内容主要通过特殊活动的目标、主题与议程体现出来。根据TEDx发展的成功经验以及众多演讲人的亲身实践，我们可以这样来理解如何在活动中接受教育或完成自我学习。

1. 注重活动的教育功能

根据笔者提出的VC–SEEDS模型，教育是活动本质的重要考量维度。不管是家庭教育、学校教育，还是社会教育，个体或组织总能找到相应的特殊活动作为接受或实施教育的载体，TEDx能取得巨大成功的根本原因在于TED成功激发了成千上万的社群来生成内容，并和在线内容的传播相得益彰。

再比如，作为家长，我们既希望孩子学习足够知识，又想让他们多参加一些户外活动锻炼身体，拥有快乐的童年；我们想带他们出去看看外面的世界，却不知道除了游乐场和名山大川，大自然还有什么可以让孩子愉快地玩耍。鉴于此，2014年，童心未泯的作家克里斯蒂安·沃尔兹（Christian Voltz）出版了《玩转大自然——86个创意亲子活动》(图7–5)，希望教孩子们把身边的物品变成有用的工具进行创造性的活动，包括做实验、设计艺术品、烹饪等，让孩子们在游戏中锻炼自己的动手能力和思维能力。2015年，又出版了《玩转大自然 II——9 个夏日创意亲子活动》，这次，沃尔兹教读者夏天在沙滩、山林、草原、河边以及城市里应该怎么玩。

图 7-5《玩转大自然——86 个创意亲子活动》封面

不仅如此，特殊活动能为集体情境下的学习创造难得的机会。正如赵白杨和李晓辉（2014）在《给孩子一个支点——让孩子快乐成长的 12 个家庭活动》一书的后记中所写到的，“毋庸置疑，每个父母都爱自己的孩子，都有自己独特的教育方式。……如果能够将一些家庭组织起来，以‘家庭群’的形式在家庭经常举行丰富多彩的集体活动，不仅能让孩子们拥有更多的玩伴、更多的快乐，提高孩子的综合素养和各种实践能力，还能增进同伴之间、亲子之间、家庭之间的情感，使家庭生活回归到一种亲密、和谐、快乐相处的‘原始’状态，相信这对提高孩子、父母的幸福感也大有裨益”。

2. 在观察和思考中成长

卢梭在其名著《爱弥儿》（1762）中写道：“最好的教育就是无所作为的教育：学生看不到教育的发生，却实实在在地影响着他们的心灵，帮助他们发挥了潜能，这才是天底下最好的教育。”从体验式教育的角度来讲，特殊活动具有“润物细无声”的特点，这要求参与者在活动全程中仔细观察和认真思考，这样才能不断总结或重构。

在同一本书中，杰瑞米·多诺万（Jeremy Donovan）还基于对众多 TED 演讲的分析，总结了聆听或分析一次演讲的基本方法（表 7–4）。

表 7–4　聆听或分析一次演讲的基本方法

关注点	主要内容	备注
核心思想与结构	捕捉演讲内容的精髓并记录演讲者是如何构思的	大部分演讲者都是在开头或结尾时明确提出想要传递的核心理念 “开场介绍、三段论内容及一个结尾”的结构是最常用 故事的核心三要素：情节、人物和背景
细节	重点分析两个明确的细节：语言和表达方式	记录观众的每一次笑点 分析演讲者提问的次数，以把握演讲者的语调 记录那些强化演讲者信息的有错措辞 闭上眼聆听时，专注于演讲者对语音、语速和语调的运用 睁开眼聆听时，观察演讲者如何运用表情和肢体动作与观众互动
设计元素	关注幻灯片、视频及道具等各种设计元素的运用	理解和体会演讲者向观众展示的各种视频、图片和文字 如果有视频短片，要分析演讲者对视频的挑选、编辑和呈现 使用道具是否合理

资料来源：根据《TED 演讲的秘密：18 分钟改变世界》（Jeremey Donovan 著，冯颙、安超译，中国人民大学出版社，2014 年）整理。

3. 发自内心地乐于分享

关于演讲，TED 大会最受欢迎的演讲者之一西蒙·斯涅克曾经提出一条建议：最重要的一点是，我出场的目的是给予。我经常在上台之前大声告诉自己——今天你来到这里是为了分享你的观点。不管什么时候做演讲，我从不带着从任何人身上获取些什么的想法，比如生意、赞许、卖书、Twitter 上更多的粉丝，或 Facebook 上更多的点赞。我出场是为了分享我所知道的东西。如果观众喜欢，他们就会鼓掌。对我来说，这也是检验自己所给予的东西对观众是否重要的最佳方法。

由此可见，参加活动时，首先应该秉持开诚布公交流与分享的原则，敢于表达，并虚心向他人学习，努力从他人身上获取新的信息或想法。演讲、研讨会等不同形式的活动本身就是一个学习的平台。

思考题:

1. 什么是体验式教育?

2. 如何理解体验式学习(Experiential Learning)与特殊活动之间的联系?

3. 从"大学生写'遗书'""躺棺材体验'死亡'"的案例中,你获得了怎样的启示?

4. 特殊活动对体验式学习圈中的"亲历"有什么特殊的意义?

5. 你如何看待2016年5月英国小学生与家长举行的抗议SATs考试的游行活动?

6. 对于普通大众而言,TEDx的最大价值在于创造了容易获得的受教育机会及海量的教育资源,而且具有主题鲜明、思想明确、演讲者队伍开放、学习无处不在等特点。如何理解这句话?

第 8 章

活动与职业生涯

美国著名管理学大师史蒂芬·柯维（Stephen R. Covey）认为，由内而外，个人效能的 4 个层次分别是个人、人际、管理和组织。而通过参加或亲身组织特定的活动，可以在上述 4 个层次上有所收获，它几乎涵盖了人们常说的职业生涯发展策略的全部，例如培养专业技能、激情与自豪感；表现优异（包括超越本职工作）；培养主动的个性；平衡工作和生活；培养人际交往技能；树立职业道德规范；塑造个人品牌；制造良好的第一印象；记录工作成绩；获得关注；遵循组织的日常行为规范；创造性的工作；不断学习和自我发展；适当冒险；把握机会。

知名媒体人小木头笔下的陈莹月签第一笔单，谈好第一个大客户，跳槽到一个更好的公司……工作上的每一个进步，她都会庆祝一下。有时是呼朋唤友吃一顿大餐，有时是去商场为自己挑一件礼物作为奖励，物质也许并不是最重要的，但这种带着奖励的心情去领取的回忆却独一无二。每次跳槽，她都会吃一次散伙饭。她表示，“我需要一个仪式，让我告别过去，开始一段新的旅程，我会谢谢他们的宽容和陪伴，工作中所有的小尴尬、小冲突，一杯酒就化解了，以后的日子里再也不必介怀——若是没有这一顿饭甚至醉后的倾心交谈，也许抢过我客户的人，我会怨念他一辈子吧？！”

的确，大大小小的活动可能给个人职业发展带来无限的机会，由于参加活动而获得职业发展的宝贵资源的例子不胜枚举，比如，在活动中遇到事业发展上的“贵人”。当然，活动有时也可能成为很大的挑战。

一、不同类型的活动与职业生涯发展

（一）职业生涯的含义

根据中国职业规划师协会（China Career Development Mentor Association，CCDMA）的定义，职业生涯就是一个人的职业经历，是指一个人一生中所有与职业相联系的行为、活动以及相关的态度、价值观、愿望等连续性经历的过程，也是一个人一生中职业、职位的变迁及工作、理想的实现过程。

理解职业生涯，要把握 3 个基本要素：①职业生涯以职业为核心，对人生价值起着决定性作用；②职业生涯是个体的行为经历，但受家庭和社会环境的影响较大；③职业生涯是一个动态的过程，这个过程随着时间的延续或个人年龄的增长而改变，包括职业、职位等各方面的变化。

1. 职业生涯规划

职业生涯规划就是对职业生涯乃至人生进行持续、系统的计划的过程，一个完整的职业规划主要由职业倾向、目标设定和通道设计等要素构成。职业生涯规划最早起源于美国，1908 年，美国波士顿大学教授、被誉为“职业指导之父”的弗兰克·帕森斯（Frank Parsons）针对大量年轻人失业的情况，成立了世界上第一个职业咨询机构——波士顿地方就业局，首次提出了“职业咨询”的概念。从此，职业指导开始变得系统化。

1984 年，美国伊利诺伊大学教授罗宾·斯维恩（Robin Swain）博士为帮助大学生对自己的职业生涯做出合理的规划，提出了著名的生涯规划金三角模型。他认为在制定生涯规划时，要考量“个人”“环境”以及“教育与职业”三个因素。职业生涯规划的过程，就是通过价值观、个人兴趣、个人风格的自我评估，结合来自家庭和环境等社会背景的助力或阻力的分析，再根据在教育 / 职业的实践和考察中树立起来的榜样，逐渐发展对自身职业生涯的认同，最终建立起自己的职业生涯目标（图 8–1）。

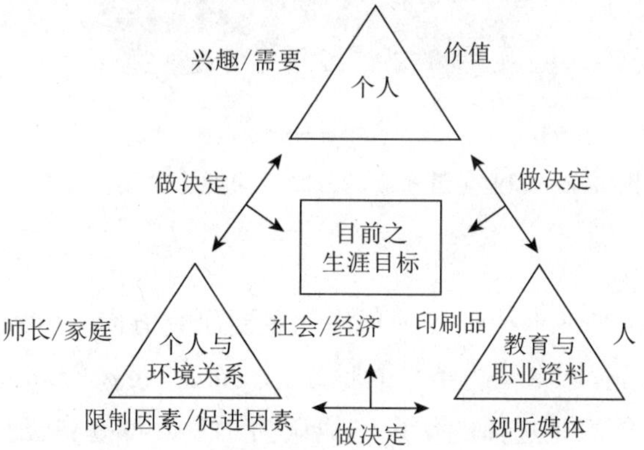

图 8–1　斯维恩的生涯规划金三角模型

在图 8–1 中，个人因素包括能力、兴趣、性格、价值观及健康状况等，如果在这方面对自己的价值观和性格不清楚，可以通过参与各种不同类型的讲座或活动，发现和培养自己的兴趣；环境因素包括家庭条件、家人期望、同侪团体和社会潮流等，在这方面，平时应多与家人、朋友沟通，寻求更多的意见和建议；教育与职业因素则包括媒体、产业发展趋势或榜样等，在这方面，可以多浏览产业及财经方面的媒体，广泛涉猎经济方面的知识，也可以访问专业网站，让自己随时掌握财经变化与未来趋势。

在广受认可的生涯规划模型中还有三叶草模型（古典，2011）（图 8–2），它揭示了个人在职业发展过程中兴趣、能力与价值三者之间的螺旋推动关系，以及三者缺失时对应的情绪表现及应对方法。比较理想的状态是，把兴趣培养成职业兴趣，再慢慢把兴趣发展为能力，然后用能力找平台来兑现价值，再用价值强化兴趣，如此不断旋转，从而让三叶草的旋涡不断循环扩大，逐步走向完美的职业生涯。

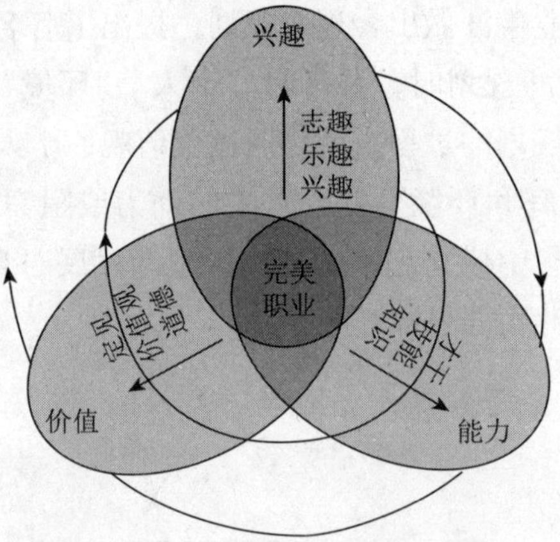

图 8-2　职业生涯规划的三叶草模型（古典，2011）

2. 职业选择

职业选择是国外职业生涯发展理论的重要研究方向。1909 年，弗兰克·帕森斯（Frank Parsons）在《选择一个职业》（*Choosing a Vocation*）一书中提出，人与职业相匹配是职业选择的焦点。他认为，个人都有自己独特的人格模式，并都有与其相适应的职业类型。1959 年，美国约翰·霍普金斯大学心理学教授约翰·霍兰德（John Holland）提出了具有广泛社会影响的职业兴趣理论。他认为，人的人格类型、职业兴趣与职业密切相关，其中，兴趣是人们活动的巨大动力。霍兰德将人格划分为 6 种类型：现实型、研究型、艺术型、社会型、企业型和常规型（表 8-1）。

表 8-1　霍兰德对人格类型的划分与典型职业

人格类型	共同特点	典型职业
现实型	愿意使用工具从事操作性工作，动手能力强，做事手脚灵活，动作协调；偏好于具体任务，不善言辞，做事保守，较为谦虚；缺乏社交能力，通常喜欢独立做事	技能性职业（如一般劳工、技工、修理工、农民等）；技术性职业（如制图员、机械装配工等）
研究型	抽象能力强，求知欲强，肯动脑筋，善思考，不愿动手；喜欢独立和富有创造性的工作；知识渊博，有学识才能，不善于领导他人	科学研究人员、教师、工程师等

续表

人格类型	共同特点	典型职业
艺术型	有创造力，乐于创造新颖、与众不同的成果，渴望表现自己的个性，实现自身的价值；做事理想化，追求完美，不重实际；具有一定的艺术才能和个性；善于表达，怀旧，心态较为复杂	艺术方面（演员、导演、艺术设计师、雕刻家、建筑师、摄影家、广告制作人）；音乐方面（歌唱家、作曲家、乐队指挥）；文学方面（小说家、诗人、剧作家）等
社会型	喜欢与人交往、不断结交新的朋友、善言谈、愿意教导别人；关心社会问题、渴望发挥自己的社会作用；寻求广泛的人际关系，比较看重社会义务和社会道德	教师，保育员；行政人员；医护人员；衣食住行服务行业经理、管理人员和服务人员；福利人员等
企业型	追求权力、权威和物质财富，具有领导才能；喜欢竞争、敢冒风险、有野心、抱负；为人务实，习惯以利益得失、权利、地位、金钱等来衡量做事的价值，做事有较强的目的性	经营管理人员，企业家、政府官员、行政部门和单位的领导者等
常规型	尊重权威和规章制度，喜欢按计划办事，细心、有条理，习惯接受他人的指挥和领导，自己不谋求领导职务；喜欢关注实际和细节情况，通常较为谨慎和保守，缺乏创造性，不喜欢冒险和竞争；富有自我牺牲精神	秘书、办公室人员、计事员、会计、行政助理、图书馆员、出纳员、打字员、税务员、统计员、交通管理员等

资料来源：（1）Holland，J. L. *Making vocational choices: A theory of vocational personalities and work environments*. Psychological Assessment Resources，1997.

（2）方俐洛，白利刚，凌文辁 . HOLLAND 式中国职业兴趣量表的建构［J］. 心理学报，1996（2）：113–119.

不管属于什么人格类型，对于个体，在进行职业生涯规划时，首先要确立一个支点——我为什么工作。概括而言，职业生涯规划有 3 个层次的支点：生存支点、发展支点和兴趣支点。例如，如果立足生存支点来规划职业生涯，会把薪酬作为主要导向，而忽略更长时期内的自身成长。

（二）特殊活动对职业生涯发展的影响

特殊活动是通过影响职业生涯规划要素（Career Planning Factors）来影响个人职业生涯发展的。根据斯维恩的生涯规划金三角模型（其实基本包含了三叶草模型中的兴趣、能力和价值），可以从“个人”“环境”以及“教育与职业”三个方面来考量不同类型的特殊活动可能对职业生涯带来的影响（表 8–2）。

表 8-2　特殊活动对职业生涯发展的影响维度

维度	要素	典型活动举例
个人	价值观	职业素养培训、员工入职培训、全国职工职业道德建设先进评选、某公司职业道德十佳评选活动
	兴趣	行业发展研讨会、社团活动、职业体验活动、兴趣部落节
	能力	行业发展培训、社区服务活动、岗位技能培训、“从职业规划到事业成长”研讨会
	需要	高校毕业生就业创业研讨会、职业病防治会议
	性格	拓展训练、心智训练营
环境	社会	大学生就业创业指导服务国际研讨会
	经济	产业发展论坛、专业展览会
	家庭	家庭亲子职业体验活动、家庭主妇联谊会
	学校 / 同学	大学生职业生涯规划大赛、大学生职业规划社团活动
	同行 / 同事	行业技能大赛、行业会议、协会 / 同业公会年会、团队建设活动、“三八”妇女节联谊活动
教育与职业资料	印刷品	产业发展报告发布会、职业规划师认证培训、夏洛特 · 梅森《性格的培养》读书分享会
	视听媒体	TED 演讲、专业研讨会录像
	他人	职业生涯规划讲座、“榜样的力量”宣讲会

资料来源：Swain，R. Easing the transition：A career planning course for college students. Journal of Counseling & Development，1984：62（9），529–532.

从表 8–2 可以看出，一次活动可能从某个关键维度甚至多个维度对个体的职业生涯发展产生影响。以个人价值观为例，2015 年 5 月，波多黎各一名 73 岁的出租车司机因癌症而即将走到人生的终点，老人的心愿是在葬礼前最后“开”一次心爱的出租车，以纪念自己的职业，他的女儿帮他实现了这一愿望。5 月 24 日，这一象征性的仪式在老人家乡的街头举行，吸引了大量民众围观，许多人来表达他们对老人的敬意。有些人甚至爬进他的出租车，坐在乘客座位上（图 8–3）。

图 8-3　老人在葬礼前最后“开”一次心爱的出租车

再举个社区服务与个人职业能力发展的例子，2016 年 3 月 2 日，一位“85 后”女孩在社交媒体上引起广泛关注，她就是刚刚上任的上海团市委兼职副书记史逸婵。史逸婵，29 岁，先后毕业于复旦大学和英国纽卡斯尔大学。2014 年，回沪正式接手上海静安区白领驿家的理事长工作，率领团队每年举办 120 余场次公益活动，共服务 3 万人次、拥有 6 万多名青年会员和 21 支青年社团。虽然一直在服务青年，但从未站在市级层面参与过共青团工作，这让这位最年轻的团市委兼职副书记既荣幸又紧张，“不过我的工作经历会对新岗位有帮助，我可能更了解现在 90 后年轻人的所思所想，下一步我会培育和联系更多青年社会组织，发挥力量，促进共青团更好地参与社会建设”。

二、实用技巧

（一）培养职业兴趣

➔经典案例

一个人的舞台：昆曲的坚守者吕成芳

她不是科班出身，也不是昆曲表演名家，但她对昆曲的激情和执着让我们无不动容。她说，“我是汤显祖的前世情人”，她深深地爱着中国的古老剧种之一——昆曲。正是这份忠贞不渝的坚守，让更多的中外游客有机会领略到昆曲的无穷魅力。她就是吕成芳。

她在苏州市平江路的伏羲会馆表演，一个人独自表演，把昆曲表演与历史讲解、器乐演奏、观众互动等多种形式相结合，每天下午三点和晚上八点各一场，一年365天几乎从不间断。因此，有观众送给她一个亲切的昵称——昆曲奥特曼。

与常规演出的《牡丹亭》不同，吕成芳“说的比唱的多”，她不讲干巴巴的昆曲理论知识，取而代之的是，昆曲的奇闻逸事、苏州的本地文化以及中国的诗词歌赋，还有让人捧腹的笑话和针砭时弊的短评（图8-4）。这样，《牡丹亭》不再难懂，昆曲也不再是神曲，而成了大众触手可及的文化大餐。

图8-4 吕成芳在伏羲会馆表演现场

2016年2月，吕成芳在接受《光明日报》记者采访时说：“十多年前，我开始自学昆曲，那时候还没有退休，白天奔波在工作岗位，晚上跟着电脑碟片学习昆曲，学了两年多，渐渐也能上台表演了。”就这样，一唱就是十多年，吕成芳对昆曲的爱从未改变过，就像她的座右铭一样：“前生未了的情缘，今生继续着痴迷。”

以下是部分网友对吕成芳及其所做的工作的评价：

初听《牡丹亭》是很小的时候，而熟悉《牡丹亭》却是在苏州的一个夜晚。在一间小木屋里，一个女人在向我们娓娓地道着故事的由来。围坐在她的身边，打量着这位上了妆的女子，恍如隔世，似她又非她，仿佛她便是杜丽娘……她是@昆曲吕成芳。

一个人，一出戏，一场梦。夜色阑珊时，苏州平江路上的伏羲会馆是吕成芳施展才华的舞台。吕成芳化身为《牡丹亭》中多情的杜丽娘，仿佛从数百年前穿越而至平江路，为大家演绎动人的爱情故事……

一个人，一句话，一段情。或许你听不懂软糯的苏州方言，但从吕成芳眼到手到口到心到的倾情演绎，一位贵州来的女孩形容说是“听得到的园林”。

苏州美韵评弹、江南诗情画意尽在你我之间。

一个人，一条街，一整夜。昆曲评弹茶艺，古琴琵琶小曲，谈古论今，方言笑话，说是唱戏非大戏，似说书非单口相声，短短两小时，时而为情所牵，时而欢声笑语，时而台上台下互动一片。

与吕成芳相识是在 2011 年，从此知道平江路有个喝茶听昆曲的地方，一个人的昆曲舞台。

两三年间，业余昆曲演员吕成芳朴实地转身，从戏痴、草根艺人到昆曲达人，也是苏州昆曲遗产抢救保护促进会的志愿者。她通常晚上在苏州平江路上的伏羲会馆进行昆曲表演以及解说，一年演出达 300 多场，将昆曲以清口的方式传播给普通百姓，推广这一世界级非物质文化遗产。

资料来源：姚永强．吕成芳：一个人的昆曲舞台［EB/OL］. http://www.cnpps.org，2014-06-11；杨洋，姚一鹤．她不仅是“昆曲清口”第一人评弹、琵琶、古琴也样样通［N］. 扬子晚报，2014-06-24.

点评：从昆曲爱好者到业余昆曲演员再到昆曲“达人”，可以想象，吕成芳一路走来并不容易。一个人的昆曲舞台有着很浓的草根味道，但她可以十几年如一日地坚持，除去经济等因素，最根本的动力就是她对昆曲的兴趣和热爱之情。更难能可贵的是，她能结合昆曲的特点把昆曲表演与故事讲解、乐器演奏、观众互动等多种形式相结合，这是一种更加贴近市场的创新。

吕成芳的努力很容易让人联想到 TED 平台上最受欢迎的演讲人之一查理·陶德（Charlie Todd）的故事。查理·陶德是一名喜剧演员，他于 2001 年搬到纽约，但他发现在纽约很难找到合适的表演场地，于是他发起成立了一个即兴表演社团（Improve Everywhere）。在过去十几年，他的团队策划和组织了著名的“不穿长裤搭地铁”“冰冻纽约中央车站”等一系列品牌活动，用简单的方式和创意给千千万万的人带去了快乐。而且，Improve Everywhere 所有的任务都是面向全球的民众开放的，只要感兴趣就可以考虑加入他们的会员地图，参加下一次的改造活动。

兴趣是最好的老师，它对一个人的个性形成和发展，对一个人的生活方式和工作选择都有巨大作用，每个人都会对他 / 她感兴趣的事物给予优先关注，并进行积极的探索，而活动是发现兴趣、培养兴趣和发挥兴趣的重要途径。

（二）发展职业能力

➔经典案例

他用活动为文化普及政策代言

在弗朗索瓦·密特朗（François Mitterrand）总统的支持下，雅克·朗（Jack Lang）在担任法国文化部部长的10年时间里，几乎把文化硬件一应置办齐全。这个阶段也成了法国文化发展的黄金年代。雅克·朗几乎凭借他散漫的外表和随兴的自由主义以及左派知识分子执政者特有的时髦，成了“1968年精神”的代表人物，雅克·朗特别擅长利用举办节日来推动文化政策和推广文化运动。

2012年，夏至音乐节（Fête de la Musique）创办30周年（图8–5），以保存和开发视听遗产而著名的机构——法国国家视听研究院（Institut National de l’ Audiovisuel）在其视频网站ina.fr上推出了从其视听资料库中整理出的系列视频。其中有一个视频是雅克·朗弹钢琴的片段，那是1983年，夏至音乐节的第二年，雅克·朗穿着正式，是西服和衬衫，颜色却是现在正流行的马卡龙色，他坐在钢琴边上接受完电视采访后即兴表演了一段。

图8–5　2012年法国夏至音乐节现场

钢琴表演的这段一年前已经发生过，不过那次是在巴黎的街头，大概是为了“以身试法”，鼓励音乐人能够在白日最长的这天傍晚走上街头免费表演。要知道，当时谁都料想不到，夏至音乐节这个概念能够走到今天真正意义上风靡全球的地步。

1982 年 6 月 21 日，宣传册上标明的活动时间是晚上 8 点半到 9 点的半个小时，因为“大家都不太乐观，就怕没什么人参加”。最开始也的确没什么人，逐渐地，吉他手们最先出现在街头，接着就能看到携带各式乐器上街的人了。

今天，夏至音乐节这个概念已经在 120 个国家流行开来。雅克·朗的初衷只是借助音乐这个最好的方式，为他“文化普及”（Démocratisation Culturelle）的政策代言。

如果说夏至音乐节是雅克·朗的成名作，那么在此之前，他其实已经有过许多“习作”。换句话说，用举办集会式节日的方式推广文化运动，是雅克·朗于 1981 年成为文化部部长之前就已经十分擅长的事。早在 1964 年，雅克·朗 25 岁时，他在法国东北部城市南锡（Nancy）创办了南锡大学生戏剧节，并一直担任戏剧节主席，直到 1977 年。而之后，又有日后被推广到整个欧洲的“遗产日”（注：Heritage Days，由法国文化部于 1984 年设立，在欧盟的支持下，自 1991 年开始在欧洲推广），该节日要求那些被政府机构征用为办公场所的历史遗产建筑，每年向公众免费开放一天。

资料来源：驳静 . 雅克·朗：制造法国文化的黄金年代［J］. 三联生活周刊，2016（48）.

点评：作为欧洲的明星政客，法国前文化部长雅克·朗是利用举办全民性的节日来推广文化运动的高手，从年轻时起，他就一直在从事相关的实践。

雅克·朗在文化活动领域的成功实践可以从仪式、政治与权力的关系分析中找到理论支撑。大卫·科泽（David I. Kertzer）在《仪式、政治与权力》一书中提出，“仪式以某种特定的方式引导我们理解自身的体验……只有那些与仪式相关的形象的特征才能引起注意，并且常常得到高度关注”，“它们强烈的情感遗产，以及通过在不断的仪式操演中与他人共享而获得的力量，它们所产生的权力，都来自一种集体的欢腾”（大卫·科泽，王海洲译，2015，p.98）。

尽管雅克·朗在事业上的成功不具有可复制性，但每个人都可以借助适当的活动提升自己的职业能力，或利用活动中“集体欢腾”的效应来团结更多、更强的力量，进而推动自身职业目标的实现。

（三）实现职业价值

➔经典案例

他用展览回顾一生

2015年是国际著名时装设计大师、老佛爷卡尔·拉格斐（Karl Lagerfeld）进入时尚界50周年。这几十年他是怎样改变时尚界的？2015年3月28日，Lagerfeld在德国的个人回顾展正式开幕（9月13日闭幕）。这场名为“Modemethode”的展览设在德国波恩的联邦德国艺术展览大厅（Bundeskunsthalle），是截止到目前规模最大的Lagerfeld时尚生涯回顾展。这次展览的组织者是老佛爷一生的好朋友阿曼达·哈莱克（Amanda Harlech）。

这次展览几乎展出了老佛爷一生中所有的主要设计作品，从1954年21岁的他设计的那件获得Woolmark大奖并从此带他进入时尚界的黄色外套开始（图8–6），一直到他任职蔻依（Chloé）、芬迪（Fendi）和香奈儿（Chanel）期间为这些品牌带来的更新和改变，一共126件展品参与展出。

图 8–6　1954 年老佛爷设计的黄色外套

在Chloé部分，展出了20世纪70年代的设计作品，另外，还有他的超现实主义作品。在Fendi区域，展出了大量的皮草和老佛爷设计的包袋。当然也少不了Chanel和他的高级定制时装。此外，这次展览的内容还包括不少珍贵的设计手稿（图8–7），甚至连同老佛爷的工作台也在现场展出了。

图 8–7　2000—2001 年的芬迪设计手稿

在联邦德国艺术展览大厅的官方网站上这样评价此次展览：Modemethode 是 Karl Lagerfeld 的一种时尚方式（fashion method），它用包罗万象的手法展示了 Lagerfeld 的宏图大志：从最初的设计草图到成衣，从配饰、建筑环境和时尚秀的背景音乐到服装摄影、新闻材料的数字化设计，到广告、目录和橱窗展示，每个微小的细节都反映了设计师的设计思想。

资料来源：财富派 . 老佛爷 Karl Lagerfeld 个人回顾展［EB/OL］. https://finance.ifeng.com/a/20150401/13600403_0.shtml, 2015–4–1.

点评：所谓实现职业价值，就是个体在工作中充分发挥自身的潜能，实现人生价值和提升生命的意义。其实，上文中雅克 · 朗的故事就是借助特殊活动来实现职业目标和价值的典型案例。与雅克 · 朗的政治业绩相比，老佛爷的成就是在商业和时尚领域，他选择用一个重量级的展览来回顾自己的职业生涯，特别是展示那些成就了他在职业上获得巨大成功的代表性作品，以及相关的重要物件和活动（主要是有影响的时尚秀），这是一种经过高度提炼后的“自我呈现”。

活动对职业价值实现的主要作用原理是，个体通过参加或者亲身策划和组织特定主题的活动，为他人和社会创造价值，从而提升自身职业的意义。

三、精彩实践

在分析特殊活动可能给个人职业生涯发展带来的影响时，笔者对自身阶段性的职业发展做了梳理，并决定以此作为案例来展开讨论，希望对读者有所启发（为便于表达，以下内容将以第一人称来叙述）。

2002 年 1 月，我陪同硕士生导师马勇教授参加在广州举办的第三届中国国际展览和会议展示会（俗称“展中展”），马教授在会上发表主题演讲，这是国内学界专家首次应邀在展中展高端论坛上发表主题演讲。为准备参加这次论坛，我参与了专题研究手册——《会展业发展新理念》的编写工作，后来以此为基础，和马勇教授联合署名，在高等教育出版社出版了《会展管理的理论、方法与案例》（2003 年），这是国内最早比较系统地研究会展管理的专业书籍之一。参加这次展中展，也更加坚定了我选择会展作为硕士学位论文选题的信心（论文后来被评为 2002 年全校优秀硕士学位论文，核心内容在 2002 年第 2 期的《旅游学刊》上发表）。

2002 年 7 月，我从湖北大学商学院硕士毕业，进入上海师范大学城市与旅游学院工作。同年 9 月，在学院和旅游系的支持下，开始筹备旅游管理专业会展方向。2003 年 1 月，上海师范大学旅游学院会展方向正式成立。为了准备这次成立仪式，我和团队成员拜访了一批会展企业，结识了很多企业家。在仪式上，我们邀请了时任上海市国际展览有限公司董事长陈先进、上海外经贸商务展览公司总经理龚维刚等 13 位沪上主要会展公司的高管出席，这批专家在上海师范大学后来的会展办学中发挥了重要作用。

2003 年 11 月，与同事郑建瑜、唐新安两位老师一起，成功组织了 2000 级会展方向赴珠三角实习，在全国院校中开创了会展专业区域会展业考察实习的先河。

2004 年 1 月，国家教育部批复上海师范大学准许开设会展经济与管理本科专业，同时批复的还有上海对外贸易学院（现已更名为上海对外经贸大学）。2004 年 4 月，上海师范大学成立会展管理系，时任上海市教委副主任王奇，时任上海市旅委副主任张仁良，时任上海师范大学校长俞立中，时任上海市贸促会副会长、上海世博集团总裁陈先进等嘉宾出席，会上还签署了上海师范大学、上海市贸促会、上海世博集团战略合作协议（图 8–8）。一个系成立，规格如此之高是很少见的。

图 8–8　时任上海师范大学校长俞立中和时任上海市贸促会副会长、上海世博集团总裁陈先进代表双方签署战略合作协议

会展管理系成立后不久，由旅游学院提议并获学校批准，由上海师范大学和美国乔治·华盛顿大学（GWU）、上海世博集团以及上海市会展行业协会联合主办“2014 亚太地区国际会展教育与培训论坛”。2004 年 5—8 月，作为项目团队的核心成员，我全程参与策划和筹备了这次会议，会议取得圆满成功。正是因为在本次论坛中的杰出表现，同时也因为会展专业师资队伍建设的需要，我后来被学校选派到乔治·华盛顿大学进修半年。

2005 年 3—9 月，受学校派遣，我有幸在美国乔治·华盛顿大学（GWU）商学院旅游与酒店管理系访学半年。虽然时间不长，但我得以比较系统地了解美国会展业的发展，并在 Larry Yu 教授的帮助下，旁听了 6 门专业课程（包括活动管理证书 /EMC 培训项目的 3 门课）。也正是从那时开始，我开始长期研究美国会展和活动产业的发展，同时逐渐形成自身的活动管理思维，并在回国后将其运用到日常教学以及后来的专业建设改革中。

2007 年 11 月 30 日—12 月 1 日，我作为主创人员，成功策划和组织了 2007 长三角会展教育合作论坛，并发布了《2007 长三角会展教育合作论坛上海宣言》（图 8–9）。本次论坛不仅为长三角地区会展界共同探讨和解决目前会展教育存在的问题、促进专业交流与合作提供了理想的平台，同时进一步提升了上海师范大学会展专业在长三角地区甚至全国会展教育界的地位，在会展企业界也引起了较大的反响。

图 8-9　2007 长三角会展教育合作论坛现场

2008 年 12 月 5—7 日，由上海应用技术大学主办的“世博会、会展教育与研究国际研讨会”（World Expo and Events Management）在上海成功举办。受时任中国会展经济研究会会展教育专业委员会主任邬适融教授委托，我邀请美国著名会展专家、东卡莱罗纳大学（ECU）教授、《会展与节事旅游研究》（JCET）副主编 George Fenich 博士在会上发表主题演讲。正是因为这次国际会议，我得以与 Fenich 教授认识，后来开展了一系列合作，并有机会翻译他的代表作《会展业导论》（第 4 版）[①] 一书。

2008—2013 年，我还先后参与策划和组织了 2008 阿姆斯特丹市上海旅游推介会、2009 中国旅游协会旅游教育分会年会、2010 年上海世博会阿姆斯特丹旅游推介周、第 2~5 届上海旅专校友浦江论坛以及第 1~4 届上海校园星座文化博览会等活动，通过参与这些活动，我切实提高了自己的实践操作能力。

2009 年 4 月，由我发起，由会展经济与管理专业 2007 级学生承办，成功举办了第一个会展专业综合教学改革实践活动——阳光宅男出来晒，拉开了项目驱动型会展专业人才培养模式的序幕（以此为基础的成果于 2013 年获上海市教学成果奖二等奖）。

① 英文名称为 Meetings，Expositions，Events and Conventions：An Introduction to the Industry。

2013 年 1 月，作为主创人员，我策划和组织了“中国会展教育发展十年论坛暨全国首届会展专业负责人、系主任及学科带头人会议”（图 8–10），会上发布了《中国会展本科教育发展报告》，第一次对全国会展本科教育情况进行了摸底。

图 8–10　中国会展教育发展十年论坛现场

2013 年 12 月，邀请美国东卡莱罗纳大学（ECU）教授、《会展与节事旅游研究》（JCET）主编 George Fenich 博士及其夫人 Kathy Hashimoto 博士在上海师范大学举办首届国际会议专家协会（MPI）会议与商务活动职业能力标准（MBECS）培训（由我牵线，第二届在中山大学旅游学院举办）（图 8–11）。

图 8–11　笔者在首届国际会议专家协会（MPI）会议与商务活动职业能力标准（MBECS）培训会上

2014年4月，我正式调至上海对外经贸大学工作，并代理中德合作会展经济与管理专业（IEMS）主任一职，当年有一项重要工作就是作为核心成员，参与策划和组织IEMS成立十周年纪念大会暨中国会展业发展国际研讨会（图8–12）。这次纪念大会包括四大活动，在中德双方团队的共同努力下，最后取得圆满成功。圆满完成这次任务，比较好地树立了我在学校特别是中德双方团队心目中的形象，也帮助我很快实现了角色的转换。

图8–12　上海对外经贸大学中德合作会展经济与管理专业成立十周年纪念大会现场

2015年10月，与好友、时任上海世博会有限公司副总经理陈震等一起，参加“第四届中国（上海）国际技术进出口交易会顶层设计方案竞标”，并最终获得第一名。从此，与上交会组委会执行办建立了良好的合作关系，为后来承接上海市科创地图编制等课题打下了坚实的基础。

2015年12月，与陈震、张菲菲、王涛等业界朋友，利用众筹模式成功发起首届中国会展业未来领袖论坛。这一公益活动品牌激发了众多会展专业大学生的专业兴趣，在业界和学界引起广泛关注。

2016年1月，申请美国专业会议管理协会（PCMA）奖学金，并获得全额资助参加在加拿大温哥华举办的PCMA 2016年年会，会上加入PCMA，成为为数不多的国际分会会员。同年2月28日，成功举办“参加2016PCMA年会全记录分享会”（图8–13），共有来自全国各地的近60位业界和学界同人参加。

图 8-13 参加 2016 PCMA 年会全记录分享会现场

2016 年 9 月，收到 PCMA 教育基金会的信息，并推荐上海对外经贸大学中德合作会展经济与管理专业 2012 级学生颜慧敏申请当年的 PCMA 全球学生奖学金（只有 1 个名额），获得成功。

2016 年 10 月，成功组织第二届中国会展业未来领袖论坛，并发布首届中国会展业未来领袖奖学金。

2017 年 1 月，申请美国专业会议管理协会（PCMA）奖学金，并获得全额资助参加在美国得克萨斯州奥斯汀举办的 PCMA 2017 年年会，会上成为 PCMA 新成立的会展专业教师工作小组（Faculty Task Force）成员（图 8-14）。同年 3 月 26 日，成功组织第二届“参加 PCMA 年会全记录分享会”。

图 8-14　与 JCET 主编 George Fenich 教授在 PCMA 教师工作小组会议上合影

2017年1月，我拿出策划第二届中国创新与新兴产业国际会议（IEID）课题经费的一部分，发起“一起来策划IEID——第三届全国会展专业大学生主题演讲比赛”，并在4月份的中国会展经济研究会2017年年会期间成功举办，因为在会展业产学研融合方面进行了新的探索，这一活动受到了广泛好评。

2017年3月26日，与会议圈创始人杨正共同发起成立“会展人读书会”，截至2018年8月底，该读书会已经组织了48期线上分享会（公益活动）和16期线下沙龙，在会展和活动行业引起了广泛关注。

……

➔案例分析：

从2002年7月参加工作到2017年7月，笔者一直在大学任教。从上述职业发展脉络的梳理中，我们不难看出，参加和亲身参与组织大型活动给个体职业生涯发展带来的改变，而且有些影响是具有里程碑意义的。如果按照古典（2011）的“兴趣—能力—价值”三维框架来分析上述梳理中的不同例子，可以得出以下几点结论。

· 不少活动有助于个体发现或强化特定的兴趣，培养专业技能、激情和自豪感，从而为职业兴趣的培养奠定较好的基础。

· 不管是作为一名普通的参与者，还是作为组织者，个体应充分重视一些重要活动的价值。在一次活动中的努力程度，甚至是一些不经意的表现，可能会在未来的某一天给职业发展带来意想不到的惊喜。

· 个体可以通过参加或亲身组织特定的活动，帮助完成职业生涯不同阶段的任务，譬如寻找工作机会、进行在职培训、提高职业技能、扩大社交网络等。

· 持续学习是个人职业生涯发展的重要组成部分，定期的学习有助于个体不断取得进步，而除了接受正式的学校教育，学习还可以通过参加培训项目、研讨会等多种活动来进行。

· 参加丰富多彩的活动有利于保持工作、学习和生活的平衡，保持平衡可以给个人带来更多的能量和活力，从而给职业发展带来帮助。

· 个体可以通过策划和组织特定主题的活动，为他人和社会创造价值，从而提升自身职业的意义。

思考题：

1. 如何理解美国伊利诺伊大学罗宾·斯维恩（Robin Swain）教授提出的生涯规划金三角模型？

2. 请利用职业生涯规划三叶草模型（古典，2011），对自己的未来职业规划或截至目前的职业发展路径进行分析。

3. 请运用霍兰德职业兴趣理论，对自己的个人性格和所从事的职业之间的匹配度进行分析。

4. 从活动与个人职业生涯之间的关系角度来讲，昆曲达人吕成芳的故事带给我们的最大人生启示是什么？

5. 前法国文化部部长雅克·朗的案例带给你的最大启示是什么？

6. 结合笔者的阶段性职业发展历程，分析参加或亲身组织大型活动可能对个人职业生涯发展带来的影响。

第 9 章

活动与人际关系

人们之所以结合成为群体，是因为他们要在群体中从事共同活动（注：这里的“活动”是指特定行为 /Activity，不是特殊活动 /Special Event）。通过具有社会意义的共同活动，群体能把社会和成员个人联系起来。因此，以活动为中介是集体（Collective）形成的因素，它决定了某群体可能从属的类型，是集体内部过程复杂的多水平结构的原因，并能产生大量的人际关系现象（彼得罗夫斯基，1984）。这种理论开辟了用实验手段研究人际关系的道路。而从某种意义上来讲，特殊活动就是一种现实生活的实验场。

2015年11月，万豪集团和国际专业会议管理协会（PCMA）合作开展了一项关于“会议和活动的未来”的调研，并最终提出了体现活动发展趋势的5个关键词：感应分析、部落化（Tribalization）、内容搜索（Content Safari）、360度体验和虚拟仿真。其中，部落化是指在互联网如此发达的今天，“物以类聚，人以群分”变得更加容易。通过协作、众筹和共创等方式，消费者正从个体主义转向由志趣相投、富有激情的人群组成的社区，这要求未来的活动具有“社区”的功能和意义。

其实，部落化只是人际关系的微小部分。从人际关系的纽带角度来讲，无论互联网的广泛性和普遍性怎样变化，丰富多彩的特殊活动都会影响血缘关系、地缘关系、业缘关系、学缘关系和趣缘关系等各种人际关系。

一、不同类型的活动与人际关系管理

（一）人际关系的界定

1. 人际关系的本质

所谓人际关系，即因为人与人之间的交往而构成的相互依存和相互联系的社会关系，它反映了个人寻求满足其社会需求的心理状态。人际关系对每个人的情绪、生活、工作影响深远，对组织气氛、组织沟通、组织效率以及个人与组织之间的关系等也有着极大影响。人际关系的类型多样，常见的包括亲属关系、朋友关系、同学关系、邻里关系、师生关系、雇佣关系、战友关系、同事关系、医患关系、服务员与顾客的关系及上下级关系等。

概括而言，可以从4个方面来理解人际关系的本质：①人际关系表明人与人交往过程中心理关系的亲密性、融洽性和协调性的程度；②人际关系由3种基本心理成分组成，即认知、情感和行为；③我们人生中需要处理的大部分人际关系的实质是价值交换，良好、稳定、令人愉快的人际关系就是与他人有良好、稳定且令双方满意的价值交换，这里的价值可以是金钱、信息、陪伴、爱等各种美好的东西；④人际关系是在彼此交往的过程中建立和发展起来的。

2. 人际关系学说的发展

人际关系学说起源于著名的霍桑实验（Hawthorne Experiment），其初衷是试图通过改善工作条件与环境等外在因素，找到提高劳动生产率的途径。从

1924 年到 1932 年，美国国家科学院的全国科学委员会以及由哈佛大学心理学教授乔治·梅奥（George E. Mayo）主持的研究小组在美国西方电器公司霍桑工厂先后进行了 4 个阶段的实验：照明实验（目的是研究照明强度对生产效率所产生的影响）[①]、继电器装配工人小组福利实验（目的是找到更有效地影响员工积极性的因素）、大规模访谈（目的是了解职工对现有的管理方式有什么意见）和对接线板接线工作室的群体研究（目的是系统地观察在实验群体中工人之间的相互影响），发现了一系列出乎意料的结果，例如，无论照明度、休息时间等工作条件是否得到改善，试验组和非试验组的产量都在不断上升。

在总结霍桑实验的基础上，梅奥于 1933 年出版了《工业文明的人类问题》一书，其主要观点包括：①工人是社会人，而不是单纯的经济人；②工作效率主要取决于职工的积极性，取决于职工的家庭和社会生活及组织中人与人的关系；③企业中存在非正式组织，应给予重视；④工人的士气或情绪是决定生产效率的一个重要因素；⑤管理人员尤其是基层管理人员应重视人际关系，设身处地地关心下属，通过积极的意见交流，达到感情的上下沟通。

此后，在人际关系学说的推动下，越来越多的社会学家、心理学家和人类学家等参与到管理学的研究中，人际关系理论和组织行为理论不断得以发展。例如，弗里茨·罗特利斯伯格（Fritz Roethlisberger）通过出版《管理与工人》（1938 年）、《管理与工作士气》（1941 年）、《组织中的人》（1968 年）等著作，具体建立了人际关系理论。20 世纪 40 年代，马斯洛（Abraham Maslow）提出了激励理论，20 世纪 50 年代赫茨伯格（Frederick Hertzberg）提出了双因素理论，麦格雷戈（Douglas Mcgregor）于 60 年代提出 X 理论和 Y 理论，70 年代威廉·乌奇（William Ouchi）提出了 Z 理论，等等。

人际关系学说对个人的家庭生活、工作中的人际关系处理具有现实指导作用，即使是近一个世纪前的霍桑实验的发现在今天仍然闪耀着智慧的光芒。正如巫 lala 在自己的微博文章《我工作中的霍桑实验》中所写到的[②]：

“我非常同意这个非正式群体的结论。（非正式群体）简单来说，就是我

① 照明实验的时间从 1924 年 11 月至 1927 年 4 月，从 1927 年起，以梅奥为首的一批哈佛大学心理学、人类学、生理学、统计学等学者将实验工作接管下来继续进行。

② 巫 lala. 我工作中的霍桑实验［EB/OL］. http：//blog.sina.com.cn/s/blog_5e8a71ca0100hoo9.html，2010-03-22.

们读书时就遇到的所谓的小团体。每次 Outing（出游）、Dinner（聚餐）或是 Internal Meeting（内部会议），你都会发现三五成群的组合基本不变。而当正式的大部门大组织某项决策或举动影响到这个小团体的整体氛围和利益时，小团体成员在允许的范围内是会做出和平而默契的抗争的。例如，不久前一次可能的调动直接影响到我们小团体成员之间的职位变动，而且是联动性的变动，而且是一次不公平的变动，即我代替某个成员的位置，而她的职位会降低。为了避免小团体的友情瓦解，可能我们比较稚嫩的职场心理告诉我们不要为此瓦解，我当时拒绝了这样的调动，现在小团体仍然很愉快。有一点颇为重要，这样的小团体如被分配设定了同一个工作目标时，其生产力的强劲将不容忽视。"

（二）特殊活动在人际关系管理中的作用

1. 关系发展过程维度

讨论特殊活动在人际关系管理中的应用，可以从关系发展过程和关系管理内容两个角度入手。美国心理学家奥尔特曼和泰勒（I. Altman & D.A.Taylor，1973）认为，从交往由浅入深的角度来看，良好的人际关系的建立和发展一般需要经过定向、情感探索、感情交流和稳定交往 4 个阶段。其中，定向阶段包含对交往对象的注意、抉择和初步沟通等多方面的心理活动；情感探索阶段即彼此探索双方在哪些方面可以建立真实的情感联系，而不是仅仅停留在一般的正式交往模式；在感情交流阶段，双方关系的性质开始出现实质性变化；到了稳定交往阶段，人们心理上的相容性会进一步增加，自我暴露也更广泛深刻。

以夫妻双方的关系发展为例，可能会涉及的特殊活动包括在参加某次活动中相识、约会、订婚、结婚、新生儿的满月酒、亲子活动、纪念日甚至离婚等（表 9–1）。

表 9–1　特殊活动在人际关系管理不同阶段中的应用

人际关系主要阶段	以夫妻关系为例	备注
定向	在参加某次活动中相识，譬如相亲联谊会、同行会议等	
情感探索	约会（例如，一起观看演唱会、参加公益活动等）	每一次约会都有必要精心策划

续表

人际关系主要阶段	以夫妻关系为例	备注
感情交流	继续约会（以强化感情），同时开始自我暴露问题，直至求婚（谈婚论嫁）	有可能因为感情不和而分手
稳定交往	订婚、结婚，以及婚后的各类家庭活动（包括满月酒、亲子活动、纪念日等）	有可能因为感情破裂而离婚

2. 关系管理内容维度

按不同的标准，可以将人际关系划分成不同的类型。常见的分类方法有 3 种：按人际关系组成的纽带，按人际关系的需要以及按社会生活领域。例如，从人际关系纽带的角度出发，特殊活动对血缘关系、地缘关系、业缘关系、学缘关系和趣缘关系都能产生广泛而深刻的影响，在具体分析时还可以结合人际关系的需要来讨论，如表 9–2 所示：

表 9–2　特殊活动在不同类型人际关系中的应用

人际关系基本类型	主要次级关系	常见活动举例
血缘关系	父母子女	亲子活动、父亲节、母亲节、儿童节
	兄弟姐妹	家庭聚会、春游、×× 社区家庭文化节
	其他亲属关系	×× 后裔访华团、×× 省亲会、祭孔大典
地缘关系	同乡关系	同乡会活动、浙商论坛、上海市湖北商会楚商论坛
	社区 / 邻里关系	社区文化节、社区交谊舞比赛、村民论坛
	地域关系	欧美同学会年会、×× 协会华东地区分会年会、×× 大学校友会华东地区联谊会
业缘关系	上下级关系	企业年会、团建活动、青年员工座谈会
	同事关系	团建活动、培训、企业年会
	同行关系	×× 省市商会年会、协会会员大会、产业发展研讨会
	竞争对手关系	展览会、订货会、评选活动
学缘关系	同学关系	同学会年会、毕业 ×× 周年聚会
	师生关系	谢师宴、学位论文答辩、恩师诞辰 ×× 周年座谈会
	校友关系	校友会年会、校友联谊会、校友论坛
	学术关系	学术研讨会、工作坊、学术演讲

续表

人际关系基本类型	主要次级关系	常见活动举例
趣缘关系	足球	大学足球协会年赛、×× 足球俱乐部邀请赛
	广场舞	街道广场舞比赛、市民文化节广场舞汇演
	……	……

注：在次级关系中只是列出了主要类型。

（1）按人际关系组成的纽带可以分为血缘关系、地缘关系、业缘关系、学缘关系和趣缘关系。其中，血缘关系是由婚姻、生育而产生的一种关系，如父母与子女的关系、兄弟姐妹关系，以及由此而衍生的其他亲属关系；地缘关系是由居住在同一地域而形成的人际关系，如同乡关系、社区 / 邻里关系；业缘关系是由于从事共同的或有关联的工作而形成的人际关系，如上下级、同事、同行、竞争对手之间的关系等；学缘关系可通过学校、各类培训活动、学术会议及其他相关方式建立，如同学关系、师生关系、学术关系等；趣缘关系是因人们的兴趣、志趣相同而结成的一种人际关系，如儿童的游戏伙伴关系、青年人结成的舞伴关系、老年人因喜欢打牌、下棋而形成的牌友、棋友关系等。

（2）按人际关系的需要可分为容纳的需要、支配的需要和感情的需要三大类，进而可以形成 6 种人际关系倾向，即主动与人交往、期待他人接纳自己、支配他人、期待他人引导自己的感情、对人表示亲密、期待他人对自己亲密（Schuts，1958）。下面的案例就是一个主动与人交往的典范：

➔经典案例

在赛马会上与英国女王大方地握手

2015年6月6日，在艾普森德比（Epsom Derby）赛马大会上[①]，一位穿着燕尾服的男童主动走向英国女王，在征得同意后，脱下礼帽郑重其事地和女王握手，小

① 艾普森德比（Epsom Derby），在香港译为“叶森打吡”，是全球各地德比赛的“始祖”。由德比伯爵创立于1870年，通常在每年六月的第一个星期三举办。比赛地点在艾普森赛场（Epsom Downs Racecourse），途程全长 2423 米，限三岁马参赛，是英国奖金最高的平地赛马赛事。

男孩的绅士举止吸引了世界媒体的关注（图 9–1）。这让人们对小男孩的身份产生了浓厚的兴趣，毕竟不是谁都能跟女王握手，何况是一个小孩。英国媒体很快披露了这位小绅士的身份，小男孩名叫穆罕默德·阿哈默德·贾贝尔·阿尔·哈比（Mohammed Ahmed Jaber Al Harbi），父亲 AJ 是酷爱马术的迪拜王储哈姆丹的密友。AJ 是忍耐力大赛的世界冠军，因此认识了哈姆丹王子，并成为好朋友。

图 9–1　哈比在赛马会上与英国女王握手

哈比与女王握手的画面被哈姆丹传到社交网站上，他还附言道："没有什么比一个得体的握手更能表达敬意的了。"视频迅速火爆全球，网友纷纷表示，哈比和女王的互动简直萌到爆。

哈姆丹看着哈比长大，称他为"最好的朋友"，走到哪都带着。他带着哈比环游世界各地，两人一起喂长颈鹿，一起出海钓鱼，一起穿正装领奖杯……在哈姆丹的 Instagram 账户上，经常可以见到他和 AJ、哈比父子在一起的照片。去年，哈姆丹、AJ 和哈比也参加了英国皇家赛马会。其中一张照片里，哈姆丹抱着哈比，目光直视飞机舷窗外，十分有爱。哈姆丹的评论写的是："这是穆罕默德（哈比），我最好的朋友。"

除了哈姆丹王储，哈比和迪拜酋长谢赫·本·拉希德·阿勒马克图姆的关系也很不错。哈姆丹的 Instagram 账户中，可以看到不少哈比和阿勒马克图姆的合照，其中一张还是大手牵小手的。

资料来源：王裳．那个与英女王握手的绅士男童是迪拜王储的好友［N］．信息时报，2015–06–12.

（3）按社会生活领域，可以分为家庭生活领域的人际关系、职业生活领域的人际关系和社会公共生活领域的人际关系（常永军，1988）。

社会生活具有活动范围的广泛性、交往对象的复杂性、活动方式的多样性及活动结果的相关性等特点。以社会公共生活为例，人们在公共生活和相互交往中要遵循许多约定俗成的基本行为规范，涉及个人和人际交往中的仪表仪容、言谈举止、待人接物等各个方面。在公共场所，应遵循的日常礼仪规范主要包括遵守秩序、仪表整洁、讲究卫生、尊老爱幼和礼让女士等。

➔补充知识

社会公共生活中几种常见活动的礼仪

1. 出席中式宴会

（1）入座：主人或者长者主动安排众人入座；来宾在长者或女士坐定后，方可入座；入座时，男士为身边（尤其是右边）的女士拉开座椅并协助其入座。

（2）座次：基本上按照以右为尊的原则，将主宾安排在主人的右侧，次主宾安排在主人的左侧（图 9–2）。参加人数较多的宴会，主人应安排桌签以供客人确认自己的位置。另外，需要注意中式和西式宴会的不同。

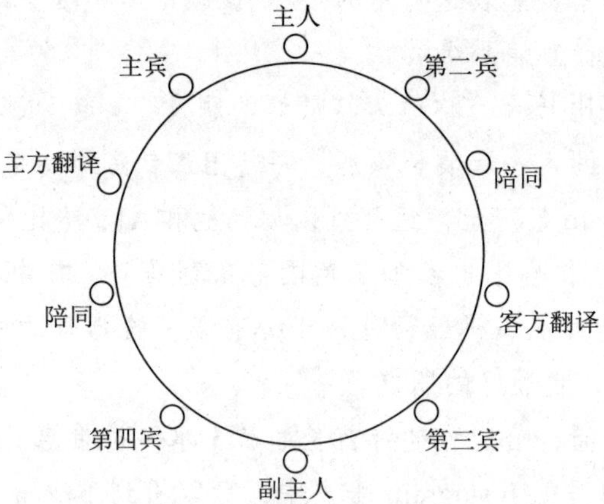

图 9–2　中式宴会的座次安排（以 10 人为例）

（3）体态：入座后姿势端正，脚踏在本人座位下，不跷腿，不抖动腿脚，也不可任意伸直；胳膊肘不放在桌面上，也不要向两边伸展而影响他人。

（4）交流：宴请是一种社交场合，在餐桌上要关心别人，尤其要招呼两侧的女宾；口内有食物，应避免说话也不要敬酒；宴会上应营造和谐温馨的氛围，避免涉及死亡、疾病等影响用餐气氛的话题。

（5）布菜：主人可为身边的客人布菜。布菜应使用公勺或公筷。布菜时要照顾到客人的饮食偏好，如果客人不喜欢或者已经吃饱，不再为客人夹送。

（6）用餐：自用餐具不可伸入公用餐盘取菜舀汤，应使用公筷公匙；筷子不能一横一竖地交叉摆放，不能插在饭碗里，不能搁在碗上。是否添加佐料，要在品尝菜肴后再决定，未尝之前就添加佐料被视为对烹调者的不尊重；夹菜应看准下筷，不宜随意翻拣；小口进食，避免大口嚼咽；如吃到不洁或有异味的食物，不要大呼小叫，应取用餐巾纸吐出包好后处理掉。

一般中餐宴会的摆台形式如图 9-3 所示。

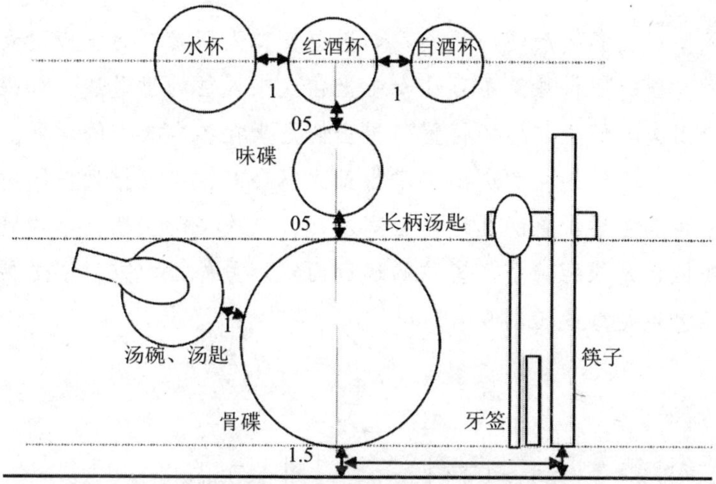

图 9-3　一般中餐宴会的摆台形式

（7）敬酒：主人先为主宾斟酒，若有长辈或者贵客在座，主人也应先为他们斟酒。主人为客人倒酒时，客人以手扶杯表示恭敬和致谢。首次敬酒由主人提议，客人不宜抢先；敬酒以礼到为止，各自随意，不应劝酒。

（8）散席：一般由主人表示结束宴会，主人、主宾离座后，其他宾客方可离开。

（9）其他：切忌用手指剔牙，可以使用牙签并以手或手帕遮掩，牙签使用后折断放在接碟中。若不慎将酒水、汤汁溅到他人衣物上，应表示歉意，如对方是异性，不必亲自为其擦拭，请服务员帮助即可。结账时，避免几个人同时争抢付账；未征得主人同意，不宜代为付账。

2. 自助餐

（1）取餐按照餐厅设定的方向顺向排队，不可逆向行进更不可插队。

（2）根据个人食量取菜，一次不可取太多，吃完一盘后再去取用，避免在面前同时摆放多个盛满食物的餐盘。取菜时，不宜说话、咳嗽、打喷嚏，以免唾液溅入餐台菜品中。

（3）如是宴请或者聚会，应等同桌所有人都取完菜落座后，一起开始用餐。

（4）再次取菜时，不使用已用过的餐具。

（5）不将所取的食物带出餐厅。

3. 西餐

（1）入座：西餐一般使用长桌。如果男女二人用餐，男士应请女士坐在自己的右边或对面，还得注意不可让女士坐在人来人往的过道边。如果是两对夫妻就餐，应请夫人们坐靠墙的位置，男士们则坐在各自夫人的对面。每个人入座或离座均应从座椅的左侧进出。举行正式宴会时，座席排列按国际惯例：桌次的高低依距离主桌位置的远近而右高左低，桌次多时应摆上桌次牌。同一桌上席位的高低也是依距离主人座位的远近而定。另外，西方习俗是男女交叉安排，即使夫妻也是如此（图9–4）。

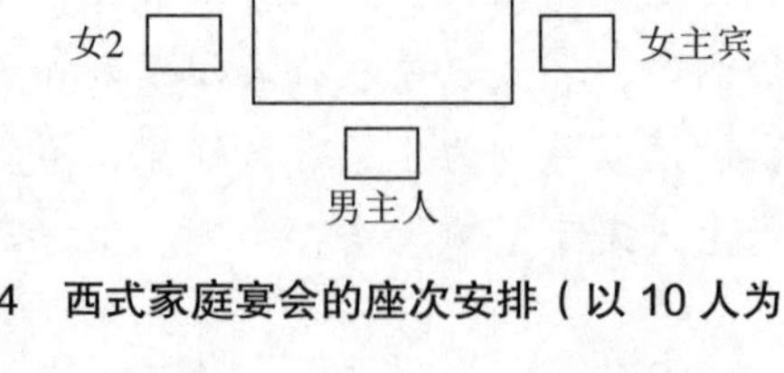

图9–4　西式家庭宴会的座次安排（以10人为例）

（2）餐巾布：餐巾可以用来擦嘴或擦手，要以对角线叠成三角形状，或平行叠成长方形状，污渍应全部擦在里面，外表看上去一直是整洁的。离开席位时，即使暂时离开，也应该取下餐巾布随意叠成方块或三角形放在盘侧或桌角，最好放在自己的座位上，千万不要把餐巾挂在椅背上，或是揉成一团放在桌子上。

（3）刀叉使用：左手拿叉按住，右手拿刀切开，然后再用叉将料理叉起送入口中。如果是细碎的食物，可用叉子的正面舀起。在与朋友聚餐的轻松场合，如果不需用到刀子，可以用右手拿叉进餐。用餐期间，刀叉在盘子上放成汉字的八字，刀刃朝内，叉齿朝下，这意味着这个菜还没吃完。用餐结束后，可将叉的正面向上，刀的刀刃侧向内与叉并拢，平行放置于餐盘。

一般西餐宴会的摆台形式如图 9–5 所示。

单位：厘米

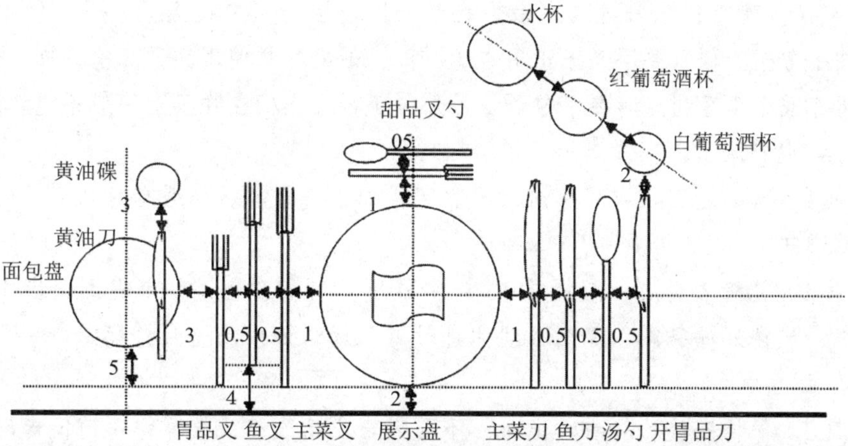

图 9–5　一般西餐宴会的摆台形式

（4）点菜：典型的西餐套餐形式是“前菜→汤→鱼类料理→肉类料理（主菜）→水果冰点→沙拉→甜点→水果→咖啡”。在前菜之前可饮用少许开胃酒，也可以选用很少量的小点心。当然，如果在餐厅里，可以按餐厅所决定的菜品组合依序进餐，也可以依自己的喜好自由搭配。

（5）前菜：前菜有点像中餐中的冷盘，有鱼子酱、烟熏鳜鱼、生火腿、小龙虾、生蚝或蜗牛等，可以比较随意。

（6）喝汤：喝汤时千万不要发出声音，应将汤匙微微倾斜比较容易饮用。如果汤还很烫，可以利用汤匙静静地来回搅拌使温度下降。汤喝完后直接把汤匙放在汤盘内，或是放在餐盘上。

（7）吃面包：面包一般是无限量供应的，千万不要吃太多的面包。为了不吃下太多的面包，最好在用过前菜、汤端上来后再开始吃面包。吃面包时，应先用手撕下一口的量后再吃。切忌用刀、叉切或叉面包。

（8）肉类料理：应从左边开始切，调味酱应放在盘子内侧。放在牛排旁边的蔬菜不只是为了装饰，而是基于营养均衡的考虑而添加的，因此应与肉交替吃完。不可一开始就将肉全部切成一块块的，否则好吃的肉汁就会全部流出来了。

（9）喝咖啡：餐后最适合饮用蒸气加压的浓缩咖啡，因浓缩咖啡含咖啡因很少，即使在晚上也可以安心饮用。一般是先喝一小口，品尝一下咖啡的香气后，再依喜好放入适量的糖与牛奶。

（10）甜点：吃果盘或水果蛋糕时，应当用甜点勺和叉子，喝果汁也需要这种小勺子。但只要用叉子比用勺子方便，最好尽量使用叉子。吃果冻、乳酪、牛奶冻或布丁等甜点时要用勺子。另外，年轻女士们在晚宴上一般不吃奶酪。

4. 观看演出

（1）着装适宜。衣着整洁，不宜穿背心、拖鞋等。如遇有特殊要求的，应自觉遵守。

（2）礼貌入场。一般提早 15 分钟进场，对号就座；如果迟到，应先就近入座，或在外厅等候，等到幕间休息时再入场；如果入座时打扰了他人，应表示歉意。

（3）保持安静。观看演出时，不要大声说话或交头接耳；不随便走动；将手机关闭或调成静音状态；不吃带皮、带壳和其他会发出声响的食物；如果戴着帽子应摘下，以免影响后排观众。

（4）有序退场。一般不应中途退场。要注意正确鼓掌，例如在听交响乐时不在乐章间鼓掌，如果指挥需要观众在乐曲中鼓掌营造气氛，他/她会转过身来，向着观众打拍子，这时候可以跟着节拍鼓掌。演出全部结束后起立鼓掌，若演员出场谢幕，应再次鼓掌；谢幕结束后按顺序退场。如遇嘉宾上台接见演员，应在接见仪式结束后再退场。

5. 举行家庭招待会

（1）准备：整理房间、整饰衣着、备齐用品、提前等候。

（2）迎客：热情迎接问候，让进屋内；若有他人在场，应予相互介绍。客人进门时，可接过其衣帽、雨具或示意放置位置，但不要去接客人的手提包。

（3）待客：先请客人落座，主人后坐下；送上饮品或点心；专注交谈，不宜不停起身，或一边看电视一边交谈，或经常暗示时间；不可穿着睡衣接待客人。

（4）送客：起身相送，一般应送到电梯口、楼下或大门口；应挥手致意，目送客人远去。

6. 参加葬礼

（1）服装：穿黑色或蓝色等深色服装，男士可内穿白衬衣或暗色调的衬衣，女士不应涂鲜艳的口红或佩戴亮色调的围巾。

（2）饰品：可以戴墨镜，但尽量不要佩戴饰品，如需佩戴可考虑素色饰品或尽量不要外漏。

（3）慰问语：关怀和安慰对于死者亲属是很有必要的，一些过当的举动如号啕大哭应尽量避免。作为慰问语，一般可以这样说，“发生这样的事情，真的很悲痛，请节哀”或“真是太突然了，请保重身体”等。

（4）措辞与举止：在葬礼上一定要注意用语，不要出现“死”“惨”等使人联想到不幸的词汇；吊唁者应肃穆，不要高谈阔论。如果带着小孩，不要让孩子嬉笑打闹，说话声音尽量压低，举止轻缓稳重才能显示出诚意。

资料来源：作者根据相关文献和网络资料整理。

二、实用技巧

1. 家庭生活领域的人际关系

➔经典案例

离婚典礼：散“买卖”，不散交情

李香山，是电影《非诚勿扰2》中的一个角色，由著名演员孙红雷饰演，我起初只觉得是为了保证票房才请这大腕儿的，对出演的角色并不看好。李香山在影片中出现，以一场华丽浪漫的所谓“散买卖不散交情”的离婚典礼开始，最后又以一场富有喜感又不失煽情的人生告别会结束，然而却因他离开人世前从头至尾的情节成就了两位男女主角的纠结爱情，迎来圆满的大结局。

图 9-6　电影《非诚勿扰 2》剧照：离婚典礼片段

秦奋：我宣布芒果女士和李香山先生的离婚典礼现在开始。

秦奋：请二位旧人入场。

秦奋：停。

秦奋：今天我们在一起见证我们的共同的好朋友——芒果和香山结束他们维持 5 年的婚姻，从夫妻变回熟人。

秦奋：请你们对钱发誓，以下你们做出的承诺是诚实可信，深思熟虑，义无反顾的。

秦奋：芒果，你诚实地回答我，把手放上，从今往后，不论香山多么富有，多么健康，多么爱你，你都不愿意和他在一起吗？

芒果：不愿意。

秦奋：香山，你诚实地回答我，从今往后，不论芒果多么漂亮，多么动人，多么爱你，你都不愿意和她在一起吗？

香山：不愿意。

秦奋：下面请二位互相交回戒指。

秦奋：我替你们挖抗埋了。

秦奋：要最后一吻吗？

亲友：要！

芒果：不必了吧。

香山：那就不必了。

秦奋：他们说不必了。

秦奋：下面剪喜字。

秦奋：那就像熟人一样握个手吧。

秦奋：再像熟人一样拥个抱吧。

秦奋：离了也是好朋友。

秦奋：散买卖，不散交情。

秦奋：二位倒香槟。

秦奋：不过啦。

资料来源：电影《非诚勿扰 2》台词。

点评：我个人非常喜欢这段电影片段，心存善意和宽容，“散买卖，不散交情”。如同当初举办婚礼主要是为了用一场仪式来得到见证、赢得祝福和告知天下一样，芒果和香山的离婚也得到了亲友们的祝福，毕竟这象征着新生活的开始。在现代社会，随着人们婚姻、家庭观念的转变，离婚在很多人眼中早已不是一件令人难以启齿的事情。

在日本，许多感情不和的夫妻选择通过举办庄重的离婚仪式来结束婚姻。2009 年，“离婚仪式”由有过销售经验的寺井广树（Hiroki Terai）率先发起，他在东京一处小小的隐蔽地点建立了一座“离婚公馆”（divorce mansion），专门负责操办离婚仪式。仪式上，在现场亲朋好友的见证下，夫妻双方庄重地说出“我愿意”，就此宣告婚姻结束。离婚典礼结束后还有聚餐，届时男女双方各坐一桌，与各自的亲友叙旧，宴席上备有简单的餐点，但没有酒，据说是为了避免双方酒酣耳热时爆发冲突。

寺井把离婚仪式方案叫作“Re：婚がえる”，Re 代表“离”，同时也有“Restart（重新开始）”的意思。吉祥物是一只青蛙，在日语里“蛙”和“变”的发音相同，寓意改变和开始新生活。离婚仪式的一般流程是这样的。①离婚夫妇乘坐人力拉车到“离婚公馆”。一般在浅草寺乘坐，据说浅草寺对姻缘很灵验，很多夫妻认为自己的感情是从这里求来的，因此也要从这里结束。②离婚夫妇在离婚仪式上发言，说明离婚理由。感谢在彼此生命中走过一程，分开之后还是朋友。③家人及亲戚朋友送上祝福。不管什么时候，家人和朋友都是陪在你身旁，最懂你、最支持你的人。④离婚夫妇携手用“青蛙铁锤”将婚戒敲扁，象征感情的彻底破裂。两个人共同勇敢地与过去做个了断，去迎接新的开始。⑤切蛋糕。在这个环节，你可以往对方脸上抹满蛋糕，借机“报复”一下对方。

回到人际交往上来，家庭成员的婚、丧、嫁、娶等活动都是一个家庭开展对外交往的重要场合。家庭交往也称家庭社交，它与一般意义上的社交有所不同，是指家庭成员或家庭整体与家庭之外的个人或群体 / 组织相互作用的过程。家庭社交的对象分为两类，一是自然形成的社交对象，包括亲戚、邻居及家庭成员的师生、同事等；二是人为经营的社交对象，主要指家庭成员的朋友、家庭成员的婚恋对象以及友好家庭等。设计合理的家庭交往活动有助于满足家庭成员的心理需要、实现家庭成员的社会化、促进家庭的对外交流和信息传播，进而形成更有张力的社会人际关系。

2. 职业生活领域的人际关系

➔经典案例

爱因斯坦出席日内瓦大学建校 350 周年庆典

1952 年夏天，有位传记作者 Carl Seelig 给爱因斯坦写信，询问他第一次获得荣誉博士学位的具体情况。爱因斯坦回信说，那件事发生于 1909 年，当时他还在瑞士联邦专利局（位于 Bärn，中文翻译为伯尔尼）谋生，尽管他早在四年前就发表了狭义相对论。为了庆祝约翰·加尔文（Jean Calvin）创建该校 350 周年，日内瓦大学在 1909 年夏天颁发了一百多个荣誉学位。信的原文是这样的：

有一天，我在位于伯尔尼的专利局收到一个大信封，里面是一张装帧精美的纸片。纸上用花哨的字体（简直令我相信这是拉丁文[①]）印了些貌似与我无关也无甚趣味的内容[②]。于是，这东西立刻进了办公室的废纸篓。后来我才知道，这是在邀请我参加加尔文庆典，并且宣布我已被日内瓦大学授予了荣誉博

① 其实是法文，用书写体印成。

② 这份令人难忘的文件上有个显著错误，或许是它触动了爱因斯坦的下意识并影响了他的行动：学位接受者被印成了“特恩斯坦（Tinstein）先生”，而不是“爱因斯坦（Einstein）先生”。

士学位。显然，日内瓦大学的人正确地理解了我的沉默，于是他们求助于我的朋友兼学生卢西恩·查文（Lucien Chavan）。他是日内瓦人，但当时住在伯尔尼。他劝我去日内瓦，因为这事推也推不掉——此外他没做什么解释。

于是我在指定的日子赶赴日内瓦。当晚，在我们下榻的旅馆的餐厅，我认识了几位来自苏黎世的教授……他们各自说了自己是以什么身份来的。由于我一言不发，他们便问起我这个问题，我只得承认我对此一无所知。好在他们什么都知道，并且不吝向我透露了内情。第二天，人们要我和一群学者一同露面，但我身上只有草帽和便服。我想一个人待着，这个要求被断然拒绝。由于我的参与，这次庆典显得颇为滑稽。

庆典以宴会告终，这可算是我一生中参加过的最丰盛、最奢华的宴会了。我问坐在我身边的日内瓦显贵："假如加尔文还在这里，你知道他会干什么吗？"他表示不知道，并问我有何高见。我说："他准会竖一个大火堆，把咱们这些饕餮之徒全都烧死。"那男人再也没有吭声。以上就是我对这次难忘的庆典活动的回忆。

资料来源：[美]海伦·杜卡斯，[美]巴纳希·霍夫曼．爱因斯坦谈人生[M]．李宏昀，译．上海：复旦大学出版社，2013.

点评：这个案例很有意思。首先，日内瓦大学在邀请函中把"爱因斯坦（Einstein）"的名字写成"特恩斯坦（Tinstein）"实在是犯了低级错误，但爱因斯坦出席一所大学建校 350 周年的庆典并被授予荣誉博士学位，"身上只有草帽和便服"，确实也令人匪夷所思。尽管是受朋友兼学生卢西恩·查文的劝告才出席，但既然答应就要做好相应的准备。在这件事上，与诺贝尔物理学奖获得者罗伯特·劳夫林（Robert B. Laughlin）教授夫妇出席诺奖颁奖礼相比，爱因斯坦要明显逊色。

在一个人的职场生涯中，会遇到很多类似的应酬性活动，不管是主动的还是被动的参与。笔者认为，但凡特殊活动，只要决定参与，就应该围绕"目标"进行必要的策划。2016 年 5 月 2 日，备受关注的纽约大都会艺术博物馆慈善舞会（MET Gala）开幕，当年的主题是"探寻时尚的科技时代"，活动上各路女明星争奇斗艳，但《国土安全》的女主角克莱尔·达内斯（Claire Danes）穿着一套复古优雅但在黑暗处会发光的礼服裙，震惊四座，抢光了所有风头。她和设计师 Zac Posen 的策划非常成功，既展示了优雅，又与科技的主题相呼应，同时也赚足了媒体的眼球，这就是真正的“有备而来”（图 9–7）。

图 9–7　克莱尔·达内斯（Claire Danes）在 MET Gala 2016 上的晚礼裙

3. 社会公共生活领域的人际关系

➔经典案例

用创意让单身青年勇敢“说”出爱

2015 年的五一小长假，金六福推出的一款号称“表白神器”的神奇装置席卷全国各大景点，吸引了众多年轻人驻足围观并参与互动，大胆为爱呐喊。

这个“表白神器”名叫“结婚加油站”，由一台分贝互动装置与“金六福 520 大红瓶”的模型组成。参与者只需扫描二维码、关注金六福官方微信“金六福——幸福公社”，就可以根据“单身”“恋爱”“结婚”等不同身份获得不同的挑战任务——说一句勇敢表白的话，或者是一句大胆求婚的宣言，然后根据挑战任务，在“结婚加油站”前的幸福分贝仪大声喊出自己的勇敢宣言，当声音达到一定分贝促使“心形灯”亮起，挑战成功，现场可获得金六福酒礼物。

“结婚加油站”是金六福酒 2015“勇敢结婚”大型公益活动的一部分，包括中国青年人群婚恋观社会调查、2015“勇敢结婚”启动仪式以及大型相亲会等活动，旨在通过有趣、创意的互动，让广大青年男女直面爱情、婚姻，让他们大胆表达自己对幸福观、婚恋观的看法，助力他们勇于寻找人生幸福，以解决社会的“剩男剩女”问题。

图 9-8　活动现场吸引了众多青年排队为爱呐喊

简单而充满挑战的互动装置吸引了众多市民围观呐喊（图 9-8），一波又一波男女青年鼓足勇气对着“表白神器”大胆喊出了“我要早日脱光，找到心中的女神”“我们结婚吧，我会让你永远幸福”等爱情宣言。

资料来源：金六福“结婚加油站”亮相五一街头 众青年为爱勇敢呐喊［EB/OL］. http://http://www.dzwww.com/xinwen, 2015-05-04.

点评：在该案例中，除了因为被娱乐的元素吸引，很多男女青年之所以愿意在“结婚加油站”大胆进行表白，可能还希望在大庭广众之下得到更多人的见证。在移动互联时代，个人的意见表达、相关群体之间的互动、社会各种话语体系的整合、大众情绪的展露等都呈现出不同以往的形态和风貌。人们试图在微信、微博等公共空间，构建一种极具个人化的社交网络关系和情感共同体。特殊活动同样如此，它为参与者提供了一种临时的在场空间，甚至是一种公共生活的制度性表达。

对于个体而言，社会公共生活是指一个人在公共空间里与他人之间发生相互联系、相互影响的共同生活。与家庭生活、学校生活、职业生活相比，公共生活的领域更加宽广，内容更加丰富，形式更加精彩。随着经济社会特别是互联网的发展，公共社会的场所和领域不断得以扩展，从传统的公交车、影剧院、图书馆、公园、集体宿舍等到新兴的地铁、证券交易所、机场、会所、创客空间等，直到虚拟世界。今天，人们即使足不出户，也可以通过电话、网络等现代通信工具介入社会公共生活。

借助参加或组织特定的活动，人们可以在社会公共生活中发挥相应的作用，同时建立或改善与其他人之间的人际关系。例如，每年的农历腊月二十八（腊月是小组人员较为整齐的月份，外出务工人员陆续返乡，留守村民处于农闲时期），赣南承坑村民小组的成员将召开年会，集体讨论和决策本小组事务，包括小组集体资源发包、产生村民小组长等。该制度是承坑村民公共生活的一种习惯，源于中华人民共和国成立前宗族在农历新年前的集体聚会。中华人民共和国成立后，国家权力对乡村社会进行重构过程，年会以合乎政权体系要求的方式留存下来，并延续至今（刘勤，2007）。

三、精彩实践

➔综合案例

姚华松：用论坛推动参与式农村文化建设

姚华松，人文地理学博士，主要从事社会地理方面的研究，他于2016年、2017年连续两年在自己的老家湖北省黄冈市浠水县团陂镇凤形村陶家仓组织“陶家仓论坛”，借此亲身实践和观察参与式农村文化建设，推动家乡发展，引起了地理学界的广泛关注和一致好评。

本案例的资料主要来源于姚博士在筹备第一届“陶家仓论坛”前后在微信朋友圈发表的两篇长文及相关媒体报道，还有部分学者的评价。为了保证内容的原真性和可读性，下文采用了第一人称。

1. 活动缘起

2月2日（农历腊月二十四），我回到家乡湖北省黄冈市浠水县团陂镇凤形村陶家仓欢度春节。陶家仓地处鄂东丘陵山区，呈“七山二水一分田”的格局，农作物以水稻、小麦、棉花、花生和油菜等为主，基本处于自给自足状态，大量村民选择外出打工。截至2015年年底，全村有18户，共计93人，人均纯收入1750元，主要源于外出务工。

一年前的春节，我对村里进行了较为细致的调研，主要从回家过年的视角，详细讨论了打工文化背景下农村打工者的“家空间”的生产过程，形成了《2015春节回乡笔记：湖北浠水县FX村》。那么，2016年春节，我又可以做点什么呢？

以下几乎是我所在乡村近十年以来的过年情景：年轻人打牌或玩麻将，小孩玩玩具或写寒假作业，老人非常辛苦地忙碌于屋前灶后，基本是各家各户各人各忙各的，相互间交流不多，尤其是作为一个村聚落的集体活动更是少之又少。这种现象更深层次的原因是，打工经济催生的村落内部户际差异越来越大，传统的乡土社会和乡村社区正在面临与经历一定程度的瓦解，打工收入差距、宅基地建房等事端引致的农村内部社会冲突和矛盾并不少见。

由此，我有了一个想法：策划组织一个论坛，把全体村民团结起来。让全村人作为一个集体，共同做一点快乐的事情，坐在一起谈一些务实的话题，共同参与各种老少皆宜的运动与游戏，从而沟通邻里感情，丰富过年氛围。其核心理念在于回归社区的本义——共同体。论坛的宗旨是活跃过年气氛，增近交流，了解村民需求，建设和谐家园。论坛贯彻两大原则：尽可能全民参与、文化与娱乐相结合。2月3—5日连续3天，我开始加班加点运筹议程及人员安排、设备租借、场地时间等，一干细节都需要认真对待。

2. 活动计划

以下是我草拟的活动计划：

A. 目的

丰富过年节日气氛，增加相互了解沟通，提高村民文化建设能力，增强凝聚力和自治能力，建设和谐美好陶家仓。

B. 原则

尽量零成本；尽量多人参与活动，男女老少都参加；使用家乡话；气氛活跃；各主持人控制时间，不能拖堂，切中议题不废话。

C. 程序

1）自己与村里的几位年轻人和活跃分子先沟通，酝酿几个讨论议题（子女教育：哪里上学，面临哪些困境；打工体验：想法与难处；家庭关系：与父辈沟通，夫妻关系，留守务农者的心声；城乡联系：为村落建设出力、出智；体育比赛：拔河、钓鱼、朗诵、广场舞），征求意见，形成书面的论坛议程。

2）朋友代抄写并发议题给各户，几个骨干组织协调准备，布置会场。

3）腊月二十八吃完大年饭各自搬椅子到某庭院，11点开始，17点结束，午餐是稀饭咸菜（年饭应该酒足饭饱，中午简单清淡一些）。

4）摄影、后勤、微信直播、会后宣传等（需要的器材：3个电池微型麦克风）。

D. 负责人安排

论坛总负责人：姚华松、细红儿佬儿（致辞，总结，协调）；

子女教育议题负责人：姚春红、柯月（开场白、组织、总结）；

打工体验议题负责人：旺平哥、王建华（开场白、组织、总结）；

家庭关系议题负责人：姚红明、柯月（开场白、组织、总结）；

留守者心声议题负责人：金平细爷、胡个大大（开场白、组织、总结）；

城乡联系议题负责人：姚金涛、大红儿佬；

拔河比赛负责：姚东辉、姚全；

钓鱼比赛负责人：王又兵、王小波；

朗诵比赛负责人：王又军、姚卉；

广场舞负责人：姚东霞、幸珍姐。

希望活动取得成功，大家一起加油！

3. 活动效果

2月6日（农历腊月二十八）上午11时，天气晴朗，风和日丽，陶家仓迎来了“第一届陶家仓论坛”，本村90余人、过来捧场的邻村人及我的同学和朋友，合计110余人一起参加了本次活动。论坛现场彩球飘飘，人声鼎沸（图9–9），与会者在心愿墙上签名留念，留下美好的新年祝愿，在引座员的引导下，按照第一、第二排老人、第三排小孩，后面其他人员的座次就座。

我作为主持人，首先表达了对全体村民和与会者的感谢和新年祝福，并特别介绍了本次论坛的意义，打消了不少村民的质疑念头（最初，一些村民觉得，在农村办论坛讨论专题问题，很不现实，我是在没事找事）。在轰轰的礼炮声中，村主任姚少明宣布，第一届陶家仓论坛正式开始。

论坛前半环节是专题论坛，采取“1+3+X”的形式开展，即1位主持人、3位主讲人和台下随机发言相结合，主要围绕子女教育、打工体验、家庭关系、留守者心声和家乡建设五个核心话题展开讨论。5个专题论坛之间，还有独舞、双舞、独唱、抽奖等环节穿插，论坛气氛活跃。

图 9-9 “第一届陶家仓论坛”现场

从四天前的突发奇想到最后的成功举办，第一届陶家仓论坛终于告一段落。连续 4 天构思到凌晨两点，早上不到六点又挑灯酝酿，我尽全力考虑周全。但说实话，在鄂东一个典型的仅有 90 余人口的传统村落，借用城里“1+3+X”的模式举办一个既高大上、又接地气的文娱结合的论坛，开始我心里的确打鼓。我担心不会有多少人参加，担心不到下午就人员稀少，担心淳朴的乡民不敢表达而频繁冷场，担心会场秩序失控，担心出现答非所问……这次论坛对于几乎全程组织筹划和主持的我而言是全新的，对广大乡亲们而言更是全新的，各种担心，各种害怕。

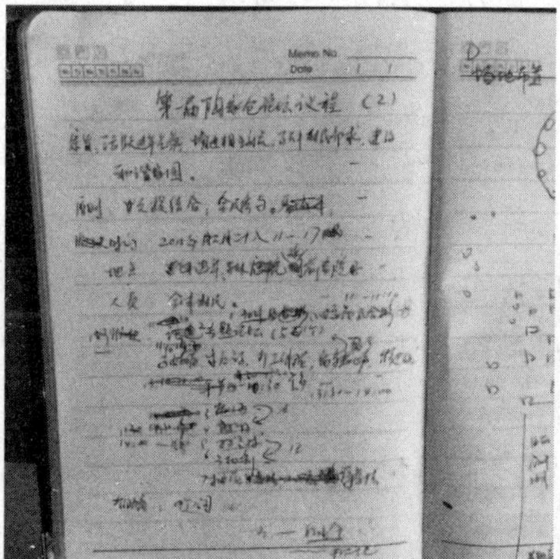

图 9-10　姚华松策划第一届陶家仓论坛时的笔记

然而，我克服了巨大压力和各种挑战。今天的论坛非常成功，无论本人还是与会者都感觉不错。无论基于文化的讨论深度、互动性，还是活动气氛，欢声笑语响彻陶家仓。我终于可以安心，可以给自己一个大大的赞，这无疑是猴年春节期间我干的最漂亮的一件事。

在此，我必须表达对全体村民和与会者的感激，尤其是姚乐松、姚全、王又军、姚腊松4个人的鼎力支持和亲力亲为，从购置奖品、制作彩球、做论坛指示牌、环节安排、奖项设置、奖品发放、活动主持等各方面，4位年轻人都倾注了热情与心力。当然，我也相信你们和我一样，同样收获了开心与快乐。在此期间，我得知村里几个小朋友在过去几天加紧背书朗诵，也得知村里的妇女们这几天跳舞到深夜，还得知隔壁村妇女们也狂练广场舞，真的好感动与激动，真心谢谢你们！也真诚感谢李亚鹏、陶月红、姚细群、王丽娟、王与剑、王海燕等前来捧场助兴的初中同学，以及温馨家园、浠水乡音、广大民盟等群里其他同学和朋友们的大力支持，谢谢你们！

4. 个人感触

坦白地说，这次论坛几乎是我一人凭借一腔热血苦苦支撑，在功利化渐浓的农村办点事真的好难。致命瓶颈在于多数村民没有社会和文化建设的理论储备与知识训练。真正意义的社会和农村社会是什么？意味着什么？估计没有几个人说得清。我有以下4点体会：

第一，利用乡村残留的乡土性与传统文化，抓住春节期间众人回家过年的机会举办各种文娱活动，以增进村民凝聚力和乡村认同感，重拾和推进乡村文化，至关重要；

第二，挖掘、激发和动员乡村各种资源，需要既有专业知识，又有丰富农村记忆，更拥有深厚乡村情怀的实践者和探索者，同时组织一帮热心、有活力的年轻人参与，开展实实在在的讨论与活动，才能重拾乡村的本真活力；

第三，基于文化研习的务实与互动讨论，和基于心情放松的娱乐项目与活动，一个也不能少；

第四，践行全民参与的理念，从乡村治理资源供给侧的角度，需要高度关注老人、小孩、妇女、年轻人、贤达人士，应当把志愿者文化、全人教育理念、尊老爱幼风气、敢于表达和分享、交流讨论作风等适时引进农村治理过程。

5. 同行评论

当姚华松博士在自己的微信朋友圈介绍了本次乡村实践的具体情况后，立即得到了北京大学城市与环境学系教授周一星等学者的反馈和评价。

周一星：您今年春节做的农村实践真的很好！可以做成“连续剧”。跟踪研究具有特殊的意义……很多有意义的事情，就是在“兴趣”的引导下做的，并不是上面的规划或课题。我说过一句话，“兴趣是成就年轻人的第一要素，其次就是责任心”。

李江涛：我看了文章，很好，写得很有味道。如果明年再办，是否讨论农村问题的解决办法。我一直认为必须从外部向农村输入资源，问题是怎样输入。你们是本土的外部资源，也只是春节期间的一次性输入，但这已经很难能可贵了，坚决支持。

王勤学：姚老师，认真读了这篇报道，很受鼓舞！你主办活动的核心理念在于回归社区的本义——共同体。在日本的任何一个农村，每年都有村民一起举办的一次“祭”，即传统文化艺术节，这代表着这个村还健在。你举办的这次活动虽不能和日本农村的祭相比，但你的初衷非常有意义。

何艳玲：华松老师，非常感谢发送的信息。很认真地看了，由衷敬佩。很多人还沉浸在旁观者的乡愁中，你已经成了在场的村里人。一个期待是：希望这不只是每年的春节派对，而是村庄自身的、常态的共同体链接机制。但是，如果没有国家层面的触动，这（将）是一个漫长且不知结果的乡村更新过程！

资料来源：姚华松微信朋友圈；袁贻辰 . 农村窘境：哀叹没有用 论坛开起来［N］. 中国青年报，2016-02-24.

➔案例分析

这是一个真实而生动的故事，因为案例中的人物就是笔者的校友。当我在微信朋友圈看到姚华松博士分享的相关信息时，作为同样从农村走到大城市、同样在大学工作并且从事活动管理教学与研究的我，深受触动和鼓舞。对于这次论坛可能给陶家仓乡村建设带来的影响，对于论坛筹备中可能遇到的困难，都感同身受。我第一时间在他的朋友圈留了一条评论：华松，这是很好的乡村活动实践，向你致敬！

陶家仓论坛的最大意义在于通过论坛帮助乡村重新回归社区的本义——共

同体。这是一个持续努力的过程，而且需要更多的形式和途径。据了解，在第二届“陶家仓论坛”中，第二项议程是对上一年论坛的回顾，三位参与者纷纷表达了论坛对凝聚村落认同感、提升村民精气神、丰富过年内容、净化打麻将等习俗的重要意义。大家的共同感受是论坛应持续举办下去，成为陶家仓精神文明建设的特色和一张亮丽的文化名片。

从人际关系管理的角度来讲，陶家仓论坛促进了村民对村落的认同感，为村民之间、每户村民家庭成员之间的交往或关系建设提供了宝贵的平台，形成了在平日里不可能有的情感能量（EE）。正如姚华松在接受《中国青年报》采访时表示：“农村已经从熟人社会走到了半熟人社会，现在该做的不是哀叹，而是用一些方式来增加凝聚力，强化集体意识，最终找回每一个村庄的认同感。”

姚华松的实践还在继续，他后来又策划发起了浠水首届男子篮球友谊赛、在粤浠水老乡爬山（每周末一次）等一系列活动。“在这些活动中，我们清晰地感受到了学习、觉醒、自发、自组织、章程、行动力的痕迹，也看到了社区发展过程中人的主体地位的确定和人的社区能力建设的形成的过程，这是社区（包括乡村社区）形成和发展的自然之道。”（姚华松，2017）

本章是探讨活动与人际关系，单纯从特殊活动在人际关系管理中的应用角度来讲，姚华松博士策划和组织“陶家仓论坛”的故事能带给我们以下启示：

· 根据苏联社会心理学家 A.B. 彼得罗夫斯基在《集体的社会心理学》一书中提出的理论，特殊活动能让某群体的成员形成心理的共同性，并将产生大量的人际关系现象。换句话说，利用特殊活动，可以统一思想和集中力量办大事。

· 特殊活动有助于创造一种与参与者的现实经验紧密相连的集体关系，也为每一位参与者提供了实在的学习场所。随着时间的流逝和活动的持续举办（或后续工作的跟进），活动的参与者之间能自然形成一种亲近、合作、相互帮助和支持的团体关系及氛围。

· 要成功地组织一次特殊活动，需要考虑不同的利益相关者的需求，在组织者内部需要有效调动资源，组建有责任心、有能力的工作团队；在外部则需要寻求最广泛的支持，包括赞助、舆论宣传等。

· 在特殊活动中，轻松的氛围或参与性强的娱乐项目等，有助于缓和参与者之间的关系，鼓励参与者做出更真实的言行表现。

思考题：

1. 请结合自己的某段人际关系，对活动在其建立和发展阶段中的作用进行描述。

2. 请对照书中介绍的社会公共生活中几种常见活动的礼仪，分析自身在平时参加一些活动时的表现。

3. 如何评价电影《非诚勿扰 2》中的“离婚典礼”活动?

4. 请查阅更多资料，对比分析爱因斯坦出席日内瓦大学建校 350 周年庆典以及罗伯特·劳夫林（Robert B. Laughlin）教授夫妇出席诺奖颁奖礼的不同经历。

5. 特殊活动对集体的共同心理的形成有什么作用?

6. 姚华松博士用论坛推动参与式农村文化建设的故事给我们带来什么启示?

第 10 章

活动与艺术人文

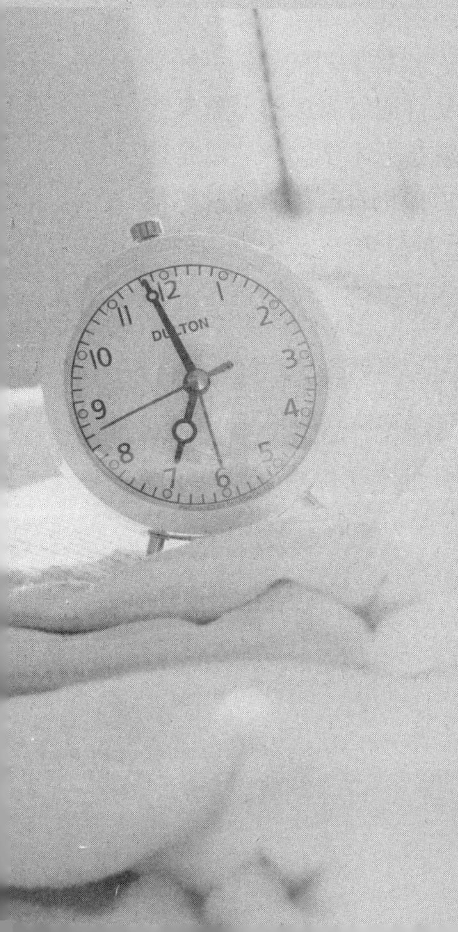

在艺术教育里，艺术只是一种达到目标的方法，而不是一个目标；艺术教育的目标是使人在创造的过程中，变得更富有创造力，而不管这种创造力将施于何处。假如孩子长大了，而由他的美感经验获得较高的创造力，并将之应用于生活和职业，那么艺术教育的一项重要目标就已达成（Lowenfeld，1995）。为此，要鼓励学生参加创作活动，接触各种媒介，拓展他们的视野，激发他们去创作和表达。这与特殊活动作为一种平台的教育功能有着天然的契合点。因此，对于个体，通过具体的活动和实践来感受、理解和学习艺术，是提高个人艺术修养的理想途径。

一个人的精神世界有三大支柱：科学、艺术、人文。科学追求的是真，给人以理性，科学使人言行理智；艺术追求的是美，给人以感性，艺术让人富有激情；人文追求的是善，给人以悟性，信仰使人更加虔诚。特殊活动与艺术、人文之间有着天然的联系，艺术人文不仅为各种活动提供了丰富多彩的题材或具有感染力的支撑，而且许多艺术就是通过活动的形式表现出来的，特别是绘画、书法、音乐、舞蹈、表演、戏剧、电影和曲艺等，与之对应的有艺术展、书法展、音乐节、舞林大会及各类演出等活动。

一、不同类型的活动与艺术人文修养

（一）什么是艺术人文？

国内外学术界对艺术的定义尚无统一的认识。《现代汉语词典》（第6版）中对艺术的解释是：用形象来反映现实但比现实有典型性的社会意识形态。包括文学、绘画、雕塑、建筑、音乐、舞蹈、戏剧、电影、曲艺等。也有学者从艺术的功用、情感等角度来界定艺术的本质。例如，列夫·托尔斯泰（1889）在《论艺术》中提出，“在自己的心里唤起曾一度体验过的感情，并且在唤起这种感情之后，用动作、线条、色彩、声音及言词所表达的形象来传达出这种感情，使别人也能体验到同样的感情，这就是艺术活动。艺术是这样一项人类的活动：一个人用某种外在的标志有意识地把自己体验过的感情传达给别人，而别人为这些感情所感染，也体验到这种感情。”该定义强调艺术不仅要表现情感，而且要对其他人发生作用，并引起共鸣，所谓艺术的感染力。

由于文化的差异，中西方在艺术的表现上也各具特色。在我国，艺术学原来是文学门类下的一个一级学科，与中国语言文学、外国语言文学、新闻传播学并列。2011年国务院学位委员会、教育部颁布了新的《学位授予和人才培养学科目录》，艺术学首次从文学门类中独立出来，成为新的第13个学科门类，下设5个一级学科和33种专业（表10–1）。

表 10-1　我国艺术学门类的学科和专业设置一览表

一级学科	专业
艺术学理论	艺术史论
音乐与舞蹈学	音乐表演、音乐学、作曲与作曲技术理论、舞蹈表演、舞蹈学、舞蹈编导
戏剧与影视学	表演、戏剧学、电影学、戏剧影视文学、广播电视编导、戏剧影视导演、戏剧影视美术设计、录音艺术、播音与主持艺术、动画、影视摄影与制作（特设专业）
美术学	美术学、绘画、雕塑、摄影、书法学（特设专业）、中国画（特设专业）
设计学	艺术设计学、视觉传达设计、环境设计、产品设计、服装与服饰设计、公共艺术、工艺美术、数字媒体艺、艺术与科技（特设专业）

注：除特别注明外，其余均为基本专业。

与艺术相比，人文的范围更广，包括文化、艺术、美学、教育、哲学、国学、历史、法律等。人文主义或人本主义是 humanism 的中文翻译，是一种思想理论体系，该主义倡导关怀人的个性，强调维护人性尊严，反对暴力与歧视，主张自由平等和自我价值实现，西方的现代人文主义开始于文艺复兴时期的启蒙运动。从广义来讲，“人文”指人类社会的各种文化现象［《辞海》（第六版），2010］，从狭义来讲，主要指哲学。无论怎样，人文的核心是以人为本，关心人、爱护人和尊重人。

（二）活动在个人艺术人文修养提升中的作用

人文素养的内涵十分丰富，从个体的角度讲，它包括一个人在文化、艺术、哲学等人文科学领域的知识水平、研究能力以及由自身言行所体现出来的以人为中心的精神。著名文化社会学家阿诺德·豪泽尔（Hauser Arnold）指出：“人可以生来成为艺术家，但成为鉴赏家却必须经过教育。”人文、艺术与科学教育的融合是人自身发展的内在要求，在上述 3 个领域，特殊活动都有广阔的应用空间。下文将只讨论艺术修养与特殊活动的关系。

1. 对艺术修养的理解

所谓艺术修养，即个人对艺术和美的感知、体验、理解、想象、评价和创造的能力（唐光安，2015）。艺术修养对健全人格的养成影响极大，它往往借助某种艺术精神、艺术理想以及艺术态度等将个人的人文气质、思维深度和人格品质体现出来。

后现代艺术的先行者马塞尔·杜尚（Marcel Duchamp）曾说："我最好的作品是我的生活。"这与后期维特根斯坦（Ludwig Wittgenstein）的观点有异曲同工之妙——美完全是生成性的、实践性的、具体性的，并无一般的定义，作为美的体现或由美所规定的艺术也没有普遍的定义。因此，有意义的事情不是在宏大的美学体系中，在抽象的概念思辨或干瘪的心理实验中去把握艺术，而是在具体的活动和实践中来感受艺术魅力，鉴别艺术水平，理解艺术规则，展现艺术趣味（陈治国，赵以云，2013）。

2015年2月15日，由上海文广集团（SMG）公益媒体群成员之一——"艺术人文频道"推出的一档全新的美育教育栏目《艺术课堂》正式开播（之后每个星期天下午17：30播出）。《艺术课堂》通过现场授课和外景VCR结合的教学形式，把线下教学活动搬到线上荧屏播出，丰富了艺术教育的内容和形式，加强和扩大了学校美育教学的影响辐射力度。在《艺术课堂》中授课的老师都是来自申城各高级中学的艺术课教师，他们中的不少人并非第一次面对镜头授课，但却格外看重这次的"课堂"。这是SMG公益媒体群和艺术人文发展基金会首次与市教委联手，为丰富青少年的精神生活、普及学校美育、提升学生人文素养所做的一次有益尝试。

➔经典案例

不能忽视的音乐会礼仪

2016年11月28日，橄榄古典音乐订阅号推送了专栏作家顾超写的一篇文章《小提琴女神发文痛斥上海观众》，专门讨论了音乐会上拍照的事。

对于出席音乐会的礼仪，很多古典音乐的爱好者并不陌生，如保持安静、禁止饮食、乐章间不要鼓掌等。然而，前几天，当代最著名的女小提琴家之一——维多利亚·穆洛娃（Viktoria Mullova）在个人推特上发布了多条消息，矛头直指上海观众："半数的上海观众在我演奏巴赫的时候拍着画质低劣的照片和视频，错失了聆听音乐的关键点。我很纳闷，这些在音乐会上拍视频的人之后会怎么欣赏这些东西，他们就喜欢这种不忍卒听的声音和模糊的画面吗？"

的确，假定我是拍照的那位，一定无法静心欣赏这场演出。那些忙着拍照录像的朋友们，你们消费这些票款和时间坐在这里，就是为了回去以后可以发一张演出照片在朋友圈进行炫耀吗？

对于音乐会礼仪，归根结底是一句话：带着听音乐的心走进去，别想其他。当你专心聆听，自然不会做出格的事。所有的礼仪套路也都会成为妄言。

资料来源：顾超．小提琴女神发文痛斥上海观众．橄榄古典音乐，2016-11-28.

2. 活动与个人艺术修养的提高

毋庸置疑，通过具体的活动和实践来感受、理解和学习艺术，是提高个人艺术修养的理想途径。2017 年 3 月 18 日至 4 月 8 日，由中国艺术研究院中国油画院主办的“挖掘·发现——第五届中国油画新人展”在中国油画院美术馆举办，在开幕第二天，著名画家陈丹青先生前往参观。在仔细观看了每一幅作品后，他在接受视频采访时回顾了在展场内的观画感受。虽然对于有这么多作者的展览说出建议很困难，但他谈及了此次展览给他的总体印象，并对参展新人们提出了不少有观点、有态度的建议。“终于能够进入展厅了，我来看看我的画跟别人的画有什么不一样，不要去比差距，而比不一样，看是不是可以做得更好”“我对大家有一个不太希望看到的印象，大家都不太敢表达自己，哪怕想表达也不太知道怎么表达自己，在今天，你除了画画，还要回到一个基本的你作为一个人要表达的欲望，要很坦荡，很肯定地说出自己心里想的。”他还对展览方式提出了一些建设性意见，例如，“每人三五张，用小间隔开，可以让观众在一个隔绝的环境下集中看……”

这段访谈涉及观展体会、创作经验、参展心得、艺术作品的展示方法等多个维度，对我们理解活动在提高个人（包括创作者和观众）艺术修养中的作用很有启发。概括而言，活动在提高个人艺术修养中的作用体现在学习艺术知识、欣赏艺术作品、进行艺术创作以及开展艺术批评 4 个方面，如表 10-2 所示。

表 10-2　活动在提高个人艺术修养中的作用

途径	解释	常见的活动形式举例
学习艺术知识	了解作品的时代背景和作者的人生阅历，掌握相关文化知识	斯坦福大学创意与艺术协会组织学生参加表演、设计、展览等艺术活动，国家大剧院公益讲座，东方讲坛·经典艺术系列讲座

续表

途径	解释	常见的活动形式举例
欣赏艺术作品	体会艺术作品中的美，与创作者的情感进行关照、体验和感悟	参观印象派大师·莫奈特展，参观城市公共艺术展，参观艺术博览会，家长带小孩参观某博物馆特展
进行艺术创作	通过不断学习知识和提高技能，才能创作出更好的作品	著名晋胡演奏家李保青在北京胡琴艺术节上介绍晋胡的发展，山西晋剧青年演奏名家演出团在李先生的带领下倾情演奏，陈丹青举办“2000—2010归国十年”作品展
开展艺术批评	通过对作品的形式、寓意、审美等进行研究和鉴赏，提高自己的艺术修养水平	陈丹青参加“挖掘·发现——第五届中国油画新人展”后发表观画感受；余秋雨应邀担任CCTV青年歌手电视大奖赛素质评委

二、实用技巧

（一）学习艺术知识

➔经典案例

陶辛：用讲座为市民打开音乐的大门

音乐一直伴随着我们走过社会的各个发展阶段。你能够想象在仅仅两场讲座里，领略到西洋的、民族的和通俗的等各个领域的音乐，并能够了解其中的知识吗？你能够想象用两个下午，从一个音乐的门外汉转变为一个音乐爱好者吗？假如你听了近期陶辛教授的专题音乐讲座，也许就会从中找到答案。

11月19日、26日，由市委宣传部、市文联、市社联主办，东方宣教中心承办的东方讲坛·经典艺术系列讲座，特邀上海音乐学院音乐学系教授、博士生导师陶辛主讲《兴观群怨 琴瑟友之——音乐与人专题艺术赏析》（上、下）两场专题讲座，为现场听众打开音乐的大门，解析音乐与人的美妙关系，以音乐鉴赏和音乐知识讲解相结合的模式带领听众走进音乐的殿堂。

陶教授认为，不仅仅要把音乐看成一种审美对象的艺术作品，还要把音乐看成社会和人的一个反应，通过兴观群怨的方式去观察音乐，看音乐到底除了作为艺术品审美之外，还可以提供给我们一些什么样的信息。当我们在听一首曲子的时候，我们不仅能听到音乐的情绪——音乐中间所蕴含的那种情感，还能够感受到这种音乐形式上的美感。如果能把这两点都握住的话，就达到了一个审美的境界。

陶教授还结合《莫扎特效应》等大量范例，分析了音乐的艺术特征、艺术风格及其高度综合多种舞台表演手段的艺术语言。他引经据典、旁征博引，深入浅出地将深奥的音乐美学与作品分析有机结合，用最通俗的语言解读经典，引导听众走进音乐去享受一个完美的视听世界。

在讲座现场，城市女子弦乐四重奏乐队和上海音乐学院学生还分别演示了弦乐四重奏《D 大调卡农》，古琴独奏《梅花三弄》《流水》等节目。精彩的表演加之主讲人生动、通俗的解说，进一步拉近了音乐与人的距离，增强了人们对音乐的了解和理解。

最后，陶教授深情地寄语现场听众：人类是具有特殊情感的高级动物，音乐正是为了抒发人类的情感而来到我们身边的。让我们在宝贵的人生之旅，携音乐为伴，使我们的旅途充满欢乐。

资料来源：上海东方宣传教育服务中心官方微博，http：//blog.sina.com.cn/dfartlecture，2011-11-24.

点评：中央音乐学院副院长周海宏在一次演讲中表示："未来将是雅者为王的时代，如果你不重视艺术素质，就会像如今学识不高却想成功一样难。"的确，艺术对于人的思想道德、意志品质、情感和审美等方面的发展具有不可替代的作用。正所谓：兴于诗，立于礼，成于乐（《论语・泰伯》）。著名华人物理学家、诺贝尔物理学奖获得者李政道认为，科学和艺术就像一枚硬币的两面，不可分割，它们共同的基础是人类的创造力，它们追求的目标都是真理的普遍性。

然而，尽管音乐、绘画、雕塑等各种形式的艺术就在人们身边，但很多时候或者对于很多人，并不懂得如何欣赏。为此，每个人都应学习必要的艺术知识，这对个人的学习、工作和生活都是大有裨益的。例如，掌握一定的艺术设计方面的基础知识，可以帮助我们提高审美能力，发现和享受生活中的美，进而提升我们的生活品位。对于普通大众，只要了解艺术的基础知识，愿意去欣赏，艺术就能在心中留下了印迹。

展览会、音乐会和艺术讲座等各种活动为学习艺术知识提供了多样化的途径。案例中陶辛教授结合《莫扎特效应》等范例来讲解艺术，并与现场演奏相结合，很容易增强听众对音乐的了解和理解。所以，从现在起，多关注身边的艺术人文类活动，并有选择地参与，通过参加活动来不断丰富自己的艺术知识。毕竟，最为细腻的观察都来自艺术，艺术作品总能带给我们最为深刻的快乐或反思。

（二）欣赏艺术作品

➔经典案例

5岁参观145家博物馆237场展览

萱萱今年5岁了，在过去5年内妈妈带她去过145家博物馆看过237场展览，这对于大人来说都是很震撼的数字，何况是一个5岁的小女孩？

也许有人会问，孩子这么小，能看得懂吗？也有人会担心孩子在博物馆这种公众场合吵闹，让自己很尴尬。但萱萱妈妈认为，作为父母，关键在于对孩子做出正确的引导。孩子是父母的一面镜子，没有熊家长，哪来的熊孩子？第一次带女儿去博物馆是她4个月时，那时候萱萱还不会坐，瞪着大大的眼睛，躺在摇篮式的儿童车里，好奇地被我们推着逛首都博物馆，并从此开启了她每周看剧、看展的人生。

5年来，她带女儿看过201场儿童剧和音乐会，去过145家博物馆的237场各类展览，却从未经历过一次孩子在博物馆、剧院里大吵大闹、哭泣要走的尴尬时刻。

也许有家长会说：“因为你的孩子是女孩，所以才这么听话，要是换成男孩子你再试试……”如果家长本身就将博物馆视作高堂圣殿，一进去就是各种灌输知识，或者自己根本不看不感兴趣，拿着手机一路拍，觉得把孩子带进去就完成任务的话，那博物馆确实很无趣，无论大人还是小孩，无论男孩还是女孩都不会喜欢的。

女儿3岁上了幼儿园，我们和她的许多小伙伴儿一起去过博物馆，其中很多都是小男孩，户外各种飞奔笑闹的淘气包们每次去博物馆的时候都是安静有礼，当然这也许和这些孩子大多来自中科院和各大科研院所高知家庭有关，但不可否认的是，他们都是从小看剧、看展长大的孩子，是博物馆教会了他们在什么样的场合应该去做什么样的事，是学术和知识的天然氛围为孩子们上了人生的第一课。

资料来源：5 岁参观 145 家博物馆 237 场展览，博物馆里泡大的孩子不一般 . 爱阅公益订阅号，2017–06–06.

点评：艺术的力量是无穷的。从这个案例中，我们看到了艺术教育的魅力，也领略了萱萱妈妈作为一位母亲的远见与责任。其实，因为篇幅限制，本书没有介绍更多萱萱妈妈在带孩子参观过程中的具体做法，包括攻略、记录等。卢浮宫馆长曾经说：博物馆是人格精神和个人品位的诞生地，它保存着人类理解世界的那把金钥匙。然而，总体而言，目前国内父母亲定期带孩子参观博物馆的比例很低，这并不仅仅是家长认识的问题，社会教育的缺失、学校对户外活动的谨慎以及博物馆自身的定位和吸引力等都是原因。

从观众的角度，通过欣赏他人的作品，可以从中找到共鸣，进而获得精神上的愉悦甚至力量。欣赏艺术品，要做好相应的知识准备，相应地，参加艺术类活动，可以选择那些寓教于乐、形式活泼的活动，如果是以子女教育为目的，更应该如此。只要有条件，要让参观博物馆、参观展览会或观看文艺演出等成为一种生活习惯，并不断提高自身鉴赏艺术作品的能力。以参观博物馆或专题展 / 特展为例，表 10–3 提供了一个一般导则。

表 10–3　参观博物馆（包括专题展）的一般导则

阶段	主要内容	备注
信息收集	了解博物馆的基本情况，包括建馆时间、类型、馆藏数量、重点展品、门票、参观须知及同期活动等	要特别注意博物馆中的专题展 / 特展信息
行前准备	规划参观行程，做好物资准备，包括手机、相机等电子产品、笔记本、纸巾、纯净水等	要遵守参观礼仪，例如，有些博物馆或专题展不允许拍照，不允许携带食物等
参观现场	领取宣传册；根据实际需要决定是否租借讲解器或聘请讲解员；进入某个展区后，先重点看一下前言，把握整体线索；根据事先计划的行程参观，一般是先看文字再看展品，或者边听讲解边观看展品；在参观过程中拍照或做必要的记录	博物馆的照明都是经过专业设计的，某些地方会很暗，注意不要随意使用闪光灯
后期工作	整理参观资料和照片；如果有必要，与他人分享参观经历	

其实，在日常生活中，寓教于乐的艺术教育形式并不少，作为家长，要做好有心人和引导者。例如，2017 年 4 月 7 日下午，陶辛教授以“童年的图画——世界著名钢琴曲赏析”为主题，给上海复旦五浦汇实验学校的孩子们带来了一场经典音乐的盛宴。在讲解俄罗斯作曲家莫杰斯特·彼得罗维奇·穆索尔斯基的作品《图画展览会》时（图 10–1），陶教授精心准备了与每首曲子对应的绘画作品，同学们随着音乐仿佛置身于图画展览会现场，对作品也有了更深的理解。

图 10–1《图画展览会》一书封面

这首乐曲由与“图画”有关的十首小品以及有间奏功用的“漫步”主题组合而成，用音符描绘了作者漫步在图画展览会、看到不同绘画作品时的心灵感受，也展现了俄罗斯 19 世纪中叶的社会文化图景，可谓“反映艺术的艺术”。

（三）进行艺术创作

➔经典案例

《节日之宴》背后的故事

扬·斯丁（Jan Steen）是 17 世纪荷兰著名风俗画家，他出生于莱顿一家世代经营啤酒庄和酒店的富裕家庭。扬·斯丁的一生主要从事风俗画创作，作品影响广泛，在当时的声誉仅次于哈尔斯和伦勃朗。他即使描绘日常生活，也有一种戏剧效果，且很注重对人物某些细节的描绘，带有很强的故事性，还略带幽默感，这些都体现了当时的荷兰人民对快乐生活的向往。

图 10–2 是他于 1660 年创作的代表作《节日之宴》，现藏于匈牙利布达佩斯美术博物馆。这是一幅真实表现现实生活的作品，让人感到丰富的动感和热烈。看着画作，我们仿佛真得来到了一个整日忙碌结束后的傍晚的狂欢现场，每个人脸上都洋溢着笑容，这在同时代其他画家的作品里是不多见的。

图 10–2　扬 · 斯丁的作品《节日之宴》

1670 年，扬 · 斯丁于 44 岁时重返莱顿居住，在那里不能靠绘画谋生，于是他开了一家小酒店，他很喜欢这个副业，因为酒店给他创造了一个观察人们喝酒狂欢的机会，从而为他增加了喜剧人物形象的储存。扬 · 斯丁的画无论在素描还是色彩，都显示出画家熟练的造型技巧，尤以色彩和笔触凝练、浑厚、沉稳，有的风俗场面，造型类似彼得 · 勃鲁盖尔（Pieter Bruegel，16 世纪荷兰画家）的朴实无华，有的热情响亮，更重要的是画中充满浓郁的生活气息。这与画家对现实生活的真切体验密切相关。他的风俗画之所以让人感到亲切，正是画家的亲身经历所致，他将自己真诚的感受传达给了观赏者。这幅《节日之宴》就是他亲身经历而创作的，体现了当时荷兰人民对快乐生活的向往，充满了生活的气息，让人看了备觉自然、亲切。

1969 年 12 月 2 日，匈牙利邮政发行了一套七枚的“布达佩斯美术博物馆馆藏荷兰绘画”邮票，其中第四枚就选用了这幅《节日之宴》。

资料来源：猎鹰 . 西方绘画大师 –159 扬 · 斯丁 Jan steen（约 1626—1679 年）[EB/OL] . http://www.360doc.com/content/16/0731/13/11005683_579763843.shtml, 2016–07–31.

点评：扬 · 斯丁为了创造观察人们聚会、喝酒狂欢的机会而选择以开小酒店为副业的行为令人钦佩。《节日之宴》的伟大之处在于它生动地刻画了一个生活化的场景，也反映了生活甚至活动与艺术创作的有机融合。

对于绝大多数公众而言，可能谈不上什么在参加活动中提高艺术创作水平。但这样的例子并不少，特别是一些比赛类或艺术邀请展之类的活动，对于艺术创作者的促进作用是非常明显的。例如，2016 年 11 月 1 日晚，由多位中国著名艺术家参加的“中国艺术大师邀请展”在联合国总部开幕。本次展览共展出了中国艺术大师孙其峰、陈佩秋、黄永玉、刘大为以及中国工艺美术大师吕尧臣、吕俊杰的数十件艺术精品，这些作品代表了当今中国画坛的深度与高度，充分诠释了中国艺术的独特魅力。其中，由 96 岁高龄的艺术大师孙其峰与中国最年轻的陶瓷艺术大师吕俊杰联袂创作的紫砂作品成为展览的一大亮点。吕俊杰在致辞中表示，这次展览将“紫砂”与“绘画”两种艺术相融相承，携手展现中国文化的精彩，这是文化交流的盛事亦是其个人的幸事，而他作为新一代的“紫砂传人”，也将致力于这一古老艺术的传承。

通过参加艺术人文类活动来提高自身的艺术创作水平，还体现在与同行、媒体及观众的交流沟通中。

（四）开展艺术批评

➔经典案例

这幅中国行画“混”进英国美术馆，“骗”过了九成观众

2015 年 2 月 10 日至 4 月 26 日，一幅来自中国的行画静静地悬挂在英国伦敦达利奇美术馆（Dulwich Picture Gallery）的展墙上。这里正在举办一个名为“中国制造：道格 · 菲什伯恩计划”的活动。达利奇美术馆与概念派艺术家道格 · 菲什伯恩（Doug Fishbone）合作，邀请观众从所展出的 270 幅馆藏古

典大师画作中找出唯一的一幅现代复制品，活动结束后这幅复制品和原画将悬挂在一起（图 10–3）。

2015 年 4 月 28 日，英国伦敦达利奇美术馆（Dulwich Picture Gallery）公布了最终结果：被调包的作品是 18 世纪法国古典绘画大师让·雷诺雷·费拉戈纳尔（Jean–Honore Fragonard）的《年轻的女人》（Young Woman），过去 3 个月里悬挂在同一位置上的是来自中国行画家的复制品。在活动举办期间，总共有 3000 名观众进入展厅并做出了自己的选择，其中只有 12.38% 的观众猜对了答案。

图 10–3《年轻的女人》（Young Woman）真品（左）和复制品陈列在一起

2015 年年初，菲什伯恩通过网络向一家中国行画机构提出了订购要求，在将作品的高清图片通过电子邮件发送给对方后不久，便收到了对方邮寄过来的复制品。整个过程轻松简便，仅花费了 120 英镑。

达利奇美术馆首席策展人泽维尔·布瑞（Xavier Bray）表示，“因为热心的‘鉴赏家’们参加这次找出赝品的活动，美术馆的观众在过去 3 个月翻了一倍，我从未见过这么多的观众积极地观看每一幅画”。而今，两幅作品并列地呈现在美术馆之中。“视觉对比的训练会让人在欣赏原作时表现得更加激动，5000 英里外现代模仿者的技艺也让人感到惊叹”，菲什伯恩称这种体验让人“大开眼界”。

“这个项目不仅是要找出假货那么简单”，菲什伯恩表示，“我们更希望提出一个严肃的问题，即让人们思索当代人如何观看和欣赏艺术，如何判断艺术的价值。”与此同时，展览取名为“中国制造”（Made in China）也挑战了人们心中便宜货的概念，因为在一般西方人看来，“中国制造”就意味着价格便宜，但质量未必能够得到保障。“西方人也担心中国制造的商品会充斥市场，就像他们害怕中国的崛起一样”，艺术家如是说。

资料来源：朱洁树 . 这幅中国行画“混”进英国美术馆，骗过了九成观众［N］. 澎湃新闻，2015-04-30；2015：Made In China：A Doug Fishbone Project［EB/OL］，达利奇美术馆官方网站，http：//www.dulwichpicturegallery.org.uk，2015-04-30.

点评：严格来说，如果谈艺术批评，至多只适合案例中的概念派艺术家道格·菲什伯恩和达利奇美术馆首席策展人泽维尔·布瑞。因为艺术批评是一门科学，需要在艺术鉴赏的基础上，运用一定的哲学、美学和艺术学理论，对艺术作品和艺术现象进行分析与研究，并且做出判断与评价，为人们提供具有理论性和系统性的知识，所以是一项非常专业的工作。可以这么说，艺术批评是艺术批评家们的专利。

然而，艺术批评既离不开理性的分析，也离不开艺术的感受。正如菲什伯恩所言，“中国制造”的主办方更希望提出一个严肃的问题，即让人们思索当代人如何观看和欣赏艺术作品，如何判断艺术的价值。从艺术批评的角度来讲，每个观众或听众都有批评的权力，以不断提高自身的艺术素质和鉴赏能力，并为艺术创作提供相应信息反馈。

三、精彩实践

➔综合案例

制造 1969 伍德斯托克音乐节：骚动、音乐会与人生

1971 年，由迈克尔·沃德利导演的电影《伍德斯托克音乐节 1969》（Woodstock – 3 Days of Peace and Music）获得第 43 届奥斯卡最佳纪录长片奖。该片用 3 个多小时的时间记录了 1969 年这场为期 3 天的以“爱与和平”为主题的反文化运动——历史上最具传奇性的音乐节伍德斯托克。从前期准备到现

场盛况到最后的清理工作，无不收入镜头之中，历史性地记录下这场音乐运动的整个过程，包括毒品吸食、裸奔、管理不善等……

“我们预计每天会来 5 万人，结果却来了 100 万人。我饿了整整两天，因为我们不能走出去买吃的，所以我只能吃玉米片。这些孩子都很不错。他们总是‘先生’这个，‘先生’那个，‘谢谢’这个，‘谢谢’那个。没人可以抱怨这些孩子。这个音乐节太大了，对世界都是如此。从来没有任何一件事像这样发生过。”

图 10-4　1969 伍德斯托克音乐节海报

这是影片的开头，一位当地老人正在接受摄制组的采访。

1969 年 8 月 15—17 日，第一届伍德斯托克音乐节在美国纽约州苏利文县附近举办，三天吸引了约 45 万人观看。乐队和观众通过音乐呼吁反战与和平，图 10-4 是音乐节的海报，主题口号是“3 天的和平与音乐”。音乐节期间大雨倾盆，交通堵塞长达 20 英里，污秽遍地，但没有任何暴力事件发生，只有两个人死亡（一个撞车，另一个吸毒过量）。这个音乐节不仅让摇滚乐迷所熟知，更成为具有特殊意义的历史事件。

图 10-5　1969 伍德斯托克音乐节现场

很难想象，一场仅靠 4 个人组织的、在一个荒郊僻壤举办的音乐节居然有这么大的力量，吸引到上百万的人驾车从全国各地赶来。这是音乐的力量，是音乐中寄托的“爱与和平”的理想的力量，是心灵的力量。45 万人聚集在舞台周围和小镇的草地上，欢歌载舞（图 10-5），更有 100 万人堵在前往音乐节的路上——因为交通堵塞，主办方不得不启用直升机接送演出的乐队和部分观众。在画面中，你可以从航拍中看到上万辆各式汽车停靠、拥堵在小镇的每一片土地和每一条公路上，而人海沸腾的场景更让人久久不能平静。

影片的主人公原型埃利奥特·提伯（Elliot Tiber）出生于 1935 年，他于 1969 年的夏天无意中在报纸上发现“伍德斯托克音乐节”原来的主办场地被撤销了，于是他打电话给组织者，并找到了新的场地，进而牵扯进了这场 20 世纪最伟大的摇滚音乐节当中。提伯出身于中产犹太家庭，一直对父母隐瞒自己的同性恋倾向。直到 1969 年他出力举办音乐节，受到当时鼓吹爱与和平的社会气氛所感染，他才鼓起勇气公开同性恋身份。

2007 年，埃利奥特·提伯联合汤姆·蒙特出版了“Taking Woodstock–A True Story of a Riot，a Concert，and a Life”(《制造伍德斯托克：一个关于骚动、音乐会和人生的真实故事》)，该书不仅详细讲述了 1969 年伍德斯托克音乐节的创办过程，还描述了自己作为男同性恋如何在音乐节过程中战胜“梦魇”，公开过自己想要的生活。2009 年，李安根据同名小说执导的《制造伍德斯托克》(Taking Woodstock）也获得了很高的评价，但这部电影的主线并不是这场著名的音乐节。

在随后的二十几年里（时隔 25 年，1994 年举办了第二届；1999 年为纪念

Woodstock 30 周年又举办了一届，但那场演出充满了争议和抱怨声，乐迷们对于场地设备、食物和水的价格都不满，最后在一场骚乱中结束），伍德斯托克逐渐淡出艺术的舞台，但它由此成为反主流文化者心中的精神圣地。如今，充斥在世界各地大大小小的音乐节已成为娱乐和商业文化的一部分，但无数青年还是能从当年激动人心的影像中找到属于自己的乌托邦与永远的精神指引。

资料来源：埃利奥特·提伯、汤姆·蒙特．制造伍德斯托克：一个关于骚动、音乐会和人生的真实故事［M］．吴冰青，译．南京：译林出版社，2009.

➔案例分析：

历史学家伯特·费尔德曼（Bert Feldman）曾经这样评价 1969 年伍德斯托克音乐节："人们在这里经历的是一场一生中绝对只有一次的事件，它成分复杂，无法复制。如同狄更斯所说，这是最好的时代，也是最坏的时代。"

的确，伍德斯托克音乐节基本再也不可能恢复它的精神，因为失去了生存的基础。正如当时的 4 位主创人员之一迈克尔·朗（Michael Lang）在 2009 年伍德斯托克音乐节创办 40 周年时所言，"当人们提到伍德斯托克时，想到的既不是 1999 年也不是 1994 年，而是 1969 年"。20 世纪 60 年代，美国正处于一种反主流文化和反战时期，在人们心中满怀自由主义和理想主义，音乐成为公众宣泄心中不满的工具，这也是 1969 年主办方在海报上打出"三天的和平与音乐"的主要原因。另外，这次音乐会的单纯目的也得到了大家的共鸣，没有商业性的目的，而且在激进的世界观中展开，所以在 3 天的时间里大家感受到了一个最纯洁的自由世界。

伍德斯托克（Woodstock）已经从一个地名变成一个符号、一种精神指引，以至于世界各地都衍生出了自己的伍德斯托克。1969 年，伍德斯托克音乐节使以音乐来表现文化或社会事件的活动达到了顶峰，以致后来没有人再能通过音乐会达到这种超凡的凝聚力。当我们在现代社会背景下来讨论特殊活动对个人艺术人文修养提升的意义与对策时，需要把握以下原则和技巧：

· 在决定参加任何活动之前，要明确为什么要参加（why），学习艺术人文知识、提升自身的艺术人文修养只是其中的一种可能。关于参加特殊活动的目的，最高境界是精神层面和历史层面的，就像那些当年参加 1969 伍德斯托克音乐节的年轻人一样。如果是参观历史或美术博物馆，就要了解最重要的馆藏作品是什么，这些重要馆藏往往代表了一个时期的审美和历史价值。

· 在前往参加活动之前要做相应的准备工作，包括心理、知识、身体和物质上的。1969 伍德斯托克音乐节在演出开始后，组织者发现大大低估了最初的预料，40 多万人涌进农场，最初预备的帐篷、食品等顿时短缺，连续两天的大暴雨使整个农场变成了一个难民营。当然，正是这场灾难给音乐节涂上了最光彩的一笔，所有的人都井然有序，在这个仅存 72 小时的王国里没有混乱出现。

· 参加艺术或人文类的活动，要假想自己就是作品的主人。换句话说，要优先选择自己认为有趣或者能引起自身共鸣的作品。以参观博物馆特展或艺术展览会为例，最重要的功课是提前了解基础的背景资料，包括历史、文化、核心展品、艺术家生平等。另外，虽然主办方一般不会给展品的重要性排序，你可以从海报和参观指南上判断出哪些展品最重要，这些展品一定不要错过。

· 在艺术人文类活动现场，要全身心地投入，并注意相应的礼仪（聆听讲座、参观博物馆或欣赏古典音乐会时要求都不一样）。另外，在主办方允许的情况下，做好相应的记录，以供日后再次学习和回忆。

· 注意对所获得的艺术人文新知识的巩固和延展。特别是参加完艺术类活动后，不要把照片和资料束之高阁，或者发个朋友圈了事。如果有可能，可以把相关资料和照片整理一下，甚至制作成 PPT 或视频，这本身就是一次再学习和提升的过程，而且方便今后展示和浏览。

思考题：

1. 请对照我国艺术学门类的学科和专业设置情况（表 10–1），列举日常生活中常见的艺术形式。

2. 除了本书作者的概括，你觉得特殊活动在提高个人艺术修养中还有哪些作用？

3. 从艺术教育的角度，讲述自己参加某次艺术类活动的经历。

4. 请对照表 10–3 中参观博物馆（包括专题展）的一般导则，对自己的某次参观经历进行分析。

5. “中国制造：道格 · 菲什伯恩计划”活动能带给你什么更深层次的思考？

6. 假想自己是一个音乐迷，而且参加了 1969 年的伍德斯托克音乐节，这次经历可能会给自己带来什么影响？

第 11 章

活动与商业财富

个人通过参加或亲身组织特定的活动，特别是具有人生里程碑意义的活动，可以调整个人商业模式的维度结构，这有助于调动自身的才智和资源，以实现个人职业发展或个人财富积累的阶段性目标。根据罗伯特·T. 清崎和莎伦·L. 莱希特在《富爸爸财务自由之路》中提出的著名现金流象限图，不同的赚钱方法源于不同的思维模式、不同的技术技能、不同的教育背景以及不同的性格类型，由于这些差别，不同的人被吸引到不同的象限中。相应地，不同类型的人参加活动的决策也不一样。就像迈克·费希本（2014）所言：“我最初开始拓展人脉时遇到贵人的那些活动实际上并不是社交活动，而是课堂、讲座和座谈会。”

其实，讨论特殊活动与商业财富之间的关系，在活动与人际关系、活动与职业生涯等章节中已经有所涉及。本章将侧重从个人财富治理、商务社交、个人商业模式等方面来探讨活动对个人商业财富增长的作用以及相关实用策略。例如，如果你从事的是互联网行业，计划在欧洲选择一个活动来推出自己的初创公司,LeWeb可能就是最好的选择。LeWeb是欧洲最大规模的互联网行业大会，创办于2004年，在巴黎或伦敦轮流举办，每年的主题都有所不同。近几年，每年都有来自全球的2000多名互联网创业公司和技术创新者参加，影响力相当大。

一、不同类型的活动与商业财富

（一）个人财富

所谓个人财富，就是一个人所拥有的有形资产、现金、银行存款、政府或公司债券、公司股票等的总和。对于一般人来说，个人财富的主要来源有工作报酬、投资理财（由价格上升带来的资本收益）以及他人的资本馈赠或遗产。

然而，个人财富只是表面上的个人净资产，另外两个指标更值得关注：一是财富水平，即从时间维度来考虑个人财富的购买力，其提高需要个人财富的增长率超过居民消费价格指数（CPI）的增长率，也就是个人财富增长要大于通货膨胀；二是财富阶层，指从个人社会财富占比的角度来考虑自己与他人的相对富裕程度，其提升有更高的要求，需要个人财富的增长率超过CPI叠加GDP的增长率，即个人财富增长不仅要大于通货膨胀，还要超过在此基础上的社会经济增长。个人财富增长率的计算公式如下：

$$个人财富增长率=\frac{（工资收入+投资理财净收益+其他收入）-所有支出}{期初净资产}$$

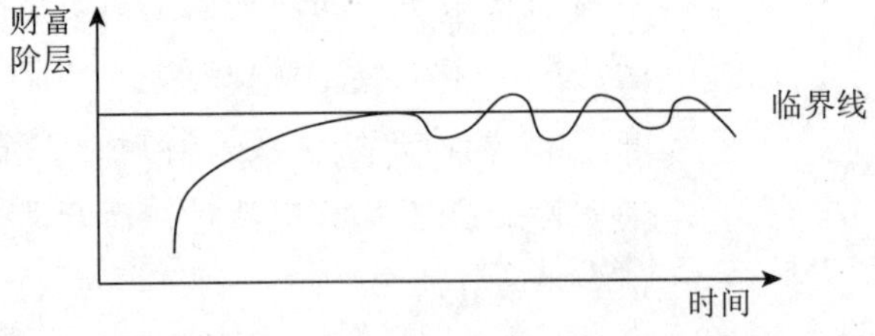

图 11-1　个人财富阶层变动的一般模型

图 11–1 是一个典型的中产阶级个人财富阶层变动模型（富二代等除外）。参加工作之前没有净资产；工作之后，主要依靠工资（或者少部分理财收益）来积累财富，刚开始由于个人财富（净资产）基数小，个人财富增长率很高，个人财富阶层的提升很快，但随着个人财富的慢慢积累，个人财富增长率逐渐下降，个人财富阶层依然在提升，速度却已经慢慢降了下来，直至到达一条临界线。通常情况下，如果仅仅主要依靠工作报酬来积累财富，个人财富阶层最终只会在临界线附近上下波动，一直到退休。

当然，如果个人工作能力、财富增长能力都有较大的提升，财富阶层临界线也会随之提升，但如果仅仅主要依靠工资来积累财富，其临界线很难达到富人阶层，或者只有极少部分人能够进入富人阶层，并且其临界线将很难再继续提升。

（二）个人商业模式

商业模式思维是适应快速变化世界的最佳系统思考方式，但企业界和学术界对“商业模式”的解释众说纷纭，而商业模式画布（Business Model Canvas）将“商业模式”的概念清晰化了，它能够让人一目了然地了解某个企业的商业模式，并有助于理解团队成员各自的职责，因此会让商业模式的制定过程更为生动。商业模式画布是由战略咨询专家亚历山大·奥斯特瓦德（Alexander Osterwalder）博士和洛桑大学商业管理学教授伊夫·皮尼厄（Yves Pigneur）于 2010 年在《商业模式新生代》（Business Model Generation）一书中提出来的，它由 9 个方格组成，每一个方格都代表着多种可能性和替代方案，决策者要做的就是找到最佳的那一个（图 11–2）。

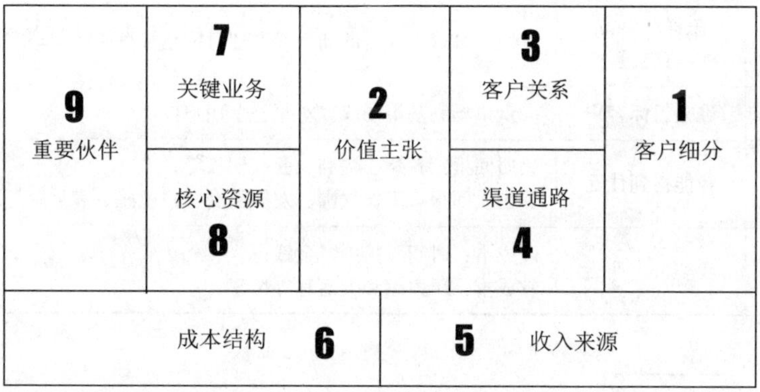

图 11–2　商业模式画布的基本框架

事实上，我们可以把自己视为只有一个人参与经营的企业，个人商业模式描述的便是我们应该通过哪种方式来调动全部才智天赋，以实现个人发展与职业发展的完美结合。2012年，美国著名个人创业导师蒂姆·克拉克（Tim Clark）博士和亚历山大·奥斯特瓦德和伊夫·皮尼厄合作出版了《商业模式新生代（个人篇）：一张画布重塑你的职业生涯》①（Business Model You：A One-Page Method For Reinventing Your Career），在书中他们将商业模式画布应用于个人分析中（表11-1）。例如，在个人商业模式中，核心资源是我们自己，包括兴趣、技能、个性以及所掌握的资源；而在组织机构中，核心资源的范围通常更为广泛，比如企业品牌、其他员工等。

表11-1　个人商业模式的基本维度

维度	实质	具体解释
核心资源	我是谁	兴趣、技能、个性、价值观、智力水平、幽默感、教育程度、人生目标等
	我拥有什么	知识、经验、能力、人际关系，以及其他有形和无形的资源或资产
关键活动	我要做什么	职业目标或在日常工作中主要做什么
重要伙伴	我能帮助谁	内部：老板、上司及其他向你支付报酬的人； 外部：客户以及其他和你的企业/组织打交道的人
价值主张	我怎样帮助他人	客户请我完成什么工作？完成这些工作会给客户带来什么价值？
渠道通路	怎样宣传自己、交付服务	在确定价值服务的基础上，宣传价值、销售服务以及递交服务
客户关系	怎样和对方打交道	吃饭、打球等社交活动，或者通过网络社群来建立与客户的联系
客户细分	谁是目标客户	大众市场利基市场或针对某一个用户群体
收入来源	我能得到什么	物质回报：薪酬、福利、股权期权等； 非物质回报：工作氛围、发展机会、成就感、满足感等
成本结构	我要付出什么	硬成本：时间、精力、金钱； 软成本：压力感和失落感等情感

① ［美］蒂姆·克拉克，亚历山大·奥斯特瓦德，伊夫·皮尼厄.商业模式新生代（个人篇）：一张画布重塑你的职业生涯［M］.毕崇毅，译.北京：机械工业出版社，2015.

他们在书中还列举了许多个人应用商业模式画布的实例。例如，在 2010 年温哥华冬奥会上，世界卫冕冠军克里斯蒂娜·史密根瓦希（Kristiina Šmigun-Vahi）在自由越野滑雪赛中获得银牌。从那之后，她意识到自己无法全身心地同时投入滑雪和家庭。为此，她利用个人商业模式画布，重新设计了生活目标——成为全世界最好的妈妈，而之前是世界顶级滑雪运动员（图 11-3）。

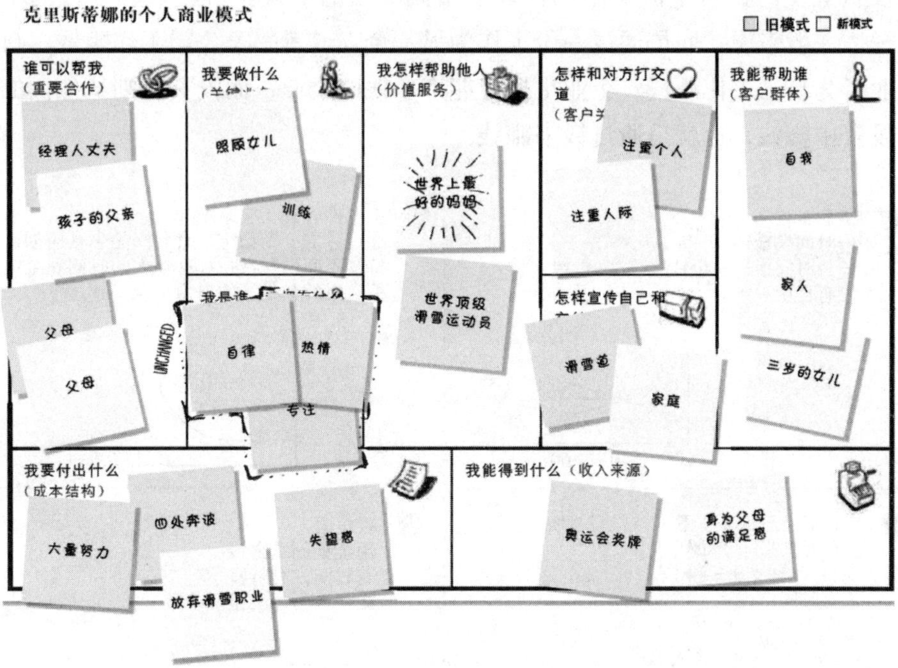

图 11-3　个人商业模式画布举例（Clark 等，2012）

（三）特殊活动在个人财富管理中的作用

市面上有不少讨论私人财富管理方面的书籍，但大部分是站在企业家的角度来讲的。其实，普通老百姓也需要更好的财富管理，其分析工具之一就是个人商业模式画布。有些人乐意一辈子为某个企业或组织工作，通过勤奋工作和勤俭节约来提升个人财富；有些人受不了约束也不希望赚大钱，选择做个自由职业者；有些人选择创业，希望让生活更好、让家人幸福，但在拥有财富以后，因忙碌失去了简单的快乐。

罗伯特·T. 清崎（Robert T. Kiyosaki）和莎伦·L. 莱希特（Sharon L.

Lechter）在《富爸爸财务自由之路》（The Cashflow Quadrant：Rich Dad's Guide to Financial Freedom）中提出了著名的现金流象限图（图 11–4），不同的赚钱方法源于不同的思维模式、不同的技术技能、不同的教育背景以及不同的性格类型，由于这些差别，不同的人被吸引到不同的象限中。该书将所有人分为四类：工薪一族（E）、自由职业者或小生意人（S）、生意拥有者（B）和投资者（I），现金流象限则代表了不同类型的个人获得收入和金钱的不同途径。一般来说，雇员通过一份工作为另一个人或者一家公司工作赚钱，自由职业者为自己工作赚钱，企业主拥有能产生钱的企业，而投资者则从他们的各种投资中赚钱，也就是通过钱来赚钱。

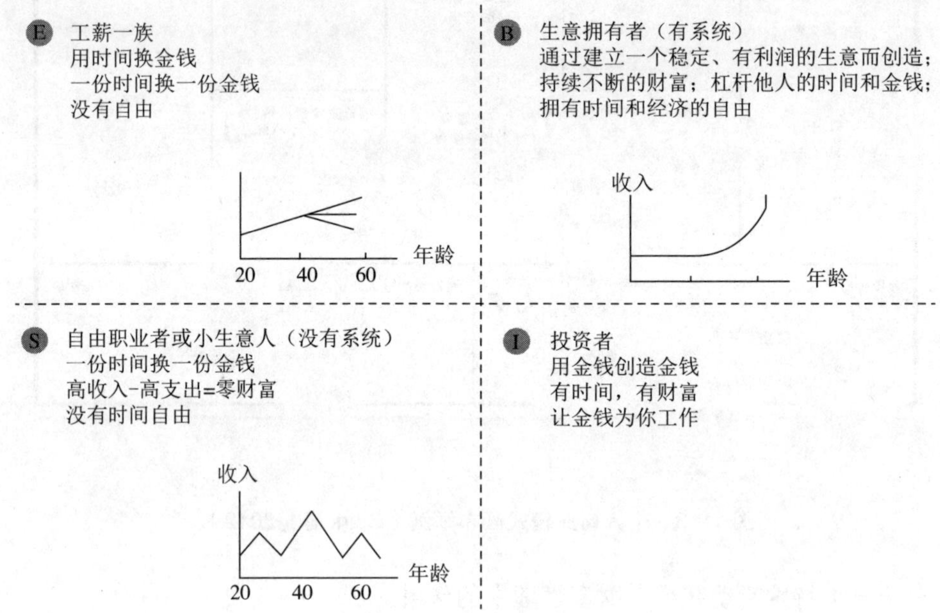

图 11–4　现金流象限图①

讨论特殊活动在个人财富管理中的作用，可以引入现金流象限（图 11–4）的思维。需要注意的是，表 11–2 中的核心目标并不代表某种职业类型的全部情形。

① 图片来源：陈少雄．财学堂第六节课“现金流象限”（一）［EB/OL］.http：//blog.sina.com.cn/xiongshaoyan，2012–04–19.

表 11–2　活动在个人财富管理中的作用

职业类型	核心目标	个人参加的常见活动示例
工薪一族（E）	提升工作能力，扩展社交网络	各类行业培训活动，企业拓展训练，企业内部培训，产业发展研讨会
自由职业者或小生意人（S）	扩大个人影响，享受工作乐趣	产业发展研讨会，工作坊，行业聚会，职业规划论坛
生意拥有者（B）	寻找商业机会，激发内部员工	高端社交活动，客户拜访，用户会议，客户答谢会，销售座谈会，客户订货会，参展；企业年会，周年庆典，奖励旅游，家庭开放日，社会公益活动
投资者（I）	了解行业动态，寻找目标项目	初创项目路演，投资洽谈会，创业大赛

（四）特殊活动在个人商业模式优化中的作用

总的来说，个人商业模式与职业生涯发展的关系更为紧密。特殊活动可以在个人商业模式的每个维度上产生作用，如果从雇员的角度来看，活动在个人商业模式优化中的作用如表 11–3 所示：

表 11–3　活动在个人商业模式优化中的作用

个人商业模式维度	主要目标	个人参加的常见活动示例
核心资源	提升自我	企业拓展训练，企业内部培训，心智模式训练
	增强核心竞争力（工作能力）	行业培训，产业发展研讨会
关键活动	确定职业目标	企业内部培训，职业规划论坛
重要伙伴	促进内外部关系建设	企业年会，周年庆典，奖励旅游，家庭开放日，股东大会；参展，社会公益活动，客户答谢会，高端社交活动
价值主张	深入了解客户需求	客户拜访，用户会议，销售座谈会，客户订货会，参展
渠道通路	宣传和销售产品与服务	新闻发布会，赞助行业活动，新品发布会，参展，客户订货会
客户关系	加强与客户之间的联系和沟通	聚会、运动等社交活动，线上讨论会，周年庆典

续表

个人商业模式维度	主要目标	个人参加的常见活动示例
客户细分	明确和服务细分市场	大客户联欢会，行业研讨会
收入来源	获得更大的物质和非物质回报	企业年会，团建活动，行业培训，奖励旅游，明星员工纪念仪式
成本结构	优化成本结构	三八妇女节、儿童节等节假日，结婚，部门联谊会，提高工作效率专题讨论会

举个例子，开放交流会（Open Party）是时下非常流行的一种社交活动，许多企业在内部也经常采用这种灵活的沟通方式。其主要目的是为参与者提供一个平等交流、自由分享的平台，参与者可以分享包括营销、销售、技术、商务、创业、投资、生活、旅游、艺术等各方面的话题。这种活动形式源于美国，一般没有领导、嘉宾，不设主旨发言，没有规定的休息时间，通常是由活动组织者通过网络来发布活动安排、确定参与人员、讨论活动主题，最后将活动过程传到互联网上，与更多人分享。因此，个人如果经常参加这类活动，很容易获取新知识或寻找到志同道合的朋友。

二、实用技巧

特殊活动对个人商业财富管理的作用，表现形式多样，下文将从工薪一族、自由职业者或小生意人、生意拥有者、投资者以及综合分析5个角度选择案例进行分析。

（一）工薪一族：通过参加活动拓展社交网络

➔经典案例

参加FC Club活动的感受

财富关系俱乐部（Fortune Connection Club）是一家专注致力于举办活动的商务社交平台，也是国内最大和最早的英语商务社交平台。经过16年的成长，现已发展成一个全球网络组织。目前，在上海、北京、香港有超过20万的活跃会员，会员多为20~50岁的高级管理层，其中，外籍人士占35%，每年举办几千场活动。图 11–5 是 FC Club 组织的一次社交酒会的宣传单页，主题是时尚、艺术和运动风。

图 11–5　一次 FC Club 社交酒会的宣传单页

以下是一位职场人士参加完某次社交活动后的评论：

今天参加了 FC Club 的活动，很有意思的一次聚会。有猎头、有找工作的人，老外和中国人参半，一个很好的交流平台。我去的目的基本上是把它当作 English Corner，练习口语而已。很高兴，今天一共和三个老外交流了，一开始很腼腆，开口就对人家说："my English is poor"，对方回答，"my Chinese is poor"，很有意思的老外美女总监。还碰到了一个 ABC，父母是台湾人，他从小在美国长大，说自己是中国人。很 nice，很 handsome 的美籍华人，三周前刚刚来到上海，还没放弃美国的工作，但打算在中国发展。希望他有很好的前程☺。

很幸运，我中了有生以来第一次，也是整场聚会唯一的奖品：一瓶 1992 年产自意大利的红酒，听说味道很棒的，但我从来不喝酒的，也许以后会送人吧😉。

资料来源：作者根据 http://www.fcclub.com 和 https://yoopay.cn/event/july12016cn 整理。

点评：这是一个通过参加商业社交活动来拓展人脉的典型例子。尽管笔者在参加这次活动之前并没有明确的目标，但这并未妨碍 FC Club 活动可能对参与者带来的影响。参加社交活动的确是拓展人脉、结交新朋友的可行方式，前提是你喜欢这样的场合。另外，参加完活动后的关系维护也十分必要。

著名内容营销专家和个人发展导师迈克·费希本（Mike Fishbein）认为，对于社交活动的价值，存在很多普遍的认识误区和不同观点。是否喜欢社交活动，取决于个人的需求和性格。对于考虑参加社交活动的人，他提出了一些建议：

（1）当你新进入一个行业时，应当去参加社交活动，以建立人脉网络。

（2）社交活动（Networking）是非常好的锻炼。

（3）遇到一个不错的人，就是一个好结果。与其结识 50 个你将来永远都不会再交谈的人，不如努力结识一个可能会维系一生持久关系的人。

（4）不要参加那些不适合自己的活动，而选择那些你有兴趣和激情的活动。甚至是一些工作之外的活动，比如体育活动或读书会，也可以成为拓展人脉的好机会。

（5）社交活动并非唯一出路，还有一些结识人的方式也可以考虑，比如通过现有人脉网络引见、写博客和发送陌生邮件等。

（二）自由职业者或小生意人：在活动中寻找机会和享受工作乐趣

➔经典案例

罗伯特·T. 清崎：47 岁出让公司，实现财务自由

罗伯特·T. 清崎是第四代日裔美国人，他在夏威夷出生，并在那里度过了自己的少年时代。高中毕业后，他在纽约接受了大学教育，接着加入美国海军陆战队，作为一名军官和武装直升机飞行员远赴越南参战。战后，罗伯特在施乐公司从事销售工作。1977 年，他创办了一家公司，首次向市场推出尼龙“维可牢”（Velcro）褡裢制作的“冲浪者”钱包。1982 年，他创办了一个国际教育公司，向遍及全球的数万学员讲授商业和投资课程。

1994 年，47 岁的罗伯特出让了自己的公司，实现了财务自由，提早退休。在短短的几年退休生活中，罗伯特与合作者、商业伙伴莎伦·L. 莱希特女士

合作，陆续撰写了《富爸爸，穷爸爸》《富爸爸财务自由之路》《富爸爸投资指南》《富爸爸富孩子，聪明孩子》《富爸爸 年轻退休》《富爸爸大预言》等系列书籍，所有这些图书都先后登上了《华尔街日报》《商业周刊》《纽约时报》《今日美国》、亚马逊网站、E-Trade 网站等主流媒体的畅销书排行榜。

然而，就在成为畅销书作家之前，罗伯特制作出了一种教育纸板游戏——现金流游戏，向人们传授富爸爸多年来教给他的理财方法。正是借助这些理财方法的帮助，罗伯特才能在 47 岁时提早退休。

资料来源：炎黄萧氏三少．罗伯特·清崎出过的书……[EB/OL]. https://zhidao.baidu.com/question/117958162.html，2009-09-19.

点评：许多时候，自由职业者是以一个行业的观察者和思考者的身份出现的。对他们而言，有内容、有创意的高品质活动是获得行业资讯、寻找合作机会的重要场合。虽然这个案例中没有非常明显的特殊活动的元素，但罗伯特·T. 清崎由企业拥有者向自由职业者转身的故事告诉我们，把握机会是实现财务自由的关键点。这和传统的希望“通过一份工作为另一个人或者一家公司工作来赚钱”的雇员思维是不一样的。

总的来说，普通上班的人更注重人际关系的维护，也偏好向人际交往方面努力，在家上班族（SOHO）/ 自由职业者偏好专业性和在圈子里的口碑。所以，自由职业者要选择那些专业性强的活动，扩大合作网络，塑造自身品牌。许多自由职业者还喜欢参加一些与兴趣有关的活动，比如跨界的读书俱乐部活动、主题社交晚宴等。确实，我们永远不会知道什么人会出现在这些活动现场，而且由于有共同的兴趣爱好，建立关系的过程将流畅很多。就像迈克·费希本（2014）说的那样，“我最初开始拓展人脉时遇到贵人的那些活动实际上并不是社交活动，而是课堂、讲座和座谈会”。

（三）生意拥有者：用活动激励员工

➔经典案例

今年不开圣诞派对?

2010 年年末，咨询公司 Challenger Gray & Christmas 开展了一项调查，结

果显示，为了证明自己没有浪费辛辛苦苦赚来的钞票，有24%的企业打算今年不举行圣诞庆祝活动，这个比例比去年高出了一倍多。2009年的调查显示，只有10%的雇主表示他们将不举行任何宴会和庆祝活动，以削减成本。

对于此结果，员工敬业度集团（Employee Engagement Group）CEO鲍勃·凯莱赫指出，不像去年那样大开派对情有可原，但如果完全取消圣诞聚会，就是个错误决定了。凯莱赫还写了一本新书，名为《行胜于言：提高员工投入度的十个实用步骤》（Louder Than Words：10 Practical Employee Engagement Steps That Drive Results）。他承认："在眼下的经济环境中，让企业为'琐事'花钱，似乎是件困难的事。"然而，假如处理得当，公司聚会可以使人们以一种没有压力的方式团结在一起。

凯莱赫建议：企业无须花大钱去豪华饭店或其他奢侈的场合聚餐，而是可以"在办公室里举行庆祝活动，并且邀请员工的家人参加。"他说还有一个点子也会收到很好的效果：管理者们可以表现得有创造性些，"举办一场以某项活动为主的聚会，或者一场主题派对，例如，可以让员工自愿组成一个小组，帮助一个本地的慈善机构"。不管采用什么活动，千万不要忘记"利用这个机会，感谢员工在过去一年的努力和投入"。这些方法都很简单，却能有效地吸引人才留在你身边。

资料来源：Anne Fisher，A.. 朴成奎译．今年不开圣诞派对？再想想吧［EB/OL］．财富中文网，http：//www.fortunechina.com/career/c/2010-12/09/content_45702.htm，2010-12-09.

点评：从理论上讲，对于公司所有者，产品发布会、参展、路演等所有公司活动（corporate event）都值得关注。所谓公司活动，是指企业基于商业利益或为了企业的业务或品牌，面向特定的人群传达特定的信息，以期从中得到回应或让公众了解企业的态度而组织的现场活动。与人生里程碑活动一样，在企业发展的每个阶段，都有一些具有里程碑意义的活动值得精心策划或纪念。

与音乐会、体育赛事、演出、集会等有所不同，公司活动是一种沟通工具，目的是以一种直接的、短暂的、面对面的、集体的方式向特定的人群传递特定的信息，并期望得到相应的反馈。而且，活动不只是传达信息，还在信息中传达一种态度。企业无时不刻在与内外部的利益相关者进行沟通，包括与消

费者 / 客户、内部员工、供应商、分销商、公众、合作伙伴、意见领袖及媒体等。从这个意义来讲，只要有助于改进内外部关系的活动，企业所有者就应该分析其必要性和可行性，包括案例中利用圣诞派对来激励员工的做法。

（四）投资者：从活动中发现好项目

➔经典案例

保罗·乔兹菲克是德国 Liquid Labs 创新孵化平台的董事总经理，他曾经在个人博客上写过一篇文章，分享了自己参加一次行业会议的经历，并给初创公司负责人提出了具有实用性的建议。

初创公司要不要跑会？

经营一家初创公司，最需要关注的不是钱，而是时间！无论你能筹到或赚到多少钱，时间总是不够。不幸的是，最近我也犯了一个浪费时间的错误。

我去伦敦参加了一个活动。我听很多认识的人提过，这个活动不错，有机会他们还会去。我就随大流了，自己并没有想得很清楚。是的，在活动现场我确实见到了很多人，是一场很好的聚会。但说实在的，我感觉自己根本没必要去。这并不意味着我不应该参加任何活动，只是不是这个活动。倒也不是说这个活动不好。事实上，对于想从德国风投获得融资的初创公司而言，这是很长时间以来最好的一次活动。如果想在一个地方见到整个德国风投界和一些英国风投人士，这也是一个绝佳的场合。

这些东西是我需要的吗？不是。根据我的情况，我应当参加那些可以招到开发人员或创业爱好者的活动。既然我专注于金融垂直行业，任何与这个领域直接相关的活动都能帮助我更好地建立人脉网络，赢得潜在客户、合作伙伴或者员工。就算没其他事情，我也可以了解一下行业动态，或者想想我要做的事情。我原本可以更明智地支配自己的时间。

当你决定是否要参加某一次活动前，不妨拿下面这些问题问问自己，想清楚究竟想把时间用在什么地方：

1）我参加这次活动想实现什么目标？

2）我想见的人真的会出现在这次活动中吗？

3）我是在筹资、招聘、销售，还是寻找合伙人？

4）我会遇到新的人，还是我已经认识参会的大多数人？

5）我是仅仅参加一天的活动，还是全程参加？

6）能不能在附近安排一些其他的会面？

7）我能争取到发言的机会吗？这样就不用支付参会费，还能赢得关注度。

8）我可以让我的合伙人或员工代替我参加吗？

9）参加这次活动，我会错过其他哪些活动？

10）我真的非去不可吗？或者说，我只是为了离开办公室，看看城里头有些什么热闹（同时，我妻子或丈夫也想一起去看看）？

附加问题：我把丈夫\妻子\女朋友\男朋友留在家里，出去见其他人，会危及我的婚姻或恋爱关系吗？

实事求是，如果第10个问题和附加问题击中了你，不妨暂时抛开其他问题，重新考虑创业这个事情以及你们的关系。

资料来源：Jozefak，P.. 杨智 译 . 初创公司要不要跑会［EB/OL］. 财富中文网，http：//www.fortunechina.com/management/c/2012-11/16/content_127975.htm，2012-11-16.

点评：保罗·乔兹菲克在文中提出的10个问题和附加问题已经对其参加这次活动的经历做了深入分析。作为Liquid Labs创新孵化平台的董事总经理，他应该“参加那些可以招到开发人员或创业爱好者的活动”。他的经历告诉我们，作为投资人，参加活动的核心目标是了解行业发展最新动态，寻找合适的投资项目。

下面这个例子也堪称经典。20世纪90年代中期，在一次探讨中国机遇的年度投资者会议上，时任摩根大通董事总经理兼中国区全球市场业务主席李晶首次有了回归的念头，当时一些人认为这是一个超前的想法。许多投资者认为，中国仍是世界舞台上一个新兴的外围市场，几乎无人预测到中国的主要经济指标会在未来10~15年有如此规模的快速增长。但值得提醒的是，在1995年，这一切都还远未明朗。

李晶发起的年度投资论坛以“中国通”为主题，活动启动的第一年仅吸引了约100名代表。如今，随着中国迅速在全球舞台上崛起，这个系列会议的发展蒸蒸日上，已成为全球领先的中国对话平台之一，全球政要、各行各业高管在峰会上齐聚一堂，为企业和投资者带来具有战略意义的商业洞察。最新一次论坛（摩根大通第十三届全球中国峰会）于 2017 年 6 月的第一周在北京举行。本届峰会以“开辟新航线”为主题，吸引了来自 50 个国家的近 2200 位代表，与会嘉宾代表了中国以及国际上最具影响力的企业和投资者，其管理资产总额逾 15 万亿美元。与此同时，李晶也逐步晋升为摩根大通银行董事总经理、亚太地区副主席。

李晶的故事以及那些追随摩根大通年度投资论坛和全球中国峰会的投资人的行动，让我们看到了活动对投资人的特殊价值。

（五）综合分析：改进个人商业模式

➔经典案例

戈尔：重塑个人商业模式

2000 年总统大选时，美国前副总统艾伯特·戈尔（Albert Arnold Gore Jr.）以超过对手 50 多万选票的成绩赢得普选，但由于在佛罗里达州因为选票统计出现法律争议问题，戈尔被最高法院裁定败诉，因此在总统选举中输给了乔治·布什。出于对公共事务的失望，他决定成立潮流电视台来实现电视转播行业的民主化。潮流电视台是一家以用户生成内容为商业模式的电视台，2002 年成立时在有线电视行业内掀起了一场革命。为了彰显对环境问题长期以来的关注，戈尔成立了一项投资基金，推动企业承诺实现经济和环境的可持续发展。

2006 年，戈尔推出了奥斯卡获奖纪录片《难以忽视的真相》，此举标志着他的个人商业模式转型达到巅峰，片中以幻灯片的形式介绍了戈尔对全球变暖问题的关注。作为一个政治家，戈尔近 30 年来一直在不遗余力地宣传人类行为对地球臭氧层的破坏，但最终是其个人商业模式的转变帮助他实现了梦想——这部纪录片吸引了全球范围的关注，使戈尔一跃成为媒体超级明星和环保事业先锋。

资料来源：美国前副总统阿尔·戈尔 [EB/OL]. http://www.no1story.com/html/report/622761-1.htm，2008-03-18.

点评：每个人总能找到适合自己发展的地方，所以不要因为一时的失败而否认自己的人生，正所谓“东方不亮西方亮”。戈尔的故事告诉我们两个基本道理，一是认准一件具有重要社会意义的事情，并不遗余力地去奉献；二是通过具有里程碑意义的特殊活动，不断调整个人商业模式。

戈尔在环保领域实现了个人商业模式的提升，特别是《难以忽视的真相》纪录片让他一举成为一个环保明星。戈尔在担任副总统期间（1993—2001），积极推动克林顿签署《京都议定书》，最终在1998年正式签字通过。2000年，在美国总统选举中，戈尔虽然赢得了普选，得票比乔治·W.布什多50多万票，但在选举人票里，戈尔以267票对271票的微弱劣势输给了布什，成为美国历史上第四个赢得普通选票却输掉选举人票的总统候选人。在这场大选后戈尔一沉不起，明显减少了公开露面，2004年美国总统选举时也没出现在党内提名里。2006年，戈尔推出了自己参与制作和演出的纪录片《难以忽视的真相》（An Inconvenient Truth）和同名著作，主要讲述工业化对全球气候变暖和人类生存的影响，在西方国家引起了广泛反响。2007年，因其为改善全球环境与气候状况所做的不懈努力，戈尔和联合国政府间气候变化专家小组（IPCC）被授予诺贝尔和平奖。2007年，戈尔参与制作的环保纪录片《难以忽视的真相》获得第79届奥斯卡最佳纪录片奖。

三、精彩实践

➔综合案例

用活动思维为免门票的巡回演出众筹资金

2009年，Spotify[①]开启了继iTunes之后下一个音乐商业模式的新时代——流媒体音乐服务。但音乐人对Spotify存在诸多争论，其中一点就是：独立乐队和非著名音乐人无法得到大牌艺人那么高的播放率，收到的版税自然就少。因为Spotify有这样一条规定：每首歌只有在被播放超过30秒之后，其版税才开始被统计并支付给版权所有者。

---

① Spotify是全球最大的正版流媒体音乐服务平台之一，2008年10月，在瑞典首都斯德哥尔摩正式上线。具有跨平台（支持MAC和Windows，Linux系统下的ubuntu和debian）、P2P、在线点播等特点，其收入主要来自免费服务中的广告收入以及付费用户的订阅收入。

Vulfpeck 是美国的一支特色鲜明的放克乐队，创立于 2011 年，成员有 4 人。2014 年 3 月，该乐队在 Spotify 上发布了一张叫 Sleepify 的专辑，然后鼓励粉丝去大量地听，目的是为免门票的巡回演出（admission-free tour）众筹资金。而这张专辑的特点是：共有 10 首歌，每首歌都是一段刚好超过 30 秒的空白——没错，这是一张总时长为 5 分多钟的“空气”专辑（图 11-6）。

图 11-6　Sleepify 专辑在 Spotify 上的播放列表

不仅如此，Vulfpeck 还录制了一段视频，向粉丝们演示如何反复播放专辑，以达到“睡觉时都能听”的效果。因为只要他们的“音乐”每被听一次，乐队就能从 Spotify 收到版税（按照当时的费率，每首歌播放一次，他们大概能拿到 0.3~0.38 美分）。在 Sleepify 专辑上架后的 7 周时间里，被播放了 550 多万次，这给 Vulfpeck 创造了近 2 万美元的版税收益。4 月 26 日，Spotify 将这张专辑下架了，理由是 Vulfpeck 违反了他们的内容条款，尽管相关负责人认为 Vulfpeck 的行为是一个“聪明的噱头”（Clever Stunt）。然而，Vulfpeck 乐队的版税募集计划（Royalty Generation Scheme）得到了国际众多媒体的宣传报道。当年 8 月，Vulfpeck 宣布他们将遵守先前的承诺，组织一次巡回演出，名字就是 The Sleepify Tour。

最后，巡回演出在当年 9 月成功举办，地点包括旧金山、圣路易斯奥比斯波、洛杉矶、芝加哥、安娜堡和纽约。在演唱会里，他们唱了这张专辑吗？唱了，就是煞有介事地静默了 30 秒，这反倒成了整场演唱会的最高潮。

Vulfpeck 此举在音乐界引起了不小轰动，因为它用创新的方式和活动思维不仅成功地募集到资金，还涮了 Spotify 一把，由于它狠狠地讽刺了 Spotify 的 30 秒条款（类似电台的 3 分钟定律，指在数十年时间里，电台对于一首歌的播放长度形成了一种约定俗成的规定：如果歌曲超过了 3 分钟，就没人会去播放了）。

资料来源：Vulfpeck 乐队介绍，https：//en.wikipedia.org/wiki/Vulfpeck；三皮．是谁规定一首歌必须 3 分钟？［EB/OL］．知乎日报，http：//daily.zhihu.com/story/4787537.

➔案例分析：

这是一个非常有意思的案例，我们可以从活动管理、艺术创作与传播、音乐平台运营等多个角度进行分析。音乐评论人马特·霍华德（Matt Howard）认为，“Vulfpeck 乐队的 Sleepify Tour 模式也许是迄今为止我们看到的最有天赋的众筹活动（crowdfunding endeavor）。这个来自洛杉矶的由小工作室的乐手组成的 4 人乐队为全世界的乐迷提供了免费观看他们现场表演的机会”。

尽管 Vulfpeck 乐队此举受到了包括 Spotify 在内的一些机构的质疑，但他们没有违背任何服务条款，并且通过制作指导视频和乐迷之间有很好的互动。最关键的是，他们将最后得到的版税收益用于免费的巡回演出中。正如 Vulfpeck 键盘手杰克·斯特拉顿（Jack Stratton）在接受 NOISEY 采访时所表示的，“作为一个乐队，你必须在喝咖啡的同时练习吃大蒜，以面对自由市场的无情”。

结合 Vulfpeck 乐队的例子来分析特殊活动在个人商业财富管理中的应用技巧，可以重点把握以下几点：

· 首先是运用现金流象限图（图 11–4）来指导自己，因为对于工薪一族（E）、自由职业者或小生意人（S）、生意拥有者（B）和投资者（I），获得收入和金钱的途径甚至出发点都是不同的。因而从经济利益的角度来讲，在决定参加某个活动之前，首要工作是明确商业目标。

· 个人通过参加或亲身组织特定的活动，特别是具有人生里程碑意义的活动，可以调整个人商业模式的维度结构，进而调动自身的才智和资源，以实现个人职业发展或个人财富积累的阶段性目标。2015 年，笔者也有通过微信群来众筹资金的经历。我的经验是一定要让活动有很强的参与性和互动性，如果是公益性质的，效果会更好。

· 重视决定参与的每一次活动，并做好相应的跟进工作。谁也不知道，“贵人”何时会出现。

· Vulfpeck 乐队的版税募集计划得到众多媒体宣传报道，从而吸引了更多乐迷来在线播放专辑，也是这次众筹活动取得成功的重要原因。因此，个人在出席一些重要活动时需要把握机会，积极与媒体接触，让自己的思想或个人品牌形象得到更广泛或更全面的传播。

思考题：

1. 请结合个人财富阶层变动的一般模型，对自身的财富积累过程进行分析。

2. 根据个人商业模式画布，分析自己的职业定位（价值主张）。

3. 结合现金流象限图，对自己的职业性质进行重新评判。

4. 请以某次活动为例，解释特殊活动对个人商业财富管理的作用。

5. 请对保罗 · 乔兹菲克提出的参加活动之前要考虑的十个问题及附加问题进行简要评论。

6. Vulfpeck 乐队的 Sleepify Tour 众筹活动给你带来什么启发？

第 12 章

活动与灵性修炼

罗伊斯想弄明白：为什么仅仅存在，仅仅有住、有吃和安全地活着，对于我们是空洞而无意义的？我们还需要什么才会觉得生命有价值？他认为，答案是：我们都追求一个超出我们自身的理由。这个理由可大可小，重要的是，在给这个理由赋予价值并将其视为值得为之牺牲之物的同时，我们赋予自己的生命以意义。唯一让死亡并非毫无意义的途径，就是把自己视为某种更大的事物的一部分：家庭、社区、社会。如果不这么想，那么死亡只能是一种恐惧（Gawande, 2014）。

从全球范围来看，在新纪元运动（New Age Movement）的影响下，成千上万的人开始注重探寻有“生命意义”的道路。1998年，美国社会学者保罗·瑞恩（Paul Ryan）在《文化创意者：5000万人如何改变世界》一书中提出了“乐活”（Life Styles Of Health And Sustainability，LOHAS）的概念，倡导“健康、可持续的生活方式”。随着乐活族的兴起，“乐活”市场应运而生，包括可再生能源，有机食品、有氧运动等健康生活形态，另类疗法，个人成长（如瑜伽、健身、心灵成长等）和生态生活（二手用品、环保家具、负责任旅游等）等。

由此可见，即使对于乐活族，灵性修炼也是可持续生活方式的重要构成，因为修行不只是追求精神世界的成长，能够以意识、情感和身体三个中心同时和谐工作的人，才是完整的人。丰富多彩的活动为灵性的修炼与成长提供了难得的生活场景和机遇。其实，“修炼”二字本身在很多时候就有着活动的意味。

一、不同类型的活动与个人灵性修炼

（一）灵性修炼

灵性是人等生灵在进化过程中思维迸发的一种体现，外在表现为行为差异，内在体现为心理变化。人们进行灵性修炼的主要目的就是提升自己所具有的聪明才智，以及对事物的感受和理解能力。灵性修炼与宗教密不可分。例如，新纪元运动提倡“觉醒”的目的是让灵魂追求真正的美好，这里，“觉醒”的概念和佛学中的“成佛”大同小异，最终都是为了脱离物质世界的“苦难”。

当我们的心灵有一种完全的宁静、放松、喜悦、极致的美感或深深的爱但却无法用语言来描述时，这种状态被称为“开悟”或“合一”。当人们善于对自己的身心进行觉察时，与他人同感共情的能力也自然好，进而才能进入觉醒和觉悟的阶段。然而，很多人都把灵性修炼当成逃避的工具，有的人因为孤独或不受关注，有的人因为希望逃避，有的人因为在名利场失利，这是修炼不了真正的灵性的。

80后女孩刘屈艳扬在《要么读书，要么旅行，身体和灵魂总有一个在路上》一书的前言中有这样一段文字——

“五个多月的打工，四个多月的流浪，我没有像从前那样干什么事情都给自己设一个时间表讲求效率，相反，那个时候，我最缺乏的就是静静看生命流淌的耐性。所以，脱离了既有的生活轨迹，给自己一个独处的时间，拥抱更多的陌生人，体验生命里更多的可能性……这么做，不是向别人去证明我是谁，能力有多强，完成的过程就是生命成长的过程，我希望我的生命过程会更有意思一点点。”

如果把这次打工和旅行的经历作为一次有着特殊目的的活动，它帮助刘屈艳扬实现了人、心与灵之间较深层次的融合。从中也可以看出觉察力的最大价值所在，它可以获取身体本来的生命力供应以及通过身体触碰到灵性，进而延展修炼者生命的宽度和提升其意识的境界。

（二）灵性领悟的阶段

佛学认为，“自觉”可以分为觉察、觉醒和觉悟三个阶段。例如，通过冥想、参禅、拜佛、念佛、诵经等方式，修行者可以审视自己的言、行、思、绪，只有当身体习惯了这种持续内观的状态后，身心才会合一。当今美国最著名的心理学家、哲学家之一肯·威尔伯（Ken Wilber）提出，可以将灵性领悟分成 4 个阶段：信仰、信心、直接的体悟和永不退转的成就[①]。

1. 信仰

顾名思义，信仰就是对某种思想或宗教或某人某物的信奉和敬仰，并把它奉为自己的行为准则。信仰属于心智的次元[②]，因为它涉及的是意象、象征以及概念，并带有理智的主观和情感体验色彩。作为灵修的最初阶段，信仰通常会伴随着强烈的情绪或感觉，但这并不一定是因为人们体悟了上智的心灵实相，因为我们丝毫不必改变目前的意识层次就可以拥有随之而生的诠释。

2. 信心

信仰能给人们提供一种诠释方式和意义，但任何一种头脑中的信仰迟早都会失去说服力。在放弃信仰和发现直接体悟之间有一个过渡期，此时信心是唯一能支撑我们的东西。在过渡期，往往因为缺少了教条式的信仰，我们没有安全感，直接的体悟还没有发生，我们又没有一份确定感。

① ［美］肯·威尔伯．一味［M］．胡因梦，译．深圳：深圳报业集团出版社，2010.

② 次元（Dimension）是指未知数的多重指数，更多的是表示维度或者独立空间。

3. 直接的体悟

威尔伯将直接的体悟划分为高峰经验与高原经验两个阶段，其中，高峰经验是进入超个人和上智层次的最高点，通常是短暂的——从几分钟到几个小时不等；高原经验则是具有持续性的，并且会逐渐变成一种永不退转的成就。如果要把高峰经验变成高原经验，即从意识转换的状态进入持续不断的觉知水平，就需要长时间的练习。

如果说信仰和信心是最常见的灵修导向，高峰经验则是罕见但真实的灵性体悟。几乎任何人在任何时间、任何年龄都可能进入短暂的高峰经验状态。

4. 永不退转的成就

所谓"永不退转的成就"，就是持续不断地处于一种意识层次上。通过实修，我们可以进入高等次元的平原经验，这些平原经验又会因持续不断的修炼而变成永不退转的成就——进入超个人的次元。

在佛教中，"不退转"（梵文 Arinivarta-niya 或 Avaivartika 的意译）是指所修功德善根不再退失。"不退转"有信不退、念不退、位不退、行不退、证不退等之说，佛教诸宗所立有所差别。对于普通大众，比较容易理解或修习的是：①因人生中的觉悟而发心，不退转；②因法发心，不退转，佛所说无常法，是真理，凡事皆无常；③因众生苦而发心，不退转，即众生这么苦，我们要感受到，为了使众生离苦得乐，我们发愿在菩提道上精进。

（三）特殊活动在灵性修炼中的应用

无论是通过宗教，还是从事意识、梦境或思想上的探索，都能让人更深刻地发现生命的伟大与神奇，以及能重新阐释活在这世间的意义。从这个意义上来讲，每一个人都可以找到适合自己的灵性修炼方式。

对于普通公众来说，可以尝试每天早上起床之前做 15 分钟的数息（从一到百，默念呼吸次数），每天跳半小时的苏菲圈舞[①]，完成40分钟的内观练习，或者一天两次的瑜伽练习。不管使用哪种方法，只要觉得对自己有效，都可以开始练习。当这些行持的功夫开始稳定了，便可以尝试更高阶的修炼，比如

① 又称"苏菲动禅"，源自伊斯兰神秘主义苏菲们的"祈主动禅"。它与舞者旋转极其相似，习者只是在原地一圈圈地自发旋转，目的是在一圈圈的旋转中体证本觉，融入本我。

参加一年一度的闭关或禅七，这样才有机会将短暂的高峰经验变成持续的高原经验。

在灵性修炼的不同阶段，各种特殊活动都可以发挥相应的作用，这些活动中有以集体形式举办的，如集体禅修、辟谷、工作坊、辩论会、瑜伽和志愿者活动等，也有更偏向于个人层面的，如冥想、打坐、闭关、禅七和慈善活动等，当然，很多时候，个体和集体是融合在一起的（表 12–1）。

表 12–1　活动在灵性修炼不同阶段中的作用

阶 段	常见的活动形式举例	作　用
信仰	冥想、清修、打坐、瑜伽	对人生和事物进行深层次的思考和想象，加强自己的信仰
信心	健身、工作坊、讲座、辩论会、读书会	当信仰失去了强制力之后，信心可以为人们提供能量与支撑
直接的体悟	辟谷、（集体）禅修、志愿者活动、慈善活动	超越信仰和信心的阶段，增加将短暂的高峰经验转化成持续不断的觉知的机会
永不退转的成就	闭关、禅七（佛门中精进修行的一种仪规）	可以在醒时、梦境与深睡这三种状态维持不间断的觉知

另外，需要注意的是，以个人为中心的民间宗教强调的是信仰阶段的一体观，为了让大多数人都能超越心智上的转译活动，就必须进行真正的转化修炼。因此，整合修炼可能是最有效的实修途径，它不仅强调主观象限，同时也包含了自我的转化、人际关系、与社区的互动以及与大自然的关系等次元（威尔伯，胡因梦译，2010）。

二、实用技巧

灵性修炼的高度取决于更高的意识，同时它也需要以更落地和更具有生活气息的方式进行。我们每个人都应该在日常生活中适度地进取，因为心灵之旅是一项主动积极的探究和努力，绝不是被动消极的逃避，更不是功利或贪婪地索取。灵性修炼的方式很多，关键是要明确不断精进的目标，并找到适合自身的方法。正所谓“不忘初心，砥砺前行”。以下是从活动角度对几种常见修炼方式的简要介绍：

（一）冥想

冥想，又称“打坐”或“静坐”，顾名思义就是深沉地思索和想象，它是让我们获得平静时光的最佳方式。通过冥想，我们可以让纷繁杂乱的思绪安静下来，让大脑休息片刻，获得深度的宁静。我们可以将冥想视为一个人的“特殊活动”，它可以是静态的，也可以是动态的。

在哈佛大学医学院，每年有近万名患有各种疾病的人就诊，医生除了用药外还经常会教他们如何盘腿打坐，以消除精神上的压力和烦恼。全球对冲基金巨头桥水的创始人、《原则》一书的作者瑞·达里欧（Ray Dalio）说：“在我所有一切的成就中，冥想是帮助我成功最重要的要素，没有之一。”美国普林斯顿大学客座教授、《佛教即真实：冥想与顿悟的科学和哲学（*Why Buddhism is True：The Science and Philosophy of Enlightenment*）》一书的作者罗伯特·莱特（Robert Wright）为戒烟这类冥想练习设计了 4 个步骤，即 R.A.I.N 法则：承认（Recognize）欲望的存在，接纳（Accept）这个欲望，检视（Investigate）这种欲望，留意（Note）过程中的感受。

我们可以选择在一个安静舒适的环境里冥想，卧室、办公室或专门的静修中心都是不错的选择。苹果前 CEO 乔布斯把他 200 多平方米的办公室作为冥想的地方，除了一张坐垫，办公室里几乎什么都没有。在时间上，刚开始我们不用冥想那么久，每天做 10~15 分钟，之后慢慢延长。美国著名脱口秀主持人奥普拉每天会冥想两次，每次 20 分钟。

在瑜伽中，冥想是实现入定的一项技法和途径。瑜伽冥想的最终目的不是让心思空无一物或者达到“无我”的境界，而是让心思感应到具有精神性的超然语音，从而达到净化意识的效果。瑜伽冥想练习极为简便易行，常用的方法如下：

· 随息法：意念呼吸自然出入，心息相依，意气相随，不加干涉。

· 数息法：默念呼吸次数，从一到十到百，实者数“呼”，虚者数“吸”。

· 听息法：两耳静听自己的呼吸声，排除杂念。

· 观息法：如旁观者一样，去观察和体会自己的呼吸。

· 止息法：通过以上任何一种方法的练习，久练纯熟，形成一种柔、缓、细、长的呼吸。呼吸细若游丝，若有若无。

· 禅语入定法：通过默念等方式，体会联想“独坐小溪任水流”的意境。

· 松静入定法：吸气时默念“静”字，呼气时默念“松”字。

· 观心自静法：用心去观察、体会和分析自己的思绪杂念，任杂念思绪流淌，不加干涉，久则自归于静。

在动态冥想中，容易做到的一些常用技巧有：静心完成单调而又重复性强的动作，比如散步，看书，洗碗，扫地等；有觉知的带入；动作的骤停，即当你正置身甚至陶醉于某种动作之时，让自己突然停住不动，去好好地品味一下那时的感受，去体会一下动和不动时的差别。在稍微进阶一点的习练方法中，首推“苏菲圈舞”。

（二）禅修

禅修，在印度语中的意思是“心灵的培育”，就是把心灵中的良好状态培育出来。其实践方法以“八正道”的修学为主，辅以“四梵住”的慈悲喜舍，“七觉支”的念、择法、精进、定等。其中，八正道即正见、正思维、正语、正业、正命、正精进、正念、正定。具体可分为“戒、定、慧”三个不同范畴的修习，正见、正思维组成“慧学”——正知正见的培育；正语、正业、正命组成“戒学”——行为品德的培育；正精进、正念、正定组成“定学（心学）”——心灵素质的培育。

禅修本是佛门修行的术语，但在现代社会，它有了不一样的含义。我们可以把禅修作为一种特殊活动，但更应该培养每天定时禅修的习惯，把禅修应用于日常生活中。在日常生活中，可以多参加集体共修活动，多与善知识相处。或者加入义工行列，布施助人，尽更多的社会责任。在日本，许多地方流行年轻女性做“一日尼姑”的时尚，她们认为，到一家寺庙盘腿打坐，斋戒清心，工作的压力和烦恼就烟消云散了。

➔经典案例

将禅修融入运动之中

为了让紧张忙碌的现代人能够简便地享受禅法的奥妙，法鼓山圣严法师根据多年的实修体验，将禅修心法融入运动中，研究出一套“法鼓八式动禅”。该动禅不拘时间、不拘地点且简单易学，只要能勤加练习，在行、住、坐、卧中就能以动禅的修行方式，享受身心放松的感觉，如表 12–2 所示：

表 12-2　法鼓八式动禅简要图解

招式	动作要领	示意图
扭腰甩手	1. 身体放松，两脚张开与肩同宽，两手自然下垂； 2. 向左转腰甩手，两脚不动。一手顺势轻拍肩膀，一手轻拍背部； 3. 反方向重复做。	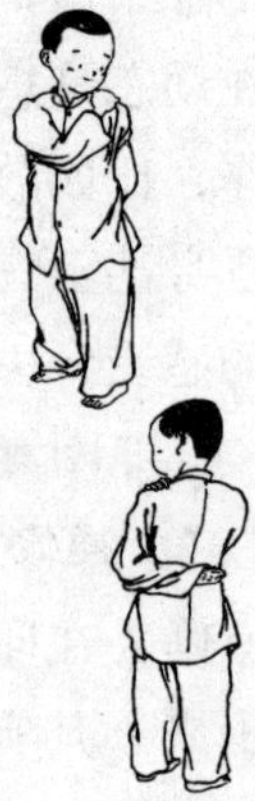
颈部运动	1. 身体放松，两脚张开与肩同宽，两手自然下垂； 2. 头部缓慢左 / 右倾，耳朵尽量贴近左 / 右肩。头部缓慢左后转 / 右后转。头部缓慢往下 / 上。	
腰部运动	1. 身体放松，两脚张开与肩同宽； 2. 两手叉腰，虎口向下； 3. 腰部从左至右缓慢地旋转； 4. 反方向旋转。	

续表

招式	动作要领	示意图
擎天触地	1. 身体放松，两脚张开与肩同宽； 2. 十指交叉，两手缓慢上举，尽量伸展； 3. 两手缓慢往下，身体缓慢下弯，双掌尽量触地。	
甩手屈膝	1. 两脚张开与肩同宽，两手自然下垂； 2. 双手前后摆动，双膝顺势弯曲； 3. 清楚双手摆动、膝盖抖动及全身运动的感觉。	
转腰画圈	1. 身体放松，两脚张开与肩同宽； 2. 两手缓慢上举与肩同宽，掌心相向做抱球状； 3. 身体缓慢由左至右，由上往下做 360° 环绕。反方向旋转。	

续表

招式	动作要领	示意图
膝部运动	1. 身体放松，两脚并拢； 2. 膝关节弯屈，两手置于膝盖上； 3. 膝盖由左至右缓慢地旋转，反方向旋转。	
左右伸展	1. 全身放松，两脚并拢； 2. 左脚缓慢的前弓，右脚伸直，双手前后伸展； 3. 右脚缓慢的前弓，左脚伸直，双手前后伸展。	

资料来源：法鼓山芝加哥分会官方网站，http：//www.ddmbachicago.org.

（三）辟谷

顾名思义，辟谷（bì gǔ）就是不食五谷，又有却谷、去谷、绝谷、绝粒、却粒、休粮等叫法，源于先秦，流行于唐朝，是古人常用的一种养生方式。辟谷最早的记载源自《庄子·逍遥游》："藐姑射之山，有神人居焉。肌肤若冰雪，淖约若处子，不食五谷，吸风饮露，乘云气，御飞龙，而游乎四海之外……"

传统的辟谷主要有服气辟谷和服药辟谷两种类型，其中，服气辟谷主要是通过绝食、调整气息的方式来进行。辟谷食气采用绵长柔细的呼吸方法，这一方法来源于仿生吐纳，所以又叫作龟息。道家认为，乌龟之所以长寿，是因为它食气，而气在人体内循环不止，不可或缺。服药辟谷则是在不食五谷的同时，通过摄入坚果、中草药等其他辅食对身体机能进行调节。

在正确指导下有准备地参加辟谷活动确实有利于身体健康，但其功效不应过分夸大，其中的科学原理仍有待研究。例如，人类是恒温动物，即便在睡眠中一动不动，仍然需要消耗能量以维持体温和人体运行，因而从科学角度来讲，服气辟谷并不现实。相比而言，研究结果表明，从低等生物真菌、果蝇到哺乳动物中的小鼠和犬类，限制能量摄入均能起到延长生物寿命的作用，即“饥饿”的动物不但活得更久，并且活得更健康。

➔经典案例

2018 年 3 月终南山辟谷活动公告（部分内容）

活动宗旨：

向参加者讲解终南隐士文化、道家内丹养生之秘诀以及通过全身拍打达到活络全身经络的效果。同时，还将从内丹的角度讲解辟谷给现代人身体所带来的变化，譬如延年益寿、洗魂练魄、驻颜养生等功效。

活动内容：

一、

1. 道家修炼与生命科学及其辟谷原理；2. 辟谷炼神调息凝神及其辟谷注意事项；3. 早晚身体部分指标自测；4. 导师护关巡查。

二、

1. 吐纳以及道家动功；2. 服气、采气、采药。

活动细则：

日程：3 月 21 日—3 月 27 日（共计 7 天 6 夜）

地点：陕西·西安·终南草堂

人数：仅限 10 人

授课对象：身体状况良好，对辟谷有一定了解和心理准备的同道。

辟谷注意事项：如果身体有疾病务必提前告知；辟谷过程中出现不适亦需及时与指导老师沟通。

个人注意事项：每位学员需自备双肩包、伞、登山鞋或运动鞋、厚外套（冬装）；洗漱用品自备（山中温度为5℃~10℃，如果雨天或者夜晚温度会在0℃以下）。

组织结构、报名方式等内容略。

资料来源：终南草堂.2018年3月终南山辟谷活动公告[EB/OL].http://www.sohu.com/a/215923949_672482, 2018-01-11

（四）志愿者活动

古希腊哲学家亚里士多德提出：只有在道德实践中才能修养德行（蔡立彬，2005），而志愿者活动为修养德行和培养情操提供了历练与践行的平台。

所谓志愿者活动（志愿服务），是指在不为获得物质报酬的情况下，基于道义、信念、良知、同情心和责任的志愿精神，为帮助他人、改进社会和促进社会和谐发展而贡献个人的时间、技能、资源及精力的行为（韩森，2001）。志愿服务突出地表现在非政府组织、专业协会、工会和其他民间组织的各项活动中。许多社会运动，比如在消除文盲、免疫和环境保护等领域，都主要依靠志愿者的帮助与奉献。

从国际范围来看，志愿服务主要有专项性的志愿服务工作、专业性的志愿服务工作、公益性的志愿服务工作以及社区性的志愿服务工作等形式，主要服务范围包括扶贫开发、社区建设、环境保护、大型活动、应急救助与海外服务等。在实际工作中，很多时候从事志愿者服务都是以活动的形式呈现的。

➔经典案例

一个特殊的复活节

2017年4月16日，阳光明媚，春风习习。复活节的钟声敲响了，各地教会沉浸在纪念基督复活的喜乐中。

就在这个主日，在宁波城区的几个教堂，出现了一批特殊人物，他们个个肩披红带，人人兴高采烈、摩拳擦掌，仿佛在等待一件重要的事情发生。原来他们是一批无偿献血的志愿者。今天是复活节，他们除了依然要唱诗、赞美、敬拜之外，还要做一件有特殊意义的事！那就是他们将响应宁波市基督教两会的号召，积极报名参加义务献血活动！

主日崇拜之后，宁波市区各教会举行了“爱邻舍”无偿献血启动仪式，弟兄姊妹热情高涨，井然有序地分赴五个不同的献血点。宁波市中心血站派了两辆大巴分别在圣教堂和望春堂设立流动献血站，极大地方便了献血者，更提高了献血效率。经过相应检测的筛选，本次共有 218 位弟兄姊妹成功献血，献血量共计 63100 毫升。据血站医生介绍，这个血量已经接近了宁波市各大医院一天的医疗用血量。

此次参与献血的弟兄姊妹，除了少数是献血的“老兵”外，多数为平生第一次献血，他们年龄、职业有别，但爱心相同，都是为了他人的生命健康，为了更多的人能延续生命。一位衣着朴素的姊妹第一次献血，她说她原来有晕血症，但这次教会动员大家义务献血，为主表达爱心传递生命，她说自己一定得来试试。一位弟兄说他坚持献血已经三年多了，近期他每月都去血站献“血小板”。旁边的人都惊叹他的毅力，而他却说：“耶稣为了世人不仅流血且将生命献上，我们献一点点血算什么？”

不少同道不但在这次献血活动中成功献血，还纷纷表示要“将献血进行到底”，争取今后常献多献，荣神益人！

……

资料来源：陈志华. 一个特殊的复活节——宁波市区教会复活节“爱邻舍”无偿献血活动侧记［J］. 天风，2017（5）：4–5.

（五）慈善活动

中国的慈善思想和慈善活动历史源远流长。例如，儒家的慈善思想来自儒学的“仁爱”价值观，包括“民本”“大同”“义利”等思想观念在内。道家文化中的“清净无为”的人生哲理及“赏善罚恶，善恶报应”等道德观念，是中国传统慈善事业发展进程中的重要思想源头。佛教传入中国后，形成了以慈悲观、善恶观、人生观为主要内容的中国佛教伦理思想，其劝善理论也特别丰富。

根据《中国大百科全书》（1993 年版）的释义，慈善事业是“从同情、怜悯或宗教信仰出发，对贫弱者以金钱或物品相助或者提供其他一些实际援助的社会事业”，“带有浓重的宗教和迷信，其目的是为了做好事求善报；慈善者通常把慈善事业看作是一种施舍”，“它只是对少数人的一种暂时的、消极的救济……它的社会效果存有争议。”简言之，慈善约等于献爱心，慈善行为是在慈悲的心理驱动下的善举，它属于公益活动的一种类型。本书所讨论的“慈善活动”是指各类以募集善款为目的的活动，例如募捐活动、慈善拍卖会、慈善之夜、慈善晚宴等。

正式的慈善活动主要是由各类基金会或机构策划和组织的。1994年，中华慈善总会创立后，各类民间慈善机构（包括省级慈善机构和地方性慈善机构）纷纷建立。在美国，每年约有2%以上的GDP是作为善款进入社会发展中的；慈善基金的捐赠渠道有很多种，既可以捐赠给研究机构，也可以捐给教育、健康等领域的非营利性组织，这些组织接受捐赠的资金来源很清晰，用途也很明确，不仅有明确记录，还会向公众披露。当然，也不排除一些富翁以匿名形式捐赠。

对于普通大众，参加或亲身参与组织慈善活动时有3点要铭记于心：首先，必须真心做慈善。只说不做或带有功利性的伪善比无善还要恶劣；其次，慈善不仅仅是“钱”。这一点从中华慈善总会的业务范围就可以反映出来：组织各种形式的募捐活动，募集善款；协助或受政府委托开展赈灾救助工作；组织各种社会活动，扶贫济困；开展安老、抚孤、助残、助医、助学等各种慈善救助活动；组织热心慈善的志愿者队伍，开展多种形式的慈善公益活动；广泛开展交流与合作；开展慈善宣传和业务培训，普及慈善意识等。最后，慈善捐赠是很私人的决定，而且要量力而行。

➔经典案例

关于富人修行的两段对话

2017年1月5日的“澎湃新闻”上有一篇文章——《富人为什么往往会成为灵修市场上的冤大头？》，是记者沈河西对南京大学社会学系副教授杨德睿的采访，关于灵修文中有很多真知灼见，以下是其中的两段对话：

澎湃新闻：有人说，王菲的形象有两面性，一方面是热衷于扫货、对名贵服饰有巨大欲念的天后，另一方面又是素面朝天吃斋礼佛的佛教徒，你怎么看这样的两面性？您认为这种两面性普遍吗？

杨德睿：我不认识王菲，所以不谈她这个人。至于你说的两面性问题，我倒是可以说两句。普通人也都有很多面，互相矛盾的情况很多，极端一点时叫作双重人格、人格分裂，有很多人就是为了这类的苦恼而去修行的。但是，修行就能够让人的人格变得圆融一体吗？其实也不见得。

修行会增强我们某些心智能力和性格倾向，弱化甚至消灭另外一些能力和倾向，但是真要做到圆融一体、“吾道一以贯之”，实在很难。大禅师赵州和尚“四十年不杂用心，方才打成一片”，我们凡夫俗子要多少年才能做到？而且，我觉得始终如一也不见得就是修行的目标，那只是对于世俗的好人的一项要求而已（而且恐怕不是个多重要的要求），真正修行得很好的人，也会看情况而露出“怒目金刚”或“低眉菩萨”的法相，而不是永远都一个样子的。

庄子在《应帝王》里还说过一个列子的师父壶子见季咸的故事，壶子对季咸显露出各种不同的相，把季咸彻底吓跑了。所以我认为不管有没有修行，多面性（不止两面）都很普遍，修行好的人应该面更多，所谓“瞻之在前，忽焉在后”“神龙见首不见尾”讲的就是高人的面太多而且变化神速。所以，我建议没有修行的人，别想用这个简单而且无效的标准去衡量别人有没有修行、修行的水平如何。

澎湃新闻：你专门研究过放生的现象，明星里也有些人喜欢放生，比如女星张静初有一次放生了 47 万条泥鳅，但被网友批破坏生态，然后她道歉说自己智慧不够。你怎么看？放生为什么变成一种如此普遍的修行方式？

杨德睿：放生是中国人所创造出来的最直截了当、模式简单清楚、好操作，而且可以计算数量当作成绩的一种修行方法，非常符合我们中国人一贯喜欢把问题归结为计算数量、算分数的癖好，真的！不然你怎么知道张静初放生了 47 万条泥鳅？谁去算的？你又为什么对这“47 万”记得这么清楚？我们都是中国人嘛，可以理解。

第二个原因就是放生的整个过程很有戏剧感，那些动物被放出来时逃命的那一刻的情景，真的是很激动人心、很煽情，它很容易让放生的施主明确感受到自己做了件善事，添了一点功德，这比做扶贫之类的功德要简单明了得多，各种成本也都要小得多，所以很多人乐此不疲。

其实，这件事放在佛理上讲根本说不通，所以印度佛教、南传佛教和藏传佛教以前都没有搞放生，近年来是被中国佛教徒影响了才开始有人跟着搞。事实上，中国的正统佛教对这件事也不是很鼓励，历来有不少佛教的高僧大德劝过大家别再搞这种形式主义的东西，说创造的功德恐怕还没有造的业多，可是没有用，言者谆谆听者藐藐。

资料来源：沈河西．富人为什么往往会成为灵修市场上的冤大头？［N］．澎湃新闻，2017-01-05.

三、精彩实践

两段走心的旅程

一段寻找真我的世界杯之旅

2018年俄罗斯世界杯期间，一位正在经历人生第三个本命年的父亲、来自上海的球迷沈闻涛做了个在心中积压已久的决定——辞去原先光鲜亮丽的工作，去俄罗斯度过一个梦寐以求的世界杯派对，在异国他乡尽情享受足球带来的快乐，同时重新思考自己想要的生活（图12-1）。

东方体育日报

申花 | A7

花了7天6夜　他从上海坐火车前往俄罗斯——

一段寻找真我的世界杯之旅

球迷谱

图12-1《东方体育日报》对沈闻涛故事的报道

36岁的年龄摆在眼前，家庭的责任和生活的压力让沈闻涛在年初的很多个夜晚辗转反侧。“现实的恶魔”和“梦想的天使”在心里不断斗争，这样的犹豫不决大约持续了两个月，终于在4月下旬的某一天醒来，他痛下决心，决定给自己放个“别样的暑假”，在GAP YEAR中感受世界杯这场足球盛宴的真实而又热烈的气氛。

为了让这次世界杯之旅更纯粹、更彻底，他向老板提出了辞职申请，并把决定告诉了妻子，幸运的是，沈闻涛的决定得到了周围人的一致认可。彻底抛下一切的他，终于有大把的时间去规划俄罗斯之旅了。“很幸运，我家人也支持我这个决定，而且妻子和女儿也会在中途陪我一起去俄罗斯。”

……

回过头一想，就像是沈闻涛的人生路一样，在有序而平稳的轨道上行驶了很长一段路，在 2018 这个世界杯年，迎来了人生的第一次“换轮停歇”（指由于中国和蒙古、俄罗斯的铁轨宽窄不同，出入境时需要换轮毂和更换转向架）。他开始思考人生的本质，开始思考自己想要什么样的生活。

在这段难得的经历中，……沈闻涛也似乎找到了出发的意义，“人生本就是一场旅行，我不知道我的未来会发生什么，但我始终保持好奇之心，无论是好是坏，我都选择坦然接受生命所赋予我的一切经历。或许这样的豁达说来容易，做起来困难，但我希望在这次停顿之后，我接下来的人生一直朝着‘得之坦然，失之淡然’的人生方向前进”。

带着父母去旅行

2018 年国庆长假，来自上海、开车带着父母穿越欧亚大陆的“老司机 Kobe”因为自己的一篇游记火了。《史上最牛沪 C：已开到法国巴黎，埃菲尔铁塔下展国旗！》一文发布后的 48 小时，阅读数已将近 100 万，而相关视频的播放次数达到了 5500 万，点赞数超过 210 万。

Kobe 今年 32 岁，自称是一名“坚强的轿车越野党”，热爱长途穿越，喜爱在路上的感觉。而此次出行，真正的主角是他的父母。

按照既定的人生规划，大学毕业后的 Kobe 进入外企工作。工作十余年，他发现，从 18 岁离家在外求学开始，自己每年陪伴父母的时间不超过 15 天。“最忙的时候，我的生命里只有工作，没有生活。”“不知还有多少人和我一样，长大后就很少回家，甚至不知余生和父母在一起的时间还能有几天？”因为这样的“细思极恐”，Kobe 特地筹划了这次旅行——带着父母自驾穿越欧亚大陆，环欧 20 国，全程 44000 公里，历时 120 天，重拍 40 张结婚纪念照。没错，这正是他送给父母结婚 40 周年的礼物，带他们走出国门，去看看这个世界。

在接受《新民晚报》记者的采访中，Kobe 说了这样一段话，“都说旅行是检验情侣感情的试金石，这话一点都不假，同样的道理在父母和子女之间也是一样的。我和我的父母在旅行中也会有争吵，这都是真实存在的，但是争吵过后，还是会非常在乎父母的感受，心疼他们的身体，会想怎么才能让他们更开心。这次旅行确实跟自己单独出来旅行不一样，我觉得我做这件事的意义在于，我会去想，人生中能有几个120天用来足额地陪伴生你、养你的这两个人？我们是很普通的家庭，我希望用我的行动让更多的人能去重视和父母之间的相处。”

资料来源：陈艳婷．一段寻找真我的世界杯之旅［N］．东方体育日报，2018-07-25. 毛丽君．“最牛沪C”埃菲尔铁塔下展国旗！［N］．新民晚报，2018-10-04.

➔案例分析：

这两位来自上海的男人可能并未将自己的旅程作为特殊活动，两段旅程和灵性修炼之间也没有直接的关系，但最后的结果是两人的人生境界都得到了升华，一个找到并证实了重新出发的意义，一个关注并表达了对父母的感恩之心。其实，人生就是一场修行，灵性的修炼与成长体现在包括活动在内的日常生活中。

的确，身体和灵魂，总要有一个在路上。其实，修行本就是一条通往人类内心最深处的道路。修行，是一门关于心的功课。修好这颗心，学会坚韧，学会包容，懂得慈悲，懂得博爱，进化成更好的人。德行越高，我们的心境就越清澈（麦琪，2013）。

无独有偶，我曾经读过一段文字，是由一位参加了多次禅修活动的普通白领所写——也许，当你觉知自己在当下过着简单的生活，它并不像你想象般锦衣玉食，却能让你时刻感受活在当下的美好，清晰地知道自己在做什么。当我们还在世俗的名利中迷惑不堪时，有人在这样一个世外桃源诵经，又何尝不是对自己人生的一种修行？也许我们应该适当停下来，让身体和灵魂在这个漫长的人间相遇、融合，然后再往前走（于婷婷，2017）。很多时候，我们都生活在迷惑而无效率的人生里，直到生命中的某一刻，当我们突然意识到应该觉醒并决定通过某种方式真正改变自己，一切才开始井井有条，人生才开始豁然开朗（八卦鹅，2017）。这就是心理学家所讲的顿悟时刻（Aha Moment）。

为了觉醒，必须要牢记四件事：

· 敢于面对自己真实的内心，及时发现和清理负面的信念，这些负面信念制约了我们的行为；

· 为自己做好人生规划，只有目标明确，并养成良好的生活习惯，才能拥有掌控生活的力量；

· 乐于通过阅读学习和请教他人来获得智者的点拨，最好能找到榜样，这样能够少走弯路；

· 怀有一颗善良、慈悲和感恩的心，尽自己所能积极参加各种公益活动，如城市大型活动志愿者服务、社区义工等。

思考题：

1. 请对佛学中的觉察、觉醒和觉悟 3 个阶段进行评述。

2. 结合案例，简要分析活动在灵性修炼不同阶段中的作用。

3. 尝试练习一种瑜伽冥想的方法。

4. 你如何看待明星、富人参加慈善活动？

5. 请查阅更多关于顿悟时刻（Aha Moment）的资料，并对自己的某次顿悟经历进行分析。

6. 怎样可以更好地自我觉醒？

第 13 章

活动与参政议政

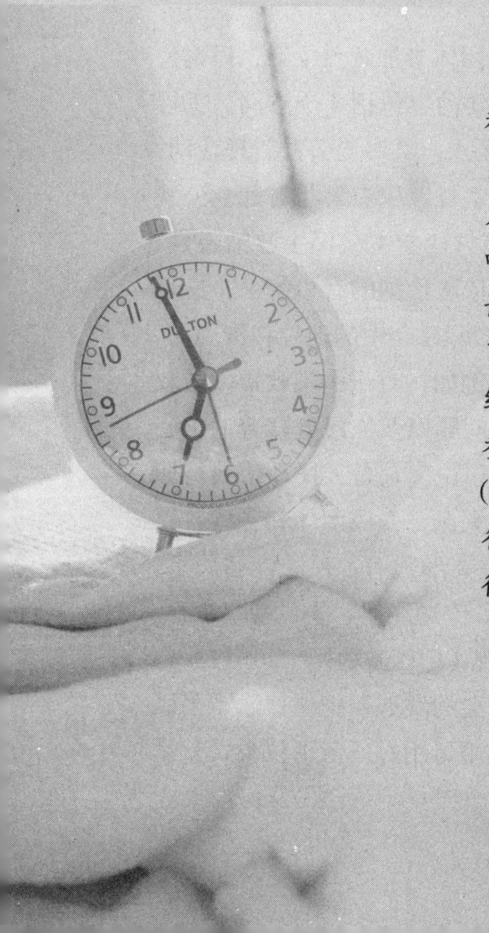

民主必须以公民的认同为基础。为了实现这种认同，政府需要与公民之间建立起更强的联系，以鼓励公众在公共事务上花费一定时间和精力。那么，究竟应该怎样加强与公民之间的关系呢？具体而言，意味着政府要发布信息、开展咨询和引导积极参与，这些途径为政策制定提供了更好的基础，并能促使政府发展成为学习型组织。同时，由于公众对政策有了充分了解并参与了政策的改进，政策执行起来会更加有效（OECD，2001）。选举、听证会、静坐、集体游行等不同活动为公民参政议政提供了多样化的途径。

古语云，天下兴亡，匹夫有责。从这个角度来说，每一个公民最基本的道德就是关心国家事务，为国家的繁荣昌盛和社会的公正和谐出谋划策并身体力行。随着我国社会经济的稳步发展和国民文化素质的整体提高，公民权利意识的觉醒不断达到新的高度。与此同时，手机、互联网等现代信息传播工具的普及为普通民众议政、参政提供了更便捷的途径。对于个体，投票选举、参加听证会甚至参加游行等活动都是参政议政的可能形式。

古希腊哲学家亚里士多德有一句名言：人是天生的政治动物。其一，人本应具有政治权利以及与生俱来的人权，不需要任何组织或个人赋予。其二，没有人能够脱离政治生活。政治生活是人们生活的重要部分，它与文化生活、经济生活等共同构成了我们的社会生活。在日常生活中，人们随时会遇到政治问题，许多经济和社会问题的解决都需要采取相应的政治举措。

一、不同类型的活动与个人参政议政

（一）参政议政的含义

顾名思义，“参政议政”就是公民、政党或社会团体参加政治生活，讨论公共事务。概括而言，对于我国公民，政治生活的主要内容包括 4 个方面。①行使政治权利，履行政治义务，这是政治生活的总体要求。②参与公共管理活动，即依法实行民主选举、民主决策、民主管理、民主监督，积极参与对社会公共事务的管理活动，这是政治生活的主要内容。③参与社会主义民主政治建设。实现这一目标必须坚持党的领导、人民当家做主和依法治国的有机统一，这是中国社会主义政治文明的本质特征。④关注我国在国际社会中的地位和作用。

对于个人和集体，参政议政的内涵有所不同。例如，对于中国政协，参政议政就是对政治、经济、文化和社会生活中的重要问题以及人民群众普遍关心的问题，开展调查研究，反映社情民意，进行协商讨论。它是人民政协履行职能的重要形式，也是党政领导机关经常听取各民主党派、人民团体和各族各界人士的意见和建议的有效方式。政协参政议政的主要形式有：反映社情民意，召开各种协商例会、各种专题议政会、专题研讨会、专题调研、委员视察考察、政协委员参与中共党委与政府统一组织的检查和巡视（中国政协网，2010）。

对于公民个体，所谓参政，就是为了国家和社会的发展，把法律赋予公民的监督权、投票权、罢免权以及选举权、被选举权用足用好。所谓议政，就是为国家和社会的发展出谋划策，把法律赋予公民的知情权、言论权用足用好。参政议政是每一个公民的神圣权利，也是现代社会的重要表征。

（二）特殊活动在参政议政中的应用

依法有序扩大公民的政治参与，是实现全面建设小康社会奋斗目标提出的新要求。基于上文分析，个人参政议政就是指参与社会公共管理活动，主要内容包括依法实行民主选举、民主协商、民主决策、民主管理、民主监督。基于此，可以初步构建特殊活动与参政议政之间关系的基本框架。

表 13-1　特殊活动与参政议政的基本关系（从公民个体的角度）

参与领域	基本要求	常见活动形式
民主选举	出于公心，以广大民众的利益为重；要了解候选人的品德和能力表现，在理性思考和判断的基础上投票	选举（投票）活动
民主协商	围绕改革发展稳定的重大问题和涉及群众切身利益的实际问题，在决策之前和实施中开展广泛协商	立法听证会、民情恳谈会、民主恳谈会、居民论坛、乡村论坛等（例如，在每年“两会”期间，中国政府网开展“我向总理说句话”网民建言征集活动）
民主决策	充分发表意见、表达意愿，促进自身对决策的理解，提高参与公共事务的热情和信心	专家咨询、重大事项意见征询会、重大事项听证会、集会、游行、示威
民主管理	增强自我管理、自我教育、自我服务的意识，依法直接行使民主权利	由村民委员会或城市居民委员会组织的各种活动（目的在于实行村民自治和居民自治）
民主监督	一方面，要敢于同邪恶势力做斗争，勇于使用宪法和法律赋予自己的监督权，另一方面，要坚持实事求是的原则，并采取合法的方式	信访举报、集会、游行、示威、人大代表联系群众座谈会、听证会、民主评议会、网上评议活动

从表 13-1 中可以看出，选举（投票）、出席听证会、参加专家咨询会、信访、静坐或参与集体游行、示威等活动为公民参政议政提供了多样化的途径。但值得注意的是，为了保证参政议政的质量，需要具备相应的制度等必要条件。

美国迈阿密大学教授史蒂芬·德鲁（Steven M. Delue）在《政治思考：一些永久性的问题》① 一书的前言中提出：为了保证平等的自由，有必要为每一

① （美）格伦·廷德（Glenn Tinder）. 政治思考：一些永久性的问题［M］. 王宁坤，译. 北京：世界图书出版公司，2010.

个人提供足够数量的基本条件。其中，包括言论自由、道德自由、宗教自由、结社自由和参与政治的自由等权利。另外，还应该加上享有教育和医疗保健的基本机会。只有当人民有了这些，他们才可能做出个人的选择，并且完全地、有效地参与政治体制（廷德，2004, p.10）。

➔经典案例

北京历史上第一次群众示威游行

北京西郊门头沟的采煤业有着悠久的历史，远在金中都时期，门头沟的煤就已成为中都的能源。门头沟采煤业对北京地区生态环境的恶化起到了很大的缓解作用，那时候，如果没有门头沟的采煤业，北京城区的能源将完全依靠四郊的森林砍伐，生态环境恶化的程度实在不堪设想。

明万历十年（1582年），张居正去世。这时神宗（即朱翊钧，年号万历）已经20岁，这位皇帝生性贪财好色，大肆增设皇庄。在京畿顺天府地区，新增的田额竟高达21000余顷。在昌平州兴建自己的陵寝耗白银800余万两，相当万历初年两年的全国田赋收入。

万历二十四年（1596年），神宗派遣大批亲信宦官到全国各地充当矿监、税使，大肆搜刮民脂民膏。其中，宦官王朝被派往门头沟矿区充当矿监。王朝到任后每年向窑户索取白银5000两。窑户公推王大京出面交涉减免，锦衣卫却把王大京逮捕了。王朝在门头沟大施淫威，激起了门头沟矿区民众的愤怒。万历三十一年（1603年），一支由窑工和运煤脚夫组成的请愿队伍浩浩荡荡地涌进了北京。“黧面短衣之人”在京城内填街塞路，举行示威，然后到通政司请愿，要求撤换王朝，减免矿税。在京城恐要断煤的压力下，神宗撤换了矿监王朝。

门头沟矿工、脚夫进京请愿在北京历史上是一件大事，门头沟煤矿连续开采了800多年，这在世界采煤史上也是极为罕见的。

资料来源：北京师范大学历史系三年级研究班．门头沟煤矿史稿［M］．北京：人民出版社，1958.

（三）常见的参与途径

讨论个体如何通过参加甚至亲身组织活动来参政、议政，可以从公众参与公共政策的途径研究中获得直接启示。

根据戈德史密斯和艾格斯（Goldsmith & Eggers，2004）提出的网络治理理论（Governing by Network）①，全过程参与要求政府为公众提供多样化的参与途径，并与公众有效互动。换句话说，只要公众愿意参与某项公共政策的制定或执行，他们便可以找到特定的渠道，或者很容易获得有助于参与的相关信息，这样公众的参与热情才会始终不减。国际著名公共管理学者、美国佐治亚州立大学教授约翰·克莱顿·托马斯（John C. Thomas）根据公民参与的不同目标提出了相应的参与途径（表 13–2）。同时他也指出，任何参与途径都不能提供一劳永逸的策略，但它们整合起来却提供了一系列保护公共利益免受私人利益侵犯的可供选择的菜单（孙柏瑛，2005）。

表 13–2　不同参与目标与公众参与公共决策的常用途径（从管理者的角度）

公众参与的目标	参与方法/技术	适用情景
获取信息	关键公众接触法	相关公众形成了一个或几个主要的公民团体；这种方法很少在公民参与中单独使用，并且管理者不能仅局限于从明显的关键人物那里获取信息
	由公民发起的接触②	评估公民对现有公共服务状况的反映
	公民调查	在某一公共事务上，管理者对公众的意见不能确定；已经明确了针对该问题的行动方案；该问题所涉及的公众包括多个有组织和无组织的团体
	新的通信技术	公众与政府之间需要进行便捷的沟通
增进政策的可接受性	公民会议（听证会）	最佳时机是管理者希望和公众交换信息时，但必须选择合适的时间、地点和方式
	咨询委员会	管理者希望在重大问题上与公众（特别是咨询委员会成员）分享一定的决策权；相关公众至少包括两个或两个以上的组织化团体；咨询委员会与管理者的目标一致
	斡旋调解	相关公众是数量较少的组织团体；对立各方势均力敌，并有意接受调解

① Goldsmith, S. & Eggers, D.W.（2004）. Governing by Network：The New Shape of the Public Sector（3rd edition）[M]. Brookings Institution Press/Ash Center.

② 类似于我国的信访、投诉等方式。

续表

公众参与的目标	参与方法/技术	适用情景
构建政府与公众之间的合作关系	培养充分知情公众	进入公众参与过程的公民代表需要掌握有关所讨论问题的信息
	相互学习	公众对政策提出合法质疑，管理者以开放的态度进行回应
	帮助公民团体	社区组织（或公民团体）需要津贴资助或技术支持
公众参与的新形式	申诉专员和行动中心	公民需要制度化的投诉机制来获得政府或私人企业对有关请求的回应
	共同生产	公民个体或团体可以而且愿意承担非专业领域的项目运作（政府应采取必要的激励措施以获得公民的帮助）
	志愿主义	公民愿意牺牲自己的时间为公共服务提供支持；管理者制定有科学的志愿者招募、培训和管理计划
	决策中公民角色的制度化	在决策制定中使公民参与的作用制度化
	建立有利于保护公共利益的参与结构	私人团体的要求、邻里组织利益和更广泛的公众利益都不能被忽视

来源：John C. Thomas. 公共决策中的公民参与：公共管理者的新技能与新策略［M］. 孙柏瑛，等. 译. 北京：中国人民大学出版社，2005，pp.93–168.

国内还有许多学者以制度性为标准，将公民参与途径分为 3 大类，即制度性直接参与途径，主要包括听证、政务信息网、公示、信访等；制度性间接参与途径，包括通过人大代表大会、政协会议、参加社团活动以及官方、半官方政策咨询机构等参与政策过程；非制度性的参与途径，包括通过舆论对政策的制定和调整施加影响，通过特殊的社会关系网和非正常手段影响政策的制定，以及上访、游行等较激烈的参与方式等。

由此可见，个体通过各种活动来参政、议政的途径是非常多样化的，具体选择何种途径取决于参与的目标和政策环境等因素。综合考虑国内外学者对公众参与途径的不同分类以及中文的表达习惯，可以对公众通过活动来参政议政的常见途径进行重新归纳（表 13–3）。其中，公众参与公共事务的制度设计和组织保障与信息沟通技术一样，应当作为公民参政议政的基础，而不是被简单地视为一种高级参与形式，因为它们都会影响其他参与途径的效果。

表 13–3　适合公众通过活动来参政议政的常见途径

公众参政议政的目标	主要活动形式	备　注
基础 / 保障：有助于更好地实现参与目标 制度设计（公民参与的制度化） 组织保障（建立有利于保护公共利益的参与结构，如成立市民代表委员会、投诉中心[①]等） 信息沟通（设立信息中心、对某项公共事务的宣传推广等）		
获取信息	关键公众接触（例如小范围的座谈会）；信访等由公民发起的接触；民意调查；线上讨论 / 广播访谈（例如，上海人民广播电台推出的“区长面对面”活动）	其他途径还有新的沟通技术，如政务信息网、市民电子信箱、市长热线等
增进政策的可接受性	公民听证会；公民研讨会 / 公民论坛；咨询委员会会议 / 专家咨询会；斡旋调解；公民选举（投票）。反面形式有游行示威、静坐、投诉等	
构建政府与公众之间的合作关系	申诉 / 信访；意见征询会；志愿者活动；共同生产	常见途径还包括培养充分知情公众、为公民提供相应支持、成立三方委员会（政府、企业和个人）等

来源：作者根据相关资料整理。

二、实用技巧

（一）树立科学的民主价值观

今天，对个人自由、个人权利、机会平等、人民意志等民主价值观的尊崇在世界范围内获得了广泛传播。其中，自由的本质是自主，即所有个体都拥有实现自己目标的机会，但它并不简单地等同于取消对个人的外在约束。个人拥有各种重要权利，而所有这些权利是一切合法政府的权威和权力的根源所在。机会平等则强调个人的重要性，“人人生而平等”，包括在保护自由和追求幸福的权利方面。对人民意志的承诺，包含这样一层意思：当多数人不同意怎样做时，必须乐意放弃。

① 类似于 John C. Thomas 提出的申诉专员和行动中心。

➔经典案例

攻占巴士底狱好比一个革命的节日

革命如何才能成为一场革命？关于这个问题，法国著名历史学家莫娜·奥祖夫（Mona Ozouf）在《革命节日》[①] 一书中有非常精辟的阐述——“人民登台亮相：这是节日的第一个形象，是证明一个节日出现的首要条件。人民是以某种未经安排的、不假思索的方式出场的；没有人在实际指挥他们，他们的行动先于任何号召。他们既不听从某种法律，也不受制于某种制度，甚至也不会协调一致……由自发性所造成的这种充满活力的形象本身就差不多了：人民在前进，这就足够了……”（p.23）

她还引用了法国近代诗人夏尔·佩吉（Charles Péguy）在《克里奥》[②]（1932）中的精彩描述：

“没有人是被命令去攻占巴士底狱的。没有人被要求、被预想去攻占巴士底狱。总之，历史说，我就在那里。大家都知道攻占巴士底狱是如何发生的。当然，这是发生在 7 月 14 日。那是一个晴朗炎热的日子。在烈日下，古老的巴黎更加炎热。善良的人民不知道应该做什么，但是他们知道自己想要做点事情。”（p.23）

一旦人群动起来，接下来就顺其自然了。按照法国历史学家米什莱的观点，有时候人们就是为了行动而行动。“他们实际上想做什么呢？想走走。他们想集合行进，暂时忘却自己的困苦，聚集在一起，在晴朗的夏日，来一个公民大散步。对于他们，允许聚集在一起，这本身就是一个节日。”（p.31）[③]

需要注意的是，民主的各项基本价值观并不总是和谐共存的，例如，个人自由可能与人民意志（集体利益或公众福利）相抵触，个人权利可能与机会平等发生冲突。马萨诸塞大学教授、《政治思考：一些永久性的问题》的作者格伦·廷德（Glenn Tinder）提出，个人或集体提倡随意的、持续的不服从，即便没有革命的意愿，也是不负责任的。文明依赖于“服从是常态，抗拒是例外”，否则，支撑有教养的生活的基本秩序就会被打破。

因此，作为个体，要做出如下努力。①树立正确的民主价值目标，将追求

---

① ［法］莫娜·奥祖夫 . 革命节日［M］. 刘北成译 . 商务印书馆，2017.

② ［法］Peguy，C. Clio. Paris：Gallimard，1932.

③ ［法］Michelet，J. Histoire de la Revolution Francaise. Paris：Chamerot，1847.

个人利益与追求最大多数人的利益相结合。②培养民主规则的价值观念，即在行使个人的民主权利时，应重视和遵守相关民主规则，如少数服从多数、民主集中制等。③对民主权利的追求，能充分考虑当前政治、社会经济和文化的发展水平。④能对不同的民主政治制度进行科学的比较与评判。

资料来源：(法) 莫娜•奥祖夫. 革命节日 [M]. 刘北成，译. 商务印书馆，2017.

（二）积极关心和参与公共事务

所谓公共事务，是指为了满足社会全体或大多数成员的需要，体现其共同利益的那类事务。广义地讲，可以理解为个人或组织的所有非商业化行为。从狭义上说，指的是个人或组织涉及的政治活动及其与政府的关系。《中华人民共和国宪法》第三十五条规定：中华人民共和国公民有言论、出版、集会、结社、游行、示威的自由。公民享有这些自由，有助于公民参与公共事务，充分表达自己的意愿。

概括而言，公共事务的内容主要包括：①与各级政府的关系；②采取政治行动，包括加入政治行动委员会；接受政治教育；组织基层团体活动；③企业或组织责任，常见的形式有社区关系；慈善活动；社会责任活动；志愿者行动；④议题管理；⑤传播沟通，包括信息发布、媒体关系；⑥国际事务。由此可见，个人或组织关心和参与公共事务在很大程度上是通过参加或组织各种活动来体现的。

以企业家为例，许多学者认为，企业家参政议政、积极参与公共事务对社会发展和企业自身发展都有好处，所以应当鼓励。除了传统的政治参与途径外，企业家还可以通过组建公益机构、研究实体等形式参与公共事务。但投身政治或公共事务的企业家往往会面临“双重身份”如何公私隔离、防止权钱交易、政商勾结的困境。

➔经典案例

参与公共事务不能只做“键盘侠”

1. 听证会不能沦为听涨会

2015 年 11 月，山东青岛市物价部门计划就地铁票价召开听证会，听证会尚未召开，就被指有造假嫌疑——参会名单显示，一个名叫王秀丽的市民今年已3次被抽中参加听证会。对此，青岛市物价局相关负责人回应称，参加人均为公开抽取，不代表具体阶层，但确实有报名人数过少的情况。

从新闻报道的种种细节来判断，这个叫王秀丽的女性可能真的不是托，而只是一名热衷于公共事务的普通市民。她之所以屡次被抽中参加听证会，是因为报名参加听证会的市民实在太少，每次分别只有18人、28人、20人报名。要从这些人中抽出12名听证代表，一个人被重复抽中的概率显然很大。

事实上，现在很多人并不缺乏参与公共事务的热情，问题是，这种热情往往只表现在网上对公共事务评头论足、慷慨陈词，表达各种不满、提出各种意见，而对于在现实中参与公共事务却并不热衷，不敢发声、不便发声、不愿发声，甚至懒得发声。水价、气价上涨虽然在网上引起骂声一片，可现实中报名参加听证会的人却少之又少，这两者之间形成了鲜明的反差。

2. 旁听，让我们有参政议政的机会

在17日召开的省政协第二十五次常委会议上，有9名特殊的与会者，他们是自愿申请旁听，首次走进贵州省政协参政议政会场的普通公民。他们来自省会城市各行各业，有公司职员、工程师、教授、民营企业家、教师、公务员、进城务工人员。

今年已76岁，家住贵阳市八鸽岩路的刘宗棠教授，在谈到首次走进省政协第二十五次常委会议会场的感受时说，“我从早上7点出门，花了一个半小时乘坐公共汽车赶到这里，就是为了亲身感受一下省政协常委会议上委员参政议政的全过程。我长期从事会议学和集会学研究，非常关心省长与委员座谈会，见证政协委员如何与省长交流。会议的过程和内容给我很大的启发，既达到了‘会’又达到了‘议’，对我正在撰写的《集会论》一书会有很大帮助”。

……

记者在采访中了解到，此次邀请公民旁听省政协常委会议在省政协尚属首次，是省政协工作的一项新举措。

资料来源：卢春勤 . 旁听，让我们有参政议政的机会——公民旁听省政协九届二十五次常委会议侧记［N］. 贵州政协报，2007-07-20，（A01）；晏庆盛 . 参与公共事务不能只做“键盘侠”［N］. 长沙晚报，2015-11-20，（2）.

（三）认真行使选举权

在 18 世纪法国大革命时期，有一部分人将选举权完全看作国民的固有权利。所谓固有权利，即国民当然享有的权利，既无须国家宪法或法律赋予，也不是国家宪法或法律所能剥夺的。这种理论，是受了卢梭的主权论影响。总之，选举权属于公民的个人权利，但选举结果是由许多公民投票共同决定的，这与公民行使其他权利时通常是个人行使（如财产权、人身权等）并且能够直接产生相应的结果明显不同。

选举权的权利属性表现为它具有可放弃性、利益性、不完整性和意志性。以可放弃性为例，它是指公民可以选谁而不选谁，可以不选任何人或者根本就不参加选举。从这个意义上来讲，选举（投票）权是权利而不是义务。人的多样性、复杂性同样表现在政治领域，如果强求一致，则有悖自由的精神，“有些人几乎把除睡觉以外的全部时间用在政治上，并持有坚定的观点，另外一些人则是观望者或旁观者，不大关心政治问题”。

在组织选举活动时，需要特别注意两点：第一，应通过宣传、培训等手段，强化公民参与选举的责任感；第二，要改变那种在不了解被选举人的情况下进行投票的做法，这种形式主义的选举不仅不能让公民行使民主选举的权利，反而使得公民对民主选举产生疑惑和反感。为此，作为参加选举活动的个体，应提前熟悉选举程序和被选举人，了解如何依法行使监督权和罢免权。例如，知晓直接选举和间接选举、等额选举和差额选举的主要区别以及各自的优缺点（表 13–4）。

表 13–4　几种常见选举方式的比较

	直接选举	间接选举	等额选举	差额选举
含义	选民直接投票选举	选民选出自己的代表，由代表去选举	正式候选人名额与应选名额相等	正式候选人名额多于应选名额
优点	选民都有表达自己意愿的机会	便于组织，适合选民较多、分布较广的情况	比较充分地考虑了当选者结构的合理性	被选举人之间也形成了相应的竞争
不足	受限制条件较多	无法保障每个选民对代表的认可	在一定程度上限制了选民的自由选择	如果不加规范，容易导致虚假宣传、贿赂选民

➔经典案例

美籍华人踊跃行使选举权

来自于中国台湾的 CY 教授是美国华人专家委员会（CACC）在上海办事处的负责人，也是全球奖励旅游精英联盟（GAME）的创始人，他于 2018 年 5 月 29 日在拉斯维加斯（Las Vegas）参加了一次竞选人—选民见面会，见证了华人社区踊跃参加美国 2018 期中选举的情况（图 13–1）。

图 13–1　CY 教授在微信朋友圈的活动信息

在见面会上，来自华人社团和协会的选民们听取了内华达州州长竞选人、克拉克郡长斯蒂夫·西索拉克（Steve Sisolak）的政见，并普遍感觉满意（图 13–2）。现场还有专家提出，美国华人的选举权得来不易，因而倡导大家早日完成选民注册（Voter's Registration），积极参加选举表达意见。

其实，在前不久（5 月 18 日）刚结束的“亚洲文化节艺术交流展”上，Sisolak 还和内华达州参议员斯科特·哈蒙德（Scott T. Hammond）、迪娜·提特斯（Dina Titus）等多位国会议员的代表以及中国驻旧金山文化领事王石、领事赵明等中美官员应邀出席开幕典礼并为艺术展剪彩。Sisolak 表示，亚裔社区的成就让其他族裔刮目相看，他很荣幸受邀参加此次文化节。

图 13-2　竞选人—选民见面会现场

该案例充分说明了组织选举活动和公民个体参加选举的相应原则，例如，选举人要提前熟悉被选举人的政见等。

资料来源：鲲鹏．亚洲文化节艺术交流展在丽豪酒店成功展 [EB/OL]．维加斯新闻报，2018-05-21.

（四）培养和提高参政议政的能力

很多时候，我们可以用“知情出力”来说明参政议政的总体原则，其中，“出力”是目的，“知情”是出力的先决条件。2016 年，民进全国参政议政工作会议提出，参政议政的基本能力包括社会责任感、对社会问题的敏感度、学习新知识的能力、调查研究的能力和报告写作能力等。也有人提出，为提高自身的参政议政水平，可以念好“读、看、听、写、讲”五字诀，即读书学习、观看视察、倾听民声、撰文提案和积极发言。除了撰文提案，其他几方面都可以通过参加研讨、组织考察、举办听证会等活动来实现。

为此，公民个体还需要努力培养以下能力：①知识迁移能力，即能把个人的工作经验、生活体验和专业知识转化为对国家、地区和组织的路线、方针及政策的建议；②捕捉有效信息的能力，即能够找到政府的“盲点”，既包括政府没看到的问题，也包括政府看到了也想解决，但目前尚没有好对策的问题；③对可行性的认识能力，即提出的建议是不是能够做到，其次是看是否经过换位思考，没有换位思考，提出的意见往往不靠谱（刘新成，2016）。

另外还有一个现象需要注意：与积极参政议政相对应的“公民不服从”。所谓公民不服从（civil disobedience），是指公民发现某一条或某部分法律、行政指令不合理时，主动拒绝遵守政府或强权的若干法律、要求或命令，而不诉诸暴力。它是人们反抗法律不公的方法之一，在许多非暴力抗议运动中都有使用。例如，甘地在印度发起的社会福利运动以及从大英帝国独立的运动，南非针对种族隔离的斗争，非裔美国人的民权运动，以及世界范围内的各种和平运动。

然而，与随意的不服从不同，公民不服从是有选择性和目的性的；与犯罪的不服从不同，公民不服从针对的是公共价值，而不是只针对个人利益。实践“公民不服从”，不仅需要勇气，还需要政治上的老练——相关的技术和策略知识。很多时候，公民不服从需要一场运动或某种集体的努力，而形式多样的活动是理想的推手。（p.136，2004）

➔经典案例

“娃娃参议院”的探索与实践

为探索新时期德育工作的新途径，2005年以来，南京市北京东路小学成立了全国首家“娃娃参议院”，并将公民教育实践活动纳入学校的校本课程体系中。北小娃娃们在参议院中，培养了小公民的现代民主意识，提高了参与基层自治和民主管理的能力，增强了作为积极的共和国公民的使命感与责任感。

“娃娃参议院”以少先队为依托，议长由民主选举产生的大队长担任，大队委、大队委助理、各中队中队长为学校议员，全校共设36个分院，各分院均设有一名发言人。根据各年段学生身心发展特点，全校低、中、高年段各分院分别直面班级、学校、社会中存在的热点问题，进行研究。“关于老年人活动场所太少问题的研究”“关于自行车道挤占人行道问题的研究”“关于小区内噪声扰民问题的研究”“关于校园内废纸较多问题的研究”“关于值日生制度的研究”……这些由各分院议员自主发现、遵循民主原则自主确定的研究课题大多真实反映了民情民意，反映了当前班级、学校、社会急盼解决的问题。

在每周“娃娃参议院”的固定活动时间，各分院发言人向娃娃参议院议长、议员汇报本分院的活动进展，听取大家的意见及建议，共同商议下一阶段的活动步骤。

娃娃参议院这一德育品牌促成了小学生公民素质的提升及小学生参与社会实践活动、自我管理能力的提升，逐步形成了具有本土特色的小学德育工作新模式、新经验，其意义已远远超出教育领域。

无独有偶，笔者的一位挚友在美国从事博士后研究，他曾经在朋友圈讲述了儿子小锐锐参加某女选举人联盟下辖的一个学生政府组织的经历（图 13-3）。该学生政府组织隶属于芝加哥威尔梅特市的女选举人联盟，其宗旨是帮助青少年尽早参加和了解政府部门的运作与决策，以培养未来领导人。

图 13-3　一名美国中学生参加某政治课项目的经历

资料来源：孙双金，唐隽菁．小小公民大作为 参政议政我能行——南京市北京东路小学“娃娃参议院”实践与探索［J］．江苏教育研究，2010（4C）25–27.

三、精彩实践

希拉里也上 LinkedIn 找工作，offer 的决定权属于选民

2015 年 5 月 21 日，为了 2016 年竞选美国总统，希拉里 · 克林顿（Hillary Clinton）在入驻了 Facebook 和 Twitter 后又在职场社交平台 LinkedIn（中文

名为“领英”）上注册账号，建立了在线简历。她幽默地写道：“I created a LinkedIn Profile. Yes, I"m looking for a new job.”（我在 LinkedIn 上创建了主页。是的，我正在寻找一份新工作。）（图 13–4）

图 13–4　希拉里 · 克林顿在 LinkedIn 上开通主页为竞选总统助力

自从希拉里宣布参加 2016 年总统竞选以来一直麻烦不断，但是今天她成功地刷出了存在感，成为 LinkedIn 影响力人物（Influencer）之后的第 16 个小时，她的关注者便超过了 10000 人，并且还在以每 30 分钟 200 位的速度增长。但除了关注韦斯利学院和耶鲁大学法学院两所机构以外，她目前还没有关注任何联系人。

在 LinkedIn 上，希拉里再次展现了她以静制动的能力，行事显得十分低调。在她的自我介绍中，妻子、母亲、祖母的身份列在最前，强调自己是妇女孩子权益的提倡者，接着才是参议员、国务卿的头衔。如果你曾经好奇过她到底是喜欢猫还是喜欢狗，这条短短的自我介绍也会给你答案——“爱狗人士、发型偶像、套装粉”，最后才是“2016 年总统竞选人”（图 13–5）。

个人背景

自我简介

Wife, mother, grandmother, women and kids advocate, FLOTUS, FLOAR, Senator, Secretary of State, dog person, hair icon, pantsuit aficionado, 2016 presidential candidate.

图 13-5　希拉里・克林顿在 LinkedIn 上的自我简介

除了幽默地宣布自己来到 LinkedIn 外，希拉里也展示出了自己务实的一面。她在上面发表的第一篇文章就和发展中小企业相关。在文章中，希拉里表现出了对简化相关法律程序、减免税收的倾向，而这自然会受到相关中小企业家的欢迎。但是很显然，在平等的双向网络传播中，她在向别人展示政治主张的同时也将不得不接受民众对“电邮门”“捐款门”的质询。

对于美国总统候选人来说，利用社交媒体来扩大自己在选民中的影响力并不是新鲜事了。例如，美国前任总统奥巴马在 2012 年时就在 LinkedIn 上发表过名为《一项推动我们前进的计划》（A plan to move us forward）的文章来向选民阐述自己的观点。不过，在成功当选后，他就再也没继续更新其在 LinkedIn 上的专栏了。

和其他的 2016 年美国总统候选人相比，希拉里算得上是优先进驻了 LinkedIn 这个社交平台。前惠普公司前首席执行官卡莉・菲奥里纳虽然也宣布将竞选总统，并且同样开通了 LinkedIn 账号，但上面的信息却乏善可陈。随着总统大选的临近，这些总统候选人的竞选团队有望在社交媒体上玩出更多花样。

资料来源：希拉里上 LinkedIn 注册“是的，我要找个新工作”[EB/OL]. http://roll.sohu.com/20150522/n413590601.shtml，2015-05-22.

➔案例分析：

1. 精心控制的“表演”

美国著名社会学家、符号互动论的代表人物欧文・戈夫曼（Erving Goffman）在《日常生活中的自我呈现》一书中对自我在日常生活中如何动用各种道具和手段向他人展示最好的自己（presentation）的过程做了深刻分析。

戈夫曼从戏剧学中借用了许多术语来说明人们在日常生活中的社会活动，其中，最核心的术语是“表演”。本案例中的希拉里·克林顿所做的就是一种表演，但这种表演是经过精心设计和控制的，其目的是希望呈现自己最好的方面（express the impressed）。

戈夫曼认为，整个社会就是一个大剧场，我们每个人都是偌大舞台上的表演者，借助某个生活场景的情景和道具，并在与剧班其他成员的合谋之下，共同在观众面前表演一出出真情或假意的剧目。虽然没有固定的剧本，但在互动中已然存在一种契约，该契约是由社会制度、法律条文、组织规定等诸多外在强制性规定所框定的，并根据情景定义的不同而作出修改。在该案例中，希拉里在受到相关中小企业家等支持者赞赏的同时，也不得不接受民众对“电邮门”“捐款门”的质询。

同样的道理，个体在参加各种活动时也可以将其作为一种“舞台”，各种必要甚至有时混乱的准备在后台完成，在前台却要呈现出最好的状态。

2. 适当的印象管理

戈夫曼在书中用了“印象管理艺术”这样一章来专门讨论剧班和表演者的防卫品性以及实施保护性措施的动机和理由。用拟剧论的术语来回答，“表演”就是要协调好完全个性化自我（All-to-human Selves）与社会化自我（Socialized Selves）的两种努力。在互动过程中，完全个性自我的那些“实际的情感反应”必须被掩盖，而展现出来的应该是情境所要求的“适当的情感反应”。这是社会化角色的责任和利益提出的要求。因此，表演并不意味着欺骗。相反，很多情况下，精心控制的表演是为了表演者与观众的共同利益。

与之前的奥巴马等人一样，希拉里·克林顿借助参加总统竞选的契机，在LinkedIn上做出与自身社会角色相异的自我呈现，这种“表演”具有幽默感和亲民性，有助于为参加竞选赢得更多民心。

3. 积极拥抱不确定性

一个政治偶像的确立需要无数的幼稚和狂热来成全。于是，韦伯强调“政治成熟”的重要性，即积极介入政治生活并做出独立判断，主张“大众民主制”，鼓励民众积极参与政治生活。

当格伦·廷德主张某种不断反思和讨论的政治生活时，他遇到的最大困境是市场和过度发达的工具理性培育的懒惰和无聊。他认为，我们今天生活在一个充满“不确定性”的时代，但这是一种令人忧虑、使人虚弱的不确定性，而不是苏格拉底所指的那种安宁和具有启发性的不确定性。……在某种程度上，这个时代的极权主义和暴力是人们努力逃离不确定性的结果。……因此，今天，我们进行政治思考最伟大的成就不是战胜我们的疑问，而是帮助自己在自由和谦恭的状态下与之一起生活（p.260，2004）。换句话说，政治是躲不过去的，我们无时无刻不被政治控制着，因而必须拒绝绝对肯定的态度，保持不断探询的坦率态度。

云有心在《政治思考：一些永久性的问题》一书的读后感①里这样写道：在中国，政治一词早在先秦时期就出现了，《周礼》中有“掌其政治禁令”之说，其中，“政”主要指国家的权力、制度、秩序和法令；“治”则主要指管理和教化人民，也指实现安定或太平的状态等。总体而言，西方政治重在公民参与，中国的政治重在权利控制与管理教化。……“回想起来，活了几十年，所参与的政治活动真是屈指可数，基本是自绝于政治。”由此可见积极参政议政对于我国公民的必要性。

4. 具体建议

《中华人民共和国宪法》第三十五条明文规定：中华人民共和国公民有言论、出版、集会、结社、游行、示威的自由。这是公民参政议政的基本保障。从活动管理的角度来说，积极参政议政至少可以从以下几个方面去入手：

· 出于公心，并认真准备，积极参加选举（投票）活动，郑重行使自己的选举权和被选举权。

· 围绕改革发展中的重大事宜和涉及群众切身利益的实际问题，积极报名参加（或策划、组织）相关听证会、恳谈会、居民论坛等活动，在活动现场发表意见、表达意愿。

· 通过参加（或策划、组织）专家咨询、重大事项意见征询会、重大事项听证会或举行集会、游行、示威等活动，充分反映民众意见，促进自身对决策的理解，提高参与公共事务的热情和信心。

· 有选择地参加（或策划、组织）由村民委员会或城市社区居委会组织的活动，关心公共事务和大众利益，推进村民自治和居民自治。

① 云有心 . 躲不开的政治［EB/OL］. https：//book.douban.com/subject/26842557，2010-10-11.

· 在法律许可范围内，采取合适的活动形式，如信访举报、听政会、人大代表联系群众座谈会、民主评议会、网上评议活动等，行使宪法和法律赋予自己的监督权。

但需要特别注意的是，参加或策划、组织所有涉及公共事务或政治色彩的活动时，首先必须合法。例如，《中华人民共和国集会游行示威法》第四条明确规定，公民行使集会、游行、示威的权利时，必须遵守宪法和法律，不得反对宪法所确定的基本原则，不得损害国家的、社会的、集体的利益以及其他公民的合法的自由和权利。

思考题：

1. 如何理解亚里士多德的名言“人是天生的政治动物”？

2. 对于个体而言，什么是参政议政？

3. 请结合参政议政中的某个领域，谈谈特殊活动在参政议政中的作用。

4. 适合公众通过活动来参政议政的常见途径有哪些？

5. 怎样培养和提高自身的参政议政能力？

6. 你如何评价希拉里·克林顿在 LinkedIn 上为自己参加总统竞选助力的行为？

下　篇｜活动管理实务

第 14 章

活动管理 ABC

特殊活动已经成为人类社会生活中不可或缺的一部分。从奥运会、足球世界杯和世博会到城市艺术文化节，从公园、广场和历史名胜地的演出到公众聚会，从万人观赏的体育赛事到小型会议、婚礼，从公司促销活动到特殊事件旅游，从社区活动到慈善筹款，活动管理以其管理的科学性与特殊活动（事件）所具有的艺术魅力及文化内涵相结合，迅速地改变着受众的习惯、品位、记忆和理解，同时完成组织或产品品牌形象、概念的成功营销（王永嘉，2005）。

随着活动产业的迅速发展以及社会经济特别是信息技术的进步，人们对于节庆活动的效率和效果要求越来越高，客户越来越要求钱和时间花得其所。与之相对应，活动管理公司也变得越来越专业（O'Toole 和 Mikolaitis，2002）。这要求活动管理公司能进行系统管理，进而从特殊活动需求的角度去调用最合适的资源，满足众多参与者的期望。在学术研究和专业教育领域，活动管理（Event Management）作为一门独立学科的地位，正逐渐受到越来越多人的认可。

鉴于特殊活动对个人和社会发展所具有的独特功能，有必要在全社会面向广大公众普及活动管理的基本原理、一般方法和常用技巧。

一、活动管理的一般流程

Getz（1997），Goldblatt（1997），Watt（1998），O'toole 和 Mikolaitis（2002），Allen（2002）以及 Shone 和 Parry（2004）等学者或业内从业人员先后提出了理想的节事活动管理流程或模型，尽管所用的术语不尽相同，但基本思想没有太大区别，其基本过程都包括：调查研究；明确目标及其可行性；策划和制订初步计划；组织和协调；项目实施；结束收尾工作；活动回顾和评价（Tum et al.，2006）。

2001 年，国际特殊活动学会（ISES）首任主席、被誉为“现代活动管理之父”的乔·戈德布莱特博士（Joe Goldblatt）提出了著名的 Goldblatt 活动管理模型（The Goldblatt Event Management Process，见图 14–1）。但从图中可以看出，戈德布莱特把研究与策划分开，并且把活动的前期筹备和现场管理放到了一起，统称为“协调”（Coordination），这种概括存在一定的缺陷。

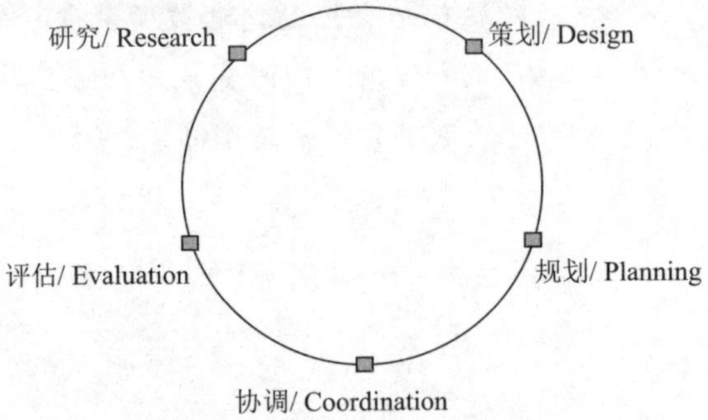

图 14–1　Goldblatt 活动管理模型

Getz（1997）认为，每个一次性的特殊活动都有明确的开始和结束时间，他主张利用项目计划方法来组织节事活动；而且“一旦活动开始，便不可能有重来的机会”（Allen，2000）。Wright 于 2001 年提出了一个预想的活动管理模型（Event Operations Management Model），该模型提供了计划和组织节事活动的基本方法，后来 Tum，Norton 和 Wright（2005）根据活动产业的特征对其进行了补充，如图 14-2 所示。

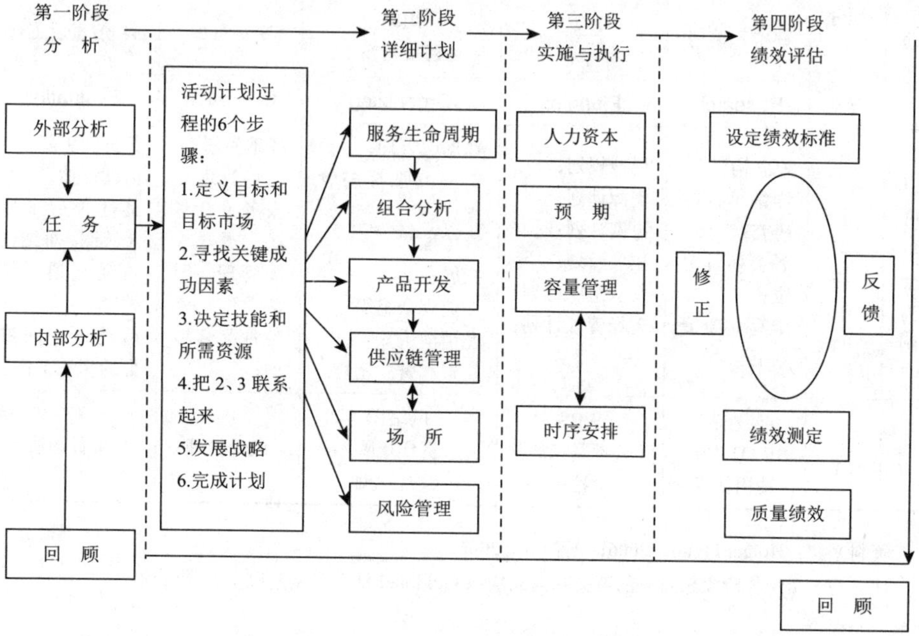

图 14-2　Tum、Norton 和 Wright 活动管理模型

在图 14-2 中，活动管理被分为分析、详细计划、实施与执行和绩效评估 4 个阶段。其中，分析阶段的主要工作是进行活动或组织者的内外部环境分析，并明确活动的目标及目标市场；详细计划阶段的工作内容包括活动选址、产品开发、服务设计、供应链管理、风险管理等举办节事活动所需的所有计划活动；执行阶段主要关注如何按既定的计划进行资源配置，以及人力管理、容量管理和工作时序安排等内容；绩效评估即在活动结束后使用一定的标准来测评和修正活动运营的效果。

无论是会议、展览会，还是婚庆、旅游节庆或者其他，每个一般意义上的活动都是一个项目。根据项目管理的相关原理，并以戈德布莱特活动管理模型为基础，可以勾勒出活动管理的基本流程及主要内容，如表 14–1 所示。

表 14–1　活动管理的一般流程

活动	阶段划分	活动前（Pre–Event）			活动中（Event）	活动后（Post–Event）
		研究和策划	计划	组织（包括营销）	现场管理	评价/事后工作
	英文	Research	Planning	Organizing	Operation	Evaluation
以展览会为例	主要工作	概念构思； 详细可行性研究； 展会项目定位； 撰写立项策划书	场地规划； 资源计划； 进度计划； 招展计划； 观众组织计划； 现场管理计划； ……	数据库管理； 供应商选择与管理； 宣传推广； 招展； 专业观众组织； 邀请演讲嘉宾； 广告和赞助销售;	场地布置； 现场管理与服务（开幕式，观众入场管理、闭幕式等）； 各种配套活动；	数据库更新； 活动评估； 其他善后工作（感谢，总结，新闻报道，催款等） 启动下一届展会的相关工作
工具（举例）		调查表 SWOT 分析 费用估算	WBS 关键路径法 干特图	网络图 责任矩阵 数据挖掘	风险管理	鱼骨图法

资料来源：Holger Preuß，2006；王春雷，2006。

注：与 5 个工作阶段相对应的英文和内涵均在 Goldblatt 活动模型基础上有所改动。

二、活动的关键成功要素（KSF）

要保证一次活动安全顺利地举办，要考虑上百个甚至上千个工作环节。在组织管理和项目管理中，协调（Coordination）最为关键，而这一点在特殊活动管理中表现得尤为突出，因为特殊活动受时间的严格限制，必须准时完成（Goldblatt，2002）。为此，活动管理经理在处理供应商网络和满足参加者及客户的多方需求时，需要运用系统方法和全面质量管理的方法。

在 Tum 和 Norton（2006）所构建的“与顾客相关的活动组织内外部因素分析框架”中，他们提出，在规划一个成功的任务之前，活动项目经理必须以顾客为中心，分析和评价两种截然不同的力量：内部环境和外部环境，其目的是充分考虑相关利益者、顾客以及公司 / 组织自身的各种需求，以理解“关键成功因素”的重要性和确定“公司 / 组织现有能力是否能满足各类需求”。其中，内部环境包括公司 / 组织文化、质量要求、信息系统、财务和股权状况，后者包括政治法律、社会、经济、技术、竞争和利益相关者等。

基于上述分析，活动项目经理必须以顾客和客户为中心，编制活动要素计划（Event Element Plan），特别是要对人力、资金、物品等资源进行科学合理的安排。笔者以活动组织者的目标和利益相关者的需求分析为出发点，按照项目管理的“时间、资金和质量”要求，对特殊活动的主要因素进行了重新梳理，将其简要地概括为“5W+2H”，并称之为关键成功要素（KSF），如表 14–2 所示。

表 14–2　特殊活动的关键成功因素（KSF）

要　素	描　述
为什么（Why）	即活动的目的，这是一次活动的所有元素（Event Elements）的基础
谁（Who）	指活动组织者需要明确活动观众的人口统计学和心理学信息，其实，广义的“谁”即活动的全部利益相关者，包括主办方、参加者、赞助商、当地社区、合作伙伴等
在哪里（Where）	即活动举办的地点，包括目的地或地理区位以及场馆
什么时间（When）	包括活动举办的季节、日期、星期几和具体时间
预期结果（What）	指组织者希望通过这次活动能达到什么预期目的（不同利益相关者的需求能在多大程度上得到满足）
怎么操作（How）	即具体的活动管理技术和手段，包括市场调研、可行性研究、活动策划、工作分解结构、全面质量管理等
费用（How Much）	指活动的总预算，包括进行项目工作分解结构（Work Breakdown Structure，WBS）后的各项任务的支出情况

资料来源：笔者根据相关资料整理。

➔经典案例

解密维多利亚的秘密——一场时尚秀的再造

本来只是一个著名内衣品牌的发布会，但却做成了一场时尚大秀，并引起媒体和公众的广泛关注，这就是维多利亚的秘密（Victoria’s Secret）的魅力。维多利亚的秘密就好比一台不断制造新闻的机器，其最大的秘密就在于“Secret”这个单词。

众所周知，极少有时装秀这么接近大众，可维多利亚的秘密（以下简称“维密”）却做到了。他们是如何通过改造自己的品牌活动来让他们的奢侈品吸引人们的呢？如果你曾经逛过维秘的店，你一定知道他们的内衣是那种你不会匆匆购买的奢侈品，然而他们却有广泛的品牌吸引力。他们利用活动来实现这一目标，使得自己远离竞争。最终的结果是，他们创造了一个令顾客心情愉悦的活动体验，并且让顾客愿意为更高的价格而买单。

具有标志性的维密秀为维密在商业上的成功带来了巨大帮助。自1995年在纽约举办小型发布会开始到今天，维密秀已经发生了翻天覆地的变化，成了今天的盛大电视节目。他们的时装表演旨在吸引人们走进自己的商店，显然这一策略获得了巨大成功，因为从2015年到2016年的短短一年内，维密的利润增长了12亿美元，如图14–3所示。

图14–3　2015年维密秀现场

以下是关于维密的一些方法，这些方法使得他们将自身与别的活动区分开，并且将时装表演重新改造成（Reinvent the Fashion Show）我们今天所看到的那样。

1. 制造表演

有活力的、受欢迎的音乐家和歌手在舞台上表演，与T台上的模特互动，为活动增加了有趣的元素，创造了一个有趣的舞台。2011年的维密年度大秀上，Maroon 5 乐队主唱亚当·李维（Adam Levine）与女友安娜·维亚利茨娜（Anne Vyalitsyna）同台演出，并向女友送上了惊喜之吻，那首《Moves Like Jagger》更是火到不行。他们在舞台上的互动创造了一个除衣服以外的爱情故事，这意味着每个人都会谈论，这大大提高了品牌的知名度。第二天，社交媒体上的图片和文字都被贴上了特色的标识，人人都在谈论她，这无疑使得维密的产品和节目得到了免费宣传。

2. 运用技术

作为第一批电视转播的时装秀之一，维密让场外的人不必花费任何开销就可以看到著名的时装世界，这创造了由好奇到歆慕的吸引力（from the curious to the envious）。

通过轻松地展示时装秀和表演，他们设法保持并获得人气，最近人们还看到了直播的引入。通过互联网和电视节目使得时装秀更加平易近人，这并没有淡化品牌或产品，而且恰恰创造了更多的活动，这种活动是人们喜闻乐见的，并希望维密接下来能够继续提供。

3. 打造偶像

维密用模特作为偶像开始于第二届时装表演，也就是 1996 年海莲娜·克莉丝汀森、娜奥米·坎贝尔和史蒂芬妮·西摩一起走 T 台的时候。从那时起，维密天使（Victoria's Secret Angels）已变成了一种有声望的成就。截至目前，每一个大洲（除南极洲外）都有天使代表，以展示丰富的多样性，并最大限度地发挥她们的吸引力。

天使代表整个一年的品牌潮流，而不仅仅是参加时装表演，这让观众情不自禁地投入到她们的个性中。在很多情况下，对模特的挑选都是基于她们自身的受欢迎程度以及在流行文化里的经验，特别是对电视的敏感直觉。例如，肯达尔·詹娜（Kendall Jenner）在 2015 年加入了她们。

维密也运用名人的声望和保证来提升时装秀的形象及增加社交媒体的报道。例如，使用以前出名的模特、音乐家和形象大使是一个增加额外宣传的明智选择。

4. 预算合理

高昂的花销对于举办一次大型活动肯定很有帮助，而且人们很容易认为，维密秀之所以取得巨大成功是因为它敢烧钱。然而，维密秀也不总是有充足的资金。

据报道，2016年的维密时装秀花费了2000万美元，它包括由Jasmine Tookes设计的“300万梦幻文胸”（$3 Million Fantasy Bra），这与第一次维密秀的12万美元预算相去甚远。其他时装秀的平均花费在20万~100万美元之间。维密透露，在过去几年，维密秀的支出增长到原来的5倍，是因为维密能够通过多种途径来募集大笔资金。

（1）许可（Licensing）。首先，通过向哥伦比亚广播公司（CBS）出售转播权，可以获得100万美元左右的收入。在长达1小时的维密秀期间的30秒广告据说可以卖20万美元。

（2）企业赞助（Corporate Sponsorship）。很大一部分资金是通过企业赞助获得的。例如，施华洛世奇或富士据说要支付超过25000美元的赞助费，从而获得一种特权——为出席的媒体提供购物袋和产品。

（3）活动赞助（Show Sponsors）。较大的赞助商被挑选出来与组织者合作，以突出时装秀和广告。例如，Red Carpet Manicure（红毯美甲）赞助了2016年的维密秀，并由著名名人美甲师Elle亲自为每个使用其产品的模特美甲。

5. 主题突出

维密秀开辟了一系列活动装饰的新方法和促进美学，并促进了有利于丰富观众体验和产品需求的审美的发展。作为维密秀的象征元素，大型道具、闪闪发光的T台以及超大的滑动门与主题相关照，成为关注细节的典范。2016年，维密秀有六大主题。

（1）前路奇缘（The Road Ahead）：这个主题出现了很多中国元素，比如中国结、中国龙等。不仅传达出世界上独一无二的时尚设计感，还体现了多元文化的融合。

（2）秘密天使（Secret Angel）：单从简单的翻译就可以看出，这款主题充满了神秘色彩，其灵感来自旧时期的黑白电影。

（3）山地浪漫（Mountain Romance）：一看这主题就充满了罗曼蒂克的浪漫，也更能体现女性的柔美与性感。

（4）粉红王国（Pink Nation）：粉色充满了浓浓的少女情怀，也是青春活力的展现。

（5）黑色天使（Dark Angel）：黑色的内衣神秘而性感，并略带野性，不止时尚，令人期待！

（6）皓夜天使（Bright Night Angel）：看到这个主题，人们很容易想到《夜空中最亮的星》，每个天使都是维密舞台上的星星，但哪颗是你心目中最亮的那颗呢？

6. 社交媒体

维密团队还很擅长对社交媒体的运用。除了广泛地覆盖围绕着吸引人们的节目，他们全年都使用社交媒体与品牌追随者保持联系。这样做加强了消费者的品牌意识，并且当人们想到豪华内衣时，维密总会浮现在眼前。维密不仅仅限于自身的平台，他们的宣传渠道包括 Snapchat，Twitter，Facebook，Instagram 和 YouTube 等多样化的平台，这有利于维密接触那些热衷于新技术的年轻人。

（1）YouTube 视频。维密的 YouTube 频道吸引了 100 多万粉丝，不只是简单地处理产品视频。维密非常注重与艺术家的合作，比如著名歌手赛琳娜·戈麦斯（Selena Gomez）和布鲁诺·马尔斯（Bruno Mars），他们都是维密秀的天才营销工具。特别是赛琳娜·戈麦斯在 2015 年的 T 台上演唱主题曲时创造了一个天使假唱的音乐视频，该视频被浏览了 20 万次，在社交媒体上引起了广泛关注。

（2）Instagram。你不能否认当谈到活动和时装秀时，维密是卓尔不群的。他们结合流行文化、名人和奢侈品的魅力，创造出一种具有独特吸引力的审美，从而将其转化为商品销售，这是他们成功的关键。

将社交媒体战略和他们的明星模特相结合，维密始终引领着流行技术和时尚趋势，这无疑有助于人们当讨论时尚和内衣的时候，首先想到的是维密的品牌。

资料来源：EM Blog. How Victoria's Secret Reinvented the Fashion Show [EB/OL]. http://www.eventmanagerblog.com，2017-02-03.

三、活动的利益相关者

每个活动都存在多个利益相关者，正确处理好与这些利益相关者之间的关系是活动管理者需要认真对待的课题。可以这么说，一次活动能否成功，取决于活动管理者如何平衡各利益相关者的诉求、期望及不同利益之间的冲突。

1. 活动利益相关者的含义

那些与活动的结果有合法的利益关系的个人和组织被称为活动的利益相关

者。一个成功的活动策划人或活动运营公司必须能辨别谁是活动的利益相关者以及他们各自在活动中的需求，并能判断他们的各自需求是否有重叠和冲突的地方。

Getz（1997）把与节事活动相关的利益主体划分为两大类，即与节事活动相关的利益主体和与社区相关的利益主体，其中，活动期间的输入和输出都与社区的利益主体有关联。事实上，现代节事活动的运作是由多个利益主体合作协调来共同完成的，包括地方政府、节事活动组织者、当地社区居民、赞助商、酒店、餐厅、旅行社、俱乐部、艺术表演团体、票务机构以及志愿者组织等。

以城市节庆活动为例，一个节庆活动有许多利益主体，主要包括城市、节庆组织者、参节商、供应商、观众等（图 14-4）。其中，节庆活动组织者是节庆活动的发起者，整个活动的执行者以及事后事务的处理者，在节庆活动中处于主导地位；所谓参节商，是指直接参与节庆活动的赞助、协助等工作的企业或个人，其基本目的是通过参加节庆活动来获得经济或社会方面的回报。

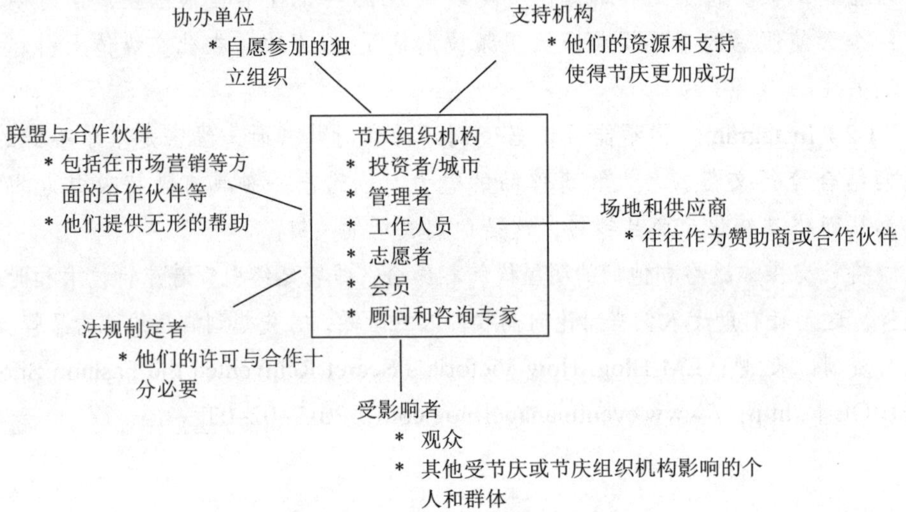

图 14-4　节庆活动中的主要相关利益者及角色

资料来源：Getz，D. et al.，（2007）. Festival Stakeholder Roles：Concepts and Case Studies. Event Management，10（2/3）：103-122.

2. 活动利益相关者的类型

按照所处地位和扮演角色的不同，可以将活动的利益相关者分为核心利益相关者，包括活动的主、承办单位，战略合作伙伴和参与者等，这部分利益相关者对活动的生存和发展具有决定性意义；次级核心利益相关者，包括主要利益相关者（如咨询服务机构、合作媒体等）、依靠利益相关者（债权人、债务人）和引起危险的利益相关者（竞争对手），这部分相关者对活动的影响是直接的；一般利益相关者，包括潜在的利益相关者（潜在消费者）、可自由对待的利益相关者和苛求的利益相关者（批评媒体）。

这三部分利益相关者以活动为媒介，结成一张或紧密或松散的利益之网，在权利和义务之间维系着一种相对平衡。不同利益主体有不同的诉求，根据其利益相关程度，活动管理者需要给出相应的解决方案。当然，由于规模和层次不同，不同类型的活动所涉及的利益相关者存在很大区别。与一个城市节庆活动相比，一次个人的生日派对要简单得多，但也要处理好与出席人员、场地等供应商等之间的关系。

常见的活动利益相关者有以下 6 种。①活动组织机构——提供活动的管理，通过活动达成各项任务。活动主办方可以是政府、公司，也可以是社区或社团等。②活动举办地——提供活动的外部环境，接受活动所带来的各种影响。③赞助商——通过为活动提供资金或实物支持，在活动中获得一种商业特权。④媒体——负责活动的推广，得到活动的宣传内容或广告收入。⑤工作人员——为活动付出劳动和支持，得到薪酬或奖励。⑥活动的参加者和观众——通过参与和支持活动，从中得到娱乐或奖励。一般来说，参加者和观众的主要关注点是活动的内容、地点、现场服务和运行。

四、活动管理人员的主要工作[①]

当被问及“特别的一天（special day）是怎样”的，几乎所有活动专业人士都会说每天都是特别的，不管他们是在某个组织工作（即 in-house event planner），还是在运营一家策划公司。活动策划工作适合那些喜欢多任务的人，他们往往兴趣广泛，乐于解决问题，并且对通过各种活动来建立社群充满了热情。正如戈夫曼（2008，P84）所言，不管是葬礼、婚礼、桥牌

① 本部分资料来源：[美]乔治·费尼奇著.会展业导论［M］.4版.王春雷，等，译.重庆：重庆大学出版社，2017.

赛、一次性拍卖、绞刑或是野餐，真正让导演倾心的，都是表演进行得是否平稳、有效，演出是否顺利，是否事先对所有可能的破坏性偶然事件有所准备。

注册协会管理者（Certified Association Executive，CAE）和注册会议专家（CMP）、MPI的第二任执行总监道格·希思（Doug Heath）在许多年前提出，“会议策划不仅仅是提供一个咖啡柜台”。那时，绝大多数会议策划者只关心后勤服务，比如确保房间摆设、咖啡和茶歇、餐饮和视听设备安装等。

时至今天，一名会展和活动专家的工作是具有战略性的。活动策划人要想方设法满足组织的目标。在策划一个会议或活动过程中，策划人的职责可能会涉及以下工作中的一部分甚至全部：

· 确定会议和活动的目标，策划内容和制订设计方案。

· 基于会议或活动的目标、观众信息、预算以及议程安排，制定需求建议书（RFP）。

· 将需求建议书发送给酒店和会议中心的销售办公室，目的地营销组织（DMOs）或承接外部会议策划的公司。

· 制定预算和管理支出（从几百美元到几百万美元不等）。

· 与一家或多家为会议/活动提供设备、交通、搭建、演讲、娱乐等服务的供应商以及场地洽谈合同事宜。

· 通过网络、印刷等手段宣传推广会议和活动，并对结果进行跟踪。

· 邀请相关演讲者、培训师和主持人，并管理他们的需求，包括差旅、住宿、注册、会议室布置和视听设备等。

· 邀请艺人和表演者，并签订合同和提供相应服务。

· 策划餐饮活动，并处理好合同事宜。为此，一名活动专家必须了解与会者，包括年龄、性别、能力、过敏史、地区来源等，做出合理的时间安排，以及确定包括劳动成本和税在内的预算及价格。

· 连同其他工作人员、设备设施管理人员、供应商和紧急救援人员，准备风险管理计划。

· 做好参与者注册管理工作，或者外包给一家专业注册公司，以确保信息的准确录入和专业处理。

· 处理好从会议 / 活动的概念策划到执行直至后续跟进过程中的各种变化。

· 时刻关注行业或企业内有关酒店所有者、管理公司、酒店抵押、设备或罢工等方面的最新情况。

· 保持冷静，并能稳定人心。

仔细回答以下这些问题，有助于你分析自己是否适合从事这个行业：

· 你喜欢组织聚会、制订活动计划，并能确保所有的细节都万无一失吗？

· 关于未来几周或几个月要做的事情，你会实时更新记事本、个人掌上电脑（PDA）或智能手机吗？

· 你是否认识到自己的优势，并知道这些优势能怎样嵌入到会展或行业工作中？

· 你是否会经常提出好的问题，而不是想当然？

对于上述问题，如果有 3 个以上你都回答“是”的话，你可能很有潜力成为一名优秀的活动管理专家。

为了应对短期或长期的变化，会展或活动专家（Meeting/Event Professionals，包括策划和执行会议及活动的人，会议场地内外的工作人员，以及为会展活动提供各类服务的供应商）必须积极拥抱可能会随着产业性质变化而带来的各种变革。在本章开头的案例中，有一家供应商要与卫星和电子通信工具协同工作。即便如此，会议和活动专家也必须熟练掌握如何与该供应商洽谈合同，并对他们进行管理。

五、活动管理知识体系

在活动管理（Event Management）这个正在迅速兴起的学科领域里，无论在硕士和本科教育层面都聚集了众多专家和学者，并创立了全球活动管理教育的新模式和标准。Goldblatt（2008）认为，所谓行业专业人士，主要通过 3 个方面的特质体现出来：①掌握一个特定的知识体系；②自愿遵从一套标准，这往往会促使他 / 她获得某种认证；③具备业内公认的行为准则和伦理规范。

1. 项目管理知识体系（PMBOK）

每个活动其实就是一个项目，面对活动管理中纷繁复杂的工作，活动组织者可以参考项目运营与管理方面的丰富文献来指导自己的工作。如何把项目管理等相关学科中合适的原理运用到活动管理这一艺术和科学的综合性任务中，从而为管理各类特殊活动提供一种全新的、高效的方法体系，的确是一门学问。

目前，国际上主要有两大项目管理的行业组织，即以欧洲为首的体系——国际项目管理协会（International Project Management Association，IPMA）和以美国为首的体系——美国项目管理协会（Project Management Institute，PMI）。IPMA 推出的“国际项目管理专业资质认证标准”（IPMA Competence Baseline，ICB）将项目管理者的知识和经验分为 28 个核心要素及 14 个附加要素进行考核。PMI 卓有成效的贡献是开发了一套项目管理知识体系，即 Project Management Body of Knowledge（PMBOK）。

项目管理知识体系是说明项目管理专业范围内的知识总和的概括性术语。国际项目管理界普遍认为，广义的项目管理知识体系范畴包括三大部分，即项目管理特有的知识、一般管理的知识和项目相关应用领域的知识。

其中，一般管理的领域包括企业管理中日常运作的计划、组织、人员安排、实施和控制等，它还包括一些辅助的学科，如法律、战略规划、后勤管理和人力资源管理等。项目管理知识领域与一般管理知识在很多领域相互交叉或者是对其有所修正，譬如组织行为、财务预测、计划等。应用领域是指某些项目所从属的应用范围，一般包括职能部门，如法律、生产和库存管理、市场营销、后勤与人事管理等；技术性领域，如软件开发、药品试验、建筑设计、给排水工程等；管理性领域，如政府签约、社区开发、新产品开发等；工业部门，如汽车、化学制药、农业或金融服务等。

2. 活动管理专家的知识领域

2009 年，美国会展业委员会（即原来的 Convention Industry Council，CIC，现已更名为 Event Industry Council，EIC）和加拿大旅游业人力资源委员会（CTHRC）、国际会议专家联盟（MPI）合作，完成了会展管理和运营岗位分析（Job Analysis），然后结合 CTHRC 的《国际活动管理能力标准》（Event Management International Competency Standard，EMICS）、MPI 的《会议和商务活动从业人员能力标准》（Meetings and Business Events Competency Standard）以及 CIC 的《注册会议专家能力标准》（CMP Blueprint）三个标准，于 2012 年发布了“注册会议专家国际标准”（CMP International Standards），

具体描述了会议从业人员需要具备的 106 项专业技能。

“注册会议专家国际标准”（CMP–IS）由 10 个知识模块（Domains）、30 项技能（Skills）和 106 项子技能（Sub Skills）构成。其中，10 个知识模块如下：

A. 战略规划（Strategic Planning）16%

B. 项目管理（Project Management）15%

C. 风险管理（Risk Management）8%

D. 财务管理（Financial Management）10%

E. 人力资源（Human Resources）3%

F. 利益相关者管理（Stakeholder Management）8%

G. 会展 / 活动策划（Meeting or Event Design）16%

H. 场地管理（Site Management）12%

I. 市场营销（Marketing）11%

J. 专业（Professionalism）1%

（注：百分比为某知识模块在 CMP 考试内容中所占的比例。）

为了归纳一个会议和商务活动专业管理人员必须掌握的知识领域和能力，MPI 于 2012 年专门组织专家开发了“会议与商务活动能力标准”（MBECS）。MBECS 比 CMP–IS 多了两个知识模块：行政管理（Administration）和沟通（Communication）。MPI 认为，在会议和商务活动职业生涯中，随着知识的积累和能力的提高，一个会议从业人员将在角色和责任上逐渐取得进步。为此，MBECS 将会议和活动专家的责任分为 3 种依次递进的工作角色，即协调（coordinate）、管理（manage）和指挥（direct）。MBECS 把一个会议和活动专家应该具备的知识、技巧和能力（KSAs）分成 12 个知识模块（domains/blocks），共计 33 项技巧（skills）和 140 项子技巧（sub–skills）如表 14–3 所示：

表 14-3　MBECS 知识领域和技能体系对照检查表

知识模块/Domain	技巧/Skill	子技巧/Sub-skills	是否包含此项	处于什么水平？知识水平	技巧水平
A. 战略规划 / Strategic Planning	1. 会议或活动的战略规划管理	1.1 明确使命、目标和目的 1.2 可行性分析 1.3 分析实施要求 1.4 制定财务概要 1.5 监控战略规划			
	2. 制订可持续发展计划	2.1 执行可持续发展管理计划 2.2 展示环境责任			
	3. 测量价值	3.1 制订评估计划 3.2 测量投资回报率（ROI） 3.3 评估 / 审计 3.4 评估风险管理计划的有效性			
B. 项目管理 / Project Management	4. 制订会议 / 活动项目计划	4.1 制订项目计划 4.2 制定质量标准、政策和流程 4.3 开发活动主题 4.4 制订采购计划 4.5 建立里程碑和关键路径 4.6 制订综合沟通计划 4.7 制定评估 / 审计程序			
	5. 管理会议 / 活动项目	5.1 管理关键路径 5.2 合同管理 5.3 管理会议 / 活动的运行			
C. 风险管理 / Risk Management	6. 制订和执行风险管理计划	6.1 识别风险 6.2 风险分析 6.3 制订风险管理与实施计划 6.4 制订和实施应急计划 6.5 安全安排			
D. 财务管理 / Financial Management	7. 财务资源开发	7.1 管理赞助过程 7.2 管理捐赠过程 7.3 管理项目融资过程 7.4 管理注册登记过程			

续表

知识模块/Domain	技巧/Skill	子技巧/Sub-skills	是否包含此项	处于什么水平？	
				知识水平	技巧水平
D. 财务管理 / Financial Management	8. 预算管理	8.1 制定预算 8.2 建立定价体系 8.3 制定财务控制程序 8.4 管理现金流 8.5 监测预算绩效 8.6 修改预算			
	9. 管理货币交易	9.1 建立现金交易程序 9.2 监控现金交易程序			
E. 行政管理 / Administration	10. 执行行政管理任务	10.1 协调办公室管理 10.2 管理信息系统 10.3 撰写报告			
F. 人力资源管理 / Human Resources	11. 人力资源规划管理	11.1 确定人力资源需求 11.2 建立人力资源政策和程序 11.3 制订培训计划 11.4 监控人力资源计划			
	12. 获得员工和志愿者	12.1 制定选择标准 12.2 招募新员工和志愿者 12.3 面试应聘者 12.4 选择最合适的候选人并提供具体岗位			
	13. 培训员工和志愿者	13.1 提供方向 13.2 提供培训			
	14. 管理员工关系	14.1 监督员工和志愿者 14.2 激励员工和志愿者 14.3 管理团队 14.4 评估人员 14.5 工作终止和辞职			
G. 利益相关者管理 / Stakeholder Management	15. 管理利益相关者关系	15.1 识别利益相关者 15.2 评估利益相关者 15.3 利益相关者分类 15.4 管理利益相关者的行为 15.5 管理与利益相关者的关系			

续表

知识模块/Domain	技巧/Skill	子技巧/Sub-skills	是否包含此项	处于什么水平?	
				知识水平	技巧水平
H. 会议或活动设计 / Meeting or Event Design	16. 活动设计	16.1 确定活动的构成要素 16.2 选择活动内容和举办形式 16.3 对活动要素的结构和顺序进行安排			
	17. 演讲嘉宾和表演者管理	17.1 确定活动对演讲嘉宾和表演者的要求 17.2 制定选择标准 17.3 选择候选人 17.4 订立合同并做好期望沟通			
	18. 协调餐饮服务	18.1 确定餐饮服务要求 18.2 选择菜单 18.3 计划服务风格 18.4 选择餐饮供应商 18.5 酒水服务管理			
	19. 环境设计	19.1 明确功能要求 19.2 选择装饰物与家具 19.3 协调会议或活动的标识系统			
	20. 技术管理	20.1 确定舞台和技术设备的要求 20.2 舞台和技术设备的获得 20.3 安装舞台和技术设备 20.4 监督技术设备管理			
	21. 制订观众 / 与会者流动管理计划	21.1 开发门禁 / 准入系统 21.2 选择人流管理技术 21.3 协调住宿和交通安排 21.4 礼仪要求管理			
I. 场地管理 /Site Management	22. 选择场地	22.1 确定场地的规格 22.2 场地检查			
	23. 设计场地布置	23.1 设计现场布置			

续表

知识模块/Domain	技巧/Skill	子技巧/Sub-skills	是否包含此项	处于什么水平？	
				知识水平	技巧水平
I. 场地管理 /Site Management	24. 会议 / 活动现场管理	24.1 制订搭建与拆除物流计划 24.2 现场布置 24.3 会议 / 活动期间的现场监控 24.4 现场拆除			
	25. 现场沟通管理	25.1 建立沟通框架 25.2 确定和获取所需的沟通设备及资源 25.3 制定具体的沟通程序和协议			
J. 市场营销 / Marketing	26. 管理营销计划	26.1 进行情景分析 26.2 确定目标市场细分 26.3 制定会议或活动的品牌策略 26.4 选择分销渠道 26.5 制定整合营销策略 26.6 实施营销计划			
	27. 管理营销资料	27.1 确定活动所需的营销资料 27.2 营销资料的内容设计 27.3 制作营销资料 27.4 分发营销资料			
	28. 产品管理	28.1 确定产品设计及规格 28.2 确定价格 28.3 控制品牌的完整性 28.4 产品生产 28.5 产品发布 28.6 对接旅游接待			
	29. 会议或活动促销	29.1 制订广告计划 29.2 举行交叉促销活动 29.3 举行竞赛 29.4 协调各种促销活动			

续表

知识模块/Domain	技巧/Skill	子技巧/Sub-skills	是否包含此项	处于什么水平？	
				知识水平	技巧水平
J. 市场营销 / Marketing	30. 公共关系管理	30.1 制定公共关系策略 30.2 有助于宣传计划 30.3 发展媒体关系 30.4 有助于宣传计划的实施 30.5 管理危机和争议			
	31. 销售活动管理	31.1 制订销售计划和目标 31.2 开展销售活动 31.3 确定销售平台			
K. 专业 Professionalism	32. 表现出专业的行为	32.1 展示专业形象 32.2 表现出领导力 32.3 行为道德 32.4 与团队成员协同工作 32.5 在一个多样化的环境中工作 32.6 时间管理 32.7 压力管理 32.8 决策管理 32.9 解决问题 32.10 紧跟会议 / 活动行业的变化 32.11 促进持续改进 32.12 参加职业发展活动			
L. 沟通 Communication	33. 开展沟通	33.1 口头沟通 33.2 书面沟通 33.3 运用沟通工具 33.4 进行有效的演示 33.5 计划和组织会议 33.6 建立业务关系			

资料来源：MPI. Meeting and Business Event Competency Standards（MBECS）Curriculum Guide，V1.0，September 26，2012.

MBECS 指南有助于教育工作者识别“能力标准”所代表的挑战，包括确定需要培训什么内容，什么时候培训以及能力的复杂程度，而上述能力可以通过一门特定的课程或项目来讲授。例如，正在讲授大学一年级课程的教育者不要寄希望于学生展示出战略规划模块所涉及的知识和能力。

3. 一种新活动管理知识体系的提出

根据 Getz（2007）的观点，（节事）活动研究是一个特殊的学术领域，其基本宗旨是创造与事先策划的活动有关的知识和理论，其中，核心内容是对各类活动的经验总结以及理论探讨。概括而言，活动研究的内涵主要包括活动管理的适用理论，对现有研究和相关理论的评估，活动研究的未来，以及活动的具体策划、执行和管理等，其所依托的理论主要来自社会学、管理学、艺术学、人类学以及其他相关学科；活动管理则是对上述知识和理论的运用。

1999 年，威廉姆·奥图尔（William O'Toole）在其硕士论文中首次系统提出了活动管理知识体系（EMBOK）的概念。自 2000 年起，斯沃斯（Silvers）开始与奥图尔合作扩充 EMBOK 的内容，并于 2003 年提出了“活动管理核心能力框架”。2004 年，国际活动管理知识体系委员会（International EMBOK Executive）成立。2006 年，斯沃斯（Silvers）等人在原有基础上，提出了一个更加完善且更具影响力的活动管理知识体系（EMBOK），其重点在于指导各类节庆与特殊活动的策划、组织和执行。尽管相对学科构建和大学学位教育仍然显得不尽完善，但 EMBOK 对一般意义上的活动管理具有较强的指导作用，其基本框架如图 14–5 所示（Silvers，J. et al.，2006）。

由图 14–5 可以看出，活动管理知识体系由过程、阶段、核心价值和知识领域 4 大部分构成。其中，知识领域主要包括管理、风险两个基本层面以及策划、营销和运营三个关键阶段中的知识和技能，其中，“管理”主要指以利益相关者的需求为中心，对人、财、物和信息的综合管理，具有较强的系统性，“风险”则要通过规则、紧急事故处理、法律、保险和安保等来应对。由此可见，为举办一次活动，需要用到方方面面的知识，这对活动管理经理及其团队成员的综合素质提出了很高的要求。

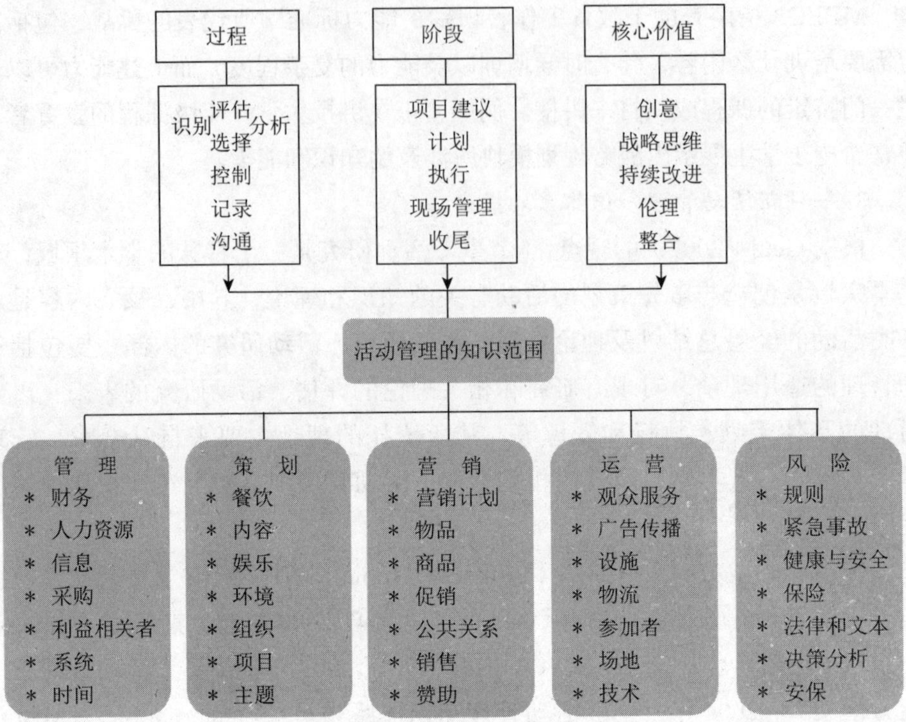

图 14-5　活动管理知识体系

资料来源：Silvers，J.，Bowdin，G.，O'Toole，W. and Nelson，K.（2006）. Towards an international event management body of knowledge（EMBOK）. Event Management，9（4），185–198.

注：知识范围中每个领域的具体内容顺序有所调整。

然而，EMBOK 和 MBECS 都侧重于项目管理，不能涵盖一名活动管理专家应该具备的核心知识的全部内涵。根据相关学科的知识关联及会展和活动经营管理的内在逻辑，活动管理知识体系至少主要包括经济学和管理学基础知识、活动管理专业基础知识、活动项目管理知识以及支撑性专业知识。

因此，可以按照活动项目管理不同阶段所涉及的主要理论和知识点对 EMBOK 进行适当的修正（王春雷，2013）。以此为基础，笔者提出了一个扩展后的活动管理知识体系新框架（图 14-6）：

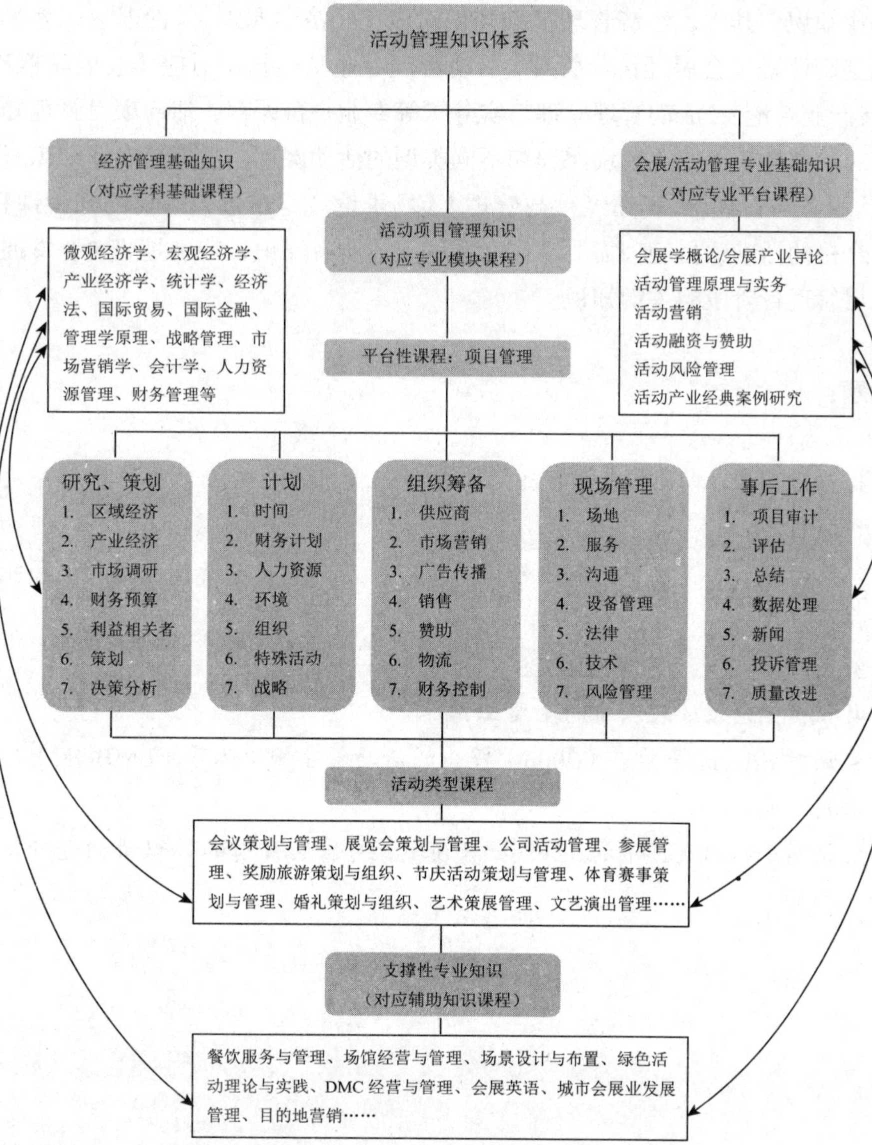

图 14–6　一个扩展后的活动管理知识体系

注：该知识体系没有讨论价值观、项目过程等维度。

在图 14–6 中，活动管理知识体系超越了管理学范畴，包括经济管理基础知识、会展经济与管理 / 活动管理专业基础知识、活动项目管理知识以及支撑性专业知识，其中，经济管理基础知识对应《经济学原理》《管理学原理》等学科基础课程，会展经济与管理 / 活动管理专业基础知识对应《会展学概论》《会展产业导论》《活动管理原理与实务》等专业平台课程，活动项目管理知识对应《策划学》等专业模块课程和不同类型的活动课程，支撑性专业知识对应《餐饮服务与管理》《场馆经营与管理》《场景设计与布置》等辅助知识课程。一个合格的活动项目经理需要掌握和了解上述所有知识，特别是要熟练掌握活动项目管理各阶段的关键知识。

思考题：

1. 请运用表 14–1 中活动管理的一般流程，对自己亲身参与组织的一次活动进行分析。

2. 请对照 MBECS 中的知识领域和技能体系，对自身所具备的知识和能力进行评价。

3. 请结合实例，解释 MBECS 中的专业知识领域。

4. 试说明活动管理人员的主要工作。

5. 请对 Silvers 等学者（2006）提出的活动管理知识体系（EMBOK）的优缺点进行评述。

6. 请对照 MBECS 中的 12 个知识领域，对自己目前的知识结构进行总体评价。

第 15 章

活动策划人的特质

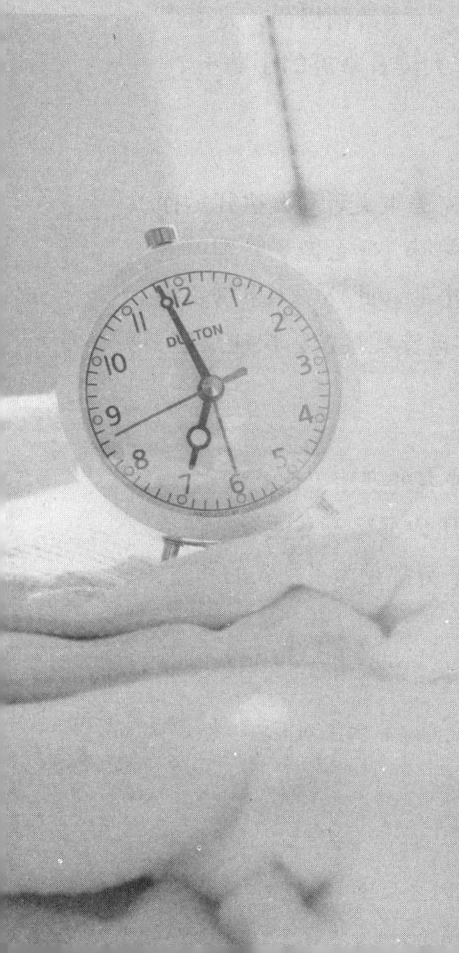

活动管理职业有诸多相互对立甚至矛盾的特点，它既可以是充满挑战、令人气馁甚至枯燥无味的，也可以是活力四射、回报可观和拥有成就感的。就像消防员一次次地挽救生命一样，不断为我们的客户创造价值并让他们满意所带来的那种成就感一直激励着每一位优秀的活动策划人。关于活动策划和管理工作的特点，让我们记住一些看似矛盾的关键词：充满挑战（Stressful）、自我实现（Fulfilling）、令人气愤（Irritating）、回报可观（Rewarding）、不辞辛劳（Hardworking）以及精彩人生（Colorful）。

美国的CareerCast网站曾经在市场调查的基础上评选出“2014年十个心理压力最大的职业”，其中“活动策划人”[①]（Event Coordinator）排名第五，紧随飞行员、消防员、将军和军人之后。的确，在策划和组织活动过程中，有时让人欲哭无泪，有时让人欣喜若狂，有时让人渴望有三头六臂，有时让人感觉有朋友遍地。总之，这是一个美妙的行业。对于并非以活动管理为职业的大众，在日常生活和工作中也免不了遇到策划和组织活动的场合。对照活动管理专家应具备的特质，以及有关怎样成为一名称职的活动策划人的建议，或许有助于我们在组织一次活动的过程中更好地认识自己。

一、活动管理工作的特点

很多人都有组织活动的经历，但这究竟是一种什么样的工作，很少有人做系统研究。在2015年4月14的EM Blog上有一篇英国著名活动管理专家Becki Cross撰写的文章，专门探讨了这个问题。文章另辟蹊径，以一种轻松的语调讲述了作为一名活动管理者所需要面临的问题、压力等消极面，是值得会展专业学生、入行新人或正在策划和组织活动的广大读者掌握的小贴士[②]。她的核心思想如下：

1. 注重细节、追求完美

关注细节固然是做好活动管理的重要因素，然而完美主义者和偏执狂是存在区别的。要记住团队合作才是取得一个活动成功的关键，学会微观管理、事态分析，并保持健康的心态，才不至于被工作的压力击溃。此外，当事物超出自己的可控范围时，作为活动管理者，应该让右脑占据支配地位，快速反应、沉着应对是至关重要的。

2. 出差加班家常便饭

活动管理并不像大家想象的那样有趣，绝非朝九晚五的安稳工作。事实上，为了确保活动的顺利进行，长时间的工作以及大量的压力都是家常便饭。在活动进行的时候，他们一般没有时间去休息，而且这份辛劳都是为了别人的利益、

① 为了表述方便，本章在行文时大多数时候都用“活动策划人”，但要注意，其工作不仅仅是策划，而是要涉及活动管理的全过程。

② 资料来源：Cross, B. 10（Harsh）Truths Nobody Tells You About Being an Event Planner［EB/OL］. http：//www.eventmanagerblog.com，2015-04-14.

娱乐和目标，而不是为了自己的欢愉。当然，活动管理者经常出差听起来可能是一件令人兴奋的事情，然而行程很满，并没有机会在此期间外出游玩。

3. 社交人群形形色色

另一个关于活动管理工作的误解就是，很多人认为活动策划人很幸运，例如，可以在庆典或重要活动上工作，见到一些名人。的确，那些靠自己的才华和魅力，脚踏实地地获得声望地位的人是值得尊敬的，但是，在实际工作中，难免会遇上很难打交道的人，包括客户或 VIP，但仍然得怀着恭敬之心去相处，完成这份工作。

4. 甘愿承担幕后工作

活动管理是一份幕后工作，远不如舞台上的演员、演讲人、主持人等来得光鲜亮丽，因此需要谦逊待人，并且甘愿在幕后默默地、高效地办好一场活动。从表面上看，是活动策划人在为他人做嫁衣，但将活动成功举办所带来的成就感和满足感无以言表。

5. 不断适应环境变化

活动管理这种跟人打交道的工作也许会吸引那些自信、外向的人，但有时候这份自信和外向在有些人眼里可能会成为一种傲慢。活动管理所需要的社交人才并不仅仅只是自信外向就够了，而是需要一种能够随机应变、融入环境，并不乏幽默缓和氛围的能力。

6. 时刻保持对外联络

活动管理者在社交媒体中往往 24 小时随时在线，他们经常打开手机回复信息，查阅邮件，看起来很不礼貌，但事实上，他们是在工作。及时回复信息，对于活动管理者来说至关重要。

7. 项目时间期限严格

活动准备的期限是无法改变的，这就注定活动管理者需要承受高压，紧锣密鼓地去筹备。此外，活动过程中，他们还需要长时间保持微笑，不断地沟通和协调。所以，有时候一个活动管理者脾气暴躁、发发牢骚也是无可厚非的。

8. 工作强度总体较大

对于一个活动管理者来说，为了工作凌晨 3 点睡、4 点起是常有的事，这种时候，另一半的宽容和谅解能够让他们松一口气。

9. 随时待命现场救火

成为一名专业的活动管理者之后，活动管理的因子像是融入了血液之中，无论在不在自己的统筹范围内，只要身在活动现场，就会被叫去解决活动管理中的问题。

10. 专业思考无处不在

活动管理者的专业素养使得他们即使在参加不是自己负责的活动时，也会情不自禁地去评估，去思考专业的解决方案，并且深深地陶醉在这种独有的乐趣之中。

在活动行业就业的上述消极面往往会使活动管理者成为一个不称职的朋友、家人、爱人或同事，希望大家能做好充分的心理准备，让一切付出都是值得的。如果读者朋友只是临时策划和组织一次活动，也要做好心理和身体方面的准备。

二、适合从事活动行业的特征

从职业特征的角度来看，活动管理内容的丰富度和多样性可能是其他任何一个行业都无法比拟的。很少有行业像活动产业这样，有这么多充满激情和乐于投入的从业者（Solaris，2014）。但所有会展专业的学生和打算投身活动行业的新兵们，要认真思考一个问题——“我真的喜欢和适合这个行业吗？”Eventbrite 专栏作者 Mark Walker（2015）曾经在《天生适合从事活动行业的 7 个预兆》（7 Signs You Were Born To Work In Events）一文中指出了一个人适合做活动的 7 个表现：

· 很会收拾自己的玩具

· 擅长组织派对

· 乐于结识新朋友

· 有与生俱来的创造力

· 注重细节、追求卓越

· 能适应多任务工作

· 积极主动、敢于创新

然而，没有一个活动组织者是完全一样的，每个从业者进入这个行业的路径都不同，而且很多人是完全偶然地入行的。但只要你曾经问自己“我适合做活动吗”，你会自然而然地想到一些事物或场景。如果能在自己身上找到上面所说的 7 点特质中的某些影子，你可能天生就适合策划和组织活动，甚至从事活动行业。

三、成为活动管理专家的秘籍

如何才能成为一名成功的活动管理专家？对于这个问题，每位会展和活动领域的大佬们都会给出不同的答案。其中，最平淡的莫过于从选址、餐饮、娱乐、会场布置等具体工作讲起，这往往是新手的切入点。

2015 年 2 月，国际著名领导型活动管理公司——北美全球活动管理集团（North America for Global Events Group）前 CEO Howard Givner 先生写过一篇名为“我想教给下一代活动管理专家的 5 个秘籍”的文章，文中提到了一些很有意思的观点。例如，他指出，对于活动策划人而言，最难的是“如何让客户觉得你不可或缺”，因为“绝大多数人都不会认为策划一个活动真的有那么难”。

无论是对于希望带出队伍的活动管理公司，或定位于培养会展管理人才的院校，还是有志于投身活动行业的个人，Givner 先生给出的 5 个秘籍都是非常实用的：①一切替客户着想（Learn to speak client）；②引导客户准确地描述参加活动的目标（Get the client to describe a successful outcome）；③成为客户的顾问，而不只是单纯为了获得订单（Be an adviser，not an order taker）；④寻找“聪明”的解决问题之道（Find ways to look smart）；⑤注重与客户协同的方式（Focus on the ‘how’）。

例如，作为策划人员，首先要清楚地了解委托方（或所在主办单位）的目标。在活动的关键成功要素（KSF）中，“Why”排在首位，也是很多活动组织者最容易忽略的一点。无数的事实证明，很多组织者在项目执行过程中逐渐偏离了原来的方向。而且，活动目标与活动参与者（譬如与会者、参展商）的目标是紧密相关的。

在绝大多数时候，成为一名活动策划人是一件很有意思的事情。作为会展等各类活动的策划、组织者，把不可能变为可能似乎是我们的天职。然而，活动行业对从业人员的综合要求很高，其从业者应该是个性鲜明、时刻准备着的人。对于专业的活动管理者，工作中所面临的各种压力和回报一样多，倘若没有那些意料之外又情理之中的压力的陪伴，工作就会变得不够有挑战。

➔补充阅读

活动策划人的十项修炼[①]

2014年年底，英国著名活动管理专家Becki Cross女士在EM Blog上发表了一篇文章——《十种途径帮你成为一名更优秀的活动经理》(10 Ways to Be a Better Event Manager)，当时就觉得文中所提的十条建议十分中肯和实用。无独有偶，前一段时间又读到由好博塔苏斯展览公司张凡先生写的有关展览项目经理职业发展的系列文章，很受触动。

在每年年初设定工作目标时，很多人都希望能够在工作中大展身手、在能力上出类拔萃。然而，如今的会展和活动产业日新月异且竞争激烈，因此努力在行业内占得先机、鞭策自己不断进步显得尤为重要。不管你是会展专业的在校生、刚步入职场的菜鸟，还是已在会展和活动行业久经风雨的大佬，Cross给出的10个贴士都能够帮助你成为更优秀的会展和活动管理专家。

1. 相信熟能生巧

不断增加自己的工作经验是成为一名更优秀的活动管理专业人士的最简单的办法。根据Malcolm Gladwell提出的“一万小时”定理，不管在什么领域，要想成为一个行业的专家，就必须在该领域内付出一万小时的有效时间。所以，不管是做志愿者、帮别人打工，还是自己开公司，只要是在活动管理领域内的，你都应该多多参与、多多尝试。

你应该抓住每一个磨炼技艺的机会，去参加会议、展览会等各种类型、规模不同的活动，并在专业团队内多多轮岗。因为每一个活动项目都是不一样的，没有什么万能的办法可以一次性解决全部问题，所以要想自己做主时能马上反应出该用什么办法，就必须先去积累大量的实践经验。

2. 坚持广泛阅读

很多从业者忽视了一个问题，那便是会展和活动行业其实是学习型行业。

① 本文为笔者编译，资料来源：Cross, B. 10 Ways to Be a Better Event Manager[EB/OL]. http://www.eventmanagerblog.com/better-event-manager，2014-12-30.

如今市面上关于会展和活动的书籍很多，包括理论性的会展专业教科书、专业的行业杂志以及电子书籍、博客等。你应该有计划地留出一些时间专门来了解这些信息，这样才能把握最新的技术和潮流。

由会展咖啡厅推出的“草根”培训得意生存发展以及前一段时间由“会展人微广播”掀起的思考热潮，都说明了中国会展和活动从业人员迫切需要不同层面的学习。

3. 时常自我反思

每一次亲自经手的活动结束后，你都应该自我反思、分析客户反馈，然后与团队一起讨论改进下一步工作的办法。

面对褒扬可以小得意一下，但是那些负面的评价更值得关注和分析。作为项目经理，应该跟团队分享自己的所思所想，不管是经历的状况还是自己的收获都可以。就算是获得了成功也千万不能扬扬自得。记住：对于活动项目，每一个小细节都可能会有大影响，而且改进的空间永远都存在。

4. 适当运用科技

各种潮流科技很炫酷，但是用起来要谨慎，对于投入产出比不理想的技术就该敬而远之。同时，作为管理者，活动项目经理应该了解相应的科技背后运作的原理，这样能更好地理解其应用的空间以及可能带来的价值。

5. 靠近意见领袖

现在的社交网络破除了很多交流障碍，因而是了解行业动态、紧跟业内大佬思想的好平台。这些大佬是能够改变你的思路、挑战你的思维的人物。通过在微博微信上的互动，加入领英上的群组，看优酷上大佬侃侃而谈的视频……你可以获得新鲜的观点并激发自己的灵感。

另外，行业内的专业活动也要有选择地参加，因为在那里你能更快捷地知道会展和活动产业的大佬们脑子里正在想什么。与此同时，你也会被这个行业的律动和创新所鼓舞。

6. 时刻关注办法

我一直有个观点：为客户的各种稀奇古怪的要求找到解决方案，就是我们活动策划人自封的使命。当我们能够从过往的经验中得知客户的想法可能会出问题时，我们自然会好好解释我们不推荐这种做法的原因，此时，我们更应该做的是尽力寻找能够传达客户理念和愿景的办法。更重要的是，这种办法相比较客户之前的想法更加实际和可行。

7. 向竞争者学习

作为活动项目经理，经常去看别人的展会而不是简单的批判是很难的，特别是在与竞争对手的思路不同时，自己心里往往会暗笑“你们干吗要这样！”或者“我才不会像你们这样弄呢！”

正确的做法是看自己的同行是怎样化抽象为具象的，并细细思考他们每一个决定背后的考量；去看看别人做得好的地方，享受作为观众参加展会的过程，而不是永远默默无闻地在背后闭门造车。

8. 讨论改进策略

活动策划人应该定期把团队成员召集起来进行头脑风暴，一起来想想如下的问题：一个理想的活动应该是什么样的？假如时间、资金、资源都没有问题，我们该补充些什么？我们可以如何进一步提高用户的体验？我们该怎样跨过这道坎儿？为什么我们老是用那个思路，有更好的办法吗？……

在规划展会蓝图的时候，你应该从每一个参加者的角度来考量，想想他们各不相同的需求。这里的参加者包括但不局限于参会代表、演讲嘉宾、参展商、贵宾、媒体人员等。

9. 注意充分休息

要让自己达到最佳状态，就必须有充足的休息时间。只工作不玩耍是不行的，睡眠是非常重要的，这对每一个活动策划人都适用。活动管理人员应该有规律地从工作中抽身，去到可以放松身心的地方。这样一张一弛之下，才能在工作中有百分百的精力和积极性。

10. 热爱活动行业

成为优秀活动策划人的最佳办法就是对活动充满激情。活动策划与组织是压力最大的十类工作之一，并且不可以敷衍了事、半途而废。

假如你不热爱活动行业，我奉劝你早点找一个不像活动管理这样占用那么多时间精力和容易让血压升高的稍微平和一些的工作。当你真的爱你所做时，一点点小满足都能支撑你走很长时间。以我的经验，热爱活动对你的心态和工作都将有积极的影响！

四、保持工作和生活平衡的 5 个法则

大多数的活动管理从业人员都是由衷地热爱他们的工作。我们对一项工作热爱时，那种环绕四周的兴奋感与能量是难以言表的。然而，在优秀的工作业绩与稳定、健康的生活之间，活动管理专家又该如何平衡呢？对于活动管理从业人员，这是一个很有意义的话题。2015 年 4 月，在 EM Blog 上有一篇由 Kelli White 女士撰写的文章，专门讨论了活动专家在好好工作的同时保持积极向上的私人生活的 5 个法则。

1. 法则一：制定严格的工作时间表

要保持工作和私人生活的平衡，最重要的一步就是有与你的工作“失联”的能力。你可以从制定详细的工作时间表开始，而且无论如何都要严格遵守！在工作时间内，就努力去完成该做的事，这样在工作之余才可能和家人、朋友一起享受生活。

如果你在办公室工作，那么就尽可能不把工作带回家。也许你会为了完成一项任务而加班，但起码这样你就不必在晚上家人聊天或玩游戏时工作了。如果你在家中办公，那就有点复杂了。试着在家里辟出一个特殊的房间或是一个特定的区域，一旦工作完成，立刻离开那里，以断开与工作的联系。

这些工作时间管理上的准则会让你更积极，也会让你一整天都保持良好的状态。

2. 法则二：学着置身事外

托互联网的福，我们与这个时代紧紧相连。尤其是当我们养成了在家中或是在旅行中还要查看邮件和语音留言、刷微信时，远离工作已然成为一项严峻的挑战。办法仍然有——平常在工作时间之外，戒掉这种习惯；若是在度假，那就干脆不要去想。

只要你的客户、供应商和同事被提前告知了你的计划，通过之前的通信、语音留言或是办公室外的沟通，他们一般会尊重你的隐私和保持“失联”状态的需要。这同时也说明计划有多么重要！

3. 法则三：为朋友和家人留出时间

每个人都有一些生活中的特殊时刻，比如说与你的另一半的浪漫晚餐，或是给家里小朋友的球队当教练。这些特殊时刻在你的私人生活中占据着重要的

地位，且不可撼动，否则工作便失去了意义。

工作的确对我们在职业上的成功很重要，但是工作的重要性与我们对家人和朋友的切实承诺来说只会少不会多。因此，一名活动策划人应该找到人生中真正重要的事，并为它们挤出时间。这不仅会帮助我们学会珍惜工作之外的时间，还会提高工作的效率。

4. 法则四：与家人和同事适当地交流

与身边的人坦诚交流会对我们的幸福以及工作与生活的平衡产生重要作用。如果家人充分了解了你在做哪些项目、在组织哪些活动，那么他们会更有可能在你忙于工作或是熬夜加班时理解你。

对你的员工、同事和供应商也是如此。如果你提前把会有私人活动的时间和次数告知他们的话，他们一般都会重新安排时间表。

很多时候，我们在工作和生活平衡上出现的问题都是由于缺乏合适的沟通而导致的。找到对你而言最佳的方法和沟通策略会提高你的工作效率，也会让你觉得更幸福。

5. 法则五：给自己放个假

很多活动策划人很少给自己放假来让自己享受由自己策划的活动。其实，为了远离工作，我们应该重新安排一下自己的假期和私人事务。假期是一个给自己充电的机会。更经常发生的情况是，假期结束时，我们会精力充沛地回到工作岗位，并且深深地感谢这份工作所带来的难以置信的好机会。

假期之间，我们应该与工作上的浮华喧嚣断开联系。只要能妥善地在假期之前与相关干系人进行沟通，并做好充足的准备，我们是完全可以享受这段美好时光的，而不是还一心惦念着工作。

对于活动策划人，工作节奏和时间表总在不断变化，事情也可能会突然变得异常棘手。但上面几条法则可以帮助我们为生活中可能出现的困难做好准备。有些时候，的确有一些限时完成的工作，或是晚上有一些不可缺席的会议或活动，这些都可以理解，但是要尽量减少这些例外的数量，并试着遵守这些你为自己设定的准则。一旦找到了工作与生活之间的巧妙平衡，你就会发现在工作中会变得更加充实，在生活中也会变得更加细心、周到。这才是一名活动策划人的可持续发展之道。

思考题：

1. 对照 Eventbrite 专栏作者 Mark 所提到的天生适合从事会展行业的 7 个预兆，分析自己是否具备策划和组织活动的某些特质？

2. 为什么作为一种职业“活动策划人”给从业者带来的心理压力会这么大？

3. 从补充阅读材料《会展活动“人”的几个特质》中，你能得到什么启发？

4. 请对北美全球活动管理集团（North America for Global Events Group）前 CEO Howard Givner 先生提到的他想教给下一代活动管理专家的 5 个秘籍进行评价。

5. 怎样才能成为一名优秀的活动策划人？

6. 作为一名活动策划人（注：同样适用于普通大众在策划活动过程中），怎样保持工作和生活的平衡？

第16章

举办有意义的活动

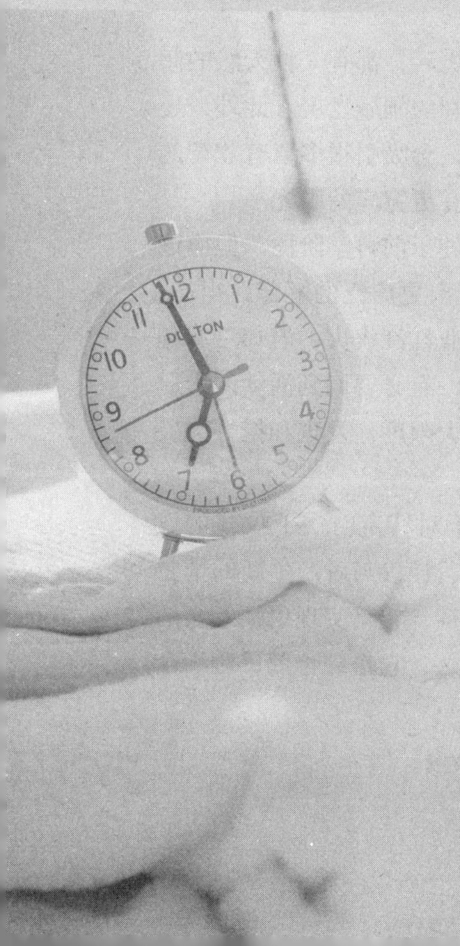

当下以及未来很长一段时间，所有的会展和活动策划者、组织者及活动营销者都应该致力于让活动变得更有意义和使命感。根据法兰克福国际会议、展览及奖励旅游博览会（IMEX Frankfurt）发布的官方报告，有意义和使命感的活动由5个部分构成：行为科学（Behavioral Science）、健康与幸福（Health and Well-being）、会议和活动设计（Meeting and Event Design）、企业社会责任与遗产（CSR and Legacy）以及技术（Technology）。为此，需要对以上要素有更好的理解和运用。

2016年4月，国际现场活动协会（ILEA）2016年全球活动产业峰会（The ILEA Global Event Summit）在苏格兰举办，28位业界领袖应邀出席，旨在开启关于活动产业未来发展的全球范围的大讨论。会后由ILEA和苏格兰旅游局商务活动部（Visit Scotland Business Events）共同发布了一份报告。该报告这样评价活动产业的功能：面对面交流的冠军；实现多元文化的协同；知识和信息得以开放式地分享；促进改变；不可估量的经济影响。

对于所有活动而言，能让参与者带走的东西（The take away from all events）是最重要的。为此，所有活动产业的从业者下一步的努力方向可能是：界定和传播活动产业特别是单个活动的价值；乐于分享知识并善于聆听；加强对话和交流。只有这样，所举办的活动才能更有意义。本书主要讨论的是活动与个人成长之间的关系，相应地，如果从参与者的角度来讲，首先要思考清楚的是——我希望从这次活动中得到什么？我会因为参加这次活动而改变吗？

一、重新定义活动

哲学家陈嘉映先生认为，任何一个学科发展壮大之后，都有一种天然的倾向，希望能给出一个更广泛的解释，于是从本领域向别的领域发展。此外，还有一个现实原因，当一个学科变成一个热门学科之后，会吸引很多卓有才智的人，这些卓有才智的人不会局限于传统学科领域，会有更宽广的眼光。

活动学科[①]（Eventology或Event Studies）虽然仍处于前科学阶段，但应该也有这样的抱负——能对社会、经济或人们的生活给出更广泛的解释。当然，目前面临更多的是困难和挑战，其直接表现是尽管产业红红火火，但却没有相应的学科地位。所以，所有研究会展和活动的同仁们，有必要回到活动的本质上来。商业世界同样如此，只有从本质出发，才能最大限度地发现和挖掘会展及活动的价值。

笔者认为，活动是一种影响力工具，其灵魂在于对特定时空下仪式的设计，即通过面对面的互动、联结和在场的参与、体验，让参与者产生新的情感能量，其运作要求是创造和传递意义。对于政府和政客，它是实现象征意义的工具；对于企业和组织，它是整合营销平台；对于社区，它是黏合剂；对于个

① 从狭义上讲，可以理解为部分国内学者采用的“会展学”的提法。

人，它是一种存在方式。

所谓影响力，就是用一种别人所乐于接受的方式，改变他人的思想和行动的能力。根据全球著名的说服术与影响力研究权威、《影响力》(*Influence: The Psychology of Persuasion*[①])一书的作者罗伯特·西奥迪尼的观点，隐藏在人们冲动地顺从他人行为背后的 6 大心理秘籍包括：互惠、承诺和一致、社会认同、喜好、权威、短缺。上述原则为策划和组织能对参与者产生影响的活动提供了很好的切入点。

二、使命经济学与活动管理

（一）使命经济学与活动

无论个人和组织有多么成功，都只是更大的社会进步的一部分。《使命经济学》(*The Purpose Economy*)的作者阿隆·赫斯特（Aaron Hurst）从个人、组织和社会 3 个层次，构建了使命的体系，个人、组织和社会的使命分别对应的是成长、关系和影响（图 16–1）。使命不是原因，是一种工作和服务他人的方法；使命是一种普适性的需求，并不是那些财富拥有者的专利；使命是一段旅程，它来自清醒的生活和对新体验的追求；人们可以在任何工作中找到使命感；使命要求奉献自己。

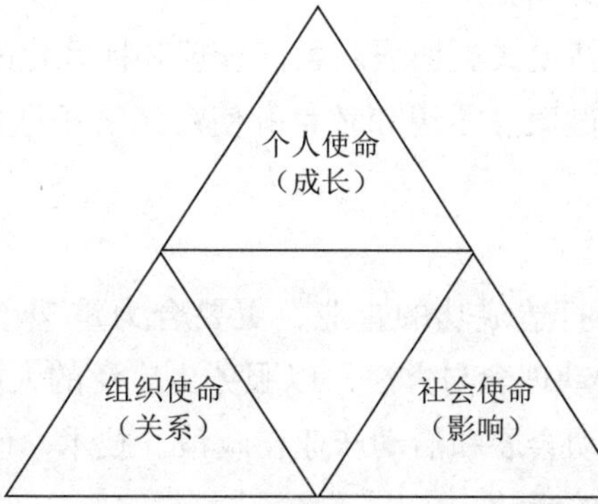

图 16–1　使命的三个基本层次

就个人而言，会展和活动管理职业有诸多相互对立甚至矛盾的特点，它既

① ［美］罗伯特·西奥迪尼．影响力［M］．张力慧，译．北京：中国社会科学出版社，2001.

可以是充满挑战、令人气馁甚至枯燥无味的，也可以是活力四射、回报可观和拥有成就感的。就像消防员一次次地挽救生命一样，不断为我们的客户创造价值并让他们满意所带来的那种成就感，一直激励着每一位优秀的活动管理从业人员。

对于企业，诚如菲利普·科特勒所言："我心中伟大的企业是那些致力于挣钱并解决社会问题的企业。"前国际伦理学学会主席、著名伦理学家彼得·辛格（Peter Singer）甚至这样认为：改变世界的最佳方式就是赚很多钱，然后将其散尽给众人（The best way to change the world is to make a lot of money and then give it away）。大家可能还记得他在2013年所做的TED演讲——《为什么和如何做高效的利他主义者》？

按照上述思路，无论对于活动的参加者还是组织者，基础的使命是借助活动促进个人的全面成长，其次是为企业或组织创造价值，更大的使命是为整个社会的发展做出贡献。受赫斯特的启发，笔者对包括会展在内的整个活动产业的使命初步形成了以下认识：

1. 活动专家/会展人

· 使命——在成就他人特别是客户的过程中成就自己；

· 工作创新——在职业生涯中践行使命，不断追求卓越。

2. 活动管理公司/会展企业

· 使命——管理的新模式更加强调柔性管理和社区化的组织方式；

· 经营创新——在健康、零售和教育等使命经济领域创造更多激动人心的机会。

3. 活动产业

· 使命——不仅要打造成功的企业，更要合力重塑市场，服务产业发展；同时要面向公众推广活动理念与方法，以服务更广泛的人群。

· 产业创新——推动会展和活动产业在政策、技术、研究等方面的创新。

（二）组织有意义的活动

2017年法兰克福国际会议、展览及奖励旅游博览会（IMEX Frankfurt）的主题是"有意义的活动"（Purposeful Meetings），这代表了国际会展和活动行业的一种趋势。那么什么是Purposeful Meetings？

根据IMEX Frankfurt发布的官方报告，有意义或使命感的活动由5个部分构成：行为科学（Behavioral Science）、健康与幸福（Health and Well-being）、会议和活动设计（Meeting and Event Design）、企业社会责任与遗产（CSR and Legacy）以及技术（Technology）。即当下以及未来很长一段时间，所有的会展和活动策划者、组织者及活动营销者都应该致力于让活动变得更有使命感或有意义，为此，需要对以上要素有更好的理解和运用。

1. 行为科学（Behavioral Science）

深入分析参加者的心理和行为，从而得以通过更好的设计来产生理想的活动效果，例如，明显得到改善的团队沟通、更好的决策，提高产生影响的能力，得以加强的回忆，增强的学习能力等。

2. 健康与幸福（Health and Well-being）

有目的地将健康、营养、放松甚至一些健康方面的应用（Apps）融入活动中，有时能带来意想不到的效果。这些元素将有利于促进参与者获取新知和乐于分享，并给他们一些有用的资讯或技巧带回家。

3. 会议和活动设计（Meeting and Event Design）

根据《设计城市》（Design City）的理念，一座城市需要更好的设计来建设和营造更好的生活环境，更何况本身就冠名为特殊活动（Special Event）的会展和活动。在衡量活动特殊性（Specialness）的 14 个常用标准中，活动组织者总要图一头。

为此，活动组织者要更好地理解人们在不同的环境下是如何感知、学习和合作的。分析有目的的设计如何能对其产生好的影响，是关键考虑要素。灯光、空气、声音、气味、触觉甚至会议期间的空档（White Space 或 Downtime）都可以做有意的安排。

4. 企业社会责任与遗产（CSR and Legacy）

遗产管理一直是活动研究（Event Studies）的热门研究领域，但在会展和活动管理的实践中没有引起足够的重视。比如，有学者认为，2010 年上海世博会很成功，但一大缺憾是当初缺乏长远的遗产管理规划（Legacy Management Planning），从而导致了很多好的东西没有得到传承和发扬。

与非政府组织（NGO）或与当地一些需要帮助的社会机构合作，有助于与会者和社区之间产生交集和联系。例如，通过策划一些与可持续发展相关的活动，贯彻和宣传“反复审视、减少使用、重复利用、循环使用（Rethink,

Reduce，Reuse，and Recycle）”，将有助于放大活动的效应。

5. 技术（Technology）

毋庸置疑，技术深刻改变了我们做生意和联系的方式，但对于会展和活动组织者而言，更需要注意的是，技术改变了人们体验日常生活的方式。

我们可以更好地利用资源，把数据变为创新，丰富人们的体验（例如VR、AR），或者推动合作（比如共享经济），所有这些都可能会影响会展和活动产业。Purposeful meetings 的组织者要时刻保持对新技术的警觉性，意识到其相关性，优缺点和应用价值。包括大数据分析、人工智能、VR、语音识别、触碰技术等，可能都会变得更好、更便宜。

2015 年 3 月 18 日，会议圈订阅号创始人杨正在一篇文章中提出：“在会议和活动领域中，我们需要更多能够赋予事务以使命感和意义的人。这是一种能力，更是一种价值，因为有了这样的人，他更能把大家笼络在一起，团结在一起，信任在一起，号召在一起。试想一下，倘若我们赋予了演讲人、赞助商、参会者、媒体参加会议活动的一种使命感、意义，他们都感觉这是他们自己的事情的时候，这就是会展活动真正的成功，具备这样的人，我相信未来会越来越多”。上述描述与 Purposeful Meetings 的核心理念是一致的。

三、回归本源——活动与美好生活建设

建设美好生活既源于人们长久以来对美好生活的向往，也是社会综合发展特别是社会治理走向现代化的必然要求（翟绍果，谌基东，2017），然而，包括我国在内的许多国家都曾经选择或正在面临一种错误的经济增长方式：社会财富显著增加了，但社会成员的幸福感并没有得到同步增加（袁祖社，2017）。

（一）关于美好生活的哲学

自古以来，人类社会都在不断追求“一个存在普遍真理、正义、善意与繁荣的美好社会”，从苏格拉底的“至善之路”，柏拉图的“理想国”（Republic），亚里士多德的“沉思的生活（Contemplative Life）”，到莫尔的“乌托邦”（Utopia）、康帕内拉的“太阳城”（La CittÃ del Sole），再到美国第 36 任总统林登·约翰逊提出的“伟大社会”构想（刘亚平，2011；赵建波，解超，2017）。关于什么样的生活是好的或幸福的生活，卡森和墨瑟把西方哲

学思想中的相关理论分为三大类，即快乐主义（Edonism）、欲望－满足理论（Desire–satisfaction Theory）和客观主义理论（Objectivist Theories）（Carson & Moser，1997）。例如，德尼·古莱（2003）认为，美好生活有三大目标诉求：生存、尊重和自由。美国超验主义思想家梭罗对美好生活的思考虽然存在不足，但他在亲近自然、开展消费主义批判和推行简约化生活方面的实践即使在当代语境下仍具有较强的启发意义（王树生，李松花，2018）。

著名社会学家费孝通在晚年突破西方社会学的理论阈限，提出了建立“生活论”的研究范式的思想。日本社会学中“生活结构论”的创立，特别是广田康生在移民与城市方面的实证研究，也为建立这样的研究范式提供了重要启示（王雅林，2012）。以此为基础，王雅林（2015）认为，在实践层面要实现对美好生活的社会建构，并提出了生活的 6 个基本结构关系，即日常生活和非日常生活的统一、私人生活与公共生活的统一、生活的物质属性与精神属性的统一、生活需要的生产活动与满足活动的统一、实然生活和应然生活的统一以及现实生活和虚拟生活的统一。他进一步在《回家的路：重回生活的社会》一书中从“生活论”出发，将“创造美好生活”视为社会学理论创新和学科话语体系建构的终极实践目标（王雅林，2017，p.2）。从发展价值观的角度来看，“美好生活”的实践逻辑包括三个方面。其中，自由价值逻辑是美好生活的终极根据；人文理性意蕴是基于生存方式变革的自主创新和意义体验逻辑；发展的包容、开放逻辑是指向生态伦理精神的可持续发展观（袁祖社，2017）。

（二）建设美好生活的途径

王雅林（2017）提出了创造美好生活的基本途径：一是从生活的逻辑出发，实施广义的“社会供给侧”结构改革；二是发挥生活方式效应，包括提升人们营造和感受幸福生活氛围的能力，这样才能将美好生活的社会建构和每个人的自我建构有机统一起来。其观点与江畅（2017）所提出的实现人民美好生活必须具备相应的社会条件和个人主观条件是一致的。

在“供给侧结构”方面，现代社会人们生活内容的多元化要求有更多复合型产品和服务的供给，从而为共建美好生活提供动力源泉。翟绍果和谌基东（2017）认为，通过产业创新、民生保障、社会治理、文化建设、生态保护等措施和手段，才能真正实现富足、和谐、共享、文明、绿色的美好生活。王天舒（2011）特别强调了和谐社会视域下实现美好生活的途径：深入贯彻“以人为本”的科学发展观，不断健全完善社会主义民主与法治，着力解决我国现实社会的民生问题。

在“生活方式效应”方面，2017年年底，《小康》杂志公布了“2017中国幸福小康指数”调查的结果，其中提到了能够帮助国人获得幸福的10种最佳生活方式，包括最温馨的方式：与家人在一起；最超值的方式：选择做自己喜爱的工作；最具资本的方式：与学习为伴、与书籍为友等（鄂璠，2017）。以教育为例，要充分发挥其在美好生活建设中的特殊作用。例如，在奥特加“精英—大众”互动的历史理论中，蕴含着一种试图通过教育把“大众人”培养成时代精英的可能性（敬狄、王伯鲁，2017）。学校教育要立足于为了人类生活的出发点，培养学生追求并实现美好生活的德性品质和能力（杨进、柳海民，2012）。

（三）活动观对美好生活建设的启示

在正确的价值理性指导下的发展观，才是通往美好生活的通途，可以感知到的获得感、幸福感和安全感，才是国民创造美好生活的真谛，而活动观以及丰富多彩的活动为人们追求美好生活提供了新的视野与具体实现途径。活动观从6个维度为美好生活建设提供了相应的启示：

1. 仪式赋予生活以意义

对于个人或组织，特殊活动是那些“能满足组织者的特殊需求的独特的、伴有仪式的经历”（Goldblatt，2010），这些仪式能让事物具有特别意义。而人生的目标和意义能提升总体幸福感、个人生活满意度，促进精神和生理健康，提高承受力，加强自信心、降低抑郁的可能性（王春雷、陈萍，2012）。

2. 场景赋予生活以具象

美好生活是一种人类理智可以欲求、可实际感知和切实体验的真实的状态（袁祖社，2017）。创造美好生活，应从寻求生活真相（事实）开始（唐魁玉，2017）。人们的生活、工作和学习都是由一个个场景（Scene）/情景（Setting）/情境（Circumstances）组成的，而每次特殊活动都提供了特定的场景。

3. 混合目标赋予生活以内涵

美好生活包含产业发展、民生共享、文化发展、社会和谐与生态保护等多方面的内涵特质（翟绍果，谌基东，2017）。使命（Purpose）和目标

（Objective）是策划和组织任何一次活动的首要出发点，它决定了活动的属性，譬如是公益性还是营利性，是商务活动还是休闲活动。

4. 多主体赋予生活以归属

根据哈佛大学成人发展研究所一项长达 75 年的研究显示，良好的社会关系让人们更快乐、更健康（赵旭东，2016）。其次，集体活动是互为主体性形成的标志，其中的共有情感反过来又会进一步增强集体活动和互为主体性的感受（古莱，2003）。因而活动能让人们感受到特有的归属感，并有利于建立良好的社会关系。

5. 全过程赋予生活以发展

美好生活是一种永远趋向更美好的状态，是一种在人生的任何阶段都可以体验的生活。在“生活概念”的 6 个基本结构关系中，实然生活和应然生活的统一是重要维度（王雅林，2015）。恰似做事要善始善终，一次特殊活动从创意萌发开始到圆满举办结束，整个过程都需要进行专业的管理。

6. 重构化赋予生活以提升

古莱（2003）提出，“取得发展并不是一种自我生效的绝对目标，而是一种相对较好的、只是在某种特定生活意义上较为可取的状况”。而活动促进个体、家庭或组织的变化，甚至催生新的事物，在这一过程中，活动的目标、主体和过程也会不断演变，甚至产生新的活动。

思考题：

1. 如何理解活动是一种影响力工具？

2. 请对阿隆·赫斯特（Aaron Hurst）提出的使命的三个基本层次进行简要评论。

3.IMEX Frankfurt 所倡导的“有意义的活动”（Purposeful Meetings）的基本标准是什么？

4. 阿隆·赫斯特（Aaron Hurst）的使命经济学理论对活动管理有什么启发？

5. 请描述你所认为的美好生活。

6. 结合自己的实际情况，谈谈活动观对美好生活建设的启示。

附录

我谈“活动与生活”

生活需要仪式感

文/杨　红

“一次活动就是一首诗，诗照亮生活。”

这个暑假看了几本书，首先是三联生活周刊推出的专辑“我们为什么爱宋朝”“宋朝那些人”，还有一直关注的青年学者王春雷博士的新书《生活中的活动管理艺术》。三本书交叉看，同时还在为下学期准备开设的全校素质公选课《活动管理》做新课件。看书、备课之余有很多思考，不知道为什么，想得最多的却是我老母亲对“生活需要仪式感”的践行。

老母亲出身于中华人民共和国成立前的一个大家族，外公给了她们五姊妹很好的教育，因而老母亲身上带有很多令人感慨的东西。从小就知道，家里每个人过生日都必须吃鸡蛋，直至我有了自己的小家。母亲会在生日当天打电话叫我煮荷包蛋吃，或者给老公、儿子煮荷包蛋。她自己过生日，即使不请客，也要早上煮一个鸡蛋。每年父亲过生日，她都要张罗着邀请三五亲朋好友到家祝贺，要么至亲，要么老友。所以，老妈给我们的传承——过生日是需要通过家庭活动来庆祝的，哪怕只是一个吃荷包蛋的仪式。

母亲历来很讲究，一个杯子，一条围巾，不需要多华丽、贵重，但一定是素净雅致的。她喜欢养花，从小到大，我记得家里一直养有米兰（甚至她来我家长住，把养得最好的一盆米兰都随身搬来）。中学时代，家里住教育局的顶楼，外面一个大晒台，每年四月，蔷薇盛开，爬满屋顶，绚丽之至，至今记忆尤深。有几年，老母亲住我这里，每到春天，就提出要去逛花市，买玫瑰、月季回来种，即使走不动，拄着拐杖也希望我打车陪着她去看看。现在她和父亲回到县城自己家里了，每次回去看他们，依然见每个窗台都摆满生机盎然的植物。其实，母亲是用植物感受四季轮回，用养花表达对生活的热爱。养花是一种生活仪式，春天逛花市的活动也是一种爱美的仪式。

母亲也很讲礼，每逢亲友上门拜访，或者她去亲友家做客，一定要送给别人小礼物，甚至自己喜欢的也会送出去（比如，我给她买的台北故宫手帕、日本水杯、苏州丝绸羊毛披肩等漂亮物件她都送给爱美的亲友了）。实话说，我觉得很可惜，希望妈妈能留下来自己用，因为那些东西我自己都爱不释手。但老母亲用实际行动呈现“来而不往非礼也”，交往需要仪式，需要通过送小礼物（且是自己喜欢的精美物件）来表达敬意。

至于我自己，其实以前很不耐烦老母亲的各种“讲究”。我出生在60年代末期，那个特殊年代，生活的仪式感大多被政治活动所替代。童年的记忆中最深刻的是粉碎“四人帮”那年上街游行庆祝，当时我还是小学生，是学校少先队大队长，带着三道杠走在师范附小队伍的最前面。中学时代的1982年，县二中组织参加全县的集体舞比赛，每个班各选四名男女生，排练青年圆舞曲集体舞，订做演出服装，化浓妆，正式演出……当时懵懂，后来知道不只是我，很多参与了的同学都把这个活动当成了在那个封闭年代里最美好的青春回忆。据说，那次活动是县城里改革开放以来最隆重的一件事，渴望思想解放的县城人民把比赛的红卫广场围得水泄不通，因为担心出事，集体舞比赛还是延期举行的。

后来的我，离开父母到异地上大学、参加工作，开始爱上旅行，从国内走到国外，那些山山水水、人文景致，给我留下最深印象的居然是有“仪式”的地方。首先要提到琅勃拉邦，这个被称为世界上最后一片净土的老挝小镇。法属殖民地名片、法式建筑、静谧的气质以及金碧辉煌的庙宇，这些毋庸置疑令人印象深刻。但它能在我写东西时首先跳入脑海、流到笔端，是因为我曾在那里亲自参与的那场“布施”活动。拂晓的琅勃拉邦街道上，来自世界各地的游客和当地民众混合跪在地上，手捧吃食，老幼和尚们披着袈裟，手托钵盂，在晨光中逶迤而来，庄严地取走食物，现场肃穆、宁静，这承袭了上千年的佛教仪式给了每个来到琅勃拉邦的人独特的旅游经历。至于耶路撒冷，那个三教圣地，全世界教民（伊斯兰、基督、犹太）向往的地方，几乎每个教堂都有教徒在虔诚地跪拜、唱诵、祈祷，还有约旦河里神圣的洗礼，唱诗班动人的音乐，即使已经离开那里很久，场景依然清晰可见，记忆犹新。这些宗教活动中各类神圣的仪式，深深地感动着所有人。

随着年龄的增长，阅历的丰富，近年我越来越接受年轻时嫌弃的老母亲的那些礼节和日常生活仪式。喜欢有植物的家，买漂亮的器皿，自做干花，用各色水果加酸奶做沙拉招待客人，为了工作和学习布置惬意的书房。需要特别提到的是2016年赴我国台湾访学，我突然萌发了对茶道的兴趣。记得是那边学校里的一位系主任，女强人韦姐姐，带我们去台中一个茶室。本来是去买阿里山高山茶，结果那里正在开茶课，茶室主人是位女士，气质优雅，着粉红色汉服（似她平时的穿着，一点儿不刻意）在给两个年轻人（他们要开茶室，因而潜心学艺）上茶艺课，我们也坐下来听。台湾女子说话很软，茶艺课又上得很自然、随意，恍然间觉得一切是那么美、那么好，不知不觉地全盘接受他们的理念。回来后，不再用保温杯泡茶管一天，而是买中意的茶具，一有时间，就在家自己烧水泡茶、品茶、做茶点，开始赋予喝茶更多的内容和形式，慢慢体会其中美妙的滋味，同时也关注并自己策划各类茶聚活动（要知道，我年轻时候从不喝茶，只喜欢咖啡）。这应该就是那个茶艺课所展现的仪式感让我深深折服，无意中参与的茶道活动让我感悟，抑或是老母亲的言传身教开始在我身上觉醒了吧。人是需要仪式感的，它能让我们觉得自己是在生活，而不只是生存。

和活动管理的缘分要追溯到和春雷博士的结识。2016年，参加他们上海对外经贸大学会展专业团队在昆明组织的双实务培训班，他是主讲老师，我是学员，那是我首次接触会展和活动管理。我很接受春雷博士的活动观，后来把我们学校新办专业的《会展策划与管理》课程通过创新教改项目调整成了《活动管理原理和实务》。两年多来，我在教学中不断探索，同时持续关注春雷博士新的研究成果。他的新书《生活中的活动管理艺术》给了我很大启发，在此，我想对这个勤奋的青年学者表示衷心的感谢。

在自己的活动管理教学中，有个值得深思的现象：为了能让学生尽快进入活动思维的状态，我会在课堂上让他们分享自己人生中最值得回忆、最具有仪式感的活动，很多学生都表示没有，只有少数同学分享，而基本上都是高三时的高考誓师大会。已经历经三届学生，只有一个同学分享的乡村自发的家庭春节晚会还有点儿特色。我非常惊讶，这是什么时代了？社会经济飞速发展，精彩活动层出不穷，为什么学生们的分享留给我生活单调、参与活动匮乏的印象？

正在写这篇春雷博士的约稿时，一位老友发来一篇批评类文章——《知识分子没有尽到启蒙的责任》，我想，这是不是意味着，其实我们的活动管理课堂还承担着教育大学生的职责。生活需要仪式感，仪式需要用活动来呈现，精彩活动一定是充满着沉浸性与体验性俱佳的仪式的。

（作者单位：四川理工学院经济学院）

活动与诗意人生

文/林　瀚

虽然“活动管理”是一个很现代的词，但活动早存在于我们的生活中，影响着我们的人生选择，甚至影响我们一生的轨迹。“活动观是一种世界观”，第一次在朋友圈里看到王春雷老师这句话时，如逢知音。活动，曾经如何影响了我？今天的我又是多少活动的经历、积累、沉淀与升华的结果？当翻开王老师的著作《生活中的活动管理艺术》，我成长中的那些点点滴滴，犹如电影画面一般徐徐展开。那些如烟往事，是生活，也是活动。冥冥中，或许就是这些活动推动着我矢志不渝地去追逐梦想，让我成了今天的自己。

我的幼年，在潮汕乡村度过。那是贫乏的 20 世纪 70 年代，没有今天名目多样、丰富多彩的活动，但有着那个时代独有的朴素与深刻的印记。我母亲那时是一名乡村教师，我如今仍记得每个学期末跟随母亲去家访的景象，那是我平常日子里特别的事情，用现在的话来讲，应是幼年生活中的“活动”。母亲一手抱着装有成绩单的纸袋子，一手拉着我的手，穿街走巷去家访。农村的巷子里有水沟，有鸡鸭狗的粪便，家家门口也都是臭臭的猪圈，可因为参与妈妈的家访活动，这些脏陋也显得无足轻重。我享受看到的那一切：主人家看见我们到来，常忙不迭放下手里的活，擦手，擦凳子，端茶倒水迎接我们。妈妈总是笑盈盈的，细说他们孩子在学校里的学习情况与日常表现。不论孩子的成绩好坏，家长们对妈妈的信任与感激既朴实又真诚。

为了表达真情，他们还会用好吃的招待我。那时农村家里并没有零食，好吃的不是在灶台就是在锅里。妈妈总是婉拒，或者示意我可以吃一点点。其实我也并不真的馋嘴，只是沉醉于那种超越日常生活的愉快体验，有新奇、受宠、崇拜，更有骄傲。很多年以后，当我立志当一名教师时，我深知是幼时参与母亲家访时播下的种子。这人生最初的“活动”体验，影响并决定了我一生的职业选择。

当年我高考预填志愿，毫无例外全是师范。当一纸保送把我送进广州师范学院，我如愿选读心仪的汉语言文学教育专业。四年的大学生活充实美好，读着喜欢的书，做着喜欢的事，向往着那阳光下最光辉的形象。临近毕业的去向选择时，我又幸运地通过考核留校。那年五月，我就进入准教师的角色，六月那场独特的毕业仪式，简单而庄严的师范生毕业宣誓，升华了我心目中教师的光辉形象，奠定了我整个职业生涯的蓝本。

难忘的大学毕业仪式是在 1997 年 6 月 23 日早晨。经过一晚叙别，同学们都沉浸在浓浓的离愁别绪当中，伴随着熟悉的《欢迎进行曲》，三三两两缓缓步入学校操场，记得当时晨光四溢，照耀在空旷的场地上，炽热而深情。毕业仪式简短，未设主席台，院领导、老师们均站立致辞。这是最后一次听老师们的大会讲话，同学们都凝神静听，要把每一句话都刻在心里。致辞简短情意长，老师的谆谆教导、声声叮咛与深深祝福回荡在操场上空，刻在了我们的心里。经历了为人师的毕业实习，即将成为老师的我们，这一刻听着老师的话，有着更多的共鸣与感恩。毕业仪式的高潮是毕业宣誓，我们肃然站在阳光里，庄严举起右手，面对国旗铿锵宣誓："我是新时代的大学毕业生，志愿当一名光荣的人民教师，忠诚党和人民的教育事业，努力学习，勤奋工作，积极实践，勇于开拓，为人师表，教书育人，为发展广州的教育事业，提高全民族素质而努力奋斗。"宣誓完毕，当把手轻轻放下，感觉责任已在肩头，使命感顿然而生。仰望长空，内心默语："从今以后，为人师表，教书育人，勇毅笃行，不负使命。"一次简短隆重的活动，一个庄严神圣的仪式，是人生路上不可或缺的心灵洗礼与情感升华。

毕业仪式结束，每个人都有一个刻着毕业誓词的镇纸作为纪念。我把它端放在书架最显眼的位置，哪怕数次搬家，它都耀眼地端立在我的书架上。毕业留校工作至今已经整整 21 年，此期间数次调整岗位，数次转换专业，也有数次离开校园的机会，但是都改变不了我作为一个老师的选择，也动摇不了我努力去做一个好老师的脚步。我深知，是那 21 年前的宣誓，奠定了我职业轨迹的蓝本，是这沉甸甸的誓词，时时给予我前行的力量，鞭策着我向更好的自己成长。时至今日，我仍时常感慨，老师们可真伟大，在那还没有"活动观"的年代，他们以一个经典的活动，赋予了我一生的坚定。他们或许未曾料想，这一"活动"如此指导了我的人生实践，丰盈了我的精神世界。

幼年时跟随母亲的家访活动，成年后的一次毕业宣誓活动，就这样决定了我一生的职业选择与发展。同时，母亲在生活中赋予我们的仪式感，也在一定程度奠定了我人生的幸福体验。

一直以来，我对牛皮纸情有独钟，尤其是牛皮纸信封。每每触及，总能感受它的温馨、干净，仿佛仍带着植物的脉络与质感，甚至饱含阳光的芳香。这独特的情感，源自幼时去看露天电影时母亲“制造”的零食。在20世纪70年代的中国乡村，露天电影是一场盛大的娱乐活动。母亲为了满足我们看电影吃零食的需求，更为了避免我们去买小摊档不干净的食物，她会亲自在家里把黄豆或花生米炒得金黄金黄，香喷喷的，摊凉后装进三个崭新的牛皮纸信封。在我们穿戴完毕，像迎接节日一样准备出门的时候，妈妈郑重地把这三个信封“颁”给我们兄妹姐弟三人。我把这胀鼓鼓的信封摸了又摸，尽量折得整齐又好看地放进口袋，走动玩耍时还下意识地护着装有这个信封的口袋。当然，信封里的豆子，也是很珍惜地一颗一颗地细嚼慢咽，仔细赏味。至今，但凡看到牛皮纸信封，脑海里闪现的也常常是和那看露天电影活动叠加在一起的妈妈的爱。

母亲给予我的生活仪式感，还在于每年的生日庆祝与新年习俗。那时没有什么生日蛋糕，我们家给小孩子的生日礼物是一对红鸡蛋。生日那天早晨，妈妈会把洗干净的鸡蛋放到粥里煮一煮，熟了就捞起来，洗掉粥水，然后蘸满一种食用红粉调成的红水，两只精神抖擞的红鸡蛋就被端上了餐桌。早餐时妈妈喜气洋洋地把这一对红鸡蛋递给过生日的孩子，再说上诸如“生日快乐”“快快长大”“学习进步”之类的祝福语。在食物匮乏的年代，这两个鸡蛋的吸引力无与伦比，何况是以这样一种形式呈现。剥着红色鸡蛋壳，吃着香嫩鸡蛋时，幸福感与母亲的寄语同在。今天想来，当年每一次生日时的快乐与责任感是共成长的。

此外，每年的新年，也是我小时候特别期待的节日。我的期待，不在吃喝，在那一身崭新的花衣服。那时的乡村生活应该说普遍较穷，我们家因为爸爸在广州工作，妈妈是小学教师，爷爷务农也打渔，由奶奶操持家务，家里经济相对比较宽松。妈妈每年过年都会给我们准备一身崭新的衣服，哥哥弟弟常是中山装，我的则是大红大绿的花衣服。除夕的午后，爸爸陪爷爷喝茶，妈妈和奶奶准备晚饭，并张罗我和哥哥、弟弟洗澡，换新衣，新鞋子。爸爸还会在广州给我们带回尼龙袜，我的必定是红色的，温暖、艳丽且舒适，不像邻居小伙伴的棉袜子需要绳子绑着才不掉下来。傍晚时，干干净净、漂漂亮亮、开开心心地围坐吃团年饭，那仪式感带来的喜庆与满足沉甸甸、闪亮亮，承载着对新一年的无限期待。至今，我仍坚信“人生有无限可能”的观点，大概与幼时的新年仪式体验不可割舍。遥想当年，母亲给予我的哪里仅仅是那一套新衣服，更重要的是她传导给了我希望，令我无所畏惧地对未来充满期冀，而这恰是生命热情的源泉与动力。

王小波在《似水流年》中说，“似水流年是一个人所有的一切，只有这个东西，才真正归你所有”。在似水流年里，有无数特别的瞬间，构成我们生命中美好而珍贵的印记，这些印记也大多散落在有意无意进行的“活动”中。随着时光流淌，星移斗转间，这些印记被沉淀，并在某些特别时候被唤醒、升华，左右我们人生中重要的决定，进而影响我们一生的发展。

“活动”于人生的意义显然毋庸置疑，如何更大程度地推动社会对“活动”重要性的认识与实践，是一个值得探索的问题。我非常赞同王春雷老师的观点：“只有用活动思维来重塑中国会展产业和会展教育，以及面向公众普及活动管理的基本原理与常用技巧，会展和活动产业的社会地位才能真正得到提高。”这对于会展人而言，是责任，也是使命。从社会角度而言，向公众普及活动管理的基本原理与常用技巧，是推动公众理解和实践活动于人生影响力的前提与基础，是丰富人们生活内涵，提高生活质感的重要途径。

人生虽苦短，却不敌情长；世事自多变，然难撼诚心。博尔赫斯曾说，“虽然人的生命是由几千个时刻与日子组成的，这许多的时刻与日子也许都可以缩减为一天的时光：这就是在我们了解自我的时候，在我们面对自我的时候。”如果以“活动观”来面对自我，去认知世界，我们终究会发现，个体生存的意义与本质全在于我们如何去赋予。

（作者单位：广州大学人文学院）

生活、教育与活动

文 / 詹芬萍

这几天俄罗斯世界杯激战正酣，在阿根廷对阵冰岛队小组赛中，完美球员梅西罚丢十二码，阿根廷队最终与冰岛 1∶1 打平。比赛结束后，冰岛球员抑制不住内心的狂喜，整齐排列着带领全场球迷拍手，维京战吼响彻球场上空。吼完之后，在导演门将带领下，他们开始飙戏：先是模仿抽水马桶，然后开始跳交谊舞、手球选手扔手榴弹、骑自行车、划龙舟甚至表演给孕妇接生，生出了一个狮子王，噢不是，生出了一个足球！精彩的表演不仅酣畅淋漓地抒发了冰岛国家队在十多年长久付出、忍耐之后终于能够在世界杯赛场绽放自我的狂喜心情，而且也给全世界观众和球迷带来了无与伦比的快乐，人们深深陶醉于世界杯的魅力，此时此刻，输赢已不重要。

从十多年前认识春雷老师开始，一直欣赏于他看待问题、研究问题的耳目一新的视角。这本书的出版再一次验证了我的看法。确实，正如他说的，“只有用活动思维来重塑中国会展产业和会展教育，以及面向公众普及活动管理基本原理与常用技巧，会展和活动产业地位才能真正得到提高。”生活本身就是由各种丰富多彩的活动所组成的，从我们出生那刻起，我们就进入了一个活动的世界。我们的父母为了让我们能完成好各种活动，努力寻找活动所需的各种工具，尽可能给孩子一个好的身体和生活方式，所谓“无活动不生命，无活动不狂欢”正是如此。生活与活动密不可分，活动贯穿生活的始终。然而，我们却常常从人们口中听到一句：“生活真没意思”，可其实大多数时候不是生活没意思，而是我们失去了对生活的投入与期盼。

今年 5 月，我 93 岁的老父亲走了，在父亲遗体即将被推入焚化炉的瞬间，伴随着震耳欲聋的鞭炮声，我们一群孩子、亲人齐刷刷地跪下，按照当地风水先生事先告诉的，大家口中一遍又一遍呼喊着“爸爸，烧你身，不烧你魂，前门进，后门出，三魂七魄快快跑”。这些仪式对当时无助、惶惶的我们来说是一种极大的心灵慰藉，仿佛父亲真还在我们身边，音容笑貌触手可及，而时至今天这种场景仍历历在目……我们显然不能说为仪式而活，但仪式的确给了我们心灵的港湾和力量的源泉。

日常生活中的很多活动特别是各种仪式都可以帮我们准备好走入另一种空间、时间和角色，我们可以称之为活动的转化功能。例如，为了参加一个晚宴，我们要精心打扮，准备相应的礼物，并提前到场，因为这个情景与平时的晚餐大不相同。人在特定的仪式之中，一切所从属的身份可能被暂时剥离，不再有等级、尊卑、分类和结构，所有参与者都遵循仪式本身的规则，而这套规则会将人引向自然本性的深处：我是谁?

过去 20 多年，我一直在大学工作，并主要从事会展和旅游方面的研究。阅读春雷老师的书，也让我对高等教育有了新的思考。当前，中国高等教育在功利主义哲学影响下，学校逐渐沦为职业培训机构。学生上大学似乎成了一种商业行为：他们通过教育获得不同价值的文凭，又用这些文凭来“购买”其他类型和数量的资本，如工作、金钱、声望、地位、关系网及身份，这已成为今天大学生的目标。高等教育发展观的缺陷使学校教育偏离了教育原本的目的，即“教育目的不是为了谋职或挣钱，而是使得人们做出理性的行为，并通过精神洞见使人的行动升华，从而让他们成为自由的人”。人类社会的发展使得教育越来越走向专业化，同时与生活产生严重分离，成了人类活动的一个“脱城之岛”。

有会展专业的高校用活动思维来重塑教育教学，有助于引导会展专业的学生树立健康、科学、合理的价值观念，使活动既能带来愉悦，又能发展心智，最终真正成为人们的一种生活方式和生命状态。实际上，如果我们认可活动就等同于大会展的话，会展专业的不少课程都可以成为其他专业的平台课程，春雷老师开设的全校通识课程《活动与生活》以及在厦门大学出现的高尔夫球及舞龙舞狮、爬树等课程在学生中的受欢迎程度，无不折射出学生对高质量的幸福生活的迫切向往与追求，同时也进一步证明了，用活动思维重塑我国高校的会展教育不仅必要而且可行。

活动作为一种仪式存在可以使我们内心得到慰藉和满足，一个又一个活动可以让你我觉得是在生活而不只是生存。用活动思维对待、看待生活可以帮助我们提高生活质量，提升幸福感。生活离不开仪式，活动缔造美好生活。

（作者单位：华侨大学旅游学院）

会展活动“人”的几个特质

文 / 杨　正

前不久，好友王春雷博士通过公众号推送了一篇文章——《天生适合从事会展行业的 7 个预兆》，文章由 Eventbrite 专栏作者 Mark 所撰写，提出了天生成为会展人的 7 个预兆（特征）。这七个预兆如下：

1. 你善于收拾自己的玩具（You Organised Your Toys）
2. 你擅长组织派对（You Always Hosted The Party）
3. 你喜欢结识新朋友（You Loved Meeting New People）
4. 你有与生俱来的创造力（You Showed Natural Flair）
5. 你注重细节、追求卓越（You Sweated The Details）
6. 你能适应多任务工作（You Found Multitasking Natural）
7. 你积极主动、敢于创新（You Used Your Initiative）

其实，会展活动行业究竟需要什么样的人也是我常常思考的一个问题。当然，本文中的会展活动人泛指所有发起、组织或参与一场活动的负责人。他 / 她不一定是某家会展或活动管理公司的专职人员，而可以是在其工作和生活中兼职或受委托临时负责一场活动的策划与执行工作的人。

我觉得，内在的特质比后天习得的管理方法和技巧更重要。那么，这样的人应该有什么特质呢？结合自身的经历和思考，我对以下四点特别有体会。

第一，这样的人必须有服务大家的意识和热情。

这一点说起来简单，做起来不见得容易。我们小区有一个上三年级的 9 岁女孩，我问她在班上是否担任什么职务？比如课代表什么的。没想到她居然不仅否认，还说她才不愿意为大家分发作业本，往返于老师办公室和课堂之间。听到她的话，我感到很惊讶。回想起我这个 70 后的小时候，能当一个学习委员，哪怕是课代表，能够为大家服务，分发考卷或收发作业本等，是多么自豪和荣耀的事情啊。这不仅说明自己的能力得到老师和大家的认可，同时更加激发了为同学们服务的热情。

在我的学习生涯中，如果有竞选的机会，我总是会报名参加，获得一个小小的职务，释放一种投身集体生活的主观能动性。不错，服务行业也是一样，有为大家服务的态度和意识非常重要。会展活动人通过发自内心的服务，把众多独立的个体连接在一起，你能感受到为大家服务带来的价值。大家开心，我也开心。

第二，这样的人热心集体生活和社交活动。

其实，性格内向还是外向并不能作为评判是否合适从事会展活动管理的标准，是否热心集体生活和社交活动更重要。我比较爱凑热闹，大学四年期间把整个楼层的男生寝室基本跑遍了。每天中午端着饭碗到处串门，寻找话题；或是傍晚在寝室的走道里和人家下下棋；有时候更是撮合一些围棋高手对垒，看他们专注投入地杀得难解难分，我也跟着特别起劲。不管谁输谁赢，我都特别高兴，因为都是我的朋友，是我的撮合使他们从不认识到认识从而建立了友谊。

我还接任了学生社团“经济学会”的副会长，热心地坚持干了一年，参与并组织了一系列活动：大冬天要亲自手写大字报，然后拿着糨糊瓶去贴海报、邀请演讲人，还要骑着一辆破自行车往返于各栋宿舍楼之间挨个通知各种沙龙的参会者，暑期还参与企业社会实践活动……通过组织一系列活动，让我感受到了连接产生的价值。是活动让更多的人爱上了与他人之间的社交，并彼此创造价值。

大学期间，我当过两年的班长，发起并组织过不少班级活动。至今我还清楚地记得，曾经充分发挥同学家长的资源，用很低的成本举办了一次物超所值的春游活动。如果没有与资助这次活动的哥们在午餐时间的闲聊，没有他的大力支持和他们家的慷慨资助，我们那次活动很难成行。后来我把组织活动的照片和文本记录提交给校团委，本班还被评为全校十大优秀班集体。事到如今，我还在回想大学四年是否可以再多组织一些集体活动，留下更多难忘的回忆，而不是各顾各的忙考研、忙出国。

热心，细心，充分利用各种人脉资源发起活动，让我们的生活充满记忆和温度。难道这些不是会展活动人应该具有的特征吗?

当然，在组织活动过程中，我们的热心有时也会受到打击，或遭到冷嘲热讽，会遇到众口难调的纠结与彷徨。我依然记得 1997 年的深秋，为了考察班级秋游活动的场地，我和一个性格文静的兄弟误入长江上的天兴洲小岛，当时，在那里没有公共交通只能乘坐摩的，结果被“讹了”50元钱。回来后我也没有后悔个啥，因为我知道，吃一堑长一智，为人服务就要承担责任和义务。尽管50元够我大半个星期的伙食费，但这个过程本身也是一种难得的人生体验。尽管在活动中，作为组织者，你是吃最后一口饭的，喝最后一口酒的，但每场活动的成功总需要有人不记个人得失、心甘情愿付出。后来，我们班由一个外号叫“狗子”的同学接任了班长，他乐于奉献、比我更能吃亏的精神同样很快感染了大家，获得了更多人的信任。

除了班级活动，我也喜欢经常组织家宴，把大伙喊到家里做饭喝酒，好不热闹。爱凑热闹、不嫌麻烦，我天生就是一个活动人。20年后的今天，我看到了一些大学生的创业作品，令人惊讶的是，居然有不少学生想开发一些专门针对大学生的穷游产品，我似乎又一次感受到了青春涌动之心，仿佛回到了20年前的大学时代。在这一点上，我和90后似乎没有代沟。他们只不过用另一种方法来建立连接，是的，大学生活本就应该是多姿多彩的。

我相信，不管是否是职业从事会展活动，如果带着这样的心情投入未来的生活和工作之中，这样的生活一定会很精彩。尽管我在大学学的是国际经济与贸易，这个专业在90年代是个热门专业，可是我最终却阴差阳错投身于旅游和会展行业，但即便是“入错”了行，带着这个特质，那么就会比其他人更爱这一行。

第三，这样的人喜欢真诚的沟通。

不管是任何活动，组织者总是希望参与活动的人尽可能多，更有代表性。但这是一个矛盾，因为古今中外，傲慢与偏见永远存在，同行相轻、文人相轻永远是常态。而且，很奇怪的是，即便是同一个领域的专家，很多人之间是没有沟通和往来的，这其实是背离活动和社交的本质的。活动和社交要求碰撞思想，交换信任，创造价值，封闭代表落后和失败。如何把不和、不信、不来往的人聚集在一起，甚至是把那些对彼此有成见和敌意的人聚集在一起参加活动并能和谐相处，这是对组织者的一个挑战，能做好就是一种能力。把这样的人聚在一起需要特殊的沟通技巧和说服人的能力，这就是真诚的沟通，以诚感动人。许多媒体人就有这种特殊能力。

尤其是在今天，工作交往越来越重叠交织，在多层次协作时代，对处理复杂关系的能力是一个挑战。比如，在公司内部，可能你的主管领导和分管领导意见有分歧，这时你需要适当化解；赞助商和支持单位意见有冲突，你需要合理处理；内部和外部客户意见有不同，依然需要冷静的处理，而不是简单漠视，更不是得罪任何一方了事。因此，你会发现，社会越是文明，越是需要有说服人的技巧。

另外，在会展和活动行业，加班加点是常有的事情。因为开放社会的到来，你需要说服无数人才能办好一件事，这也是会展活动人的家属们最不理解的一个问题——你们不就是开一个会，做做议程之类的很简单的事情，干吗做得那样辛苦呢？家属们不理解，家属们也不会理解，因为常人不知道这个工作的特性，也不知道组织一个活动前后要写上千封邮件，发几百个短信，活动当天可能会接到上百个电话……

第四，这样的人具有令人钦佩的匠人精神。

所谓匠人精神，就是不问东西，即不是为了特定的目的而是发自内心把一件事情干好的追求，有了这种精神，就会达到一种心流状态，才不会被日复一日的折磨燃烧殆尽。

会展活动人越累，说明工作交叉性越强，黏性越大。今天的会展和活动行业要面对的一个问题是：干这一行太辛苦，经理人薪资不高，所以许多人最终不愿意做这一行，在和部分会展专业的学生交谈中，我发现，他们也有的人后悔报错了专业，有的班级毕业时全班居然只有几个人留在会展行业。这样的现象不仅仅是会展专业，其他专业，包括旅游管理和酒店管理等同样存在。

我曾拜访过亚朵酒店创始人王海军先生，他是酒店管理科班出身，但最后留在酒店行业的同班同学只有两个人。大家都觉得搞金融会计、搞互联网、IT信息科技更有前景，不愿意做又累又烦的线下服务。确实，互联网思维，赚快钱，赶紧把公司做大了卖个好价钱这种社风确实影响了学生的择业选择。因此，我觉得王海军特别值得敬佩，因为他带着一颗梦想自创了一个民族品牌，让更多酒店管理的毕业生至少有希望做到亚朵酒店的总经理。而如果大家拼命和老外角逐希尔顿、万豪、喜达屋的酒店总经理，未必可能如此。这位王兄一步步走来，做过酒店前台、大堂，无论是什么岗位都如此认真敬业，十几年后终于有了自己的品牌，这本身就很励志。

我相信，中国人若沉下心来认真做事情，在一代人的时间内一定会诞生举世瞩目的服务业品牌。克强总理号召“大众创业、万众创新”，我觉得这是中国经济转型的一次希望，哪怕是开一个默默无闻的路边小店又何妨呢？我时常路过许多小巷深处的特色食品店、糖炒栗子店，他们默默无闻开了都 20 年了，他们没有互联网思维，没有想什么融资，不一样值得我们尊敬吗？把一种东西做到大家喜爱和热爱，本身就是在实现自己的价值。

第五，这样的人具备一种赋予会展活动以意义和使命的能力。

总体而言，中国的会展活动市场还比较病态。我应邀在《中国会奖旅游》（MICE China）杂志上开设了一个“楚有才专栏”，前四篇文章基本上都是对会议和活动行业的批判，但批判归批判，热爱归热爱，没有热爱无所谓批判。会展活动必然要回归到人，让人产生价值和实现价值，这是必经之路。

在会展活动领域，我们需要更多能够赋予事物以使命感和意义的人，这是一种能力，更是一种价值，因为有了这样的人，他 / 她就能把大家团结在一起，感召在一起。试想，倘若我们赋予了演讲人、赞助商、参会者或媒体记者参加会展活动的使命感、意义感，让他们感觉这就是他们自己的事情。这就是会展活动真正的成功。我相信，具备这样能力的人未来会越来越多。

作为 70 后的我，可能只具备上述四个特质中的一部分，但我相信受过专业教育、见过更多大世面的 90 后会有更大的作为。因为他们有更好的经济基础和时代基础，他们可以尝试做自己喜欢的事情，哪怕是失败，中国社会对失败也将更加宽容。罗曼·罗兰说：“要散布阳光到别人心里，先得自己心里有阳光。”如果你要策划一场好的活动，那么心中必然有一颗仁爱、热情、自豪之心。

（作者为“会议圈”公众号创始人，笔名楚有才，“会展人读书会”联合发起人，会议服务标准化专家，MICE 行业专栏作者）

参考文献

[1] Arcodia, C. and Whitford, M. Festival Attendance and the Development of Social Capital[J]. Journal of Convention and Event Tourism, 2006, 8(2),1-18.

[2] Baum, T., Deery, M., Hanlon, C., Lockstone, L. and Smith, K. (Eds). People and Work in Events and Conventions[M]. Wallingford : CABI, 2009.

[3] Baum, T., Lockstone-Binney, L. and Robertson, M. Event studies: finding fool's gold at the rainbow's end? [J]. International Journal of Event and Festival Management, 2013, 4(3), 179-185.

[4] Behrer, M., Larsson, Å., & Sandgren, J. O. Event marketing: att använda evenemang som strategisk resurs i marknadsföringen[M]. IHM (Institutet för högre marknadsföringsutbildning), 1998.

[5] Benedict, B., &Dobkin, M. M. The anthropology of World's fairs: San Francisco's Panama Pacific International Exposition of 1915[M]. CA: Lowie Museum of Anthropology Berkeley, 1983.

[6] Boorstin, D.J. The Image: A Guide to Pseudo-Events in America [M]. New York: Atheneum, 1985, 1-15.

[7] Bowdin, G. A., Allen, J., O'Toole, W., Harris, R. and McDonnell, I. Events Management (2nd ed.) [M]. Butterworth-Heinemann, Oxford, 2006.

[8] Bowdin, G. A., McPherson, G., & Flinn, J. Identifying and Analysing Existing Research Undertaken in the Events Industry: A Literature Review for People1st[J]. London: People 1st, 2006.

[9] Carson, T. L., Moser, P. K. Morality and the Good Life[M]. New York: Oxford University Press, 1997: 48.

[10] Crichton, J. Family Reunion[M]. New York: Workman Publishing Company, 1998.

[11] Carlsen, J., Getz, D. and Soutar, G. Event evaluation research [J]. Event Management, 2001, 6(4): 247-257.

[12] Collins, R. Interaction Ritual Chains[M]. Princeton University Press, 2004.

[13] Cottingham, J. On the meaning of life[M]. Presbyterian Publishing Corp, 2004.

[14] Cross, B. 10 (Harsh) Truths Nobody Tells You About Being an Event Planner[EB/OL]. http://www.eventmanagerblog.com, 2015-04-14.

[15] Cross, B. 10 Ways to Be a Better Event Manager[EB/OL]. http://www.eventmanagerblog.com/better-event-manager, 2014-12-30.

[16] Derrett, R. Festivals, Events and the Destination, in Yeoman, I., Robertson, M., Ali-Knight, J., McMahon-Beattie, U. and Drummond, S. (Eds), Festival and Events Management: An International Arts and Culture Perspective[M]. Butterworth-Heinemann, Oxford, 2004: pp. 33-50.

[17] Durkheim, E., translated by Joseph Swain. The Elementary Forms of the religious life[M]. London: George Allen & Unwin Ltd, 1912.

[18] Durkheim, E. On the normality of crime[M]. Sociological Theory/ed. LA Cos, 1965.

[19] Duvignaud, J. Festivals: a sociological approach[J]. Cultures, 1976, 3(1): 13-25.

[20] Eagleton, T. The Meaning of Life: A Very Short Introduction[M]. Oxford: Oxford University Press, 2007.

[21] EventScotland Colleagues. Events Management: A Practical Guide[M]. Edinburgh: EventScotland, 2006.

[22] Fall, C. Family Reunion Planning Kit for Dummies[M]. New York: Hungry Minds, 2003.

[23] Fenich, G.G. Meetings, expositions, events & conventions: an introduction to the industry[M]. Pearson Higher Ed, 2011.

[24] Fishbein, M. 社交活动的真相 [EB/OL]. 早稻米译 . http://www.360doc.com/content/14/1027/17/535749_420361285.shtml, 2014-10-23.

[25] Formica, S. The development of festivals and special events studies[J]. Festival Management and Event Tourism: An International Journal, 1998, 5(3): 131-137.

[26] Fortes, M. Ritual festivals and social cohesion in the hinterland of the Gold Coast[J]. American Anthropologist, 1936, 38(4): 590-604.

[27] Fowler, M., & Beck, K. Refactoring: Improving the Design of Existing Code[M]. Addison-Wesley Professional, 1999.

[28] Frisby, W., Getz, D. Festival management: a case study perspective [J]. Journal of Travel Research, 1989, 28(1): 7-11.

[29] Gartner, W.C., Holecek, D.F. Economic impact of an annual tourism industry exposition[J]. Annals of Tourism Research, 1983, 10(2): 199-212.

[30] Geier, T. Make Your Events Special: How to Produce Successful Events for Non-profit Organizations[M]. Folkworks, 1986.

[31] Getz, D. Event studies: discourses and future directions[J]. Event Management, 2012, 16(2): 171-187.

[32] Getz, D. Event Management & Event Tourism[M]. New York: Cognizant Communication Corporation, 1997.

[33] Getz, D. et al.. Festival Stakeholder Roles: Concepts and Case Studies[J]. Event Management, 2007, 10(2/3): 103-122.

[34] Givner, H. 5 Things I'll Be Teaching the Next Generation of Event Planners[EB/OL]. http://www.eventleadershipinstitute.com, 2015-02-10.

[35] Glick, P. C. The family cycle[J]. American sociological review, 1947, 12(2): 164-174.

[36] Goffman, E. The Presentation of Self in Everyday Life[M]. NY: Doubleday/Anchor Books, 1959.

[37] Goldblatt, J.J. Special Events: The Art and Science of Celebration[M]. New York: Van Nostrand Reinhold, 1990.

[38] Goldblatt, J. J. Special Events: Twenty-first Century Global Event

Management (6th edition) [M]. John Wiley & Sons, Inc, 2010.

[39] Holland, J. L. Making vocational choices: A theory of vocational personalities and work environments[M]. Psychological Assessment Resources, 1997.

[40] Greenwood, D.J. Tourism as an agent of change: a Spanish Basque case study[J]. Ethnology, 1976, 3(3): 128–142.

[41] Lavenda, R. H. The festival of progress: the globalizing world-system and the transformation of the caracas carnival [J]. The Journal of Popular Culture, 1980, 14(3): 465-475.

[42] Mair, J. A review of business events literature [J]. Event Management, 2012, 16(2): 133-141.

[43] Masciangelio, W. R., and T. Ninkovich. Military Reunion Handbook: A Guide for Reunion Planners[M]. San Francisco, CA: Reunion Research, 1991.

[44] Michelet, J. Histoire de la Revolution Francaise[M]. Paris: Chamerot, 1847.

[45] Morgan, G. Your family reunion: how to plan It, organize it, and enjoy it[M]. Utah: Ancestry Publishing, 2001.

[46] Morgeson, F. P., Mitchell, T. R., & Liu, D. Event system theory: An event-oriented approach to the organizational sciences. Academy of Management Review, 2015, 40(4): 515-537.

[47] Page, S.J., Connell, J. (Eds). The Routledge Handbook of Events [M], Abingdon: Routledge, 2012: p.1-23.

[48] Peguy, C. Clio[M]. Paris: Gallimard, 1932.

[49] Parsons, F. Choosing a vocation[M]. Houghton: Houghton Mifflin, 1909.

[50] Randall, C. Interaction Ritual Chains[M]. Princeton University Press, 2004.

[51] Ritchie, B., & Beliveau, D. Hallmark events: an evaluation of a strategic response to seasonality in the travel market[J]. Journal of Travel Research, 1974, 14(2): 14-20.

[52] Ritchie, J. R. B. Assessing the impact of hallmark events: conceptual and

research issues[J]. Journal of Travel Research, 1984, 23(1): 2-11.

[53] Shaw, M.E. Group Dynamics: The Psychology of Small Group Behavior[M]. Michigan: McGraw-Hill, 1971.

[54] Shone, A., & Parry, B. Successful Event Management: A Practical Handbook[M]. Cengage Learning EMEA, 2004.

[55] Swain, R. Easing the transition: A career planning course for college students[J]. Journal of Counseling & Development, 1984, 62(9): 529-532.

[56] Tiber, E. & Monte, T. Taking Woodstock: A True Story of a Riot, a Concert and a Life[M]. Square One Publishers, Inc, 2007.

[57] Tiber, E. Knock on Woodstock : The Uproarious, Uncensored Story of the Woodstock Festival, the Gay Man Who Made It Happen, and How He Earned His Ticket to Freedom[M]. New York : Festival Books, 1994.

[58] Tum, J., Norton, P., & Wright, J. N. Management of Event Operations[M]. Butterwonh- Heinemann, 2005.

[59] Tum, J., & Norton, P. Management of event operations[M]. Routledge, 2006.

[60] Turner, V. W. The Ritual Process: Structure and Anti-Structure[M]. Ithaca, New York: Cornell University Press, 1969.

[61] Turner, V. W. Celebration, studies in festivity and ritual[M]. Smithsonian Inst Pr, 1982.

[62] Turner, V. W., & Schechner, R. The anthropology of performance[M]. New York: PAJ Publications, 1988.

[63] Van Gennep, A., Vizedom, M. B., & Caffee, G. L. The rites of passage, trans[M]. University of Chicago Press, 1960.

[64] Wagen, L.V., & Carlos, B.R. Event management[M]. New Delhi: Prentice Hall, 2005.

[65] Walker, M. 7 Signs You Were Born To Work In Events[EB/OL]. https://www.eventbrite.co.uk/blog/7-signs-you-were-born-to-work-in-events-ds00, 2015-03-10.

[66] 北京师范大学历史系三年级研究班．门头沟煤矿史稿［M］. 北京：

人民出版社，1958.

［67］常永军 . 人际关系分类之我见［J］. 社会，1988（9）：10–11.

［68］蔡立彬 . 高校青年志愿者行动的德育机制、成效及发展对策探析［J］. 学校党建与思想教育，2005（8）：33–34.

［69］陈治国、赵以云 . 艺术是不可定义的［N］. 中国社会科学报，2013年5月13日 .

［70］楚有才 . 会展活动“人”的几个特质［EB/OL］.http：//bigfish.blog.hexun.com/101185909_d.html，2015–7–27.

［71］大卫·科泽 . 仪式、政治与权力［M］. 王海洲，译 . 南京：江苏人民出版社，2015.

［72］戴光全 . 重大事件的影响研究：以’99 昆明世界园艺博览会为例［D］. 广州：中山大学，2005：3–5.

［73］但汉松 . 把文学还给文学：伊格尔顿《文学事件》［EB/OL］. http：//www.guancha.cn/culture/2013_04_12_138204.shtml，2013–4–12.

［74］弗里德里希·席勒 . 审美教育书简［M］. 南京：凤凰出版传媒集团，译林出版社，2009.

［75］索端智 . 仪式与象征——年都乎岁末傩疫活动的人类学研究［J］. 青海民族学院学报（社会科学版）. 2004，30（4）：92–95.

［76］列夫·托尔斯泰 . 托尔斯泰文集（第十四卷）［M］. 陈燊，等，译 . 北京：人民文学出版社，1991.

［77］M. 巴赫金 .〈弗朗索瓦·拉伯雷的创作与中世纪和文艺复兴时代的民间文化〉导言［C］. 载佟景韩，译 . 巴赫金文论选［M］. 北京：中国社会科学出版社，1996.

［78］鄂璠 . 追求美好生活的十大方式［J］. 小康，2017（31）：32–39.

［79］阿尔贝·加缪 . 鼠疫·局外人［M］. 刘红利，倪思洁，译 . 武汉：长江文艺出版社，2012.

［80］居伊·德波 . 景观社会［M］. 王昭凤，译 . 南京：南京大学出版社，2007.

［81］刘春章 . 活动的要素：是什么构成了活动？［EB/OL］. http：//blog.sina.com.cn/s/blog_3c9d72430102wa13.html，2016–04–07.

［82］刘屈艳扬．要么读书，要么旅行，身体和灵魂总有一个在路上［M］．北京：同心出版社，2013.

［83］刘新成．关于提升参政议政能力的一点想法［R］．在学习实践活动联系点民进天津市和平区委会所作的专题讲座，2016-05-17.

［84］莫娜·奥祖夫．革命节日［M］．刘北成，译．北京：商务印书馆，2017.

［85］乔治·勒费弗尔．法国革命史［M］．顾良，等，译．北京：商务印书馆，1989.

［86］范彩娥．人的存在方式问题探研［J］．北京大学学报（哲学社会科学版），2001（S1）：23-27.

［87］范彩娥．马哲视角的人存在方式探研［J］．吉林师范大学学报（人文社会科学版），2004，32（3）：15-18.

［88］范笑天．关于如何高效组织慈善活动的思考（上）［N］．公益时报，2016-05-18.

［89］方俐洛，白利刚，凌文辁．HOLLAND 式中国职业兴趣量表的建构［J］．心理学报，1996（2）：113-119.

［90］韩森．做志愿者［M］．北京：金城出版社，2001.

［91］江畅．人民美好生活的内涵及实现条件［N］．光明日报，2017-12-15（5）.

［92］敬狄，王伯鲁．追求美好生活的技术——奥特加·加塞特的技术实践伦理价值论［J］．东北大学学报（社会科学版），2017（6）：551-556.

［93］李一诺，赵白杨，李晓辉．给孩子一个支点：让孩子快乐成长的 12 个家庭活动［M］．广州：广东教育出版社，2014.

［94］李雪松．服务营销学［M］．北京：清华大学出版社，2009.

［95］梁文道．悦己［J］．幸福：悦读，2012（2）：58-58.

［96］林语堂．生活的艺术［M］．越裔汉译．长沙：湖南文艺出版社，2012.

［97］刘春章．特殊活动有哪些特征？［EB/OL］．http：//blog.sina.com.cn/s/blog_3c9d72430102w9t0.html，2016-04-05.

［98］刘春章．活动的要素：是什么构成了活动？［EB/OL］．http：//blog.

sina.com.cn/s/blog_3c9d72430102wa13.html，2016-4-7.

［99］刘勤 . 年会：公共生活的制度性表达——赣南松村调查［EB/OL］. 2007，http：//www.snzg.cn/article/2007/0211/article_4565.html，2007-02-11.

［100］卢春红 . 由“反思”到“反思性的判断力”——论康德反思概念的内涵及其意义［J］. 哲学研究，2015（2）：67-76.

［101］梁漱溟 . 人心与人生［M］. 北京：商务印书馆，1980.

［102］刘亚平 . 公共行政学与美好社会［J］. 广西民族大学学报（哲学社会科学版），2011，33（4）：137-144.

［103］阿图·葛文德 . 最好的告别：关于衰老与死亡，你必须知道的常识［M］. 彭小华，译 . 杭州：浙江人民出版社，2015.

［104］德尼·古莱 . 发展伦理学［M］. 高铦，温平，李继红，译 . 北京：社会科学文献出版社，2003.

［105］海伦·杜卡斯，巴纳希·霍夫曼 . 爱因斯坦谈人生［M］. 李宏昀，译 . 上海：复旦大学出版社，2015.

［106］Jerry M. Burger. 人格心理学［M］. 6 版 . 陈会昌，等，译 . 北京：中国轻工业出版社，2004.

［107］兰德尔·柯林斯 . 互动仪式链［M］. 林聚任，王鹏，宋丽君，译 . 北京：商务印书馆，2009.

［108］罗伯特·西奥迪尼 . 影响力［M］. 张力慧，译 . 北京：中国社会科学出版社，2001.

［109］欧文·戈夫曼 . 日常生活中的自我呈现［M］. 冯钢，译 . 北京：北京大学出版社，2008.

［110］乔治·费尼奇 . 会展业导论［M］.4 版 . 王春雷，等，译 . 重庆：重庆大学出版社，2017.

［111］斯图尔特·弗里德曼 . 整合人生四维度［J］. 哈佛商业评论，2014（9）.

［112］约翰·克莱顿·托马斯 . 公共决策中的公民参与：公共管理者的新技能与新策略［M］. 孙柏瑛，等，译 . 北京：中国人民大学出版社，2005.

［113］A. B. 彼得罗夫斯基 . 集体中的社会心理学［M］. 卢盛忠，译 . 北京：人民教育出版社，1984.

[114] 孙双金，唐隽菁. 小小公民大作为 参政议政我能行——南京市北京东路小学“娃娃参议院”实践与探索 [J]. 江苏教育研究，2010（4C）：25-27.

[115] 谭学纯. 人与人的对话 [M]. 合肥：安徽教育出版社，2000.

[116] 唐光安. 浅谈艺术修养的提高 [J]. 美术界，2015（7）：97.

[117] 唐魁玉. 创造美好生活应从寻找生活真相开始 [J]. 哈尔滨工业大学学报（社会科学版），2017（6）：12-14.

[118] 希成. 我们一生要处理的三种关系 [EB/OL]. http：//blog.sina.com.cn/s/blog_449cf2ee01013ldt.html，2012-02-18.

[119] 王春雷. 参加 PCMA 年会全记录分享会议题. 活动研究，微信公众号，2016-01-25.

[120] 王春雷，陈小连. 活动管理的原理、方法与案例 [M]. 北京：清华大学出版社，2013.

[121] 王春雷，陈萍. 特殊事件的影响：国际研究进展与一个新的分析框架 [J]. 北京第二外国语学院学报，2012（11）：1-8.（注:《旅游管理》2013 年第 2 期全文转载）.

[122] 王树生，李松花. 梭罗的美好生活探索及其当代价值——缓解自然、个体与社会张力的生活实践 [J]. 哈尔滨工业大学学报（社会科学版），2018（1）：51-60.

[123] 王天舒. 略论德尼 · 古莱. 美好生活伦理价值观及其当代启示 [J]. 商业经济，2011（3）：61-63.

[124] 王伟，浮石. 活动创造价值——活动运营实操手册 [M]. 长沙：湖南科学技术出版社，2009.

[125] 王伟，浮石. 活动的力量 [M]. 长沙：湖南科学技术出版社，2012.

[126] 王小波. 万寿寺 [M]. 北京：北方文艺出版社，2006.

[127] 王小波. 王二风流史 [M]. 香港：香港繁荣出版社，1992.

[128] 王星. 伍德斯托克的罗生门 [J]. 三联生活周刊，2009（31）：90-93.

[129] 王雅林. 从生活出发诠释社会意蕴——论费孝通教授对社会学的重

大理论贡献［J］. 哈尔滨工业大学学报（社会科学版），2012（5）：23-28.

［130］王雅林 . 生活范畴及其社会建构意义［J］. 哈尔滨工业大学学报（社会科学版），2015（3）：1-12.

［131］王雅林 . 回家的路：重回生活的社会［M］. 北京：社会科学文献出版社，2017.

［132］王永嘉 . 事件管理［M］. 北京：清华大学出版社，2005.

［133］吴欣歆 . 体验式学习活动链：语文教学转型的有效路径［J］. 教育科学研究，2016（11）：59-62.

［134］萧放 . 春节习俗与岁时通过仪式［J］. 北京师范大学学报（社会科学版），2016（6）：50-58.

［135］徐大慰，梁德阔 . 结构与事件 · 历史与结构 · 他者与我者——评《历史之岛》的历史人类学方法论价值［J］. 历史教学：高校版，2008（4）：75-79.

［136］徐薇 . 维克多 · 特纳与《 表演人类学》［J］. 西北民族研究，2009（4）：211-218.

［137］杨进，柳海民 . 论美好生活与学校教育［J］. 教育研究，2012（11）：11-15.

［138］杨琪 . 全国会展硕士点、博士点情况简介［EB/OL]. https://www.docin.com/p-973054668.html，2014.

［139］杨正 . 会展活动“人”的几个特质［EB/OL］. http：//bigfish.blog.hexun.com/101185909_d.html，2015-07-27.

［140］尹树广 . 生活世界的现实及其价值维度［J］. 哲学研究，2003，1（8）：12-17.

［141］特纳 . 戏剧、场景及隐喻：人类社会的象征性行为［M］. 刘珩等，译 . 北京：民族出版社，2007.

［142］约翰 · 科廷汉 . 生活有意义吗？［M］. 王楠，译 . 南宁：广西师范大学出版社，2007.

［143］维克多 · 特纳 . 仪式过程：结构与反结构［M］. 黄剑波，柳博赟，译 . 北京：中国人民大学出版社，2006.

［144］于丹 . 于丹趣品人生［M］. 北京：中信出版社，2015.

［145］于婷婷．待你放下工作，随我禅修可好？——慈恩寺禅修记［EB/OL］．天台慈恩寺官方订阅号，https：//mp.weixin.qq.com/s/93mBJGSpaik1VHH_MMLaYA，2017–02–11.

［146］袁祖社．“万象共生”并“美美与共”——“发展价值观”的嬗变与“美好生活”的实践逻辑［J］．河北学刊，2017（1）：141–147.

［147］张添洲．生涯发展与规划［M］．台湾：五南图书出版有限公司，1993.

［148］翟绍果，谌基东．共建美好生活的时代蕴意、内涵特质与实现路径［J］．西北大学学报（哲学社会科学版），2017（6）：20–26.

［149］赵建波，解超．新时代“美好生活”的价值期许与实践逻辑［J］．青海社会科学，2017（6）：15–19，51.

［150］中国人民政治协商会议全国委员会．中国政协的主要职能［EB/OL］．http://www.gov.cn/guoqing/2018–03/01/content_5269692.htm，2010–06–23.

项目策划：段向民　孙妍峰
责任编辑：孙妍峰
责任印制：谢　雨
封面设计：何　杰

图书在版编目（CIP）数据

活动与生活 ：当我们谈论活动时我们在谈论什么 / 王春雷著. -- 北京 ：中国旅游出版社，2018.11
ISBN 978-7-5032-6145-9

Ⅰ. ①活… Ⅱ. ①王… Ⅲ. ①文娱活动－研究 Ⅳ. ①G241.3

中国版本图书馆CIP数据核字(2018)第267042号

书　　名：活动与生活——当我们谈论活动时我们在谈论什么

作　　者：王春雷著
出版发行：中国旅游出版社
（北京建国门内大街甲 9 号　邮编：100005）
http://www.cttp.net.cn　E-mail:cttp@mct.gov.cn
营销中心电话：010-85166503
排　　版：北京旅教文化传播有限公司
经　　销：全国各地新华书店
印　　刷：河北省三河市灵山芝兰印刷有限公司
版　　次：2018 年 11 月第 1 版　2018 年 11 月第 1 次印刷
开　　本：720 毫米 ×970 毫米　1/16
印　　张：24
字　　数：378 千
定　　价：58.80 元
ISBN　978-7-5032-6145-9